Victor Scheitlin

Kreativität – das Handbuch für die Praxis

Orell Füssli

Umschlag: H. + C. Waldvogel, Zürich
Das Bild auf dem Schutzumschlag („Gelbes Viereck im blauen Würfel" •
Acryl auf Leinwand • 80x80 cm • 1990) stammt von Prof. Dr. Franz Lenzinger,
ebenso die Abbildungen seiner Kunstwerke auf den Farbtafeln gegenüber Seite 368
Design und Satz: Bernd Hirschmeier,
Claudia Tiffinger
Druck und Einband: Freiburger Graphische Betriebe
Printed in Germany

ISBN 3 280 02176 6

Inhaltsverzeichnis

Verzeichnis der Checklisten

1. Vorwort des Autors

Das Interesse der fortschrittlichen Kreise hat sich wohl noch nie so stark auf das Thema KREATIVITÄT zentriert wie heute. Jeder wird beruflich wie privat mit Problemen aller Art konfrontiert. In der Öffentlichkeit und im internationalen Beziehungsfeld sind Problematiken aller Art nicht weniger an der Tagesordnung, auch soziale. Die Spannungen wachsen in unserem Umfeld, sie nehmen nicht ab.

Instinktiv spürt der Mensch daher, daß mit den hergebrachten Denkschablonen und rein traditionellem Vernunftüberlegen keine Stricke mehr zerrissen werden können. Was not tut, ist nichts weniger als eine neue Geisteshaltung, die kreativ und umfassend Problemlösungen anstrebt, vor allem aber auch, dank ganzheitlichem und vernetztem Denken, Probleme im voraus zu vermeiden sucht, wo immer dies möglich ist.

Eine ganz schmale elitäre Schicht unserer Spezies war zwar schon immer kreativ. Den früheren Kreativen in allen Sparten verdanken wir unseren Wohlstand, die gewaltigen technischen und wissenschaftlichen Fortschritte in der zivilisierten Welt; sie haben unsere Lebensqualität gegenüber einst stark angehoben. Nicht zuletzt sind auch sozial markante Steigerungen gelungen, wenn wir uns vergleichsweise der Armut breitester Schichten in den früheren Monarchien oder der tristen Verhältnisse in den Anfängen der industriellen Evolution erinnern.

Aber es ist dabei nicht zu übersehen, daß die großartige technische Entwicklung unserer Welt nicht nur Komfort brachte, sondern auch neue Probleme gravierendster Art bescherten. Umweltschäden, Gesundheitseinbußen, Streß, Sittenkorrumpierung und weltweiter Anstieg der Kriminalität, aber auch Vermassung der Gesellschaft sind nur einige der vielen Folgen.

Wir sind somit an einem **Wendepunkt** angelangt, wo angesichts der überhandnehmenden Probleme eine nur punktuelle Kreativität einer kleinen Minderzahl von Menschen nicht mehr genügen kann, uns aus der bedrängenden Misere herauszuholen. **Jeder kann und jeder muß sich Gedanken machen, wie er persönlich in schöpferischer Art dazu beitragen kann, zum Wohl aller beizutragen.** Aus vielem Kleinem vermag Großes zu werden. Eigentliche Genietaten werden sicher immer rar sein. Aber unentwegtes Trachten nach kreativer Lebens- und Berufsgestaltung, von einem Heer Fähiger konsequent umgesetzt, kann zu einer immensen Kraft werden und vermag die Menschheit in eine neue aussichtsreiche Lage zu bringen.

Zu allen Zeiten und im Blickwinkel aller bekannten Geistesgrößen war es immer ausgemacht, daß **jedes normale Individuum über kreative Potentiale verfügt**, eigentlich über viel größere, als es selbst anzunehmen bereit ist. Abermillinen haben im Laufe der Geschichte bewiesen, daß sie erheblich oder sogar gewaltig über sich hinauswachsen konnten. **Wer sich fordert und fördert, der wächst und vermag aus Quellen zu schöpfen, die ihm vorher gar nicht bewußt waren.** Das ist nicht nur in gewöhnlichen Leistungsbereichen so, sondern auch ganz betont im **kreativen Schaffensfeld**. Am überzeugendsten erlebt man dies an Seminaren zur Kreativitätsförderung. Die Erwartungen vor Inangriffnahme von Kreativitätsaufgaben werden unter der Aegide eines guten Instruktors durch die Ergebnisse immer weit übertroffen. Millionen von Menschen haben auf der ganzen Welt schon an solchen Kursen teilgenommen und sich kreative Arbeitstechniken angeeignet. Jeder sollte sich dieses Erlebnis einmal gönnen. Nachher wird er sein ganzes Leben davon profitieren, denn selbst im höheren Alter braucht Kreativität nicht abzunehmen, im Gegenteil: Tausend Beispiele schöpferischer Menschen belegen, daß sie ihre reifsten Kreativleistungen ausgerechnet in bereits fortgeschrittenem Alter erbrachten.

Wie steht es aber mit unseren Chancen, die eigene Kreativität auf Grund guter Literatur zu fördern? Ich habe mich aller Mühe unterzogen, nach handbuchartiger und zugleich verständlich geschriebener Literatur Ausschau zu halten, habe zahlreiche Bücher gelesen und in führenden Buchhandlungen Bücher- und Autorenverzeichnisse durchforscht – aber ein umfassendes, top systematisch aufgebautes Handbuch für das Erlernen kreativer Befähigung habe ich nicht gefunden. Das hat in mir den Impuls ausgelöst, diese Lücke im Büchermarkt zu schließen.

Es ging mir dabei nicht bloß um die einfacheren oder komplizierteren Kreativtechniken, sondern um

- die ganze Philosophie des Kreativen, sein Wesen und seine Arten,
- die geistigen Fähigkeiten und Instrumentarien, welche sich befruchtend auf unsere Kreativität auswirken,
- das menschliche und arbeitsmäßige Umfeld, das uns schöpferisch positiv zu beeinflussen vermag,
- die Funktion und Programmierung des Unterbewußtseins, welches das Kreative zu unterstützen in der Lage ist,
- die Verstärkung der schöpferischen Impulse durch mentales Training, Ganzheitlichkeit und Vernetzung kreativer Prozesse,
- interdisziplinäre Kreativarbeit und Teamdenken, und schließlich
- die Umsetzung schöpferischer Ideen in die Praxis.

Zudem schaffte ich zahlreiche Arbeitshilfen wie Checklisten und morphologische Schemata, um dem Leser die praktische Kreativarbeit zu erleichtern.

Wie bei meinen früheren Büchern habe ich auch in diesem Lehr- und Handbuch wert auf gute Textstrukturierung und Hervorhebung wichtiger Gedanken geachtet. Auch der Kapitel-Vermerk auf jeder Seite, das stark gegliederte Inhaltsverzeichnis und das Stichwort-Nachschlagregister wie die Definitionen-Liste sind nützliche Orientierungshilfen. Am Schluß kommen noch sechs bekannte Kreativpersönlichkeiten zu Wort, die meine Optik zum Schöpferischen in bewußt selektionierten Bereichen sinnvoll ergänzen.

So hoffe ich, daß dieses umfassende Handbuch – 35 Jahre eigene Kreativtätigkeit auswertend – möglichst vielen Lesern und Leserinnen zum anregenden Berufsbegleiter und häufig konsultierten Nachschlagwerk werde. Ich wünsche Ihnen in Ihren kreativen Aufgaben durchschlagenden Erfolg!

2. Begleitwort von Prof. Bernd Rohrbach, Bad Homburg

Ich lernte Victor Scheitlin bei einem meiner Seminare über systematische Problemlösung und kreative Ideenfindung kennen.

Als er mir dabei von seinem Buchprojekt „Kreativität – Potential der Zukunft“ berichtete, erklärte ich mich spontan bereit, ein Vorwort dazu zu schreiben.

Nachdem ich inzwischen das umfangreiche Manuskript gelesen habe, tue ich das um so lieber.

Scheitlin hat sein Buch als Praktiker für Praktiker geschrieben und dabei eine große Menge Stoff so aufbereitet und dargestellt, daß es eine Fundgrube für jeden ist, der in der Praxis mit Kreativität – ihrer Förderung und Anwendung – zu tun hat.

Wissenschaftliche Abhandlungen des Themas gibt es heute in einer bereits kaum noch zu übersehenden Fülle. Die meisten davon sind selbst für den gebildeten Laien schwer verständlich, und ihr Wert für die Praxis der Kreativität ist daher gering.

Das Buch von Scheitlin füllt hier, zumindest im deutschsprachigen Raum, eine Lücke und wird dazu beitragen, für die praktisch angewendete Kreativität eine breitere Basis zu schaffen – eine unabdingbare Voraussetzung, wenn die Probleme der Zukunft gemeistert werden sollen.

Jeder normale Mensch verfügt über ein großes Potential praktischer Kreativität, das mit relativ einfachen Techniken + Verhandlungsweisen = Methoden schnell und nachhaltig aktiviert werden kann.

Victor Scheitlin stellt solche Methoden in leicht verständlicher und anwendbarer Form vor und leistet damit einen wichtigen Beitrag zur Sicherung unser aller Zukunft.

3. Wesen und Bedeutung der Kreativität

Kreativität lenkt das Denken, Erkennen und Verhalten der Menschen auf die artgerechteste Weise, denn der Mensch ist ein Wesen der Schöpfung.

Menschliche Kreativität baut maßgeblich auf einem Ideal auf: dem **Streben nach einem besseren Zustand der eigenen Gattung**. So wie die Natur von Anfang an den Stempel der **Evolution** trug und die Tier- und Pflanzenwelt im Laufe von Millionen von Jahren sich zu großer Vielfalt entwickelte, so ist auch dem Menschen ein **kultivierender Trieb** innewohnend, der ständig zu neuen Leistungen drängt. Wenn die Zeugung das Bedürfnis unserer Gattung nach **physischem Überleben** erfüllt, so bezweckt die Kreativität des Menschen in erster Linie sein **geistig-seelisches Überleben** – was nicht ausschließt, daß ein Teil unseres schöpferischen Wirkens ebenfalls eine lebensabsichernde Funktion hat, wenn z. B. verheerenden Einflüssen der Naturgewalten, Klimakatastrophen und mörderischen Kriegen entgegengewirkt wird oder wenn in der Verkehrssicherheit, im Gesundheitswesen oder in der Unfallverhütung in kreativer Manier lebensschützende Anstrengungen unternommen werden.

„Der Erfolg ist oft nur“ eine Idee entfernt“

– so hat es F. Tyger formuliert, und diese Weisheit hat wohl für die meisten schöpferischen Leistungen Gültigkeit.

Bei vielen besteht immer noch das Mißverständnis, daß Kreativität die Fähigkeit ist, ausschließlich **Musen** zum Küssen zu bringen. Kreativität ist jedoch in allen schöpferischen Tätigkeitsbereichen gefragt, in der Ingenieurkunst so gut wie in der Musik, in der Systementwicklung so gut wie in der Malerei. Denken und Fühlen sind die primären Antriebe allen kreativen Wirkens. Deshalb der fast grenzenlose Anwendungsbereich, der hier nur mit einigen wenigen thematischen Stichworten angedeutet sei:

> Bildende Künste, Musik, Tanz, Dichtung, Philosophie, Wissenschaften, Erziehung, Liebe, Politik, Literatur, Kommunikation, Medienarbeit, Verkauf, Werbung, Marketing, Management, Forschung, Produktentwicklung, Konstruktionstechnik, Design, Sozialarbeit, Lehrbereich, Reformtätigkeit, Kochkunst, Unterhaltungsbereich, Lebensgestaltung –

in all diesen und vielen weiteren Bereichen ist Kreativität heute unerläßlich, soll unsere Welt nicht in ihren Problemen ersticken. Die **Problematiken**, die die Menschheit heute mehr denn je von allen Seiten bedrängen (siehe Kapitel 4) verlangen gebieterisch nach konsequenterem und differenzierterem kreativen Einsatz. Allzu sehr neigen wir Heutigen zu hausbackenen Problemlösungen und zu Einzelkämpfertum. Der Mensch ist (noch) verhältnismäßig öfter Amboß als Schmied. Und: **Umfassende, ganzheitliche kreative Bemühung ist uns auch noch zu wenig geläufig.** In der Regel befassen wir uns erst mit Problemen, wenn sie bedrängend nahe gerückt sind, statt daß wir uns ihrer mit futurologischem Denken **rechtzeitig bewußt** zu werden versuchen und sie auch **frühzeitig genug anpacken**. Leider haben in unserer Geschichte die früheren Herrschaftssysteme und das vergangene patriarchalische Zeitalter den Menschen zu stark auf **konservative Werthaltigkeit und hierarchische Anpassungsbereitschaft** getrimmt. Ein paar wenige haben für viele gedacht, wenn sie sie nicht bloß ausnützten... Vorausdenken war unüblich, ja sogar des Revoluzzertums verdächtig. Der Mensch bekundet daher immer noch Mühe, **grenzüberschreitendes und zukunftsbezogenes Denken** anzuwenden; er ist zu sehr dem traditionellen Denken verhaftet. Ein weiterer Zwang zum kreativen Handeln ergibt sich in unserer modernen Welt aus der **Verschmelzung wirtschaftlicher Räume zu einem gigantischen Gemeinschaftsmarkt**, in welchem sich der Kampf von jedem gegen jeden stark akzentuiert und eine wirksame Profilierung der eigenen Leistungen existentielle Bedeutung gewinnt. Ich denke, daß wir uns heute den von allen Seiten sich ausübenden Druck noch gar nicht realistisch genug vorstellen können. Immerhin haben uns die Japaner schon vorexerziert, wie nur schon aus einer Richtung auf führende Wirtschaftsmächte konzertiert eingewirkt werden kann, wenn überlegenes Management und weltweit erfolgreiches Marketing dahinterstehen.

Der Entwicklungsdruck im großen Wirtschaftsraum wird auch staatlich intensiviert: Die EG will allein in den Jahren 1990–1994 10 Milliarden für Forschungsprogramme in Informatik, Fernmeldetechnologie, Industrie-, Umwelt-, Biologie-, Medizin-, Transport- und Energie-Technologie investieren.

3.1 Begriffsdefinitionen aus der Kreativitätslehre

Anschauungen ohne Begriffe sind blind.
G.W. Leibniz

Unklare Begriffe erschweren das Verstehen und provozieren leicht Mißverständnisse und Fehlinterpretationen. Gerade die **Kreativitätslehre mit ihrer Vielschichtigkeit** ist in besonderer Gefahr, Fehlmeinungen herauszufordern, nicht nur beim Alltagsmenschen, sondern selbst unter Wissenschaftlern. Es ist fast schockierend festzustellen, wie sehr gerade in diesem Bereich die Expertenmeinungen voneinander abweichen. Beim Sichten der umfangreichen Literatur, die ich in meiner Vorarbeit im Interesse eines guten Überblicks zu verdauen hatte, hat es mich gejuckt, Beispiele extremer Behauptungen herauszuziehen, und ich darf diese nachstehend gruppieren und mit je einem kurzen Kommentar versehen:

„Alle Erfinder sind Neurotiker“ „Frauen sind nicht kreativ“ „Brave Jugendliche werden im Alter rebellisch, rebellierende Jugendliche werden im Alter konservativ“	Pauschalierungen sind immer gefährlich. Es gibt hypernormale Erfinder, kreative Frauen, Jugendliche, die auch in späteren Jahren ihren rebellischen Geist behalten haben.
„Das Genie ist eine Unterform des Irrsinns, der Geniale immer ein Geisteskranker“	Die Geschichte weist viele geniale Leistungen nach, die nicht von geisteskranken Kreativen erbracht wurden.
„Geniale Leistungen sind auf das Alter von 30–40 Jahren angewiesen“	Hochbegabungsleistungen von Menschen im Alter von 70–90 Jahren sind in Menge nachweisbar.
„Amerikanische Neger sind aus erbpsychologischen Gründen weniger intelligent als Weiße“	Eine rassistische Behauptung, die wissenschaftlich nicht belegbar ist.
„Alles, was der Mensch an Ideen und Lösungen prägt, muß bereits irgendwie in seinem Unterbewußtsein vorhanden sein“	Anstöße von außen können hier oder dort zu absolut spontaner Kreativität führen, was vielfach erwiesen ist.

„Kreativ sein bedeutet, aus vorhandenen Elementen Neues zu schaffen"

Völlig neu Geschaffenes muß nicht auf Vorhandenem basieren.

„Es sollte in einer Firma Brauch sein, Urheber einer Idee für deren Entwicklung verantwortlich zu machen"

Kreativ sein und Erfindungen oder Neuerungen umzusetzen, ist zweierlei. Beides perfekt zu bewältigen, ist nicht jedem gegeben.

„Kreative sind Nonkonformisten, Rebellierende"

Das erste trifft bei den meisten zu, das zweite in vielen Fällen gar nicht.

„Kreative sind konservative brave Denker"

Trifft je nach Fall gar nicht zu; man denke an kreative Reformer.

„Es gibt keine Kreativität in der Gruppe – Kreativität ist ein Phänomen des Individuums"

Die Bearbeitung von Problemen wird immer stärker auf Gruppen verlagert wegen der gegenseitigen Anregung = positive Nutzung gruppendynamischer Kreativkräfte.

„Junge Künstler sind amoralisch, introvertiert, radikal"

Solch absolute Abstempelung ist auch amoralisch!

„Mit der Ideenprüfung und Ideenverwirklichung hat der kreative Prozeß seinen Abschluß gefunden"

Kreativität hat die Tendenz, neue Kreativität wachzurufen. Das Perfekte gibt es praktisch nicht. Der wirklich Kreative legt seine Hände nie in den Schoß, sondern sucht unentwegt nach noch Perfekterem.

„Brainstorming ist keine wirkliche Methode zur freien Nutzung der Kreativität"

Brainstorming ist eine seit Jahrzehnten bestbewährte Methode zum Suchen von Ideen und Problemlösungen.

„Kreativität ist eine Gabe der Natur und beruht als solche weitgehend auf Vererbung"

Der Fälle sind viele, wo jeder Nachweis besonders kreativer Vorfahren fehlt. Kreativität ist nach heutiger Forschung innerhalb gewisser Grenzen entwicklungsfähig und trainierbar.

* * * * *

Crosby, auch ein Kreativitätswissenschaftler, sagte einmal: „Die Meinungen und Definitionen zur Kreativität und Intelligenz sind so zahlreich und unterschiedlich wie die Forscher, die auf diesem Gebiet arbeiten."

* * * * *

Dennoch glaube ich, daß man aufgrund der immensen bisherigen Vorarbeit von Psychologen, Psychiatern, Philosophen, Soziologen, Biologen, Kunst- und Literaturwissenschaftlern sowie den eigentlichen Kreativwissenschaftlern zu gültigen terminologischen Festlegungen gelangen kann.

3.1.1 Zum Begriff der Kreativität selbst

Jede neue Leistung ist Trachten auf höherer Stufe.
Kreative sind gewohnheitsmäßige leidenschaftliche
Nutzenpotential-Eroberer.

Hier mein Versuch einer Definition von Kreativität:

Kreativität ist die Anwendung von schöpferischer Überlegung und Intuition, um nutzbringendes Neues zu schaffen, worunter man sich auch eine wesentliche Verbesserung von Bisherigem vorstellen kann. Zielgebiete der Kreativität können sein: technische, künstlerische, organisatorische, geistige, wissenschaftliche, soziologische, ethische und religiöse Zielbereiche. Im kreativen Prozeß nützt der Mensch Wissen, Erfahrung, Formgefühl und ästhetischen Instinkt, aber auch Vorbewußtes und Unterbewußtes – je nach Ziel und Gestaltungsprozeß. Fallweise ist der kreative Prozeß beeinflußt durch Vererbung, zufällige Impulsauslösung, bewußt ausgeübte Kreativitätstechnik, Intuition oder unterbewußte Selbstprogrammierung.

Grundsätzlich läßt sich dabei zwischen **expressiver** und **operationaler Kreativität** unterscheiden.

> **Expressive Kreativität** befaßt sich mit der spezifisch künstlerischen Gestaltung von Werken, wo Ästhetik, Formgefühl, geistig-seelisches oder auch besonderes sprachliches Ausdrucksvermögen

(wie z.B. in Dichtung, Poesie, Aphoristik oder rhetorischen Glanzleistungen) gefordert sind.

Operationale Kreativität befaßt sich mit Neuerungsprozessen (Innovationen) im soziotechnischen System von Firmen und Zweckorganisationen, also mit Produkt-, Verfahrens- und Sozial-Innovationen.

Kreativität fängt an, wo die gewöhnliche Alltagsarbeit und die Routine aufhören und Neuland zu betreten ist. Selten stellen sich Ideen von selbst ein. Um immer wieder kreative Leistungen zu vollbringen, muß eine Grundhaltung geschaffen werden, die ständig alles Überlegen und Trachten aus dem Blickwinkel möglicher neuer Perspektiven verifiziert. Dazu gehört auch, daß man sich im tiefsten Innern von eingeschliffenen Denkbahnen, fixen Meinungen und traditioneller Geisteshaltung abkehrt, um dafür eine ständige Bereitschaft für die abenteuerliche Auseinandersetzung mit Ungewohntem, Neuem und Besonderem wachzuhalten.

Viele betreiben Arbeit als Selbstbeschäftigungstechnik, statt sich der Freude an kreativem Wirken hinzugeben, womit man nicht nur mehr Geltung, sondern auch mehr Befriedigung und Geld zu gewinnen vermag. Wer nur in befohlener einfachster Art arbeitet, mehrt höchstens seine Routine, nicht aber sein Glück, da die entscheidenden Wachstumsprozesse ausfallen.

(Allerdings sind wir uns klar darüber, daß es viele einfachste Verrichtungen gibt, die auch gemacht sein wollen. Wir können dankbar sein, dafür Leute zu finden, die keine schöpferische Ansprüche an ihre Tätigkeit stellen.)

3.1.2 Andere Begriffe aus diesem Fachbuch

Klare Begriffe und Faßbarkeit der Gedanken
sind Instrumente der Bildung.

In der Kreativtechnik existieren viele Fachbegriffe, die nicht jedem bekannt sein dürften. Da dieses Buch aber auch sonst viele anspruchsvolle Denkbereiche behandelt und dabei eine differenzierte Sprache nützen muß, um die Zusammenhänge präzis anzusprechen, erschien mir eine übersichtliche, alphabetisch geordnete Begriffsliste für den Leser vorteilhaft zu sein. Er kann so jederzeit bestimmte Ausdrücke nachschlagen, wenn ihm ihre Bedeutung abhanden gekommen ist. Technische und wissenschaftliche Begriffe von großem Seltenheitswert sowie nicht übliche Abkürzungen gewisser Autoren sind bedeutungsmäßig entweder aus dem Text heraus erfaßbar, oder ich habe sie bewußt in meiner Aufzählung nicht berücksichtigt, um das Register nicht schwerfällig zu machen.

Eine besondere Anmerkung noch zu dieser Liste von Definitionen: Versuchen Sie zuerst einmal, unter Abdeckung der rechten Blatthälfte (Definitionen), lediglich aufgrund des Stichworts links eine eigene gute Begriffsbestimmung zu formulieren. Sie werden dabei die Erfahrung aller machen: bei vielen einem vertraut vorkommenden Begriff hat man die größte Mühe, sie aus dem Handgelenk heraus gültig zu definieren. In der kreativen Arbeit ist es aber besonders wichtig, eine präzise Ausdrucksweise zu handhaben. So können viele Mißverständnisse ausgeschaltet werden, die sonst Leerlauf und Zeitverluste ergeben abwerfen. Daher sollten Sie unsere Definitionen-Zusammenstellung gut studieren, um diese in den nachfolgenden Buchteilen nicht allzu oft konsultieren zu müssen. Ich bin sicher, daß Ihnen auch die daraus resultierende Bereicherung des Wortschatzes Vorteile bringt. Und sollten Ihnen gewisse Definitionen entbehrlich erscheinen, so gratulieren wir Ihnen zu Ihrem hohen Bildungsstand. Zuhanden aller Leser sei noch speziell auch auf das Stichwort-Verzeichnis mit Seitenangaben hingewiesen, welches ein Nachschlagen bestimmter Themen zusätzlich erleichtert.

Begriffsdefinitionen (alphabetisch) aus dem vorliegenden Buch

A	
Abstraktion	Nichtgegenständliches/nur Gedachtes – abstraktes Denken = überordnendes Denken, im einzelnen das Allgemeine erkennend
Ästhetik	Lehre vom Schönen, Kunst des Schönen
Affektreaktion	brüske Gefühlsreaktion
Affirmation	formelhafte Vorsätze suggestiver Art
Akzeptanz	Annahmebereitschaft
Alpha-Wellen	Gehirnströme von 8–12 Hertz als Ausdruck von „wachem Halbschlaf" in entspanntem Zustand
Alternativen	Wahlmöglichkeiten/Ersatzvorschläge

Alzheimer-Krankheit	Gehirnzellenschwund, nach Pathologe Alzheimer benannt
Analogien-Technik	Kreativtechnik, die Vergleichbares sucht und daraus Anregung für Problemlösungen schöpft
analytisch	zergliedernd
Animation	Anregung/Belebung/Ermunterung
Antithese	Gegenthese/Gegensatz/Gegenbehauptung
Aphorismus	geistreicher knapp formulierter Gedanke
Assoziation	Gedankenverknüpfung, Ideenverbindung
assoziatives Denken	verbindendes, verknüpfendes Denken -
Audiovision	Information durch Wort und Bild wie Film, Tonbildschau, Video
autogenes Training	Entspannung durch Selbsthypnose

B

BAGE	Bundesamt für Geistiges Eigentum, Bern
Beta-Wellen	Gehirnströme von 13–30 Hertz als Ausdruck spannungsvollen Wachzustandes
Bildende Kunst	Baukunst, Bildhauerei, Malerei, Grafik, Kunstgewerbe
Biologie	Lehre von der belebten Natur
Bionik	Kreativtechnik, die aus Vorbildern der Natur kreative Anstöße für Problemlösungen zu machen versucht
Bisoziation	Verwenden von Zufallselementen/Kombinieren von verschiedenen Bedeutungsebenen
Brainfloating (engl.)	Animation des diagonalen wechselseitigen Energieflusses zwischen rechter und linker Gehirnhemisphäre im Sinne ganzheitlichen Kreativdenkens und freien Assoziierens

Brainstorming	Ideenkonferenz in der Gruppe (Sammeln von Vorschlägen ohne Diskussion)
Brainworker (engl.)	Forscher/Wissenschaftler, die zur Hauptsache kreativ wirken
Brainwriting (engl.)	schriftlicher Ideenfindungsprozeß

C

CBT	Abkürzung für Computer Based Training
Chaos	wüstes Durcheinander, extreme Unordnung, gestaltlose Urmasse des Weltalls
Charivari	Durcheinander
Checklisten	Frage- oder Punktelisten, die anspruchsvolle Denk-, Handlungs-, Organisationsabläufe erleichtern und dabei die Vollständigkeit im Denken/Handeln/Planen unterstützen
Creative Hotels (engl.)	Hotels mit kreativer Charakteristik/ mit Sonder-Kreativleistungen auffallender und verdienstvoller Art

D

deduktiv	ableitend, schlußfolgernd
Delphi-Methode	Methode der Kreativitätstechnik, basierend auf programmierter Befragung von Spezialisten/ Wissenschaftlern – hauptsächlich für Zukunftsforschung und Militärwissenschaft
Delta-Wellen	Gehirnströme von 1–3 Hertz, repräsentierend den traumlosen Tiefschlaf, die Tiefenhypnose oder den Trancezustand
Determination	nähere Begriffsbestimmung/Festlegung
Devise	Leitsatz, Wahlspruch
Dialektik	Kunst der Gesprächsführung, besonders der Überzeugung des Partners durch Beweisführung in Rede und Gegenrede

Didaktik	Wissenschaft der Lehrtechnik
Dinosaurier	ausgestorbene Riesenechse
Diskrepanz	Widersprüchlichkeit, Mißverständnis
Disposition	Veranlagung/Anlage/Empfänglichkeit
dissonant	mißtönend – Dissonanz = Mißton
Domäne	Wissensgebiet/Arbeitsgebiet
dominant	beherrschend, Dominanz = von beherrschender Bedeutung
Dotation	Ausstattung/Ausrüstung

E

Elektroenzephalogramm	Aufzeichnung von Gehirnströmen
emotional	gefühlsmäßig, gefühlsbetont
Epilepsie	Erkrankung durch Krampfzustände, verbunden mit Bewußtlosigkeit
Ethik	Lehre von Sitten, moralische Geisteshaltung
Euphorie	übersteigert heitere, zuversichtliche Gemütsstimmung/Hochgefühl
Evokation	Erwecken von Vorstellungen, z.B. durch ein Kunstwerk
Evolution	allmählich fortschreitende Entwicklung, biologische Entwicklung der Lebewesen zu höheren Formen
extravertiert	nach außen gekehrt/außenorientiert

F

Feedback	Rückkoppelung, Ergebnis-Rückmeldung
Flexibilität	Beweglichkeit/Biegsamkeit/Anpassungsfähigkeit
Flip-Flap-Tafel	Tafel mit Block ca. 60 x 100 cm zum Schreiben von auf Distanz leserlichen Texten – zum Umblättern beschriebener Seiten

„Flüssige Intelligenz“	Fähigkeit zur raschen gedanklichen Umstellung, zum Erfassen ungewohnter Zusammenhänge
Fluktuation	kontinuierlicher Wechsel, z. B. im Personalkörper
Fokus	Brennpunkt
fokussieren	ausrichten/zentrieren/auf den Brennpunkt einstellen
Fossilien	meist versteinerte Überreste von Tieren und Pflanzen
Futurologie	Wissenschaft, die sich mit Zukunftsentwicklungen befaßt

G

ganzheitliches Denken	Denken im umfassenden Sinn im Spannungsfeld zwischen Ursachen und Wirkungen, durch Konsequenzenanalysen, Zukunftseinbezug und Werthaltigkeitsüberlegungen
Genetik	Vererbungslehre/Wissenschaft der Genveränderung
Genremalerei	Malerei aus dem täglichen Leben
Gruppendynamik	Lehre vom Verhalten einzelner in der Gruppe und ihrer wechselseitigen Beeinflussung

H

Hemisphäre	Erdhalbkugel, Hemisphären beim Gehirn = die beiden Gehirnhälften
heterogen	andersartig
Homo erectus	der aufrecht gehende Mensch
homogen	gleichartig
Homoiden	Vorstufe des Menschen
Homo sapiens	wissenschaftl. Bezeichnung für den Menschen
Homo sapiens sapiens	Jetztzeitmensch
Hypothese	Annahme/Vermutung/Vorentwurf für eine Theorie

Hysterie	abnorme nervöse Aufgeregtheit

I

Idea Engineering (engl.)	schriftlicher Ideenfindungsprozeß, individuell oder kollektiv durchführbar
IES	Abkürzung für Interaktive elektronische Systeme des Lernens
Illumination	Erleuchtung
Illusion	Einbildung, Wunschvorstellung, Sinnestäuschung
induktiv	hinführend, allgemeine Regeln herleitend aus Einzelfällen
Inflation	Entwertung/Aufschwellung
Infrastruktur	wirtschaftlich-organisatorischer Unterbau von Leistungen und Nebenleistungen
Inkubation	Bebrütung/Einschiebphase, in der das Unterbewußtsein an einer Sache weiterarbeitet
Innovation	Neuerung durch Anwendung neuer Verfahren und Techniken/Entwicklungsprozeß mit Neuheitsaspekt
Inspiration	Eingebung/Erleuchtung
Intelligenz	Geistige Befähigung/Klugheit/Vernunftbegabung
Intelligenz-Quotient	Maßstab intellektueller Leistungsfähigkeit
Interaktion	Wechselbeziehung zwischen Personen
interaktiver Unterricht	Unterricht, der Lernende stark aktiviert/einbezieht, heute oft mit Hilfe der Elektronik und Computertechnik
interdisziplinäre Arbeitsgruppe	Gruppen, die aus Vertretern verschiedener Disziplinen/Tätigkeiten/Wissenschaften zusammengesetzt sind
Interpretation	Erklärung, Ausdeutung
introvertiert	nach innen gekehrt/in die Tiefe angelegt

Intuition	ahnendes Erfassen, Gefühlsverständnis, Eingebung
inverses Brainstorming	Zusammentragung möglicher Fehler/Nachteile (eines Produktes oder einer Lösung) mit der Brainstormmethode
Irrationalität	vernunftmäßig nicht Faßbares

K

Kadmium	chemisches Element (Metall)
Kambrium	älteste Stufe des Paläozoikums (erdgeschichtliches Altertum)
Kardiologie	Lehre vom Herzen/von den Herzkrankheiten
Know-how	Wissen um die praktische Verwirklichung oder Verwendung einer Sache/Erfahrungswissen
Kognition	Erkennen/Wahrnehmen, kognitiv = die Erkenntnis betreffend
Kolumnist	Journalist, dem ständig eine Spalte in einer Zeitung/Zeitschrift zur Verfügung steht
Kommunikation	Kontaktaufnahme/wechselseitige Information
komparatives Denken	Vergleichsdenken
Kompensation	(im Psychologischen) zwanghafte Ausgleichshandlung
komplex	vielfältig verflochten
kontrovers	gegensätzlich
Kreativität	Fähigkeit zur Schaffung von Neuem/Einzigartigem oder zur wesentlichen Verbesserung von Bisherigem
„Kristallisierte Intelligenz“	Wissens- und Erfahrungsschatz, Ausdrucksfähigkeit
„Künstliche Intelligenz“	Expertensystem-Intelligenz von Computern, aufgrund anspruchsvoller Programme eingegeben/ fiktive Computerintelligenz

L

Laparoskop	Instrument zur Untersuchung der Bauchhöhle
Lateraldenken	unorthodoxes, sprunghaftes Denken, freies Assoziieren
Learning by doing /engl.)	Lernen durch Anwendung
Little Technic (engl.)	Technik der kleinen Schritte im Kreativitätsprozeß
Luzidität	Klarheit/Durchsichtigkeit in absoluter Form

M

Magnaten	Grundbesitzer/Großindustrieller von großem Bekanntschaftsgrad
Matrix	geordnetes Schema von Werten/Lösungsmöglichkeiten, durch senkrechte Spalten und waagrechte Zeilen unterteilt
mental	geistig/auch geistig-seelisch
Mentaltraining	Ausbildung des geistig-seelischen Kräftepotentials
Metapher	sinnbildliche Wendung
Methode 6-3-5	Ideenentwicklung unter 6 Personen, die je 3 Vorschläge ausarbeiten und diese 5x weitergestalten (Methode B. Rohrbach)
Mind Machines (engl.)	„Gehirnmaschinen" zur Beeinflussung der Gehirnströme und der kreativen Denkkapazität
Mind Mapping (engl.)	Technik visualisierender Art, die für einfachere Strukturierungen geeignet sind und die Untergliederungen übersichtlich aufzeigen (in Form von Mind Maps/„geistigen Landkarten")
Moderator	Präsentator und Begleiter einer Sendung oder eines Trainings
Modulation	Ändern, Wandeln, Abwandeln, Veränderung der Schwingungszahl

Morphologie	systematisches, analytisches Ideenfindungsverfahren, das mit morphologischem Kasten/Schema arbeitet
Motivation	Beeinflussung/Konditionierung für etwas/Beweggrund

N

Narzismus	krankhafte Selbstverliebtheit
Neuronen	Nervenzellen
notorisch	gewohnheitsmäßig im abwertenden Sinn

O

Obstruktion	Hemmen, Bremsen
Odium	Beigeschmack/Makel
Ödipuskomplex	abnormstarke Bindung zum gegengeschlechtlichen Elternteil
Ökologie	Lehre von der Beziehung der Lebewesen zur Umwelt
Ökonomie	Lehre vom sinnvollen Wirtschaften/Wirtschaftlichkeits-Lehre/Wirtschaftlichkeit
operationale Kreativität	schöpferische Tätigkeit, die auf die Schaffung neuer Systeme oder Organisationen ausgeht
Orakel	rätselhafte Weissagung

P

Paradigma	Muster, Modell, Geschichte mit beispielhaftem Charakter
Parkinsonsche Krankheit	Schüttellähmung
Partitur	Zusammenstellung aller zu einem Musikstück gehörenden Stimmen

Pathologie	Lehre von den Krankheiten
pathologisch	krankhaft/die Lehre der Krankheiten betreffend
perfektionierende Kreativität	schöpferische Arbeit, die auf nutzbare Verbesserungen von Bisherigem ausgeht
Phänomenologie	Merkmalstruktur von Sachverhalten, die wesensmäßig nicht leicht zu verstehen sind
Phantasie	Vorstellungskraft, Einbildungskraft, Trugbild
Physiologie	Lehre von den Lebensvorgängen
Pinwand	Bewegliche Wand zum Aufbringen von Wörtern, Sätzen, Zeichnungen, eventuell mehrere Pinwände nebeneinander zur Flächenvergrößerung
Polarisierung/Polarität	Gegensätzlichkeit/Zweipoligkeit
Pongoiden	Vorstufe des Menschen
Potential	Leistungsfähigkeit
Potenz	Kraft/Leistungsfähigkeit
Primaten	Vorstufe des Menschen
PRO LITTERIS	Gesellschaft für literarische, dramatische, Bildhauer- und Fotografie-Rechte, Zürich
Promotor	Förderer, Werber
Psychopathologie	Lehre von den krankhaften seelischen Zuständen
Psychose	Seelenstörung, Geistes- oder Nervenkrankheit
Pulsar	kosmische Radioquelle mit periodischer Pulsierung
Puzzle (engl.)	Geduldspiel

Q

Quality Circle (engl.)	Mitarbeiter- und Führungskräftegruppen, die gesteuert von der Quality Management Philosophie systematisch Verbesserungen in verschiedensten Leistungsbereichen betreiben

Quality Management (engl.)	unternehmerisches Perfektionsstreben, das alle Leistungsbereiche einer Firma erfaßt

R

radiographisch	strahlenaufzeichnend
radiologisch	strahlenkundlich
Raster	Viereck oder Rechteck mit engem Liniennetz zur Darstellung von Zusammenhängen
Rationalität	Vernünftigkeit
Reduktionstechnik	Abspecken anfänglichen Faktenwustes auf Wesentliches/Entscheidendes/Zentrales
Reizwort-Methodik	Überdenken von Reizwörtern im thematischen Umfeld einer Problembearbeitung, um aus solchen Reizbegriffen brauchbare Anregung zu Problemlösungen zu beziehen
reproduktives Denken	nachbildendes Denken
Ressource	Quelle, Rohstoff, Mittel
ROTAIR	drehbare Drahtseilkabine (Weltneuheit 1992)

S

Sado-Masochismus	Verbindung von Sadismus (Freude an der Grausamkeit) und Masochismus (Mißhandlung zwecks geschlechtlicher Befriedigung), Wollust des Leidens und Erleidens
Schizophrenie	Bewußtseinsspaltung
Semantik	Lehre von der Bedeutung sprachlicher Zeichen/von Worten, Sätzen, Texten
Sensibilität	Feinfühligkeit/Empfindsamkeit
Sensitivität	Empfindsamkeit/Empfindlichkeit (fast übersteigert)
Simulation	Nachahmung, Nachbilden von Vorgängen, Vortäuschung

Simulatoren	Gerät/Einrichtung zum Training schwieriger Funktionen
simultan	gleichzeitig
sozio-technische Systeme	Unternehmungen/Zweckorganisationen im Gegensatz zu rein technischen Systemen
Spezies	besondere Art einer Gattung, z.B. Spezies Mensch als lebendes Wesen
Spiritus rector	geistiger Urheber/Veranlasser/Initiant/Initiator
Sporn-/Zünd-Fragen	Fragen, die zum Nachdenken anspornen/Prüffragen
Strategie	genau geplantes Vorgehen aus der Gesamtperspektive
Stroke (engl.)	Anstoß/Anregung/Stimulans
Strukturierung	Gliederung, übersichtliche Einteilung
Sublimation	Läuterung, Verfeinerung, Veredelung, Steigerung ins Erhabene
Subliminals (engl.)	auf Tonkassetten unterschwellig eingebaute Information, die man beim Hören nicht oder kaum wahrnimmt
Suggestion	seelische Beeinflussung, Einreden
Suggestologie	Wissenschaft der angewandten Auto- und Fremdsuggestion
Suggestopädie	moderne Lernpsychologie mittels stimulierender Techniken wie barocker Musik, Autosuggestion, Autogen-Training, Farbstimulierung, Atemtechnik, formelhafter Affirmationen, Erlebnisorientiertheit und Kontrastwirkungen
SUISA	Gesellschaft für Musikrechte, Zürich
Supernovae	lichtstarker neuer Stern
Symposium	wissenschaftliche Tagung
Synapsen	Fortsätze der Nervenzellen/Schaltstellen

Synektik	Zusammenfügungsmethode durch Suche nach Analogien, Verfremdung von Vertrautem und Einbezug von Fremdem (Methode von W.J.J. Gordon)
Synergie	Zusammenwirken
Synonyme	sinnverwandte Begriffe/Wortschöpfungen
Synthese	Zusammenfügung von Teilen zu einem Ganzen

T

Tagträumerei	„Spintisieren" im Halbwachzustand, beiläufiges, weitgehend unbewußtes Nachhängen von Gedanken
Talent	naturgegebenes, aber auch entwicklungsfähiges Geschick zu künstlerischer, geistiger oder auch sportlicher Leistung
terminologisches Denken	begriffliches Denken
Theta-Wellen	Gehirnströme von 4–7 Hertz als Ausdruck des Schlafzustandes oder tiefer Meditation, in welchen Inspiration und Kreativität angeregt werden
Total Quality Management (engl.)	unternehmerisches Credo, das jede Leistung grundsätzlich als verbesserungsfähig betrachtet und Perfektionisierung mit absoluter Systematik betreibt, auch im Interesse einer Optimierung der Lebensqualität jedes einzelnen, wobei auch der Kundennutzen eine wichtige Rolle spielt
Trauma, Plural: Traumata/Traumen	starke seelische Erschütterung

U

Ultra-Kurzzeit-Gedächtnis	flüchtige Wahrnehmung, nur für bis 20 Sek. haftend (nach Vester)
Universum	Weltall
Urknall	Explodieren der Materie bei der Entstehung des Weltalls

V

Variantenpuzzle	geduldiges, sorgfältiges Vergleichen von Spielarten/Abarten/Abweichungen/Verschiedenartigkeiten
Verbalisierung	wörtliche/wortmäßige Ausdrucksweise
Verifizierung	Überprüfen der Richtigkeit/Stimmigkeit
vernetztes Denken	Denken in Ursachen, Konsequenzen, Nebenwirkungen, um zu ganzheitlicher Betrachtung zu gelangen und möglichst umfassend Risiken vorbeugen zu können oder sie abzuschwächen
vertikales Denken	logisch-geregeltes Denken, rein verstandesmäßiges Denken, direkt ableitendes Denken
Vexierbild	Irreführung
Vision	Vorstellung/Erscheinung/Traumbild/Ausmalung
Visualisierung	bildhafte/graphische Umsetzung von Zusammenhängen, Ideen, Aussagen

W

W-Fragetechnik	W-Fragen-Verwendung (was? wer? wo? wann? wozu? wie? womit? worauf? welche? warum?) zum Analysieren von Zusammenhängen oder Zweckhandlungen

Z

Zeitmanagement	Rationelles Umgehen mit der Zeit, zeitbewußte Berufsausübung
Zufallswort-Methodik	völlig zufällig aus Katalogen, Lexiken etc. gegriffene Wörter werden nach innewohnenden Anregungen zu Problemlösungen untersucht

3.2 Phänomenologie der Kreativität

Begabungen sind produktive Gleichgewichtsstörungen.
Hans Kudszus

Phänomene sind markante, erstaunliche Merkmale von Sachverhalten, die wesensmäßig auf Anhieb nicht leicht zu verstehen sind.

Im Zusammenhang mit Kreativität drängen sich verschiedene Phänomene zur näheren Betrachtung auf.

3.2.1 Läßt sich von einer „Inflation des Kreativitätsbegriffes" reden?

Schöpferische Menschen hat es seit den frühesten Anfängen unserer Gattung immer gegeben, zu Beginn wohl am ehesten aus dem Bestreben zu überleben. Not macht erfinderisch. Erste Werkzeuge datieren auf eine Million Jahre zurück, das Feuermachen kennt man seit 500000 Jahren. Der Begriff Kreativität existiert in großen Lexikawerken erst seit wenigen Jahrzehnten, ist aber heute in aller Leute Mund. Fremdwörter scheinen sich am meisten für eine modisch-rasante Verbreitung zu eignen. Sie brauchen bloß von der Wissenschaft aus der Taufe gehoben und ein bißchen mystisch angehaucht zu werden, und schon sind sie für den Alltagsgebrauch sakrosankt, auch wenn die meisten Mühe haben, ihren Begriffsinhalt zu erläutern. Somit ist es immer Schicksal solcher Begriffe, mißbraucht zu werden. Und wenn ganze Branchen sich von Kreativpersönlichkeiten durchsetzt wähnen und die breite Öffentlichkeit mit ihren vermeintlichen Kreativ-Slogans schockieren, ist es nicht erstaunlich, daß viele mit **Ressentiments gegen Pseudo-Kreativität** ankämpfen. Anschauliches Beispiel: In einem Prospekt für Pioneer-Midi-Stereoanlagen ist folgende wortwörtliche Anpreisung zu lesen: „Die Pioneer Midi-Anlagen sind zum Explodieren geladen. Energisch und mit einer teuflischen Perfektion offenbaren sie, was in ihnen steckt!"

In der kulturellen Zeitschrift DU vom März 1992 glossiert Michael Schulte folgende Werbeslogans: Papierservietten „Kreativ" von Ikea, Buchtitel „Der alltägliche Neid und seine kreative Überwindung", „Körpersignale der Macht – der kreative Weg zu mehr Erfolg und Einfluß", „Kreativ tanzen", „Kreative Drinks ohne Alkohol", „Kreative Scheidung" usw.

Damit ich nicht falsch verstanden werde: ich bin ein Bewunderer geistreicher

Werbung, die beweist, *wie* kreativ gute Publizität ist. Im komprimiertesten Sinn kann gelegentlich ein einziges Worttandem zu einem geistigen Kraftpaket werden. „Tanke schön!" hieß es an einer Tankstelle, und man fühlte sich humorvoll bedankt und tankt gerne wieder dort. Oder in einer Mitsubishi-Nutzfahrzeug-Reklame hieß es bedeutungsvoll neben der Abbildung modernster Wagentypen: „Die schuften und schleppen und sind dazu noch dieselflink" (Kostenappell und Unterstreichung: Ein Diesel muß nicht lahm sein). Noch zwei Beispiele: In einem Inserat für Kopierer der Firma Brother hieß es: „In einer Minute macht er alle fertig" (Gefühlsappell in fettgedruckter Schlagzeile, die besondere Leistungsfähigkeit hervorhebend), und am Schluß lautete der emotionale Appell in dieser Werbung: „Brother – Es ist immer gut, einen Brother zu haben" (Assoziation Bruderliebe).

Im besten Fall werden solche Sprachspielereien – Permutation heißt der Fachausdruck dafür – zu Werbeaussagen mit Ohrwurmcharakter, von denen viele rund um die Welt geistern, z. B. „Duft der großen weiten Welt", „Im Falle eines Falles klebt Uhu wirklich alles", „Tiger im Tank", „Katzen würden Wiskas kaufen", „Ohne Wiskas wär's ein Hundeleben", „Wo denn sonst", „Wir sind nur der Zweigrößte" (Avis) usw.

In der Schweiz (Saanenland) haben sich fünf Vierstern-Hotels im Chaletstil zur Gruppe der „Creative Hotels" zusammengetan. Ihre besondere Charakteristik: Familienhotels mit Tradition, wo sich der Hotelier und seine Gattin persönlich um ihre Gäste kümmern. Ökologiebewußt werden Bett- und Frottéwäsche nur auf ausdrückliches Verlangen gewechselt; sie wird zentralgewaschen. Frischprodukte werden saisongerecht beim örtlichen Lieferanten eingekauft. Auf dem Frühstückstisch stehen nur unverpackte Butter- und Konfitürenportionen. Für Kinder sind Spielzimmer eingerichtet. Es werden gemeinsame Ausflüge organisiert. Durch Sparlampen und ökonomische Kochherde versucht man den Energieverbrauch gering zu halten. Gemeinsam organisierte Personal-Weiterbildungskurse betonen die Persönlichkeitsentwicklung und eine besonders zuvorkommende Gästebetreuung. Es gibt Pauschalangebote für Erlebnisferien, wobei auf ein stimmiges Preis-Leistungs-Verhältnis Wert gelegt wird. Skifahrer profitieren von Weihnachtswochen, Ski- und Langlaufofferte, Telemarkkursen, den in der Gegend vorhandenen 69 Bergbahnen und Skilifte, von Loipen und Skiwanderwegen. Für Nicht-Skifahrer gibt es Erlebniswochen und ausgefallene Angebote wie Chinesisch-Kochen. „Wir verwöhnen anspruchsvolle Gäste auf kreative Weise" scheint ihr gutes Motto zu sein.

Klar: Es vermiest nicht nur die schlechte Werbung den Kreativitätsbegriff. Auch viele Schreiberlinge in Zeitungen und Zeitschriften scheinen es neuerdings geradezu darauf angelegt zu haben, Kreativität lächerlich zu machen, vermutlich weil sie ihr eigenes Manko an schöpferischer Ausdrucksfähigkeit so kompensieren müssen. Journalismus war schon immer eine zweidimensionale Sache: Man kennt die dünngesäten großen Journalisten, die es in allen Zeiten gab, und man leidet unter den anderen, die aus einseitiger Perspektive schreiben, die Skandale und Gerüchte bis Zum-geht-nicht-mehr ausschlachten und auch sonst Anrüchiges, Perverses und Obszönes clever zur Story des Tages zu machen verstehen.

Dabei ist unsere Welt in ihrer Zerrissenheit und angesichts ihrer Fülle an bedrängenden Problemen wohl noch nie so sehr auf Kreativität in der Bewältigung ihrer Aufgaben angewiesen gewesen.

Der Ruf nach einer spezifischen Ausbildung in Kreativität schon an Schulen und höheren Lehranstalten erschallt nicht umsonst, und der Zwang zu vermehrter Zusammenarbeit in internationalen Gremien erbringt auch nur dann größeren globalen Nutzen, wenn dort wirklich kreatives Ideengut eingebracht wird.

3.2.2 Ist Kreativität identisch mit Problemlösen?

Mit zunehmender Schwierigkeit eines Problems reduziert sich die Zahl der Problemlöser von selbst!

Ein kreativer Prozeß kann auf unterschiedliche Art und Weise ausgelöst werden:

1. Möglichkeit: Ein Problem ist in unser Bewußtsein getreten und soll nun eine befriedigende Lösung finden.

2. Möglichkeit: Es meldet sich ein Gestaltungswunsch z. B. bei einem Künstler, der nach kreativer Realisierung drängt.

3. Möglichkeit: Durch eine Vision oder Inspiration entsteht eine Idee zur Schaffung von wertvollem Neuem (Produkt, Firmengründung, Organisationshilfe, Festveranstaltung, Sicherheitsmaßnahme, Sozialplan – um nur einige Beispiele aus Millionen von Möglichkeiten zu nennen)

4. Möglichkeit: Ein wirklich zufälliger Ideenanstoß vermittelt uns eine Idee für irgendeine Realisation, ohne daß vorher ein Problem gegeben war.

5. Möglichkeit: Ein vorbewußt oder unterbewußt schon vorhandener „Plan" wird vom programmierten Unterbewußtsein eines Tages an die Oberfläche des Bewußtseins gefördert und kristallisiert sich zur schöpferischen Willenshandlung (Ideenrealisation) aus, mit gleichzeitiger Erleuchtung bezüglich Ideengestaltung.

Allgemeine Voraussetzung der Kreativität ist ein ausgebildetes, ständig aktives Problembewußtsein, das Probleme aufzuspüren vermag, sie in Zusammenhang und Auswirkung erfaßt und auch in ihrer Verursachung zu analysieren und letztlich zu begreifen imstande ist. Aber: **Nicht immer ist somit ein Problem Ausgangspunkt einer kreativen Handlung.** Es ist auch eine Frage der sprachlichen Interpretation des Begriffes „Problemlösung", ob man darunter eine mit Aufwand betriebene kreative Ausgestaltung der Lösung versteht oder bloß einen einfachen kreativen Akt, der sich mühelos realisieren läßt, wenn die erleuchtende Idee einmal aufgetaucht ist. Das berühmte „Ei des Kolumbus" ist meist so ein Fall, wo es nur die Inspiration braucht, um auf eine bisher nicht erfaßte, aber „naheliegende" Lösungsmöglichkeit zu verfallen.

Edison, das große Erfindergenie mit rund 2000 Patenten (!), hat einmal gesagt: „Erfindungen = 1% Inspiration + 99% Transpiration". „Genie ist Fleiß", heißt es auch, „aber nur, wenn es der Fleiß eines Genies ist!" fügte ein Aphoristiker hinzu.

Eines ist noch zu unterstreichen: die Rendite für die Menschheit hängt bei einem Geniestreich nicht vom geleisteten Arbeitsaufwand ab – ein genialer Geistessprung kann der Welt eventuell mehr eintragen als ein anderer Kreativprozeß, der mit ungeheurer Arbeitsanstrengung zu erkaufen war. Profitable Erleuchtungen ohne Abmühung sind allerdings seltene Erscheinungen am Erfinder-Himmel.

3.2.3 Ist Kreativität intelligenzabhängig?

„Es gibt Leute, die so in ihren Geist verliebt sind,
daß sie darob den Verstand verlieren."
(Curt Goetz)

Hochintelligenz ist keine Voraussetzung für kreativen Erfolg, aber Untersuchungen der Kreativitätsforscher zeigen doch, daß in vielen Fällen ein vorhandener ausgeprägter Intelligenzstandard die schöpferische Arbeit positiv beeinflußt.

Immerhin gibt es vor allem im Bereich **künstlerischer Kreativarbeit** (Maler, Musiker, Bildhauer, Kunsthandwerk, Kochkünstler) viele Beispiele, wo der Intelligenzstatus des betreffenden Kreativen ein geringer bis sehr geringer war. Kreative Erbanlagen können dann Intelligenz ersetzen, wenn bei solchen künstlerischen Tätigkeiten das Formgefühl, die ästhetische Empfindungsqualität, das Harmonieverständnis und das sinnhafte Ausdrucksvermögen die wesentlichen Einflußgrößen sind. Das darf aber nicht zum Schluß verführen, daß alle in diesem Bereich gestaltenden Künstler zu den Intelligenzschwachen zu zählen wären; es gibt erwiesenermaßen auch hochintelligente Kunstschaffende im ästhetischen Gestaltungsbereich.

Die Forschung betont allerdings, daß in den **geistig besonders anspruchsvollen Hochleistungssparten** (Wissenschaftler, Denker, Brainworker, Systemspezialisten, Wirtschafts- und Management-Experten etc.) ein **hoher Intelligenzgrad** vorhanden sein m u ß, nebst anderen Fähigkeitspotentialen, die wir im Kapitel 11 erläutern.

Wie entsteht Intelligenz? Auch sie kann als Erbanlage schon vorhanden sein, und zwar in mehr oder weniger großem Ausmaß. Mit den Intelligenzfunktionen ist es aber wie mit den anderen geistigen, physischen und psychischen Fähigkeiten: In der lernenden fortwährenden Auseinandersetzung mit Reizen, Anregungen und Aufgaben, die die Umwelt an uns heranträgt, lassen sich **Dispositionen entwickeln**, auch wenn sie anfänglich z.T. nur in schwacher Ausprägung vorhanden sind. So wie die physischen Muskeln in unserem Körper durch längeres Training aufgebaut werden, so verhält es sich mit unserer geistig-seelischen Potenz. Wer sich mental lange unterfordert, der degeneriert zu geistiger Kraftlosigkeit als Folge automatischer Erschlaffung der „geistigen Muskeln".

Was ist Intelligenz genauer? Eigentlich die **Summe der Veranlagungen und entwickelten Fähigkeiten, die eine Denkleistung möglich machen, nämlich die Zusammenwirkung von Auffassungsgeschwindigkeit und Urteilskraft, Assoziationsvermögen, kombinatorischem und synthetischem Denken, Abstraktionsfähigkeit, Gedächtnisleistung, Vorstellungs- und Beeinflussungsvermögen. Auch die Fähigkeit zur Bewältigung neuer Situationen ist ein Intelligenzaspekt.**

Welche Intelligenzarten sind zu unterscheiden? Die menschliche Intelligenz, die sowohl abhängig ist von der Veranlagung als auch den Neigungen und der schon erwähnten Übung der Denkfunktionen, wird eingeteilt in eine **praktische**, eine **theoretische** und **ästhetisch-künstlerische Intelligenz**. Was den Anregungsfaktor „Neigung“ anbelangt, so ist es klar, daß Interesse und ein Motiviertsein die Intelligenzdisposition verstärken. Aber auch die menschliche Umwelt kann durch ihre Erwartungshaltung, Unterstützung und Anerkennung eine positive Einwirkung auf die Weiterentwicklung der Intelligenz zeitigen, hauptsächlich seitens von Eltern, guter Lehrer, Vorgesetzter, Ehegatten, Freunden und Bekannten.

Wichtigkeit frühkindlicher Intelligenz- und Kreativitätsentwicklung: Die neuere Psychologie hat eine epochale Erkenntnis zutage gefördert, nämlich **daß die ersten vier Jahre des aufwachsenden Kindes schon sehr bestimmend für seinen geistigen Anregungsprozeß und die spätere mentale Leistungsfähigkeit sind**. Natürlich sind auch in den Folgejahren wichtige Bausteine zu erbringen, aber im frühzeitlichen Erziehungsfeld der ersten vier Jahre sind **zärtliche Liebe, spielerisches Ausüben von Lernanreizen, stimulierendes Lob und sprachliche Einwirkung** von viel größerer Bedeutung, als man bislang angenommen hat. Die Meinung, in diesen ersten Lebensjahren könne das Kleinkind Anreize sowieso nur ungenügend oder teilweise überhaupt nicht verarbeiten, hat sich als absolut falsch erwiesen. Vergleichende Tests haben erwiesen, daß gerade in diesem zartesten Alter von einer eigentlich **prägenden Einwirkung** gesprochen werden kann, wenn die Anreize häufig genug und in richtiger Dosierung erfolgen. Das Kleinkind ist somit viel lernfähiger als früher angenommen. Dagegen kommen Kinder, mit denen man sich zu wenig beschäftigt, automatisch in einen **geistigen Entwicklungsverzug**. **Die Sprache als vermittelndes Medium** ist dabei von großer Bedeutung, besonders auch in den Folgejahren. Ob man Kinder ständig anschreit, oder ob man verständnis- und liebevoll mit ihnen redet und in der Sprache durch gute **Wortwahl und Anschaulichkeit auch geistige Anregung** zuteil wird, ist sicher mitentscheidend für die **Charakter- und Intelligenzbildung**. Allerdings wäre es falsch, Kinder in bezug auf Lernen zu forcieren. Wie viele Wunderkinder sind doch in die Mühle ihrer Eltern geraten und haben durch den ständig ausgeübten Zwang etwas vom Wichtigsten opfern müssen: ihre **glückliche Kindheit**, die bekanntlich eine entscheidende Basis für die spätere Lebensgestaltung abgibt. Ein falscher Ehrgeiz der Eltern vermag im jungen Menschen mehr kaputtzumachen, als gemeinhin angenommen wird. Frühreife kann zur Belastung werden, Sympathien kosten, zur Isolierung führen.

Intelligenzsteigerung im Erwachsenenalter: Wenn in der Wirtschaft bei der Frage, ob der Mensch nach dem Alter von ca. 20 Jahren seine Intelligenz überhaupt noch steigern könne, recht kontroverse Meinungen diskutiert werden, da erlebe ich es als Personal- und Führungstrainer immer wieder aufs neue – und das jetzt seit über 30 Jahren –, daß Berufstätige, die in ihrer Funktionsausübung sowohl in immer anspruchsvolleren Aufgaben und dank einer motivierenden Führung einen **auffallend positiven Entwicklungsprozeß durchmachen und mit der Zeit förmlich über sich hinauswachsen**. Oft begegnen wir Trainer ja Leuten, die wir schon in früheren, vielleicht schon Jahrzehnte zurückliegenden Kursen erlebt haben. Sie wiesen damals zwar Fähigkeiten auf, verrieten aber noch wenig Reife und Konstanz. In höheren Rängen später erneut angetroffen, belegen dieselben Personen einen Standard, der oft imponierend wirkt. Sicher ein Beweis dafür, daß **sowohl der Charakter wie die Intelligenz entwicklungsfähig sind**, nicht nur in den jungen Jahren. Auch Verkäufer kenne ich zu Hunderten, die im ersten Training noch gehemmt waren und sich nicht durch Geschicklichkeit auszeichneten, die aber später nach jahrelanger Weiterbildung bestens ihren Mann stellten und erstaunlich an Reife hinzugewonnen hatten. Ein Verkäufer hat ja viel zu erarbeiten: Beweglichkeit im Denken, sprachliche Ausdrucksfähigkeit, Überzeugungsvermögen, Einfühlung, Motivationsfähigkeit, Umgangsformen, Arbeitssystematik, Fachwissen, Streßbelastbarkeit, Verhandlungskunst usw.

Der amerikanische Psychologe Cattell unterscheidet die „flüssige" von der „kristallisierten" Intelligenz: erstere wird durch sprachfreie Tests gemessen – man kann sie als die Fähigkeit zur raschen gedanklichen Umstellung und zum Erfassen ungewohnter Zusammenhänge auf hohem Abstraktionsniveau sowie zur räumlichen Vorstellung beschreiben. Die „kristallisierte" Intelligenz bedient sich dagegen der sprachgebundenen Logik, der Fähigkeit zu formulieren, des Wissens und der Erfahrung. Nach Cattell nimmt die „flüssige" Intelligenz durchschnittlich mit den Jahren eher ab, die „kristallisierte" bleibt konstant oder nimmt unter günstigen Umständen zu.

Intelligenz ist nicht alles! Umfassend und langfristig kann Intelligenz ihre positive Seiten nur entfalten, wenn auch die Kräfte des Gemütes, der Intuition und der Ethik im Menschen gebührend mitwirken. Wir kennen den Typus des kalten oder berechnenden Intelligenzlers, und wir wissen auch, daß ein Übermaß an Intelligenz oft auf Kosten des Lebensglückes und der Harmonisierung mit der Umwelt geht.

Eine Frage, die im Zeitalter der modernen Computertechnologie immer wieder auftaucht,

Gibt es Wege zur Simulation menschlicher Intelligenz?

wird in amerikanischen und japanischen Großfirmen der Informatiksparte mit Riesenbudgets untersucht. Dabei kommt häufig das **Schlagwort von der „künstlich-**

en Intelligenz" ins Spiel, vielleicht nicht zuletzt, weil es in der **Schachkunst** gelungen ist, den Computer zum ernstzunehmenden Partner zu machen, in den letzten Entwicklungen sogar auf Großmeisterstufe.

Wie wir bei unseren Ausführungen über den Begriff der Intelligenz gesehen haben, umfaßt diese auch das flexible und kreative Reagieren auf sich verändernde Situationen. Sehen, Sprechen und Verstehen von Sprachen – das alles ist heute schon möglich via Computer. Auch schafft man immer emsiger an **Expertensystemen**, mit welchen heute schon beachtliche Resultate erzielt werden. **Computer können auf neuestem Stand bereits selbst Programme entwickeln, um mit gestellten Problemen fertig zu werden.** Sie nützen dabei **eingegebene unglaublich große Wissenskapazitäten und märchenhaft kurze Abrufzeiten**. Diese übersteigen natürlich die gedankliche Schaffenskapazität des menschlichen Gehirns. Es können so in der **Fehlerdiagnose** komplexer Systeme (laut einem Referat von Dave Monk, Texas Instruments International) Hilfen genützt werden, die es früher nicht gab, und mit **Expertensystemen** lassen sich bei Robotern, Kampfflugzeugen, Produktionslinien, in der Krebstherapie und in anderen medizinischen Bereichen, in der Verwaltung von Wertschriftenportfolios usw. verblüffende Resultate erzielen. „Die Maschine ist dann auch in der Lage zu erklären, wie und warum sie zu einem unerwarteten Schluß gekommen ist, oder warum sie eine Zusatzinformationen verlangt, die auf den ersten Blick nichts mit dem bearbeiteten Problem zu tun hat." Roboter, die Werkzeugabnützung selbsttätig feststellen, können die abgenützten Teile schon seit einiger Zeit auch selbsttätig auswechseln, und so sind auch Defekte automatisch behebbar. Mit der AI (Artificial Intelligenz, wie die gängige Abkürzung übersetzt wird) „kann nun Wissen automatisch und fast in Echtzeit angewendet werden".

Trotzdem: alles Wissen und alle Systeme müssen eben doch erst durch Menschen eingegeben werden. Insofern ist „künstliche Intelligenz" nur eine relative Größe und mit der Leistung schöpferischer Gehirnkapazität immer noch nicht vergleichbar, aber sie ergänzt diese in sehr wertvoller Weise.

3.2.4 Sonderfall Evolutionsprozeß in der Natur – Entwicklung neuer Wesensformen

„Die Natur ist eine Äolsharfe, ein musikalisches Instrument, dessen Töne wieder Tasten höherer Saiten in uns sind.“

Novalis

Durch die neueste Forschung im Weltraum fühlt sich die Wissenschaft in ihrer Theorie des **Urknalls**, für die schon Albert Einstein rein theoretisch den Weg geebnet hat, bestärkt. Über die **Entstehung des Alls** hat man sich ja schon immer Gedanken gemacht. Alte Religionen haben bereits darüber orakelt und ihre Visionen generationsweise weitervererbt. Für die Eskimos war es Vater Rabe, für die Sia-Indianer besorgte die Spinne Sussistinako die Zeugung des Universums.

> Die wohl abenteuerlichst anmutende Version ist eben die des Urknalls vor angeblich 16 Milliarden Jahren. Danach entstand das Universum „aus einem unendlich dichten, unsichtbar winzigen Punkt, mit einem monströsen Knall, demgegenüber die Explosion von 10000 Atombomben sich anhören würde wie das Räuspern eines altersschwachen Flohs“ (Klaus Lieber). In Riesendimensionen entwickelte sich alles zum All. Elektronen und Atome entstanden, auch das Licht. Schon 1929 konnte Edmond Hubble nachweisen, daß alle Milchstraßen sich rasend schnell auseinanderbewegen, und 1964 entdeckten Arno Penzias und Robert Wison, daß der Kosmos in einem Meer von Mikrowellen badet, bei rund 270° minus. Die Verklumpung von Planeten und Galaxien ist freilich immer noch ein Rätsel.

Nochmals Klaus Lieber: „Die Zeit, als nur Sonne, Mond und Sterne leuchteten, ist passé. Am Firmament lauern unterdessen Ungeheuer mit sonderbarsten Eigenschaften: Supernovae, die heller strahlen als zehn Milliarden Sonnen, Pulsare, die hundertmal in der Sekunde um ihre eigene Achse rotieren, oder gefräßige schwarze Löcher, die alles an sich ziehen und verschlingen – und sogar das Licht gefangenhalten. Die weltweit rund 4000 professionellen Himmelsbeobachter haben sich längst an Überraschungen aller Art gewöhnt. Der verrückteste Thriller spielt im Himmel.“

Die Vermutung der Wissenschaftler, es ließen sich **Artgenossen von uns auch auf anderen Planeten** finden, hat sich bisher nicht bestätigt. Wir sind dabei um eine Illusion ärmer geworden, nämlich verwandte Gattungen zu finden, denen wir vielleicht Überlegenes abgucken könnten, um mit unseren Problemen leichter fertig zu werden. Vorläufig gilt somit: zu überlegener Kreativität müssen wir uns selber aufschwingen!

3.2.4.1 Kreativprozesse in der Natur

„Zu unserer Natur gehört die Bewegung;
die vollkommene Ruhe ist der Tod."

Pascal

Leben ist fließende Veränderung. Das ist ein Ergebnis der **Paläontologie**, die sich wissenschaftlich den Entwicklungsprozessen auf unserem Planeten widmet. Ihre Hilfen sind Versteinerungen, Fossilien, Ausgrabungen, Altersbestimmung und Entwicklungsvergleiche, auch chemische, radiologische und radiographische Stoffuntersuchungen. Daß sich laufend kreative Prozesse der Artenveränderung bei Pflanzen und Tieren ergeben haben, ist tausendfach nachweisbar. G.G. Simpson schätzt die Zahl der fossilen Arten auf 300 Millionen, denen ungefähr eine Million lebender Tierarten gegenübersteht. Heute allerdings sind auch Tausende von Pflanzen und Tieren auf dem Aussterbeetat, zum großen Teil als Folge des uns noch fehlenden Umweltverantwortungsbewußtseins. Hier als instruktives Beispiel des Aussterbens von Pflanzen ein zitierter Zeitungsabschnitt (Neue Züricher Zeitung, Juli 1992):

Ein Viertel aller tropischen Orchideen ausgestorben

> Blacksburg, im Juli (ap) Die Abholzung der tropischen Regenwälder bedroht den Bestand von Orchideen und anderen Pflanzen in weit größerem Ausmaß als bisher angenommen. Wie amerikanische Biologen in einer kürzlich veröffentlichten Studie ermittelten, sind bereits vier Prozent aller tropischen Pflanzenarten in Mittel- und Südamerika und allein 22 Prozent aller tropischen Orchideen auf der Welt ausgestorben.
>
> Jedes Jahr verlieren laut diesen Angaben 84 bis 168 Pflanzenarten in süd- und mittelamerikanischen Regenwäldern ihre Lebensgrundlage. Diese Ergebnisse übertreffen alle bisherigen Annahmen über die Geschwindigkeit des Artensterbens bei Pflanzen. Die Autoren Harold Koopowitz und Alan Thornhill von der Universität von Kalifor-

nien in Irvine präsentierten ihre Ergebnisse an einer Tagung der Gesellschaft für Umweltbiologie in Blacksburg im amerikanischen Staat Virginia. Thomas Lovejoy vom Smithsonian-Institut, ein Spezialist auf dem Gebiet der tropischen Regenwälder, vermutet, daß die Rate der Pflanzen, die tatsächlich jährlich aussterben, noch höher liegt, da die genaue Zahl der existierenden tropischen Pflanzenarten nicht bekannt ist.

Koopowitz und Thornhill benutzen ein Computermodell, bei dem die Größe der abgeholzten Wälder mit der Verteilung der Pflanzenarten korreliert wurde. Auf diese Weise ermittelten sie, daß von 25000 Orchideenarten bereits 5477 und von allen 65000 bekannten tropischen Pflanzenarten in Lateinamerika bereits 2715 ausgestorben sein müssen. Wenn die Regenwälder weiterhin wie bisher abgeholzt werden, muß laut Koopowitz mit dem Verschwinden von 55 Orchideenarten pro Jahr gerechnet werden. In der Vergangenheit waren es die extremen Klimaveränderungen, die der Artenvielfalt Grenzen setzten bzw. die Zahl bestehender Pflanzen- und Tierarten reduzierten.

Ein besonders faszinierendes Kapitel ist das heute noch geheimnisvolle Aussterben der Dinosaurier vor rund 65 Millionen Jahren. Folgende plausible Thesen versuchen das Aussterben dieser Tiergiganten zu erklären und werden noch immer diskutiert:

- Die rasche Klimaabkühlung in jener Zeit führte zu langsamem Kältetod der ganzen Gattung.
- Die Eiszeit vernichtete die Pflanzenwelt zu einem großen Teil, folglich fehlte den Sauriern, die sich mehrheitlich von Pflanzen ernährten, immer mehr die Ernährungsgrundlage.
- Im Zuge der evolutionären Entwicklung gab es immer mehr räuberische Säugetiere, die den eierlegenden Sauriern ihre Gelege fraßen.
- Die Eier der Saurier wurden klima- und ernährungsbedingt immer dünnwandiger und zerbrachen leicht.
- Die gegenteilige Annahme: sie wurden dickwandiger und behinderten das Ausschlüpfen der Brut.
- Ein Riesenkomet schlug vor 65 Millionen Jahren auf die Erde auf, verursachte Staub-, Rauch- und Rußwolken während langer Zeit, was das Sonnenlicht von der Erde abschirmte; ein dadurch ausgelöster Dauerfrost vernichtete Saurier wie viele andere Tiere.

Ob sich die Wissenschaft wohl mit der Zeit auf e i n e gültige Erklärung einigen kann? Vielleicht ergeben sich noch weitere Thesen.

Die Entwicklungsprozesse in der Natur geschahen alle in winzigen, eigentlich nicht realisierbaren Schrittchen, und zwar in riesig dimensionierten Zeiträumen. Mit den modernen Zeitbestimmungsmethoden, die sich äußerst raffinierter Techniken bedienen, haben viele Entwicklungsprozesse in bezug auf ihre Zeitdauer näher definiert werden können.

> Die berühmten Höhlenmalereien von Altamira, El Castillo, Niaux und Lascaux beidseits der Pyrenäen haben z.B. früher zu recht unterschiedlicher zeitlicher Einschätzung ihres Entstehens geführt. Heute machen die modernen Radiokarbonanalysen es möglich, den gemalten Bisons ein Alter von 14000 Jahren (Altamira), 12990 Jahren (El Castillo) und 12890 Jahren (Niaux) zuzumessen, und zwar aufgrund winzigster Materialproben, die man abgekratzt und untersucht hat.
>
> Die frühere Forschung hat sich in der Bestimmung von Entwicklungszeiträumen zum Teil gewaltig getäuscht, auch was die Einschätzung des Alters unseres Planeten anbelangt. Aus Angaben im Alten Testament datierte man die Schöpfung auf 4760 Jahre vor Christus. Wer daran zweifelte, wurde als Ketzer betrachtet. „Später schloß G.L. Leclerc de Buffon nach sinnreichen Versuchen mit geschmolzenen gußeisernen Kugeln auf ein Alter der Erde von 74800 Jahren.“ (Emil Kuh, „Zeitproblem im 20. Jahrhundert“) Heute wird das Alter unseres Planeten auf 4,5 Milliarden Jahre geschätzt.

Man weiß, daß mit Beginn des Kambrium, vor 600 Millionen Jahren, ein überraschender Fossilreichtum eintrat. Das Leben stieg damals aus dem Meer, und in der Folge bildete es sich zu Landgetier um, Reptilien, Flugechsen, später Vögel, Nagetiere, Paarhufer, Raubtiere usw. In der Altsteinzeit/Eiszeit eroberte dann der Mensch die Erde, nicht zuletzt **dank seines größer dimensionierten Hirns**, das ihm die Vernunftreaktion und das schöpferische Denken erlaubt.

Auch in seiner langen Entwicklung zum **Jetztzeitmenschen Homo sapiens sapiens** (wissenschaftliche Bezeichnung) sind diverse **Vorstufen** unterscheidbar: Pongiden, Hominiden, Primaten, Neanderthaler, Homo erectus, Homo sapiens, die sich in fließenden Übergängen ergeben haben, was Gestaltform, Gebißrückbildung, Minderung der Körperbehaarung, Hirnvergrößerung und Gesichtsausdrucksform anbelangt. Es prägten sich im Laufe der langen Entwicklungszeit auch **verschiedene Menschenrassen** heraus: Altschicht-Rassen (Wedda auf Ceylon, Ainu in Nordjapan, Melanesier, Neuguineer, Buschmänner, Pygmäen), Europide, Mongolide und Negride. Erstaunlich, daß die körperliche Entwicklung unendlich lange Zeiträume in Anspruch nahm, während sich die geistig-wissensmäßige besonders in den letzten 100 Jahren in einem stupenden Tempo entwickelte, als Folge der hektischen wissenschaftlichen und erfinderischen Kreativtätigkeit unserer Altväter wie auch der heutigen Generation.

Was die **Evolution in der Natur** – die Entwicklung der Pflanzen- und Tierwelt wie auch der Menschengattung – anbelangt, so sind uns die **auslösenden kreativen Kräfte** im wesentlichen immer noch **undurchsichtig und rätselhaft**, trotz der gewaltigen Forschungsleistung der modernen Wissenschaft. Der religiöse Mensch hat es da leichter, kann er doch einfach **Gott als das Schöpfergenie par excellence** dahinterstellen. Wie dieser seine Wunder in der Natur vollbracht hat, das hinterfragt ja niemand. Die Allmacht des Schöpfers muß dem Gläubigen genügen. „Denken ist eine Anstrengung, Glauben ein Komfort", hat Ludwig Marcuse gesagt. Und von Elazar Benyoetz stammt die Sentenz „Glauben: seine Zweifel in Sicherheit bringen." Daß die Anstrengung des Denkens nicht i m m e r den Erfolg sichert, ist vielleicht auch ein Komfort: Es ist dem Menschen oft wohler, nicht alles zu wissen!

Nach diesem Abstecher in die Rätselhaftigkeit der kreativen Naturprozesse, sprich Evolution, lassen Sie uns wieder zum eigentlichen Thema unseres Buches zurückkehren, zur menschlichen Kreativitätsaufgabe. Zwar spielen sich auch in diesem Bereich Naturprozesse ab, die von der Wissenschaft noch lange nicht alle geklärt sind, aber das Viele, das inzwischen greifbar geworden ist, kann doch wesentlich dazu beitragen, unsere kreative Leistungsfähigkeit noch mehr zu steigern.

3.2.5 Ist jeder Mensch mit schöpferischer Potenz ausgerüstet?

Das Leben ist so voller Entfaltungsmöglichkeiten,
daß kein Mensch ständig an ihnen vorbeigehen kann.

Wir haben dies im Vorangegangenen eigentlich schon bejaht; der Mensch ist mit Phantasie, Ahnungsvermögen, Intuition, Gestaltungsfähigkeit, Erinnerungs- und Kombinationsvermögen ausgerüstet. Und hauptsächlich aus solchen Fähigkeiten wird ja auch kreative Potenz.

Nur besteht eben ein beträchtlicher Unterschied darin, **ob ein Mensch nur mal fast zufällig kreativ wird** – wie diverse Komponisten dies mit bloß einer einzigen Melodie bzw. einem einzigen Musikstück getan haben –, oder **ob sich Kreativität bei jemandem zur auffallenden Gewohnheit entwickelt**. Nur wer gehörig und ständig sozusagen in sich hineinhört und fest an die eigene Gestaltungsfähigkeit glaubt, kann dauerhaft kreativ werden, vorausgesetzt, daß auch sonst einige wichtige Bedingungen, von denen ja noch gebührend die Rede sein wird, erfüllt sind.

Mitläufertum, geistige Passivität, Interesselosigkeit, Verschleiß in der Alltagsroutine und im niveaulosen Umgang mit anderen schaffen das Wunder zu kreativer Befähigung natürlich nicht.

Ein Einstein und ein C.G. Jung wie auch andere bedeutende Geistesgrößen, haben darauf hingewiesen, daß der Durchschnittsmensch nur gut 10% seines geistigen Potentials nützt. Und das ist eine markante Einschätzung. Dabei kommt noch etwas Wichtiges hinzu: **wer keine Lebensplanung hat und sich nicht immer wieder neue Zielhorizonte vorgeben kann, dem wird eben das Odium der Mittelmäßigkeit weiter anhaften**. Und natürlich ist auch derjenige im Nachteil, der in einem sozialen Umfeld aufwächst, welches einer geistigen Entwicklung abträglich ist. Allerdings kann später trotzdem schöpferische Potenz entstehen, wenn in der weiteren Entwicklung starke Impulse aufgenommen werden und so nachträglich das ursprüngliche Bildungsdefizit durch inspirierende Kontakte mit prägenden Persönlichkeiten kompensiert wird. Dabei kann auch die Herausforderung durch immer höhere Aufgabenstellungen im Berufsleben zusätzlich impulsauslösend sein.

Wer also zwar gelegentlich originelle Beobachtungen macht oder die eine oder andere Idee oder Erleuchtung hat, solche jedoch nicht verfolgt und auswertet, dem fehlt die Konsequenz in der geistigen Haltung. Ein Spaßvogel hat dies einmal humorvoll zum Ausdruck gebracht, indem er stellvertretend für andere die Erkenntnis formulierte:

> „Ich habe am Tag sieben Ideen, zwei gute und fünf schlechte; die guten vergesse ich wieder und die schlechten rächen sich nachher an mir.“

Auf die **Wertebene** verlagert: solchen Menschen fehlt es an der nötigen Selbstverantwortung und an der Verantwortungsbereitschaft anderen gegenüber. Persönlichkeits- und Kreativitätsentfaltung läßt sich nur im Einklang mit verantwortlichem Denken betreiben. Beobachtungen und Einfälle sind wertlos, solange sie nicht verarbeitet werden. Dazu gehört auch das ständige kritische Unterscheiden von Nützlichem und Anwendbarem oder Überflüssigem und Unbrauchbarem. Viele meinen, sie hätten keine Zeit, um kreativ tätig zu werden – weil ihnen eben die Konsequenz des systematischen Auswertens ihrer Impulse fehlt. Eine Eingebung innerlich weiter zu verfolgen und ihren Nutzen sorgfältig abzuwägen, das gehört mit zur schöpferischen Phantasie.

Daß es im Leben eines kreativen Menschen **Schwankungen in der Umsetzung kreativer Potenz** geben kann, ist klar. Man spricht ja nicht umsonst von **schöpferischen Phasen** bei Künstlern, Musikern, Dichtern. Oft wurden diese Phasen durch momentane Armut bzw. Mittellosigkeit erzwungen, und es waren nicht immer die schlechtesten Werke, die aus finanziellen Nöten entstanden sind. Wo nicht ein innerer Schaffensdrang vorhanden ist, braucht es eben den äußeren Zwang. Nur: ununterbrochene schöpferische Leistungsfähigkeit kann von niemandem erwartet werden, da kreatives Wirken fast immer mit großer Anstrengung verbunden ist. Dann sind auch Atempausen nötig, Entspannung und vielleicht auch gesunde Ablenkung. Es ist dabei natürlich eine Frage der Interpretation, ob diese Atempausen ihrerseits nicht auch als schöpferische Phasen bezeichnet werden dürften. Wir klopfen gedanklich damit bei der **Inkubation** an, die nur eine vermeintliche Ruhepause darstellt: in Tat und Wahrheit arbeitet beim schöpferischen Menschen das Unterbewußtsein weiter und fördert dann oft selbsttätig neue oder ergänzende Ideen und Einfälle an die Oberfläche. Mit der Inkubation beschäftigen wir uns noch näher im Kapitel 13.7, wo wir die vielen Gestaltungsphasen im schöpferischen Prozeß näher untersuchen.

Ein anderes Phänomen kreativer Tätigkeit ist vor allem im künstlerischen Schöpfungsbereich zu lokalisieren, die eigenartige Erscheinung nämlich, daß **sich in gewissen Zeitepochen die schöpferisch Begnadeten häuften**, während in anderen oft viel längeren Zeitabschnitten ein **ausgesprochener Mangel an Hochbegabten herrschte**. Man kann darüber spekulieren, ob Hochtalentphasen eine Zufallserscheinung darstellen, oder ob in solchen Phasen eben die Animation von einem Künstler zum anderen und von Schule zu Schule auslösend sein mochte, oder ob einst große Sponsoren – Könige, Kaiser, Päpste, Magnaten und Gönner – die kreativen Geister mit fürstlichem Lohn anreizten. Vielleicht war auch die Zeit damals einfach so inspirierend, daß für gewisse künstlerische und auch literatische Gestaltungsbereiche ein omnipotentes Interesse zustande kam (Barockzeit, Aufklärungszeit, Wiener Klassik, Strauß-Walzer-Zeit, New Orleans-Jazz-Epoche – um nur einige Beispiele zu nennen). Auch zeitbedingte Vorlieben für bestimmte Stile, in der Malerei z.B. Historien-, Landschafts-, Bildnis-, Stilleben-, Genre-, Interieur-Malerei, haben artistische Kapazitäten in bestimmten Epochen geradezu gezüchtet.

Trotzdem: einem **Klassikfreund** bleibt es unerklärlich, warum früher so großartige Musikwerke in Menge entstehen konnten, wo ihm heute im Charivari dissonanter Tonkunst das Erbauliche/Erhebende/Entspannende völlig zu fehlen scheint. Die Zeiten haben sich eben geändert, lautet oft die stereotype Erklärung. Hält es ein Musiker unserer Tage für beruflich diskriminierend, ein Werk von klassischem Zuschnitt herauszubringen, oder fehlt es ihm heute ganz einfach am großen musikalischen Talent, es überhaupt fertigzubringen? Natürlich werden die Vertreter der modernen Tonkunst behaupten, die Großen unter ihnen hätten ebenso Unsterbliches komponiert wie unserer Vorfahren. Leider ist es uns nicht gegönnt, z. B. vom Jahr 2500 auf unsere Zeit zurückzublicken und dabei nach den wirklich unsterblichen Werken unserer Epoche zu fahnden. Vielleicht finden in den nächsten 500 Jahren neue Musikgattungen oder Malkünste etc. die Gnade ihrer Zeitgenossen, und der Zwölftonmusik wird sich dann keiner mehr erinnern. Kreativität ist, was im Fluß bleibt, aber auch, was sich als geniale Leistung für immer einen Ehrenplatz sichert. Die nächste Genietat findet vielleicht morgen statt – wir wissen es nur noch nicht!

Das Fazit unseres Kapitels „Ist jeder Mensch mit schöpferischer Potenz ausgerüstet?“ kann wohl auf den folgenden Nenner gebracht werden:

Viele lassen die Probleme wie heiße Kartoffeln fallen. Der Kreative nimmt wirkliche Probleme nicht nur wahr, er versucht sie auch entschlossen und phantasievoll einer Lösung zuzuführen. Die prominente Gesellschaftspublizistin Prof. Gertrud Höhler hat es überzeugend zum Ausdruck gebracht:

> „Wenn Kreativität Entwicklungen vorantreibt und Probleme löst, wenn sie der geistig-emotionale Rohstoff ist, der mit objektiven Lösungen zugleich subjektive Zugewinne an Lebensqualität bringt, dann müßte sie die begehrteste Ressource unseres Übergangszeitalters werden. Das unscheinbare Alltagsleben vieler Menschen in den fortgeschrittenen Zivilisationen soll durch Kreativität origineller, genußreicher, vielfältiger und wärmer werden. Wenn dies stimmt, ist Kreativität die Gegenmacht zur Medienentfremdung, die Gewährsgröße für Eigenständigkeit des Einzelnen, jedermanns Zugriff auf mehr Selbstgefühl. Kreativ zu leben müßte dann heißen: Neugierde und Aktivität, Ideenreichtum und Gestaltungsenergie unter viel mehr Menschen als bisher zu teilen – und dies mit dem Ergebnis der absoluten Vermehrung, nicht der Umverteilung jenes kostbaren Gutes, das unserem Zeitalter so vielversprechend erscheint wie kaum eine andere Gabe des Menschen.“

Machen Sie sich also frei von der gängigen Fehlauffassung, Kreativität sei wenigen anderen vorbehalten. Versuchen Sie immer wieder neue Wege zu gehen und Verbesserungen in Ihrem Bereich anzubahnen – und Sie werden bald einmal fähig sein, auch für andere kreativ zu werden, als spezifisch nützliches Mitglied unserer Gesellschaft.

3.2.6 Ist schöpferische Tätigkeit lernbar?

Da Natur Evolution darstellt, liegt ein schöpferischer Keim auch im Menschen – als einem Teil der Natur. Und da Keimfähigkeit identisch mit Entwicklungsfähigkeit ist, ist auch schöpferisches Lernen dem Menschen eingegeben.

Sicher nicht in jedem Fall und auch nicht auf die einfachste Art und Weise, um die Beantwortung unserer Titelfrage vorwegzunehmen. Eines ist auch in der Kreativitätsforschung unbestritten: jeder Mensch hat irgendwo eine schöpferische Ader, und kein Mensch dürfte nicht irgendwo oder irgendwann in seinem Leben kreativ gewesen sein. Jeder kommt auf irgendeine Weise gelegentlich zu einer wesentlichen Verbesserung seiner selbst, seiner Methodik oder seiner Lebensgestaltung. Aber das hat mit **Kreativität als einer Grundhaltung im Leben** wenig zu tun. Auch **Geschicklichkeit** hat an sich noch nichts mit Kreativität zu tun; es ist eine Fertigkeit in der Arbeitsausführung oder Tätigkeit, die fast jeder nur einigermaßen Talentierte erarbeiten kann, wenn er genügend übt und sich dabei systematisch verbessert. Dorsch definiert „Geschicklichkeit“ als jenen zusätzlichen Anteil bei Leistungen, der neben den grundsätzlichen Voraussetzungen zur bestmöglichen Leistungsbewältigung führt.

Gute Beobachtungsgabe, Feilen der Arbeitstechnik und geduldiges Ausprobieren von Varianten können die Geschicklichkeit vorantreiben. Und die Geschicklichkeit des Kunsthandwerkers wird auch erst zur Kunst, wenn überragende gestalterische Qualitäten entfaltet werden, die eben aus bloßem Handwerk tatsächliche Kunst werden lassen. Millionenfach haben angehende Kreative bei bewährten schöpferisch Aktiven Unterricht genommen, was ja sicher ausreichend bezeugt, daß Kreativität bei gegebenen Voraussetzungen lernbar ist; denken wir nur an die unzähligen Maler, Musiker, Chirurgen, Architekten, Goldschmiede, Konstrukteure, Köche usw., die zuerst lange bei berühmten Autoritäten ihres Faches in die Schule gegangen sind, bis sich ihr eigenes Kreativvermögen entfaltete und bis sie selbst zu Wegweisern ihrer Kunstrichtung wurden. Viele brauchten ein Leben, um zu höchster Meisterschaft zu gelangen, und sie schufen ihre Hauptwerke oft erst im höheren oder sogar höchsten Alter.

Wie viele **kreative Operationstechniken** sind doch z.B. gerade erst in den letzten Jahrzehnten entwickelt worden und werden nun zum Nutzen der Menschheit täglich tausendfach angewendet. Hier eine einschlägige Zeitungsnotiz (NZZ 1992):

3000 Eingriffe am Herzen ohne Operation pro Jahr

> Bern, im Juli (sda). Im vergangenen Jahr sind in der Schweiz an rund 3000 Patienten und Patientinnen verengte Herzkranzgefäße ohne chirurgischen Eingriff geöffnet oder erweitert worden. Das Verfahren, bei dem eine Plasticsonde von der Leiste aus durch eine Arterie bis zum Herzen vorgeschoben wird, gelang als erstem im Jahr 1977 dem Zürcher Arzt Andreas Grüntzig.
>
> Heute wird der Eingriff routinemäßig durchgeführt und verläuft in 90 Prozent der Fälle komplikationslos. Die Betroffenen können ihr normales Leben schon nach kurzer Zeit wiederaufnehmen. Bei etwa einem Drittel der Patienten und Patientinnen kommt es allerdings zu Rückfällen, schreibt die Schweizerische Stiftung für Kardiologie in einem Artikel.

In den nächsten Jahren wird auch noch viel zu hören sein über modernstes Operieren aufgrund eines **Stereobildes**, das einen Einblick in den Körper erlaubt. Mittels kleinen Schnitten von ca. 1,5 cm führt man einen Set von Instrumenten z.B. unter die Bauchwand ein und durch die **Koordination von Videokamera und Computer** erhalten Chirurg und Assistent einen dreidimensionalen Einblick in die Bauchhöhle. Der chirurgische Eingriff geschieht so präzise gesteuert auf kleinstem Raum, und der Patient kann viel schneller nach Hause entlassen werden. 1987 hat ein Franzose die erste Gallenblasenentfernung laparoskopisch vorgenommen, und noch nie hat sich eine neue Operationsmethode so rasch verbreitet wie diese. Wenn man realisiert, daß man in der kleinen Schweiz im Jahr 6000 Gallenoperationen vornimmt, kann man die Bedeutung der Neuerung noch besser ermessen. Ihr Nachteil: die benötigte große technische Infrastruktur für solche Operationen.

Auch Ärzte und Chirurgen fallen bekanntlich nicht einfach vom Himmel, sondern lassen sich als Assistenten jahrelang von erfahrenen Meistern ihrer Kunst einführen, nehmen laufend an Kongressen und Fachsymposien teil, wo neueste Entwicklungen diskutiert und demonstriert werden.

Voraussetzung ist natürlich in allen Fällen, wo aus dilettantischen Anfängen großes Kunst entstehen soll, daß eine **gewisse Eignung und ernsthaftes Interesse** den Start rechtfertigen und erleichtern.

> **Zweck aller Zwecke ist die Kreativität, denn sie allein bringt Fortschritt und erfülltes Menschsein! Sie wird in der Zukunft als Ressource Nr. 1 rangieren, und die Kreativen werden die Gefragtesten und Bestbezahlten von morgen sein!**

Und **Kreativitätstechnik** wird heute auch gelehrt, an unzähligen Seminaren, erfolgreich und weniger erfolgreich, je nach Tüchtigkeit des Lehrers und seinem methodischen Vorgehen. Viele amten als Moderator in diesem schwer zu vermittelnden Fach. Zwar ist nach einem deftigen Spruch ein Moderator einer, der seinen Senf zum Käse der anderen gibt. Aber ich habe mich selbst an einem prominenten Kreativitätsseminar davon überzeugen lassen, daß man dabei zu einem faszinierenden Erlebnis kommen kann. Das hat mich denn auch veranlaßt, mit dem Referenten Professor Rohrbach ein Interview über Kreativitätsschulung durchzuführen. Sie finden es im Kapitel 26 vorliegend.

Mir scheint es noch wichtig, daß in diesem Werk auch all jene Voraussetzungen erläutert werden, die die kreative Arbeit begünstigen, nämlich **geistige Disziplinen**, die sich jeder bis zu einem gewissen Grad zu eigen machen kann: Leistungsmotivation, Vorstellungskraft, Begeisterungsfähigkeit, Systematik, Vorurteilslosigkeit, positives Denken, Akzeptanz von Gegensätzlichkeit und Widersprüchlichkeit, Bildung, Erfolgsgläubigkeit, Mut und andere Fähigkeiten mehr. Davon wird später mehr die Rede sein, natürlich immer im Zusammenhang mit kreativer Betätigung.

3.2.7 Ordnung und Chaos als widersprüchliche Kreativkräfte

„Nur auf dem Begriff Ordnung kann jener der Freiheit stehen."

Metternich

„Der Staat ist eine Notordnung gegen das Chaos."

Gustav Heinemann

Ordnung bezweckt Übersicht und raschen Zugriff zum Nutzen des raschen Sich-Orientierens und einer produktiver Verwertung von schon Vorhandenem.

Im Synonym-Wörterbuch findet man unter „Ordnung" bezeichnenderweise auch Begriffsvarianten wie **Manneszucht**, **Disziplin** und **Selbstzucht**, was darauf hinweist, daß der Ordnungsliebende viel psychischen Kraftaufwand zu betreiben hat, will er bei sich Unordnung in Ordnung verwandeln. Wir kennen denn auch die Genugtuung, die sich in uns freudvoll bemerkbar macht, wenn wir irgendwo in unserem Alltag wieder einmal einen Ordnungserfolg geschafft haben.

Wer kreativ tätig ist, der weiß, wie wichtig es ist, rasch auf irgendwelche Hilfen greifen zu können: Unterlagen, eingeordnete Bücher, Nachschlagewerke, Lexiken, Zitate, frühere Vorträge, Adressen von Institutionen und Bekannten usw. Wichtiges lange vergeblich zu suchen, das entnervt und entmutigt, bedeutet verlorene Zeit und Kraftverschleiß.

Unordnung organisiert sich selbst. Wer hätte es nicht schon x-mal erlebt, daß in einem bestimmten Bereich früher oder später eine Unordnung zu beseitigen war. Beweis dafür, daß in der Unordnung freundlicherweise auch der Gegentrend (zur Wiederherstellung der Ordnung) integriert ist: gewinnt die Unordnung nämlich langsam quälenden Charakter, so überwindet sich ein Ordnungsliebender früher oder später, um aufzuräumen bzw. die Ordnung wieder „herbeizuorganisieren". Womit wir bewiesen hätten, daß auch der geordnete Zustand sich selbst herbeizuführen imstande ist, vorausgesetzt, daß man eben grundsätzlich was von Ordnung hält.

Das ist aber nicht bei jedem so. Es gibt auch jene **zähen Antistematiker und Chaoten**, die entweder zu schwach sind, um den Aufwand einer sinnvollen Ordnung zu betreiben, oder dann haben sie sich erfolgreich eingeredet, auch im Chaos ließe sich leben. Wer kennt die These des Ordnungsschwachen nicht, die da lautet: Man muß nur lange genug zuwarten, dann lösen sich die Probleme von selbst –

oder ein anderer löst sie für uns stellvertretend! Die Frage ist nur, wie weit einer mit dieser bequemen Denkart bzw. mit diesem „strategischen Drückebergertum" kommt... In der organisierten Leistungsgemeinschaft wohl höchstens zu einer Kündigung.

Die bessere Losung wäre diese hier:

Ohne Ordnung ist das Viele wenig –
mit Ordnung ist das Wenige viel!

Ordnung ist auch die Grundlage der Planung. Beides kostet zwar Zeit, aber es ist zweifellos die billigste Zeit, weil sie einem mehr- oder vielfach zurückvergütet wird, dank geregelterem Vorgehen und besserem Resultat.

Bei Telefunken gibt es eine Devise in Form des Leitsatzes:

„Für morgen haben wir gestern gearbeitet –
für übermorgen arbeiten wir heute!"

Viele sagen: „Ich hatte ja keine Ahnung" – hätten aber formulieren sollen: „Ich hatte ja keine Planung".

Auch in der kreativen Arbeit sind Ordnung und Planung wichtige Garantien für den Erfolg, z.B. **die Technik der kleinen Schritte**. Wo der angestrebte Erfolg in Teilerfolgen aufgeteilt wird, da ist ein solcher leichter zu bewältigen, und es ergibt sich nach jedem kleinen Sieg zusätzliche Motivation und Erfolgszuversicht. Viele hätten in ihrer Kreativanstrengung vielleicht Erfolg gehabt, wären ihre Vorsätze nicht zu ehrgeizig gewesen und hätten sie nach der Technik der kleinen Schritte gearbeitet.

Um Zweckhandlungen aber angemessen einteilen zu können, braucht es eben eine übersichtliche Ordnung und eine sinnvolle Planung.

Nach all dem mag es wohl als vermessen gelten zu behaupten, daß auch **im Chaos kreative Kräfte stecken können**. „Chaos" war im Griechischen ursprünglich der gähnende, abgründige Raum, auch Bezeichnung für den Urzustand der Welt. Heute identifiziert man Chaos mit Unordnung, Wirrwarr, völligem Durcheinander. Und was soll nun daran kreativ sein? wird der Leser fragen. Aus dem Blickwinkel der Kreativität heraus gesehen bildet der **vom Menschen gesammelte Wissens- und Erfahrungsschatz ein Meer von Fakten**, die in seinem Unterbewußtsein kunterbunt (chaotisch) eingespeichert sind. Da lagern nebeneinander die unterschiedlichsten Bausteine, die im richtigen Moment und bei richtiger Kombination durch unsere Assoziationstätigkeit zur Gestaltung kreativer Vorhaben herangezogen werden können, ganz besonders dann, wenn der Kreative sein Unterbewußtsein zur Mithilfe programmiert hat. Wir kommen auf diese Mechanismen noch näher zu sprechen. Das erwähnte „Meer an Fakten“ läuft quasi auf den Begriff „Chaos“ hinaus. So verstanden, läßt sich durchaus behaupten, daß sich das Faktenchaos kreativ nutzen läßt, um Ideen gestalterisch zu untermauern und mit Nebeneinfällen zu ergänzen, oder dann in der Problembearbeitung zu Lösungen zu kommen, die vorher nicht einmal im Ansatz greifbar waren, nun aber plötzlich real nutzbar erscheinen. So kann das Chaos zu einer produktiven Mithilfe werden, so paradox dies auch im ersten Moment in der Titelformulierung „Ordnung und Chaos als Kreativkräfte“ angemutet haben mag.

Chaos ist inzwischen so etwas wie ein mythisch angehauchter Modebegriff geworden. Ursprünglich – Ende der 70er Jahre – in Naturwissenschaft und Mathematik angewandt, hat sich der Begriff auch auf die Humanwissenschaften und die Künste übertragen, wo man sogar von der „Schönheit des Chaos“ spricht. Man kann sich dabei allerdings fragen, ob es nicht spezifisch chaotisch veranlagte Menschen sind, die dieser „Schönheit“ das Wort reden.

3.2.8 Kreativität – eine vorwiegend männliche Domäne?

„Es gibt Männer, die heute noch der Rippe nachtrauern, die Adam für die Eva hergeben mußte.“
Markus R. Ronner

Früher war der **herausragende Schöpfergeist** fast ausschließlich in der **Männerwelt** vertreten. Ob man nun an Laotse, Konfuzius, Plato, Aristoteles, Sokrates, Vergil, Leonardo da Vinci, Michelangelo, oder an Rembrandt, Rubens, El Greo, Velasquez, Dürer, Daumier, Picasso oder an Shakespeare, Goethe, Schiller, Hölderlin oder in der Musiksparte an einen Bach, Mozart, Beethoven, Händel, Schubert, Verdi, Wagner, an einen Freud, Adler und Jung in der psychologischen Wissenschaft oder an Forscher- und Erfindergrößen wie ein Darwin oder Edison denkt, die männliche Dominanz war mehr als augenscheinlich. Das hat denn auch prompt zu **extremer Einschätzung bzw. Überschätzung des männlichen Genius** geführt. Es ließe sich wohl fast ein Buch mit abwertenden Vergleichen früherer Wissenschaftler, Ärzte und Philosophen füllen, was die Intelligenzeinschätzung der Frau und ihre Befähigung zu schöpferischer Arbeit anbelangt. Niemand berücksichtigte dabei **die jahrhundertelange Unterdrückung der Frau in der**

Gesellschaft und in den elitären Berufen. Der Überheblichkeitswahn des Mannes war perfekt, und niemand realisierte das Unrecht, das durch solche Haltung der weiblichen Gattung zugeführt wurde.

Die neuere Geschichte kreativer Leistungen weist nun schon viele **klingende Namen weiblicher Kunst- oder Geistesgrößen** auf: eine Madame Curie oder de Staë, eine Clare Schumann, George Sand, Gertrude Stein, Simone de Beauvoir, Eleonore Duse, Sarah Bernhardt, Nelly Sachs, Rosa Luxemburg, Virginia Woolf, Golda Meir, Maria Montessori, Marie von Ebner-Eschenbach, Charlotte Bühler, Jeanne Hersch oder die Nobelpreisträgerin B. McClintock (Genforscherin). Vergessen wir aber auch nicht die vielen **begnadeten Schauspielerinnen** in Theater und Film, die berühmten **Tänzerinnen**, die **Modeschöpferinnen** von bestimmendem Einfluß und auch die **weiblichen Musikgrößen**, **Bildhauerinnen**, **Romanschriftstellerinnen** usw. Auch in den **Wissenschaften**, in der **Unternehmensführung**, in der **Politik** usw. ist die Frau heute immer stärker vertreten, auch was kreative Leistungen anbelangt. Weibliches Empfinden kann im sozialen und ästhetischen Bereich viel erbringen, was Männern eher verschlossen bleibt. Was wäre unsere Welt ohne das ewig Weibliche?

Nicht zuletzt vermag eine Frau auch in ihren spezifischen **privaten Tätigkeitsbereichen** – in der Kindererziehung, in der Wohngestaltung, Kochkunst, Ökologie, Gesundheitspflege, im Hobby- und im Modebereich – viel Kreatives zu schaffen und sich damit Bewunderung und Ansehen in ihrer unmittelbaren Umgebung verschaffen.

Abgesehen davon, hat die Psychologie herausgefunden, daß die Denkstile bei Problemlösungen geschlechtsspezifisch nicht voneinander abweichen, die Sprachbegabung beim weiblichen Menschen aber durchschnittlich eher stärker ausgeprägt ist; es hat sich auch längst ergeben, daß ein generelles Intelligenzmanko der Frau gegenüber dem Mann nicht beweisbar ist.

> **Die Frau wird eine ausgezeichnete Chance haben, sich mit ihren naturgegebenen Fähigkeiten immer erfolgreicher zu entfalten, wenn sie sich selbst bleibt und ihre Aufgaben kreativ angeht. Ihre Tüchtigkeit und ihr weibliches Durchsetzungsvermögen können aus der Position des Mannes heraus nur als wertvoller Challenge gewertet werden, in dem es manches aufzuholen gilt, was ohne die anspornende Wettbewerbsleistung der Frau seitens des Mannes bisher nur mangelhaft oder überhaupt nicht realisiert wurde.**

Ein verschärfender Wettbewerb zwischen Frau und Mann trägt natürlich auch die Gefahr in sich, daß der **Geschlechterneid** und das **Dominanzstreben** auf beiden Seiten angefacht wird. Diese neue Konkurrenzsituation verlangt sicher in den nächsten Jahrzehnten ein **Heranbilden eines besseren Verständnisses für die Partnerschaft von Mann und Frau, mit dem Ziel, den Wettbewerb als gesunde Herausforderung des Lebens zu begreifen**. So wie in der Wirtschaft der Wettbewerb im Interesse der Konsumenten liegt, so basieren alle anderen Lebensprozesse auf der Herausforderung durch Gegensätze, die jedes Lebewesen zur Anpassung des eigenen Verhaltens zwingen und damit ein evolutionäres Überleben auf lange Frist sicherstellen.

> **Die Gefahr eines sich verschärfenden Gegensatzes in der beruflichen und politischen Geschlechterkonkurrenzierung sollten beide Seiten rechtzeitig erfassen, um sich zusammen zu einer Konkordanz zu finden, die zu einem gesunden Wettbewerb und sinnvoller gegenseitiger Ergänzung führen. Das wird keine leichte Aufgabe darstellen – der Prozeß gegenseitiger Harmonisierung gehört immer zu den schwierigsten, erfordert daher um so mehr kreative Anstrengung, soll er gelingen.**

3.2.9 Früh- und Spätkreativität im Menschenleben

Genialität bevorzugt kein Alter

Die folgenden Pauschalurteile sind jedem geläufig: Junge sind unreif, unstet und neigen zu vorschneller Auffassung / Den Jungen fehlt die Erfahrung und damit auch die Kompetenz / Junge haben noch kein Verantwortungsbewußtsein, also sind sie durch höhere Aufgaben automatisch überfordert /// Alte verlieren ihre Dynamik automatisch / Alte haben keine geistige Trennschärfe mehr / Die Intelligenz geht mit dem Alter zurück / Wenn einer schon 50 ist, so ist er ausgebrannt / Im Alter ist man nicht mehr belastbar / Ältere Menschen sind nicht mehr kreativ / Bei den Alten sinkt die Gedächtnisleistung rapide ab.

In Tat und Wahrheit zeigt sich überall in der Welt, daß schon **Junge äußerst leistungsfähig und verläßlich sein können**, daß sie immer häufiger auch schon im Lehrlingsalter kreativ zu sein vermögen. Gerade die Jugend-Kreativitätswettbewerbe in allen möglichen Ländern belegen, daß vor allem die **Verbindung von Fleiß, Begeisterungsfähigkeit und Lernbereitschaft bei Jungen nicht selten zu ungeahnter Leistungsfähigkeit führt**. Auch **Berufswettbewerbe** fördern oft Leistungsstärken heraus, die gestandene Berufskönner kaum für möglich gehalten hätten.

Unter den Musikern gab und gibt es noch heute viele Wunderkinder. Schon Mozart, Haydn, Mendelssohn, Beethoven und Bach, Schubert und Chopin verblüfften die Welt mir ihren Jugendkompositionen. Es gibt auch frühe Mathematikertalente sowie Maler und Bildhauer, die bereits in ihrer Jugend erst Talentproben abgaben. In der Wissenschaft und in der Philosophie dagegen waren jugendliche Genietaten eigentlich nie zu verzeichnen. Kretschmer bemerkte 1931, daß Scheffel und Uhland ihre sämtlichen großen Werke im Anschluß ans Pubertätsalter geschaffen haben, um dann für immer zu verstummen und ihr Leben in geistiger Mittelmäßigkeit zu fristen, verglichen mit anderen, die lebenslang kreativ blieben. Umgekehrt zeigen die vielen wissenschaftlichen Untersuchungen der letzten Jahrzehnte eines ganz klar:

Geistiges Altern ist fast ausschließlich eine Frage der Lebensart. Wer mit Interesse alles Wesentliche verfolgt, geistig vielseitig ist, einigermaßen gesund lebt und seine Geisteskräfte in anregenden Sparten engagiert und nützlich einsetzt, der kann bis ins hohe Alter hinauf geistige Frische aufrechterhalten.

Es gibt z.B. Schauspielerinnen und Schauspieler, die im hohen Alter von über achtzig ganzabendliche tragende Rollen mit einer geradezu phänomenalen geistigen Präsenz darbieten und daher immer noch als Starschauspieler gewertet werden. Wer kann da von altersbedingter Gedächtnisschwäche reden? Künstler und Geistesmenschen, die erst im hohen Alter ihre Genieleistungen erbrachten, wie z.B. Kant, Fontana, Tizian, Humboldt, gab es im Laufe der Geschichte in Menge. Und die Aufzählung jener, die in fortgeschrittenem Alter immer noch bedeutende kreative Leistungen vollbrachten, ist erst recht beeindruckend: Augustinus, Händel, Rameau, Bach, Schopenhauer, Galilei, Spencer, Darwin, Locke, Bacon, Molière, Dostojewski, Michelangelo, Leonardo da Vinci, Montesquieu, Schütz, Monteverdi, Haydn, Verdi, Liszt, Leibniz, Gauss, Tolstoi, Bergson. Epimenides, der Philosoph auf Kreta, verblüffte seine Zeitgenossen durch die Schärfe seines Geistes noch im Alter von über 100 Jahren! Chronisten legen davon Zeugnis ab, daß Diogenes, Demokrit, Pythagoras und Solon noch im Alter von 90 Jahren mit geistiger Brillanz beeindruckten! „Albert Einstein arbeitete intensiv bis zu seinem Ende. Der Genius Laplace zeigte mit 79 Jahren keine Spuren von Senilität. Seine letzten Arbeiten stehen den Werken seiner Jugend nicht nach. Goethe war geistig schaffend bis zu seinem letzten Tag und vollendete seinen „Faust" als Greis. Auch haben Carlyle, Darwin, Hugo, Lamartine, Shaw, Ibsen, Lumière, Wallace, Marinesco, Wundt und noch nicht allzulange Robert Bosch, Max Planck und C.G. Jung mit über 80 Jahren ihre Werke eindrucksvoll ergänzt." (Lange/ Kurth)

Die Spätkreativität von Genies des Mittelalters und Altertums ist vielleicht insofern n o c h markanter, als man es im ersten Moment empfindet, weil ja die damalige wesentlich höhere Sterblichkeit eine entsprechend geringere durchschnittliche Lebenserwartung ergab.

Die Welt von heute hat zwar ein **lebendiges Gesundheitsbewußtsein** entwickelt und joggt mit einer förmlichen Besessenheit herum, aber es ist Tatsache, daß auch die **geistige Leistungsfähigkeit** – wie das körperliche Muskelsystem – unentwegt in Übung gehalten sein will, wenn sie noch im höheren Alter taugen soll. Diese Einsicht scheint dem Gegenwartsmenschen bisher zu wenig aufgegangen zu sein.

Die Physiologie und Pathologie hat dies zwar längst hieb- und stichfest nachgewiesen.

Aber entsprochen wird dieser modernen Erkenntnis nur auf der Seite einer geistig dynamischen Alterselite, die mit ihrer Zeit geht und überhaupt nicht an eine „geistige Pensionierung" denkt. Für solche Leute gibt es Seniorenhochschulen, andere interessante Lehrgänge, Diskussiongruppen, Seniorenreisen, Gedächtnistraining für Alternde, anregende Hobbies, Mentaltrainings an Weekends, Altersjobs usw. Leute dieser Kategorie lesen ihre Zeitung selektiv und schöpfen auch aus sonstiger besonders erwählter Lektüre ihre geistige Nahrung. Sie beweisen ebenfalls kritisches Selektionsvermögen bei Fernsehprogrammen und nehmen wertvolle Spätsendungen oder sonst Ausstrahlungen, die in für sie unglückliche Zeiträume fallen, auf Video auf, um des nachherigen geistigen Profites willen.

Wie rasch übrigens der Alterungsprozeß in der heutigen Bevölkerungsstruktur voranschreitet, zeigen die zwei nachfolgenden Statistiken des Bundesamtes für Statistik in Bern.

Wir werden älter und älter

Durchschnittliche Lebenserwartung
in der Schweiz

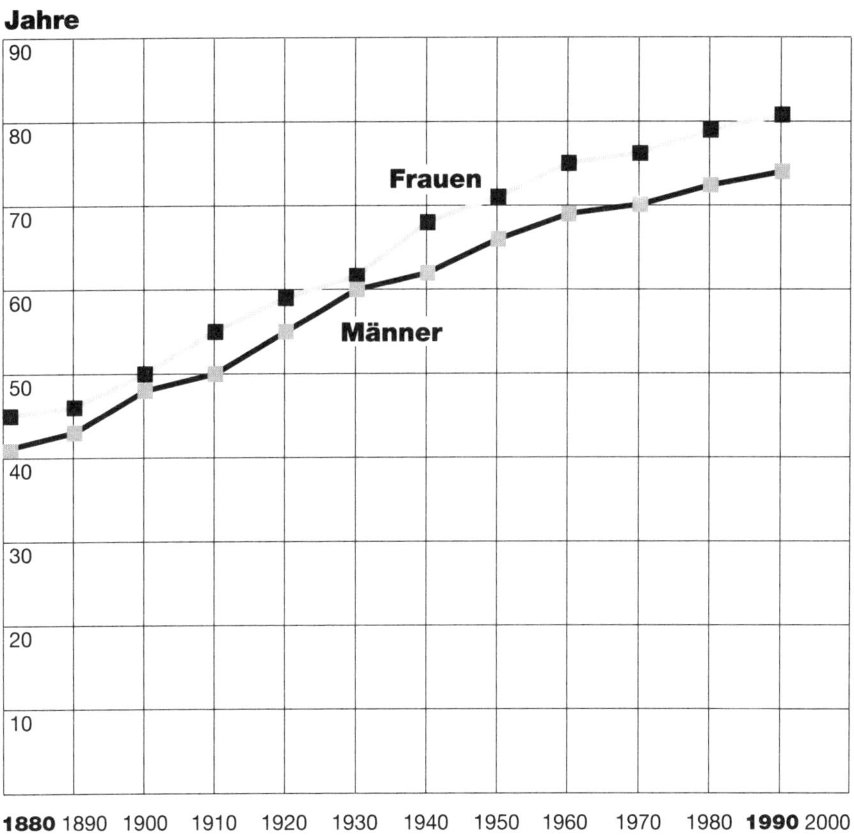

Quelle: Bundesamt für Statistik

Im Jahre 2025 sind 24,1 der Schweizer 65 Jahre und älter.

Die Schweizer: Im Jahre 2025 das älteste Volk?

Anteil der über 65jährigen an der einheimischen Bevölkerung (geschätzt)

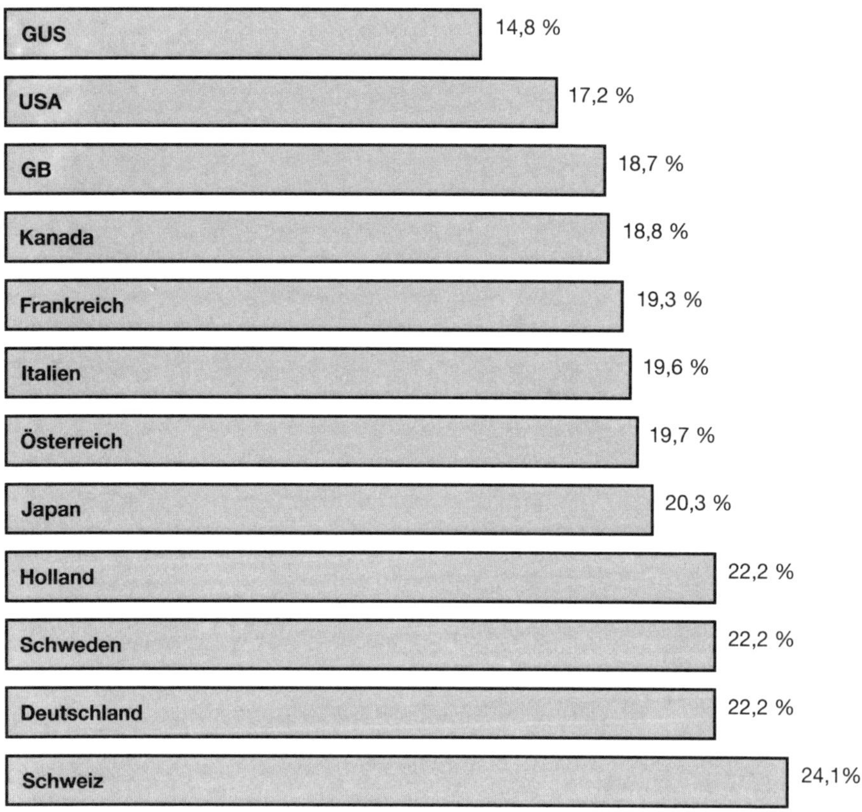

Quelle: Int. Arbeitsorganisation, 1986; für die Schweiz: Bundesamt für Statistik, 1992

Hier wiederum zeigt sich die Armut vieler Länder im Spiegel ihres Geburtenüberschusses:

Die 25 Spitzenreiter

Anzahl Kinder pro Frau (im statistischen Durchschnitt)

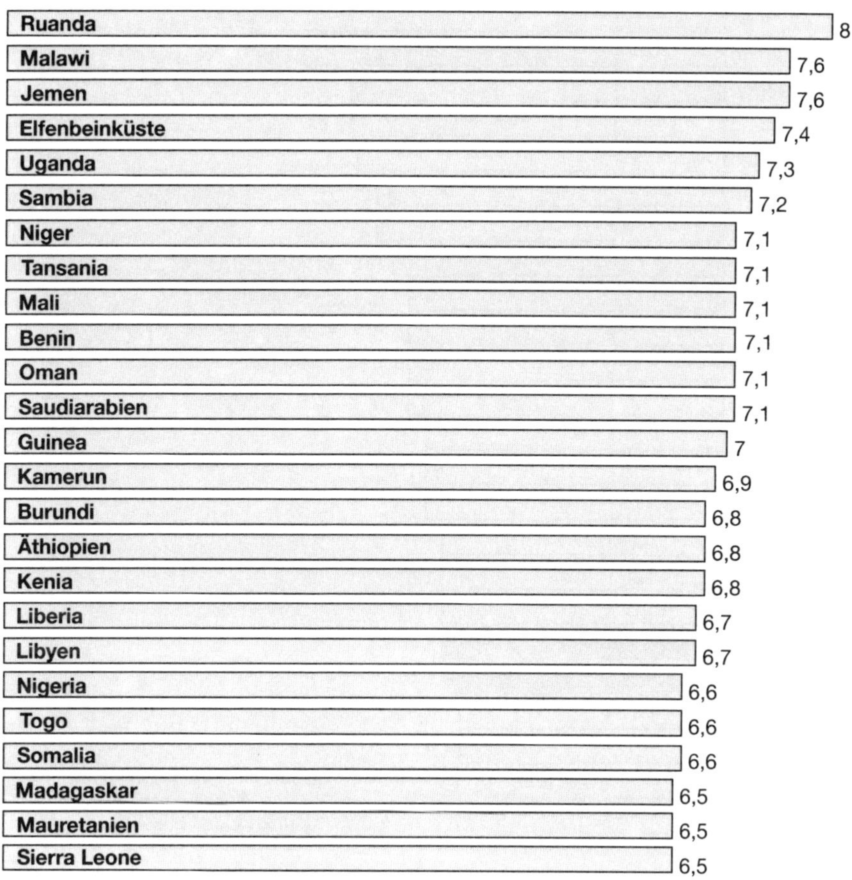

Quelle: United Nations Population Fund

Und Europa? Stirbt es wegen zu kleiner Geburtenraten aus?

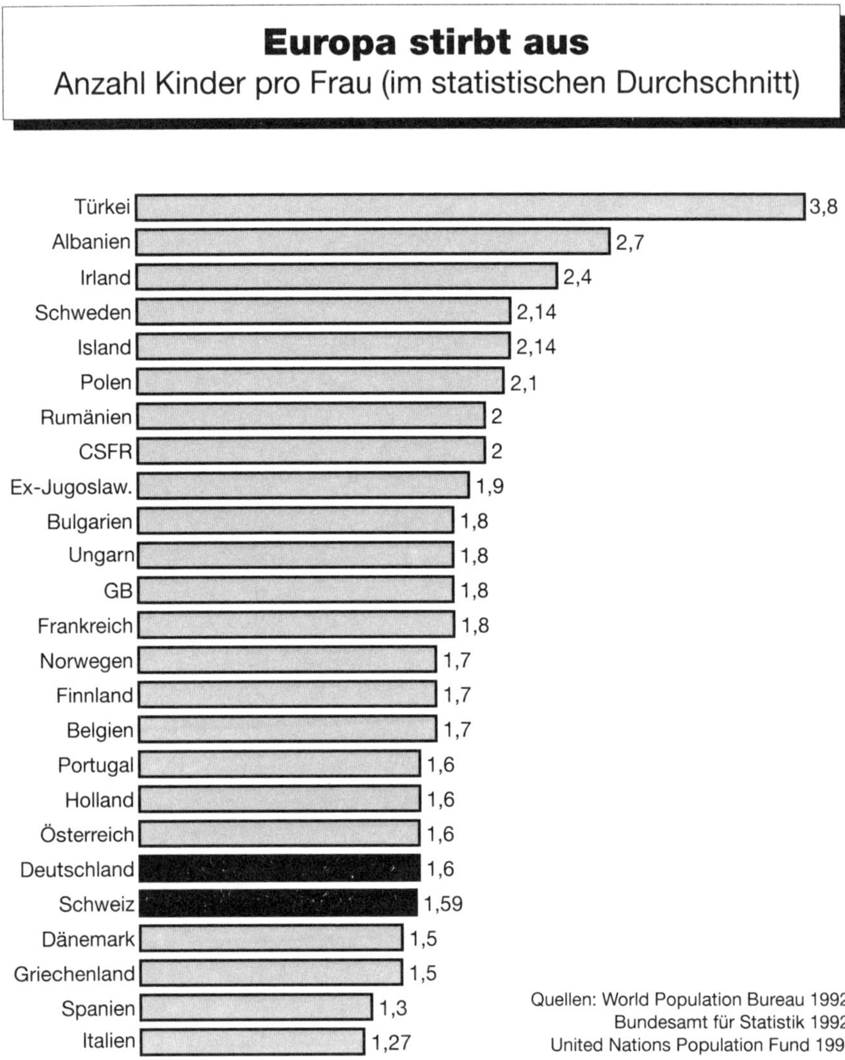

Übrigens: was die **Probleme der Bevölkerungsüberalterung** anbelangt, insbesondere die Chancen und auch die Gefahren für das Zusammenleben mit anderen Altersgruppen, so sei auf ein 1992 erschienenes für jedermann sehr lesenswertes Buch von Heiner Hug, Journalist und Leiter der Auslandsredaktion der Tagesschau des Schweizerischen Fernsehens, hingewiesen: **„Die Alten kommen“**. In einem mitreißenden journalistischen Stil wird – vorzüglich dokumentiert – das ganze soziologische Umfeld der immer stärker werdenden Seniorenaltersgruppe abgeleuchtet. Ihre wirtschaftliche Macht, ihr Kampf um das Sozialprestige in der modernen Gesellschaft und ihre Vitalität, die sie auch politisch ausleben, das alles und vieles mehr wird sozusagen aus einer Brennpunktfokussierung heraus faszinierend abgewandelt. Das Buch wird viele bewegen, neue Standorte einzunehmen, was das künftige Zusammenleben mit den Alten anbelangt. (Erschienen ist es im Verlag Orell Füssli, Zürich.)

Gerade stieß ich noch auf eine Zeitungsnotiz, die gut hierher paßt:

> Japaner werden immer älter. Im Jahr 2000 wird laut Prognosen fast jeder fünfte Japaner über 65 Jahre alt sein. In Deutschland ist es erst in 62 Jahren soweit und in der Schweiz in 54 Jahren, wie aus einer am Freitag in Tokio veröffentlichten Untersuchung hervorgeht. Die Wissenschaftler empfahlen der japanischen Regierung, rechtzeitig Vorsorge zu treffen für die Versorgung der älteren Mitbürger (ap).

Würde die **mentale Regsamkeit**, von der wir sprachen, von einer breiten Öffentlichkeit übernommen, so wäre dies für alt wie für jung förderlich, und der progressive Verblödungsprozeß vieler, die täglich unkritisch vor der Flimmerkiste hocken, bis ihnen die Augen zufallen, könnte sich in eine gesunde Bildungsbeflissenheit verwandeln. Vielleicht brächte dies den Massenmedien sogar die Chance, ihre Programme nicht mehr nach unten, sondern etwas nach oben auszurichten. So ließe sich für sie auf höherer Wertebene mehr Motivation gewinnen, vielleicht sogar mehr Profit.

An die Adresse der **Personalleiter** müßte noch vermittelt werden: es war seinerzeit schon unrealistisch, 44–55jährigen Interessenten abzusagen, nur weil man sie altersmäßig für nicht mehr tauglich hielt; heute aber scheinen manche Firmen nur noch 20–40jährige Bewerber anstellen zu wollen. Entscheidend kann doch immer nur die **nachweisbare Tüchtigkeit im Verhältnis zu einer gegebenen Aufgabe** sein. Gerade heute, wo die Wirtschaftsunsicherheit viele fähige Arbeitnehmer im Alter von 40–60 Jahren unverdient auf die Straße setzt, gälte es zu berücksichtigen, daß reifere Menschen im allgemeinen mehr Konstanz, größere Erfahrung und oft auch ein ausgeprägteres Verantwortungsbewußtsein besitzen als junge. Zudem: eine **gesunde altersmäßige Durchmischung des Personalkörpers** war schon seit jeher eine taugliche **Absicherung gegen übermäßige Fluktuation**. Deshalb ist eine einseitige Bevorzugung von ausschließlich jungem Personal heute nicht nur unklug, sondern auch unfair.

Ebenso falsch wäre es allerdings, in der heutigen Personalauslese ein **Schwergewicht auf die Selektion von betont kreativen Bewerbern** zu legen.

> Kreativität ist unerläßlich, wo es eine Aufgabe wirklich fordert. Wo hingegen solide Routine und eine qualitative Normalleistung völlig genügen, da sieht sich ein kreativer Mitarbeiter eindeutig unterfordert und wird die Arbeitsbefriedigung bald verlieren.

Bei allem Rufen nach mehr Kreativität in der Wirtschaft muß also stets abgeschätzt werden, wo schöpferische Befähigung auch wirklich zuverlässig umgesetzt werden kann. **Genau so gut muß ein Bewerber selbst abschätzen lernen, wie weit er sich für kreative Tätigkeit eignet.** Die Erfahrung zeigt, daß diejenigen, die sich selbst für echte Kreativwunder halten, sich leicht überschätzen. Jemanden auf Kreativität vor der Anstellung zu testen, kann denn auch nicht leicht sein.

3.2.10 Läßt sich die Kreativität eines Menschen auf taugliche Art beurteilen?

„Man kann einen Baum nicht nach der Güte seiner Blätter, sondern nur nach der Güte seiner Früchte einschätzen."

Giordano Bruno

Sie läßt sich wohl einigermaßen beurteilen, aber sicher nicht auf einfache Art, um gleich eine Antwort auf unsere Titelfrage zu geben. Wir gingen natürlich bei unserer Fragestellung davon aus, daß man den betreffenden Menschen noch nicht aus eigenem Erleben kennt. Versuchen wir im Folgenden eine Checkliste als Hilfsmittel für die Beurteilung von schöpferischer Leistungsfähigkeit zu erstellen. Diese setzt allerdings voraus, daß man den zu Beurteilenden längere Zeit beobachten und studieren kann. Ein graphologisches Gutachten mag dabei eine wertvolle Hilfe sein.

3.2.10.1 Checkliste Nr. 1: Wie läßt sich die schöpferische Befähigung eines Menschen einschätzen? (40 Ansatzpunkte)

• Wie flexibel und positiv vermag er auf eine neue Situation zu reagieren?	....
• Wie positiv ist seine Lebenseinstellung?	....
• Wie gut ausgebildet ist sein perfektionistisches Streben?	....
• Ist er zielbewußt und systematisch?	....
• Denkt er konstruktiv-kritisch?	....
• Ist schöpferische Unzufriedenheit bei ihm eine Art Dauerzustand?	....
• Hat er ein Bedürfnis, sich kreativ zu profilieren?	....
• Was hat er bisher im kreativen Bereich konkret geleistet?	
• Wer kann seine Erfolge bestätigen?	....
• Welcher Art ist seine Kreativitätsbefähigung hauptsächlich – Perfektionierende Kreativität?	....
– Neuschöpfungen?	....
• Ist er fähig, seine kreativen Ideen selbst umzusetzen?	....
• Braucht er Helfer für die Umsetzung seiner Ideen?	....
• In welchem Bereich hält er sich für besonders kreativ?	....
• Welches Wissen vermag er dazu in welchem Umfang einzusetzen?	....
• Welches Können in welchem Umfang kann ihm dazu dienen?	....
• Welcher Arbeitsstil paßt zu seiner kreativen Befähigung?	
– Alleinarbeit/Individualleistung?	....
– Teamarbeit?	....
• Wie ausgeprägt ist seine Kommunikationsbefähigung?	....
• Wie überzeugungskräftig kann er sich für neue Ideen bei anderen einsetzen?	....
• Stellt er besondere Anforderungen an sein soziales Umfeld	
– Qualität der Führung?	....
– Schöpferische Freiräume?	....
– Arbeitsklima?	....
– Teamworkbereitschaft von Mitarbeitern?	....
• Wenn er eine Führungsposition einnimmt:	
– Hat er Führungserfahrung?	....
– Ist er als Führender geschult?	....
• Ist ihm vernetztes Denken geläufig?	....
• Wie steht es mit seinem unternehmerischen Verantwortungsbewußtsein und seiner Einordnungsbereitschaft?	
– Hat er sich darin schon bestätigt?	....
– Ist er charakterlich dafür ausgewiesen?	....
• Muß er mit Probeaufnahmen hinsichtlich Kreativitätsbefähigung noch praktisch geprüft werden?	....

3.2.11 Genie und pathologische Gefährdung

„Das Wesen der Krankheit ist so dunkel wie das Wesen des Lebens."

Novalis

„Die medizinische Forschung hat so enorme Fortschritte gemacht, daß es praktisch keinen gesunden Menschen mehr gibt."

Aldous Huxley

Viele Genies könnte man mit überstimmten Instrumenten vergleichen. Ihre übersensiblen Nerven, ihre Launen und Verstimmungen sowie heftigen Affektreaktionen sind für andere schwer zu ertragen.

Kreativität, physische und psychische Erkrankung beeinflussen sich oft wechselseitig: krankhafte Sensitivität kann die kreative Ausdruckskraft genialisch steigern, aber körperliche und/oder psychische Behinderung vermag die kreative Spannkraft auch zu mindern.

Allerdings zeigt die intensive und seit langem erfolgte Erforschung von Krankheitszuständen und ihren Ursachen bei Genies, daß je nach deren Tätigkeitsfeld Krankheitsbilder häufig, selten oder praktisch nie auftreten. Erfindergenies und Hochbegabungen unter den Wissenschaftlern sind weniger gefährdet als Politiker, Philosophen, Sozialreformer und religiöse Führer. Am meisten finden sich psychische Abnormitäten bei Dichtern und Künstlern vielerlei Richtung. Andererseits ist festzustellen, daß krankhafte Empfindlichkeit – ein Merkmal vieler Künstler – und auch Menschenscheu oder gar Menschenfeindlichkeit gerne in die **Isolation** hineinführen,

aber gerade im Zustand des Sich-abgekapselt-Fühlens haben viele Genies wertvollste Leistungen geschaffen. Daher darf „geisteskrank" nicht „wertlos" gleichgesetzt werden.

Isolation fördert natürlich die Konzentrationsfähigkeit, und menschliche Verzweiflungszustände haben nicht selten den künstlerischen Gestaltungswillen angespornt, sozusagen als Trotzreaktion gegenüber der Umwelt, von der sich manches Genie zu recht unterschätzt oder mißverstanden fühlte. Beethoven ist so ein typischer Fall eines wirklichen Genies, das sich wegen eintretender Taubheit und auch aufgrund seiner krankhaften Empfindlichkeit anderen gegenüber stark isolierte, aber dann weitere unvergängliche Musikwerke schuf. Die oft unfaßbare menschliche

Tragik, die mit dem Wirken vieler genialer Persönlichkeiten verbunden war, geht uns immer wieder von neuem ans Mark, wenn wir ihr Leben und ihre Werke studieren. Vielfach bestand die Tragik auch darin, daß sie ihrer Welt um gewaltige Schritte voraus waren und ihre Größe aus diesem Grunde völlig verkannt wurde. Wo heute im Kunsthandel weltbekannte Werke genialster Machart für Millionenbeträge ihre Besitzer wechseln, da ging seinerzeit der Schöpfer des Werkes vor lauter Armut oft fast zugrunde, ganz gleich ob es sich um Gemälde, Plastiken, Partituren oder „nur" um Handschriften handelt. Van Gogh ist nur **ein** typischer Vertreter ganzer Heerscharen verkannter Genies. Auch einem Anselm Feuerbach brachte erst der Tod die längst verdiente Anerkennung. Nicht zuletzt dürfen wir uns auch jener **genialen Vorausdenker** erinnern, die wegen des Unverständnisses ihrer Zeit als **Ketzer** verschrien wurden und ihre Genialität sogar mit dem Leben bezahlen mußten!

Was die **pathologischen Seiten genialer Kreativpersönlichkeiten** anbelangt, so geht es, wie Lange/Kurth in „Genie, Irrsinn und Ruhm" handfest nachweisen, um **vielfältige krankhafte Erscheinungen**:

Maßlosigkeit und Herrschsucht bei Alexander dem Großen – **Angst** bei Augustinus – **Verschwendungssucht** bei Bacon – **Eitelkeit** bei Wilde – **Sado-Masochismus** bei Baudelaire – **Geiz** bei Beethoven – **Melancholie** bei Grillparzer – **Grausamkeit und Hysterie** bei Hitler* – **Depression** bei Kierkegaard, **pathologischer Ergeiz** bei Kleist – **Narzismus** bei Leonardo – **Größenwahn** bei Nero – **Zwangsneurose** bei Hebbel – **Ödipuskomplex** bei Stendhal – **Hypochondrie** bei Stifter – **Überheblichkeit** bei Verlaine oder **Reizbarkeit** bei Voltaire.

Das sind nur einige Beispiele aus einem umfangreichen Katalog von krankhaft abgestempelten Genies kleinerer oder größerer Bedeutung. Wahnvorstellungen, Psychosen, Neurosen, schizophrene Verhaltensweisen, manisch-depressives Irresein, psychotisch verursachte Epilepsiestörungen, Vergiftungspsychosen (Alkohol- und Drogenkonsum), Paralyse (Gehirnerweichung) sind die hauptsächlichsten Krankheitserscheinungen, die bei Genies durch die Pathologie verursacht wurden.

Da der Mensch grundsätzlich zur **Verallgemeinerung** neigt, sieht man im Volksmund Genies und Irrsinn in zwanghafter Verbindung, was natürlich insofern übertrieben ist, als es auch **Mengen von Kreativpersönlichkeiten gibt, die nicht unter Krankheitszuständen litten**, wie sie oben beschrieben sind, so wie es

*Hitler unter die Genies einzureihen ist von mir aus allerdings eine zweifelhafte Klassierung, es sei denn, man wolle die Verführung eines ganzen Volkes als „Genieleistung" einstufen.

andererseits **unter Nicht-Genies Millionen von Menschen gegeben hat, die Defekte der erwähnten Art aufwiesen oder noch aufweisen**. Nicht zuletzt ist dabei das **Skandalbedürfnis** daran Schuld, daß man ausgerechnet den Typus des Genies besonders intensiv auf Abnormalitätserscheinungen untersucht – gestern wie heute. **Neid auf die Hochbegabten** und **Kompensation eigener verhältnismäßiger Schwachbegabung** mögen im Hintergrund dabei noch mitwirken.

4. Erdrückende Problemvielfalt unseres modernen Zeitalters

Die ungelösten Probleme machen den Geist lebendig und erfinderisch – die gelösten machen ihn satt und indifferent.

Selten sind sich Menschen ihrer spezifischen Probleme vordergründig voll bewußt. Hintergründig „wissen“ wir zwar alle, daß auch wir Probleme haben und diese eigentlich einer Lösung zuführen sollten. Aber wir befassen uns in der Regel erst damit, wenn irgend eines dieser Probleme uns irgendwann solche Schwierigkeiten bereitet, daß wir uns damit befassen m ü s s e n Das geht nicht nur uns als Einzelindividuen an – im Konzert der Völker ist es dasselbe. Interessant ist noch die Frage, woraus Probleme eigentlich grundsätzlich entstehen. Es ließe sich so darauf antworten:

Menschliche und sachliche Probleme entstehen in der Regel aus:

- unterschiedlichen Einstellungen
- unterschiedlichen Auffassungen und Werthaltungen
- Fehlhaltungen und Fehlleistungen
- Mängeln und Mangellagen
- Wünschen und Bedürfnissen
- Unsicherheiten
- Bedrohung durch andere oder durch besondere Umstände
- Benachteiligungen
- Fehlentwicklungen unserer Gesellschaft/unserer Welt
- wirtschaftlichen Zwängen

> Indessen: Probleme haben nicht nur Negatives an sich, sie bieten auch Chancen, machen uns Fehlhaltungen bewußt und stellen Wachstumsmöglichkeiten dar.

Irgendein Gescheiter hat einmal formuliert:

> Jeder hat Probleme –
> wer keine hätte, könnte nicht von den produktiven Spannungen profitieren,
> würde stillstehen,
> lahm werden!

Gefährlich werden Probleme erst, wenn man sich ihrer zu wenig oder überhaupt nicht bewußt ist oder wenn man sie länger verdrängt, sei es aus Unterschätzung, Entschlußträgheit, Ratlosigkeit oder Feigheit.

Gerade im **fehlenden Problembewußtsein** und anderseits in der **notorischen anfänglichen Problemunterschätzung**, die für den witterungsschwachen Alltagsmenschen ja typisch ist, liegt eine besondere Gefahr für den wissenschaftlich so optimistisch titulierten Homo sapiens sapiens: Er steht, mag er sich noch so gescheit vorkommen, einer **Fülle von Problemen** gegenüber, die in ihrer Gesamtheit geradezu lebensbedrohend sind. Wenn Sie kurz überlegen, so werden Ihnen wahrscheinlich einige aktuelle Probleme in den Sinn kommen, mit denen sich der Mensch von heute auseinanderzusetzen hat: z.B. die steigende Kriminalität, die Asylantenproblematik, die grassierende Arbeitslosigkeit. **Es braucht wohl für die meisten schon intensiveres Nachdenken, um die ganze Fülle der Probleme unsrer drangvollen Gegenwart zu erfassen.**

Warum? Weil wir im allgemeinen eben zu wenig problembewußt leben und wir heute dazu noch eine Problem-Aversion in uns haben. Grund:

> Problematiken erfüllen uns mit Unlustgefühlen, und die Massenmedien mit ihrem täglichen gierigen Breittreten von Problemquark in allen möglichen und unmöglichen Bereichen nerven uns laufend so, daß wir in verständlichem Selbstschutzbemühen abschalten, sobald man uns im Übermaß mit Skandalstories zu beeindrucken versucht.

Im folgenden Problemkatalog Seite 77 bis 81 halten wir uns nun bewußt nur an die **überproportionalen Probleme der Menschheit unserer Tage** und klammern die tausend kleinen Probleme, mit denen sich das einzelne Individuum noch zusätzlich herumzuschlagen hat, aus (Familien-, Berufs-, Freizeit-, Finanz-, Liebes-Probleme und anderes).

Zweck dieser Auflistung wichtiger Gegenwartsprobleme ist natürlich nicht, den an sich schon zu stark verbreiteten **Pessimismus anzuheizen**, sondern ganz einfach aufzuzeigen, wie sehr es im Interesse der Menschheit liegt, **diese großen Probleme nicht einfach zu verdrängen, sondern sie mutig ins Auge zu fassen und mit betont kreativer Anstrengung anzupacken**. Wenn dabei nicht immer eine einwandfreie Lösung des betreffenden Problems zu erreichen ist, so kann vielleicht wenigstens ein **Teilerfolg** in einem brauchbaren **Kompromiß** oder in praktikablen Teillösungen zustandegebracht werden. Eines ist klar:

Je größer ein Problem, desto kreativer muß der Ansatz sein, um eine taugliche Lösung zu erarbeiten, und diese ist auch dann eine wirkliche Lösung, wenn sie während langer Zeit verbissenes Arbeiten abgefordert und einige anfängliche Fehlvarianten erbracht hat.

Die wichtigsten Gegenwartsprobleme der Menschheit seien nachstehend angeführt:

Atomare Gefahr und Raketen-Unsicherheit
Wie kann man die Herstellung weiterer Atombomben vermeiden und die noch vorhandenen vernichten? Wie lassen sich weitere Atomunfälle wie Tschernobyl verhindern? Was passiert mit den Schrott-Atombomben-Unterseebooten und atomar betriebenen Schiffen, die die Russen in verbrecherischer Weise bei Murmansk und in der Barentssee einfach versenkten, zusammen mit Riesenmengen von Atommüll? Was geschieht mit den 233 Millionen Tonnen nicht entsorgter radioaktiver Abfälle, die laut einer Meldung aus Alma Ata (5.4.93) die Umwelt in Kasachstan verstrahlen? Wie gehen wir um mit der Gefahr der Arsenale von Raketen, die heute bis 2000 km Reichweite haben und von unzähligen Ländern gehortet und z. T. auch schon gegen andere Länder immer zielgenauer eingesetzt werden?

Übervölkerungsgefahr
Wie läßt sich die Geburtenkontrolle weltweit wirksamer regeln?

Hungerepidemien
Wie führen wir die unterentwickelten Länder zu besserer eigener Versorgung? Wie helfen wir ihnen in Versorgungsengpässen rascher und wirksamer?

Ökologische Gefahren
Wie gehen wir sicherer mit dem Atommüll um? Wie vermeiden wir künftig Ölkatastrophen auf den Meeren? Wie ersetzen wir die naturschädigenden Fluorchlorkohlenwasserstoffe? Wie befreien wir uns von quecksilber- und cadmiumhaltigen Batterien? Wie kann das Recycling anderer gefährlicher Materialien besser bewältigt werden? Wie mindern wir die Luftverpestung? Wie machen wir gefährliche Transporte sicherer? Wie kämpfen wir wirksamer gegen unnötige und schwer zu beseitigende Verpackungen? Wie bremsen wir den Energieverbrauch noch weiter? Wie gehen wir gegen die Verwendung gesundheitsschädlicher Baustoffe an? Wie nutzen wir auf breiterer Basis die Verwendung von Pflanzenabfällen für Düngezwecke? Wie ersetzen wir sich verknappende Energiereserven? Wie verhindern wir Brandrodungen, die die Atmosphäre und das Klima schädigen (lt. FAO-Uno-Landwirtschaftsorganisation wurden zwischen 1981 und 1990 154 Millionen

Hektar Regenwald vernichtet)? Wie fördern wir den Artenschutz? wie das Auto-Wrack-Recycling? die Mehrweggebinde? Wie rationalisieren wir den Personentransport auf den Berufswegen?

Nord-Süd-Diskrepanzen
Wie bekämpfen wir das Spannungsgefälle zwischen der südlichen und nördlichen Bevölkerung vieler Länder? Wie gleichen wir die Mentalitätsunterschiede zwischen Südlichen und Nördlichen besser aus? Wie lassen sich nicht zu behindernde Gegensätze fruchtbar machen?

Problematik zwischen arm und reich
Wie kann weltweit ein Ausgleich erzielt werden? Wie lassen sich die Bildungsmöglichkeiten der Armen verbessern? Wie bietet man ihnen mehr Hilfe zur Selbsthilfe?

Asylantenproblematik und Fremdenhaß
Wie läßt sich politisch gegen forciertes Asylantentum ankämpfen? Wie auch gegen seine Folgen (Rechts-Links-Polarisierung)? Wie bekämpft man das Problem an den Wurzeln, d.h. in den Ländern, wo der Fluchtzwang ausgelöst wird? Wie vermeidet man, daß aus dem Fremdenhaß politische Unstabilität im eigenen Land wird?

Religionskriege
Wie fördert man den Dialog zwischen sich feindlich gegenüberstehenden Religionsgruppen? Wie verhindert man diesbezüglichen kriegerischen Wahnsinn und die laufend weitergehende Abspaltung ganzer Bevölkerungsgruppen in den vielen gefährdeten Ländern in allen möglichen Erdteilen?

Problematik verfehlter Kirchenpolitik
Wie kann man die verfehlte Kirchenpolitik, die ganze Heere von Gläubigen verärgert und abstößt und auch gewaltige Lücken in der Besetzung von Pfarrstellen entstehen läßt, so verbessern, daß das Vertrauen und die Sympathie zu den kirchlichen Instanzen wieder zu gewinnen ist? Wie läßt sich der Abwanderung der „Seelenhirten" in den verschiedenen Konfessionen zugunsten anderer Berufe entgegenwirken? Und wie vermöchte man die einst begonnene, inzwischen aber z.T. wieder versandete Kooperation der verschiedenen Konfessionen neu zu beleben und zu vertiefen?

Problematik der rasch steigenden Kriminalisierung in allen Ländern
Wie läßt sich diese verhängnisvolle Entwicklung abbremsen? Wie kann der galoppierenden Verrohung der Sitten Einhalt geboten werden? Wie kann die Mafia-, Drogen- und Jugendkriminalität abgebaut werden?

Problematik der Suchtanfälligkeit großer Bevölkerungsteile
Wie lassen sich die grassierende Drogensucht, der steigende Alkoholismus, die Nikotin- und Pillensüchtigkeit großer Bevölkerungsschichten zurückdämmen?

Problematik der Infektionskrankheiten
Aids und viele andere ansteckende Krankheiten raffen Millionen von Menschen pro Jahr hinweg – wie läßt sich die Ansteckungsgefahr mindern? Wie bekämpft man die vielen seuchenartigen Krankheiten besser als bisher?

Überalterung des Menschen als Sozialproblem
Wie trägt man ihr besser Rechnung hinsichtlich Seniorenbetreuung, Pflege der Chronisch-Kranken, ausreichender Alters- und Krankenheime, Beschäftigungstherapie, Pflegekostenreduktion, Bekämpfung gefährlicher Alterskrankheiten?

Problematik des politischen Moralzerfalls
Wie kämpft man gegen die heute verbreitete Politikverachtung, gegen die Gefahr also, daß sich immer weniger Leute für die Allgemeinheit einzusetzen bereit sind?, somit auch für Recht und Ordnung. Wie macht der Staat dem Bürger die Politik wieder schmackhafter? Wie verhindert man, daß Politik vorwiegend Tummelplatz von Opportunisten, Machtbesessenen und Manipulatoren wird? Wie stärkt man beim Bürger das Verantwortungsgefühl für die Gemeinschaft?

EWR- und EG-Problematik
Wie öffnen wir uns stärker der politischen, wirtschaftlichen und sozialen Zusammenarbeit im Kreise der europäischen Partnerstaaten? Wie überwinden wir den hinderlichen Eigennutz zugunsten einer solidarisch handelnden Gemeinschaft? Wie überbrücken wir die Ländergegensätze besser als bisher? Wie betreiben wir den kreativen Gestaltungsprozeß in der Europaunion in Zukunft weiter?

Arbeitslosigkeits-Problematik
Welche neuen Instrumente müssen geschaffen werden, um in Zeiten der Rezession einer Arbeitslosigkeit von katastrophalem Ausmaß Herr zu werden? Wie sind die Gesetzesgrundlagen für eine wirksame Gegensteuerung zu ergänzen?

Länderüberschuldung
Wie kommen die Länder dieser Welt von ihrem beängstigenden Schuldenpodest herunter? Wie läßt sich die heute Mode gewordene Verschuldungsbereitschaft auf ein gesundes Maß reduzieren?

Übertriebene Kreditwesenstrapazierung im Privathaushalt
Wie lassen sich die Anstrengungen der Kreditinstitute, den Menschen von heute kredithörig zu machen, weiter redimensionieren? Wie kann man Kreditnehmern klarmachen, daß eine unverhältnismäßige persönliche Verschuldung in Zeiten schlecht gehender Wirtschaft ein enormes Risiko für ihn bedeutet? Wie läßt sich gesetzlich noch konsequenter gegen die Gefahr der Kreditwesenstrapazierung einwirken?

Verkraftungsproblematik gegenüber technologischen Umwälzungen und sich deutlich vollziehendem Wertewandel
Wie macht sich der Mensch von heute beweglicher und anpassungsfähiger gegenüber oft extremen technologischen Veränderungen in der Berufswelt? Wie verkraftet er den rascher als früher fortschreitenden Wertewandel unserer Gesellschaft? Wie hält er Schritt mit unserer Informationsgesellschaft? Wie paßt er sich erfolgreich den sich rasch wandelnden technischen Anforderungen des sich hyperschnell entwickelnden Kommunikationszeitalters an? Wie kommt er mit dem sozialen Wandel klar?

Verkehrsproblematik
Wie findet er sich mit den Mobilitätsansprüchen der heutigen Gesellschaft zurecht? Wie löst er die Probleme der in allen Industrieländern erstickend gewordenen Verkehrsdichte und die Probleme im Zusammenhang mit der damit verbundenen Luftverschmutzung?

Erhöhte Streßbeanspruchung in der unruhigen heutigen Zeit
Wie paßt der heutige Mensch seine Streßresistenz der gestiegenen Hektik im Berufs- wie im Privatleben an, um weniger anfällig gegen Zusammenbruch und Herzinfarkt zu werden? Wie kämpft er gegen den Verschleiß seiner Kräfte an und gegen falsche Lebensweisen, die heute an der Tagesordnung sind?

Im Zusammenhang mit dem angesprochenen **negativen Wertewandel** (wir kommen nachher noch auf den positiven Wertewandel zu sprechen) ist auf folgende weitere Problematiken hinzuweisen:

Die **Polarisierung der Menschen in Gebildete und Ungebildete** prägt sich immer mehr aus. Durch die Billig-Massenunterhaltung und die Bild-Hörigkeit in den Medien wird das Lesen als geistig-seelische Bereicherung beim Durchschnittsmenschen mehr und mehr verdrängt. Die Passivkonsumation erübrigt eine aktive Auseinandersetzung mit der jeweiligen Thematik – der Geist vieler wird dadurch immer flacher. Auch ein **sozialer Abstumpfungsprozeß** findet statt, als Folge täglicher brutaler Bildinformation über die Elendszustände in allen Teilen unserer Welt. Damit verbunden ergibt sich ein Verlust an innerem Verantwortungsempfinden für andere.

Auffallend ist auch die heutige **Sportverblödung vieler**, die stundenlang in die Glotze starren und zur Abwechslung höchstens noch die aufgedunsenen Sportteile unserer Tageszeitungen studieren, wenn sie nicht die Lektüre der noch viel umfangreicheren eigentlichen Sportzeitung bevorzugen. Kein Wort gegen gesunden Sport: Aber der hochkatapultierte Spitzensport hat mit seinem Gigantismus damit ja nichts mehr zu tun, höchstens mit Geldverdienen und Sensationshascherei.

Auch die **Primitivisierung des Unterhaltungs- und Spieldranges** vieler – besonders in den sich überall bildenden Jugendbanden – verdrängt den Geist, vor allem wenn der Primitivismus in Richtung Abartigkeit ausschlägt, z.B. durch Vandalismus, Hulligans-Rowdytum und krankhafte Aggression gegen friedfertige andere Jugendliche und hilflose Alte.

Ohne prüde zu sein muß man sich auch wundern ob der **Überhandnahme des Sexismus im Alltagsleben**, der von der entsprechenden Bekleidung über die Film- und Telefon-Sex-Sparte bis zum sexistischen Aufklärungsdrang des Fernsehens in ganzabendlichen Foren über Sex life, Jugend- und Alters-Sex verläuft; dazu schreit neuerdings ein Teil der Frauenwelt prononciert nach Penis-Enttabuisierung, als Ausgleich zur bisher einseitigen Zuschaustellung des weiblichen Körpers.

Schließlich scheint mir auch eine Problematik von Bedeutung darin zu liegen, daß viele Heutige einen **Verlust an selbstverantwortlicher Einstellung** erleiden, wodurch sie anfällig für Süchte aller Art werden. Sozial auf den Leistungen der Tüchtigen auszuruhen und sich auf das vehemente Kritisieren der Gesellschaft zu beschränken, das kann ja nur in Unzufriedenheit mit sich selbst ausmünden. Gerade solche Leute reagieren sich dann – einem psychischen Zwang folgend – in einem der vielen Suchtbereiche ab, wenn nicht gar in mehreren.

Das sind eigentlich **Sozialproblematiken**, die hier zur Sprache kamen. Für sie einen kreativen Ausgleich in der Zukunft zu finden, dürfte nicht viel leichter sein als die Bewältigung der vorgängig angeführten globalen Probleme.

Glücklicherweise gibt es in der Gegenwart nicht nur einen negativen Wertewandel zu verzeichnen, sondern auch einen positiven. Und positiv sind in meinen Augen folgende Veränderungen in der Werthaltung vieler Heutigen:

- Ein Streben nach besserer Lebensqualität ist in vielen Bereichen menschlichen Wirkens deutlich feststellbar und hat Konsequenzen für unsere Lebenshaltung.
- Der moderne mündige Mensch zeigt einen verstärkten Hang zur Selbstbestimmung und -verwirklichung, anstatt in erster Linie auf die Anordnungen anderer zu reagieren.
- Das Streben nach sinnerfüllender Arbeit ist gegenüber früher gewachsen. Man versucht auch immer zielstrebiger die geisttötenden Tätigkeiten durch Automaten verrichten zu lassen.
- Unser Informationsbewußtsein hat sich weiter ausgeprägt. Man spürt, daß eine ausreichende, klare Information für alles, was wir tun, unabdingbare Forderung ist. Wir sind leider nur noch nicht soweit, daß wir auch hinsichtlich eigener Informationsbereitschaft genügend sensibilisiert sind. Da haben wir noch wesentlich hinzuzulernen.
- Parallel zum gestiegenen Informationsbewußtsein hat sich auch eine verstärkte Kommunikationsbefähigung des modernen Menschen ergeben. Man muß nur mal die Jungen beobachten, wie unbefangen sie z.B. in Fernsehsendungen ihre Meinungen äußern und an öffentlichen Diskussionen teilnehmen. Kommunikationsfähigkeit ist erste Voraussetzung für die Harmonisierung des Menschen mit seinesgleichen, ebenso wie für alle Entwicklungsprozesse, denn wo tut sich im Leben schon etwas ohne den Menschen selbst. Nur in den Evolutionsprozessen der Natur ist die Menschenhand aus dem Spiel – und das ist wohl gut so.
- Im Marketing hat sich das frühere einseitige Produktdenken zur Dienstleistungsorientierung gewandelt, als Ausdruck wechselseitiger sozialer Abhängigkeit der Menschen unter sich. Heute umspannt das dienstleistungsorientierte Verkaufen die ganze Welt.
- Die Frau hat in der Gesellschaft von heute wohl immer noch nicht die Bedeutung, die ihr zukommt, aber der Prozeß der Frauenemanzipation ist in vollem Gang und wird sich in der Zukunft noch intensivieren.
- Ebenfalls in voller Entwicklung ist das Verständnis für die Alten in unserer Gesellschaft. Sie sind daran, ihre bisherige Passivrolle in eine aktive umzudrehen und die Tüchtigkeit vieler Senioren verschafft sich in immer mehr Bereichen die volle Anerkennung anderer Altersgruppen.
- Das Zukunftsbewußtsein des Menschen unserer Tage hat sich auch positiv gewandelt. Man ist nicht mehr so stark gegenwartsverhaftet und beginnt deutlich, mehr Verantwortung gegenüber der Zukunft zu entwickeln.
- In der beruflichen wie kulturellen Tätigkeit sind kreative Impulse stärker als früher gefragt, wenn auch die Qualität der schöpferischen Leistung auf vielen Gebieten noch zu wünschen übrig läßt. Es sieht aber ganz danach aus, daß die Welt von heute keine andere Wahl hat, als die Kreativität voranzustoßen, um nicht zugrunde zu gehen.

5. Erfindungs- und Innovationsbegabung des Menschen

„Die Erfinder sind die wahren Wohltäter der Menschheit und verdienen größere Ehre als die, welche beweinenswerte Schlachten lieferten und große Länder eroberten, ohne zu verstehen, ihr eigenes Land glücklich zu machen."
Karl Julius Weber (Demokritos)

Die Geschichte der Zivilisation läuft auf weite Strecken parallel mit dem Werdegang der Erfindungen und Innovationen. Erfindungen sind Kristallisationen des kreativen menschlichen Geistes so wie auch Innovationen geistige Neuerungsprozesse darstellen, letztere in den drei Bereichen **Produktinnovationen** (Erneuerungen bei den absatzfähigen Leistungen von Unternehmungen), **Verfahrensinnovationen** (Erneuerungen in den unternehmerischen Leistungserstellungsprozessen) und **Sozialinnovationen** (Erneuerungen hinsichtlich menschlicher Qualifikationssteigerung, Steigerung der Führungs- und Kooperationsfähigkeit, Steigerung der Planungsfähigkeit usw.).

> „Innovatio" kommt aus dem Lateinischen und bedeutet in unserer modernen Wirtschaftsterminologie Schaffung von Neuem, Änderungsprozesse bezweckend Erneuerung in einem sozio-technischen System (Unternehmungen und Zweckorganisationen). Erfindungen wie Innovationen können sich auf die Schaffung von Produkten wie von geistigen Leistungen, auch Dienstleistungen, beziehen, wobei immer Neuheitsaspekte damit verbunden sein müßten, im Sinne eines definierbaren Fortschrittes oder einer völligen Neugestaltung.

Allgemein wird angenommen, die Zahl der jährlichen Erfindungen sei nur noch gering, weil die Möglichkeiten angesichts der stark innovativen Tätigkeit der Menschheit in den letzten 50 Jahren sozusagen „ausgetrocknet" seien. Indessen verzeichnet aber die Schweizer Erfindermesse jährlich immer noch um die tausend Erfindungen, von insgesamt rund 600 Urhebern eingereicht. Der forschende Geist des Menschen scheint somit immer noch hellwach zu sein. Und dennoch: „Das Genie bleibt sich immer das größte Geheimnis" *(Schiller)*.

Bei **Erfindungen** denkt man in der Regel stets an Produktgestaltungen und Gestaltung von Vorrichtungen, während **Innovationen**, wie oben definiert, auch geistige Neuerungsprozesse darstellen können, eben z. B. im Führungsprozeß, im Bildungs-, im Organisations- und Planungsprozeß einer Unternehmung. Solche Innovationen werden als operationale Kreativität bezeichnet.

Am Anfang steht immer eine zündende kreative Idee, verbunden mit Nutzenvorstellungen, die natürlich unterschiedlichster Art sein können.

Ohne Kreativität sind weder Erfindungen noch Innovationen denkbar. Aber auch das **Umsetzen**, sprich Realisieren der letzteren, ist auf kreative Leistung angewiesen. Die Frage, wie sich die Idee verkaufen läßt, entscheidet über die **Endnutzung der geleisteten schöpferischen Gestaltungsarbeit**. Es gibt bekanntlich viele Erfinder, die entweder auf ihren Erfindungen sitzenbleiben, und andere, die über eine verwertungsgerichtete Intelligenz verfügen und später den „Rahm" einer Erfindung abzuschöpfen vermögen. Damit der Erfinder mitprofitieren kann, muß er sich rechtzeitig um eine **Patentierung** oder um einen **Marken- oder Modellschutz** kümmern. Damit kann allerdings ein Problem von oft schicksalshafter Bedeutung verbunden sein: es ist die **Schwierigkeit richtiger Einschätzung der Rentabilität und Verwertbarkeit einer Erfindung**, oft auch die **momentane Mittellosigkeit des Erfinders**. Nicht selten muß viel Geld schon in die Entwicklung der Erfindung investiert werden, und da ist es besonders tragisch, wenn wegen Aufschiebens der kostenträchtigen Patentierung später ein anderer die Lorbeeren kassiert und die Erfindung egoistisch für sich auswertet.

Die Japaner haben sich als clevere Macher einen besonderen Ruf erworben, indem sie ungenützte Entwicklungen anderer später kommerziell ausschlachteten oder nach Ablauf von Patentrechten eine Neuverwendung, eventuell unter Verbesserungen, in gigantischem Umfang ausnützten. Offensichtlich betreiben die Japaner systematischer und erfolgreicher als andere die Auswertung schon geleisteter Forschungsarbeit, wenn die Initianten selbst die Verwertung nicht speditiv betreiben. Man kann dies als spezielles Marketing in Patentinformation bezeichnen.

Die heute **beanspruchbaren Dienstleistungen der Ämter für geistiges Eigentum** – in der Schweiz das Bundesamt für geistiges Eigentum (BAGE), Einsteinstr. 2, CH-3003 Bern – **haben dank moderner Computer-Kommunikationstechnik und -Vernetzung einen imposanten Umfang erreicht**. Es kann spezielle Marketing-Aufgabe fortschrittlicher Firmen sein, nachzuforschen, welche Entwicklungen in einem ganz bestimmten Bereich schon vorliegen, um darauf aufbauend eigene Entwicklungsarbeit zu leisten. Leider wird in der Entwicklungs- und Forschungsarbeit oft Leerlauf betrieben, indem man – ohne den vorgenannten Informationsaufwand zu betreiben – „Neuheiten" vorantreibt und erst anschließend feststellt, daß die gleiche oder sogar noch weitergehende Entwicklungsarbeit schon stattgefunden hat und angemeldet oder gar bereits patentiert ist.

Generell ist festzustellen, daß die Allgemeinheit ungenügend informiert ist über den Leistungsumfang eines nationalen Amtes für geistiges Eigentum. Dem kreativ tätigen Leser dieses Handbuches dient vielleicht die nachfolgende Auflistung der Dienstleistungen des BAGE in Bern.

5.1 Dienstleistungen des Bundesamtes für geistiges Eigentum, Bern (BAGE)

Grundsätzlich befaßt sich das BAGE mit folgenden Immaterialgütern:

geistiges Eigentum	Urheberrecht Patentrecht Markenrecht Muster- und Modellrecht Schutz von Topographien	gewerblicher Rechtsschutz

Mit der Verwertung von Urheberrechten befassen sich in der Schweiz Institutionen wie die SUISA in Zürich für Musikrechte und die PRO LITTERIS in Zürich für die Urheberrechte folgender Berufsgruppen:

- Schriftsteller
- Journalisten
- Bildende Künstler
- Fotografen
- Grafiker
- Architekten
- Buchverlage
- Zeitungs- und Zeitschriften-Verlage
- Kunstverlage

Was den **Schutz von Firmenbezeichnungen** im Sinne kreativ gewählter Phantasienamen anbelangt, so sind im Rahmen des **Markenschutzes** die einschlägigen Gesetzesbestimmungen zu berücksichtigen, die in erster Linie der Gefahr von Verwechslungen vorzubeugen haben. Im **Architekturwesen** wiederum gibt es einen grundsätzlichen Urheber-Rechtschutz für **Werke der Baukunst**, indessen geht das Interesse des Benützers bzw. Eigentümers an der sachgerechten Verwendung seines Objektes diesem Schutz im Zweifelsfalle vor. Die Rechtspraxis zum Schutze der Werke der Baukunst ist, aus der Juristenperspektive gesehen, vorläufig eine recht problematische, die durch die Widersprüchlichkeit neuerer Gerichtsentscheide noch unterstrichen wird.

Die Dienstleistungen des Bundesamtes für geistiges Eigentum (BAGE) sind nun die folgenden:

- Auskunftserteilung über den Lesesaal. Im BAGE sind rund 8 Millionen Patentschriften einzusehen, nach Sachgebieten klassiert.
- Der technische Informationsdienst TIPAT führt für Auftraggeber in vernetzter Zusammenarbeit mit rund 100 internationalen Datenbanken Sachrecherchen auf dem Gebiet des Patentwesens und der technischen Literatur durch, die gebührenpflichtig sind.
- Der technische Auskunftsdienst führt ebenfalls für Auftraggeber gebührenpflichtige Recherchen in der zentralen Patentschriftensammlung (ZPS) durch.
- In Markensachen sind Auskünfte über schweizerische und internationale Marken gegen Gebühr erhältlich, und es werden auch Nachforschungen über Marken durchgeführt, die Aufschluß über identische oder ähnliche Marken geben.
- Das BAGE publiziert jährlich Statistiken im Schweizerischen Patent-, Muster- und Markenblatt (März-Ausgabe).
- Es prüft Patentgesuche und erteilt Patente (seit 1888 national rund 680000 und rund 110000 europäische Patente, die vom Europäischen Patentamt für CH und FL erteilt wurden).
- Es führt das nationale Markenregister und prüft die Gesuche für nationale und internationale Hinterlegungen wie auch die Verlängerungsgesuche. Auch Nachforschungen nach identischen und ähnlichen Marken werden unternommen.
- Es nimmt die nationalen Hinterlegungen von Mustern und Modellen entgegen.
- Das BAGE befaßt sich auch mit konstitutionellen Aufgaben wie Vorbereitung und Revision der Bundesgesetzgebung über Erfindungspatente, Fabrik- und Handelsmarken sowie Herkunftsangaben, gewerbliche Muster und Modelle, Urheberrecht und Topographien.
- Es bereitet die einschlägigen Gesetze und Staatsverträge vor.
- Das BAGE ist Aufsichtsbehörde der schweizerischen Gesellschaften für die Verwertung von Urheberrechten. Es überwacht die Verwendung geographischer Herkunftsangaben und die Verwendung öffentlicher Wappen und Zeichen.

Zweck der Patenteinreichung: Diese schützt den Erfinder gegen das **Risiko des Kopierens**. Eine **Prioritätsfrist** gewährt ihm eine Bedenkzeit von einem Jahr, um zu entscheiden, ob sich das kostspielige Verfahren einer Anmeldung im Ausland lohnt. **Die Neuheitsnachforschung fällt dem Patentbewerber zu. Die Neuheit ist unbedingte Voraussetzung für die Patentgültigkeit.** Das BAGE kann durch gebührenpflichtige Recherchen den Erfinder in seinen Nachforschungen unterstützen, braucht dazu aber seinen offiziellen Auftrag. Die Dienste eines Patentanwaltsbüro sind kein Rechtserfordernis für den Erfinder, können ihm gegebenenfalls aber wertvolle Unterstützung sein. **Für internationale Patentanmeldung ist die Mithilfe eines Patentanwaltsbüro jedoch empfohlen.**

5.2 Rückblick auf die spektakulärsten Erfindungen der Menschheitsgeschichte

„Nachdem ein Ding geschehen ist, sind alle Gräben voll Weisheit."

W. Jensen

Der menschliche Genius hat sich schon immer am deutlichsten in den Leistungen der Erfinder manifestiert. So großartig aber im einzelnen die schöpferischen Geniestreiche vieler unserer herausragenden Vorfahren waren – der Alltagsmensch von heute hat sich so sehr an die Nutzung dieser Erfindungen gewöhnt, daß er sie im historischen Rückblick kaum mehr einzeln wahrnimmt. Paul Muggler, dem wir die interessante Kulturama-Ausstellung in Zürich verdanken, kommt das Verdienst zu, in einem **reich bebilderten Buch „Erfindungen, die unser Leben veränderten"** ein Panorama der faszinierenden Erfindungsgeschichte gestaltet zu haben. Eine darin enthaltene Chronologie der Erfindungen habe ich (gekürzt) mit einer anderen Aufstellung kombiniert, die ich in einer Unterlage des Bundesamtes für geistiges Eigentum vorfand. Beide Institutionen seien für das überlassene Abdruckrecht bedankt, und hier nun das Resultat der Verschmelzung:

Chronologie wichtiger Erfindungen und Neuerungen

		Zeitpunkt:
1. Werkzeuge	Steinwerkzeuge mit Schneidekanten, durch Geröllsteine präpariert	1 Mio.v.Chr.
	Faustkeilwerkzeuge	500000 v.Chr.
	Klingen, Holzspeere etc.	250000 v.Chr.
	Messer, Schaber, Bohrer etc.	10000 v.Chr.
	Kleine Steingeräte/Mikrolithen	7000 v.Chr.
	Beile und Hacken	3500 v.Chr.
	Eisenwerkzeuge und Waffen	ab 700 v.Chr.
2. Feuer	Feuerübernahme aus Waldbränden und Vulkanausbrüchen (noch keine selbständige Feuerherstellung)	500000 v.Chr.
	Feuer durch Aneinanderschlagen von Feuersteinen und Reiben von Hölzern	30000 v.Chr.
	Feuer durch Brenngläser aus Bergkristall	640 v. Chr.
3. Kunst der Vorzeit	Kunstschöpfungen in der jüngeren Altsteinzeit	35000 v.Chr.
	1. Flachrelief in Kalksteinfelsen in Frankreich	30000 v.Chr.
	Felsbildmalereien/Tierdarstellungen/ Fruchtbarkeitsidole	ab 22000 v.Chr.
4. Lampe	Brennende Kielspäne/Ölgespiesene Steinpfannen	10000 v.Chr.
	Fackeln, aus Holzstücken, mit Fetten und Harzen getränkt	5000 v.Chr.
	Alabasterlampe in Pharao-Grab	1340 v.Chr.
	Ölgefüllte Bronzelampen in Rom	100 v.Chr.
	Tönerne Lampen mit Ölfüllung	100 n.Chr.
	Kerzenlicht, Gaslicht	1200-1856 n.Chr.
	Petrollampe	1818 n.Chr.
	Erfindung der Glühlampe (Edison)	1879 n.Chr.

		Zeitpunkt:
5. Töpferei	Keramik	7500 v.Chr.
	Porzellan	700 n.Chr.
	Weichporzellan/Fayencen	1300 n.Chr.
6. Spinnen/Weben	Einfachste Spinn- und Webverfahren in Ägypten	5000 v.Chr.
	Textilien mit Mustern	2000 v.Chr.
	Tuchherstellung/Kunstwerke aus Seide	3.-8. Jh.n.Chr.
	Spinnmaschine	1768 n.Chr.
	Mechanischer Webstuhl/Cartwright	1784 n.Chr.
	Webmaschine/Jacquard	1805 n.Chr.
	Englische Webindustrie	1813 n.Chr.
7. Brot	Erste Backöfen/Babylonien	4000 v.Chr.
8. Glas	Glas in Mesopotamien/Ägypten	4000 v.Chr.
	Erste Glasgefäße in Ägypten	1300 v.Chr.
	Luxusgläser, Glasfenster	100 n.Chr.
	Glastafeln	1700 n.Chr.
	Flaschenblasmaschine	1900 n.Chr.
9. Rad	1. Rad/Scheibenrad	3000 v.Chr.
	4rädrige Wagen	2000 v.Chr.
	Speichenrad-Wagen, 2rädrig	1600 v.Chr.
	Kampfwagen	1000 v.Chr.
	Wagen mit schwenkbaren Vorderachsen, Felgen und Reifen aus einem Stück, Metallnaben	300 v.Chr.
	Zahn- und Laufräder f. Mechanik durch Leonardo da Vinci erfunden	15. Jh.
	Laufrad/Draisine durch Freiherr von Drais	1817 n. Chr.
10. Schiff	Einbaumboote, Weidengeflechtboote	3000 v.Chr.
	Segelschiff in Ägypten	2400 v.Chr.
	Handelsschiffe in Phönizien	1000 v.Chr.

		Zeitpunkt:
	Ruder-Segelschiffe als Kriegsschiffe der Assyrer	700 v.Chr.
	3-Reihen-Ruderschiffe/Griechenland	600 v.Chr.
	Große Segler f. 250 Tonnen Fracht, 2-Masten-Segler (Römer)	100 v.Chr.
	Schaufelrad-Schiff, durch Ochsen angetrieben, im Kreis laufend,	527 n.Chr.
	Unterseeboot, holländische Konstruktion	1653 n. Chr.
	Dampfschiff, in Philadelphia gebaut	1773 n. Chr.
	1. Schiff aus Eisen/England	1787 n. Chr.
	Luxus-Großdampfer/Titanic	1912 n. Chr.
11. Papier	Papier aus Papyrus-Staude	3000 v.Chr.
	Toilettenpapier	6. Jh. n. Chr.
	Papiergeld	8. Jh. n. Chr.
	Papier aus Lumpen/Bagdad	794 n. Chr.
	Lumpenpapier für Briefe/London	1272 n. Chr.
	Papier aus Altpapier/Deutschland	1774 n. Chr.
	Papier aus Holz/Zellulose	1844/1870
12. Schrift	Erfindung der Schrift durch die Sumerer	3000 v.Chr.
	Nochmalige unabhängige Erfindung der Schrift durch die Ägypter	2900 v.Chr.
	Römische Kapitalschrift	113 n.Chr.
	Römische Kursivschrift	400 n.Chr.
	Buchschrift	400 n.Chr.
	Schrift der Humanisten	15. + 16. Jh.
13. Zeitung	„Zeitung" auf Tontafeln und Papyrus/Mesopotamien/Ägypten	3000 v.Chr.
	Ausrufer-„Zeitung"/Griechenland	400 v.Chr.
	Ausrufer für Spiele/Wettkämpfe/Rom	100 v.Chr.
	Brief d. Kolumbus an seine Königin über Entdeckung Amerikas (erstes Druckerzeugnis mit rascher allgemeiner Verbreitung)	1493 n.Chr.

		Zeitpunkt:
	Erste Wochenzeitung in Straßburg	1609 n.Chr.
	„Die Post“ (erste schweizerische Zeitung)	1620 n.Chr.
	Erste Tageszeitung, in Leipzig erschienen	1666 n.Chr.
14. Waage	Erste einfache Waage/Südbabylonien	2650 v.Chr.
	Erste ungleicharmige Laufgewichtswaagen in Ägypten nachweisbar	1400 v.Chr.
	Aristoteles veröffentlicht technisches Prinzip der Schnellwaage	330 v.Chr.
	Leonardo da Vinci plant Neigungswaage	15. Jh.
	Galileo Galilei hydrostatische Waage, um spezifische Gewichte zu bestimmen	1586 n.Chr.
	Feder-/Sackwaage/Personenwaage durch Jakob Leupold	1726 n.Chr.
	Brückenwaage für Fuhrwerke	1816 n.Chr.
	Neigungs- u. Pendelwaage durch Franzose J.H. Dumont	1839 n.Chr.
	Briefwaage durch L. Riddle/London	1789 n.Chr.
	Waagen mit optischer Anzeige und Präzisionswaagen	20. Jh.
15. Schloß/ Schlüssel	Erste Schlösser der Ägypter	2000 v.Chr.
	Griechische Schloßteile, gefunden bei Ausgrabungen	1000 v.Chr.
	Weiterentwicklungen der Römer	100 n.Chr.
	Marco Polo bringt Kombinationsschlösser aus China	1300 n.Chr.
	Buchstabenschloß durch Fontana/Italien erfunden	1420 n.Chr.
	Hängeschlösser-Verbreitung, auch für Keuschheitsschlösser verwendet	16. Jh.
	Sicherheitsschloß durch J. Bramah/England	1784 n.Chr.
	Schloß mit Selbstschußanlage kombiniert/durch Mariotte/Frankreich	1810 n.Chr.
	Yale-Schloß/Amerika	1865 n.Chr.

		Zeitpunkt:
	Weitere Sicherheitsschlösser	20. Jh.
16. Geld	Silberringe u. -barren als erstes Geld/Babylonien	2000 v.Chr.
	Erste Münzen/König Krösus/Kleinasien/ zum Teil mit Prägung	650 v.Chr.
	Älteste römische Gußmünze	200 v.Chr.
	Neuzeitliche Münzprägung in Europa durch Klöster/Städte	1500 n.Chr.
	Goldwährung/Goldmünzen	1900 n.Chr.
17. Brille	Halbedelstein als Brille, von Nero benützt	37-68 n.Chr.
	Bergkristall-/Quarz-Lupen	1300 n.Chr.
	Erste Nietbrillen aus Murano	14. – 16. Jh.
	Kontaktlinsenerfindung durch Leonardo da Vinci	1508 n.Chr.
	Bügelbrille	17. – 18. Jh.
	Scherenbrille, Lorgnette, Monokel, Ohrenbrille	19. Jh.
18. Dampfmaschine	Grieche Heron in Alexandria erfindet Dampfantrieb	100 n.Chr.
	Dampfrad-Erfindung für Pulverstampfe durch Branca	1629 n.Chr.
	Dampfwagenkonstruktion in Peking durch Jesuitenpater Verbiest	1681 n.Chr.
	Erste funktionierende Dampfmaschine durch Engländer Newcomen	1717 n.Chr.
	Wichtige Weiterentwicklung durch James Watt in Glasgow	1763 n.Chr.
	Erstes Dampfschiff durch Franzose Jouffroy d'Abbans	1783 n.Chr.
	Erste brauchbare Lokomotive durch George Stevenson/England	1829 n.Chr.

		Zeitpunkt:
19. Zeitmesser/ Uhren	Ältester Kalender/Sumerer	3000 v.Chr.
	Griechische Wasseruhren	um 200 n.Chr.
	Mechanische Uhr/China	800 n.Chr.
	Erste Turmuhr, dank italienischer Erfindung (Spindelhemmung für Triebwerkregulierung)	14. Jh.
	Erste präzise Pendeluhr mit Sekundenanzeiger durch Holländer Huygens	1673 n.Chr.
	Pendeluhren mit kurzem Pendel, Blütezeit unter Louis XV.	18. Jh.
	Serienfabrikation genauerer Uhren	19. Jh.
	Elektrische sowie Quarz- und Atomuhren	20. Jh.
20. Buchdruck	Schriftzeichenvervielfältigung aus China mit Druckplatten	730 n.Chr.
	Erfindung der ersten beweglichen Lettern aus Ton, mit Wachs zu Druckplatten zusammengestellt/chinesischer Schmied Pi ching	1041 n.Chr.
	Gutenberg erfindet Buchdruckkunst	1446 n.Chr.
	Erste Schnellpresse durch Deutschen F. König	1816 n.Chr.
	Rasante Weiterentwicklung d. Drucktechnik	20. Jh.
21. Fotografie	Dunkelkammer-Idee durch Araber ausgedacht/ausprobiert	11. Jh.
	Verwendung konvexer Linsen	16. Jh.
	Wichtige Neuerungen an der Camera obscura (Scharfeinstellung durch Linsenverschiebung/Spiegel für Bildumkehrung)	18. Jh.
	Eigentliche Entdeckung der Fotografie	19. Jh.
	Erstes Foto der Welt – ein Stilleben, durch französischen Lithographen Nicephore Niépce	1822
	Erfindung der „Daguerreotypie“ durch Louis Daguerre, Paris	1839

		Zeitpunkt:
	Erfindung des Papiernegativs	1841
	Erfindung der 1. Rollfilmkamera, der Kodak-Box	1888
	Rasante weitere Entwicklung der Fotografiertechnik	ab 1900
22. Mikroskop	Vergrößerungseffekt durch Linse durch Bischof Großeteste von Lincoln entdeckt	13. Jh.
	Okular-Erfindung durch Z. Janssen aus Middelburg	1590
	Erfindung des Linsenschleifverfahrens durch Huygens	1665
	Mikroskop mit bikonvexer Linse und zusammengesetztes 2-Linsen-Mikroskop	1674
	Weiterentwicklungen	1712-1881
	Ultramikroskop-Erfindung für Sichtbarmachung eines Millionstels eines Millimeters durch H. Siedentopf/R. Zsigmondy	1903
	Beginn der Verwendung des Elektronenmikroskops	1930
23. Flugzeug	Leonardo da Vinci studiert den Vogelflug und konstruiert Flugzeuge und Fallschirm	15. Jh.
	Otto Lilienthal konstruiert Hängeleiter	1891
	Brüder W. u. O. Wright aus Dayton/USA konstruieren Flugzeug mit Propellerantrieb	1894
	Erster Flug (266 m) mit Motor-Doppeldecker durch Wright	1903
	Weltrekord von W. Wright von 2 Std., 20 Min., 23 Sek.	1908
	Blériot überfliegt mit Eigenkonstruktion den Ärmelkanal	1909
	Erster Helikopter mit Nutzlast	1910
	Ersteinsatz von Kampfflugzeugen im Weltkrieg	1914-1918

		Zeitpunkt:
	Erster Flugzeugträger	1922
	Atlantiküberfliegung (Lindbergh)	1927
24. Auto	Militäringenieur Valturio entwirft einen Kriegswagen mit Windrädern	1460
	Leonardo da Vinci zeichnet einen federbetriebenen Wagen	1500
	Segelwagen für 28 Personen, 7 Meilen Geschwindigkeit, gebaut von S. Stevin	1599
	Dampfwagen, bei dem Dampf auf ein Schaufelrad geleitet wird, in Peking von Jesuitenpater Verbier konstruiert	1599
	Dampfrückstauwagen, entworfen durch Isaac Newton	1700
	Bau des ersten brauchbaren Dampfwagens durch Militäringenieur Cugnot in Brüssel	1763
	Gasmaschine von Lenoir fährt Paris–Joinville = 15 km	1859
	Otto-Motor-Herstellung	1864
	Daimler und Karl Benz patentieren Motorfahrzeug mit Benzinmotor	1886
	Fließbandfertigung bei Ford USA	1920
25. Elektrizität	Bau der ersten „Elektrisiermaschine“ durch Otto von Guericke aus Magdeburg	1660
	Blitzableitererfindung durch Benjamin Franklin	1752
	Meßgeräterfindung durch Volta in Pavia	1775
	Entdeckung durch Galvani, Ampère, Faraday und Ohm	1796-1827
	Generatorenbau	1832
26. Telefon	Reis baut erstes Telefon aufgrund von Vorversuchen anderer	1861
	Weiterentwicklung durch Bell	1876

		Zeitpunkt:
	Siegeszug der Bellschen Telefonapparate – beginnend:	1877
	Erste Telefonnetze in Berlin und Zürich	1880
	Vernetzung des Telefons mit Daten- und Bildübertragung	20. Jh.
27. Fernsehen	Verschiedene Vorentdeckungen durch Berzelius, May, Smith, Paira, Nipkow, Crooks, Braun	1816-1906
	Eigentliche Erfindung des Fernsehens durch den Schotten John Logie Bair	1925
	Drahtlose Übertragung 50zeiliger Fernsehbilder	1927
	Weiterentwicklung durch Mihály, Karolus, Zworykin	1929-1931
	1. Fernsehprogramm aus Berlin	1935
	Erfindung des Farbfernsehens durch Baird	1944
	Satelliten-Fernsehen	1962
28. Fahrrad	Hölzernes lenkbares Laufrad „Draisine" durch von Drais	1817
	Weiterentwicklungen	1839-1872
	Kettenantrieb-Luftreifen	1879-1890
	Folgeentwicklungen: Übersetzung, Freilauf, dynamogespeiste Lampe, Gepäckträger, Glocke, Helmschutz	ab 1890
29. Radio	Vorentwicklungen durch Lindsay, Morse, Hertz, Marconi	1831-1900
	Gelingen der 1. Verbindung England–Kanada	1901
	Erstmalig Musik ab Schallplatte auf Distanz	1920
	Kurzwellensendungen/UKW/Stereofonie/ Verkehrscode/ Stationenprogrammierung	1939-1985

		Zeitpunkt:
30. Röntgenröhre	Vorerfindungen durch Geißler, Plücker, Hittorf, Crockes, Lenard	1850-1894
	Geburt des Röntgenapparates	1895

In Kurzfassung seien hier noch andere wichtige Erfindungen der weiteren oder näheren Vergangenheit chronologisch angeführt:

31. Rechenmaschine	Erfinder: Pascal	1641
32. Verbrennungsmotor	Erfinder: Lenoir	1860
33. Schreibmaschine	Erfinder: Mitterhofer	1870
34. Reißverschluß	Erfinder: Judson	1891
35. Katalysator für Auspuffgase	Erfinder: Frenkel	1909
36. Radar	Erfinder: Young/Appleton	1922
37. Plexiglas	Erfinder: Barker/Skinner	1924
38. Penizillin	Entdecker: Fleming	1928
39. Nylon	Erfinder: Carothers	1935
40. Kugelschreiber	Erfinder: Biro	1938
41. Transistor	Erfinder: Shockley/Bardeen/Brattain	1948
42. Diskette	Erfinder: Nakamats	1950
43. Velcro-Klettverschluß	Erfinder: de Mestral	1951
44. Lichtleiter	Erfinder: Kapany	1955
45. Video-Magnetband	Erfinder: Sater/Mazzitello	1956
46. Laser	Erfinder: Townes/Schawlow	1958
47. Tonkassette	Erfinder: Philips	1963
48. Scanner	Erfinder: Hounsfield	1971
49. Flüssigkristallanzeige	Erfinder: Hoffmann-La Roche	1971
50. Compact-Disk	Erfinder: Philips/Sony	1979
51. Antiblockiersystem (ABS)	Erfinder: Bosch	1982
52. Digital Compact-Kassette	Erfinder: Philips/Sony	1992
53. MD Minidisc	Erfinder: Philips/Sony	1992

Interessant auch, wie die **Zeitspanne ab Erfindung bis zu ihrer industriellen Auswertung** sich in der Vergangenheit immer mehr **verkürzte**. In der nachfolgenden Aufstellung zeigen wir anhand einiger Beispiele aus der Geschichte der Erfindungen, wie die Realisierungsfrist von 112 Jahren auf 3 Jahre zurückging.

Fotografie	(1727 – 1839*)	=	112 Jahre
Telefon	(1820 – 1876*)	=	56 Jahre
Radio	(1867 – 1902*)	=	35 Jahre
Radar	(1925 – 1940*)	=	15 Jahre
Transistor	(1948 – 1953*)	=	6 Jahre
Integrierte Schaltung	(1958 – 1961*)	=	3 Jahre

Wenn heute die raffinierte Technik und ein schlagkräftiges Marketing die Auswertung von Erfindungen und Innovationen beschleunigen, so darf anderseits nicht übersehen werden, daß die **Entwicklungskosten für die Realisierung von solchen Neuerungen ihrerseits gewaltig angestiegen sind**. Somit haben sich auch die Risiken für einen Fehlschlag einer überschätzten Neuerung ebenso kräftig potenziert; so mancher Erfinder oder Auswerter ist eindeutig an der Kostenseite gescheitert, und es gab eine Pleite anstelle des erhofften großen Verdienstes.

Es ist heute ein besonderer Leistungsausweis für innovative Unternehmen, wenn sie die Realisierungsfrist für eine neue Innovation oder Erfindung möglichst kurz zu gestalten vermögen. Prof. K.M. Magyr, bekannter schweizerischer Marketingspezialist, bestätigt mich mit seiner Feststellung: „Es wird immer schwieriger, die Innovationsperioden zu verkürzen und das Innovationsrisiko zu mindern. Wer in den hart umkämpften Märkten überleben will, muß für eine dramatische Verkürzung der Innovationsdauer sorgen!" Die Japaner demonstrieren dies besonders erfolgreich der ganzen Welt. Ihre wirtschaftliche Überlegenheit ist nicht zuletzt durch diese Stärke der Quick Reaction Capability erklärbar.

5.3 Systematisierung der Innovationstätigkeit

Innovation wird erst zum Geisteswerkzeug, wenn
man sie aktiv und berechnet vorantreibt

Die Welt steht nicht still – aber Weiterentwicklungen zum Wohle aller ergeben sich nur, **wenn die Innovationstätigkeit systematisch vorangestoßen wird**. Es

* Entwicklungszeit ab 1. Erfindung bis zum Beginn ihrer industriellen Ausnützung

genügt weder in einer Firma noch in anderen Zweckorganisationen, die Losung auszugeben, man müsse vermehrt innovativ sein. Dann geschieht meistens nichts oder nur sehr wenig. **Eigentlich sollte ein „Steuermann“ vorhanden sein, der im Auftrag der Geschäftsleitung Innovationen systematisch in die Wege leitet.** So wie es im Unternehmen von heute einen Informationsbeauftragten gibt, der das betriebliche Informationswesen anregt und steuert, nicht zuletzt durch ein leistungsfähiges Informationssystem, so müßte auch ein **Innovationsbeauftragter** die Nutzung aller Ressourcen im Betrieb vorantreiben, natürlich in enger Zusammenarbeit mit der Geschäftsleitung, die letztlich als treibende Kraft hinter einem so wichtigen Vorhaben stehen muß. Seine Aufgaben wären ungefähr die folgenden:

- Eruieren sinnvoller Innovationsaufgaben in Zusammenarbeit mit Abteilungschef.
- Information über die langfristige Planung von Innovationsvorhaben und deren existenzwichtige Bedeutung.
- Ausbildung des gesamten Kaders in modernster Problemlösungstechnik und systematischer Innovationsumsetzung in allen unternehmerischen Bereichen.
- Schaffung eines Instrumentariums für Innovationstätigkeit (Kursprogramm zur Steigerung der Innovationsbefähigung der Kader – kurz-, mittel- und langfristige Innovationsplanung – Institutionalisierung von periodischen Zielsetzungsgesprächen – Überprüfung der Effizienz und Verbesserung des Vorschlagswesens – Heranbildung eines Teams von Kreativitätsspezialisten für Problemlösungs-Workshops – Auszeichnung besonderer Leistungen im Innovationswesen – Gezieltes Informationswesen zur Stimulation der Innovationstätigkeit).
- Aus- und Weiterbildung von sich selbst, damit längerfristig Anregungs- und Steuerfunktionen immer wirksamer ausgeübt werden können.

Was die **Arbeit von Problemlösungsgruppen** in allen unternehmerischen Bereichen anbelangt, so sollte man sich an **bewährte Regeln** wie die folgenden halten:

5.3.1 Checkliste Nr. 2: Spielregeln für gutes Funktionieren von Problemlösungsgruppen (38 Tips)

- **Problemlösungsgruppen sorgfältig zusammenstellen** (nur positive und einigermaßen einfallsreiche Personen selektionieren).
- **Problem-Präsentation** informativ und motivationsstark gestalten.
- **Projektmanager, Prozeßmanager und Protokollierender bestimmen.**
- **Vorgehen**, wie auch Funktionen der Genannten, genau **erläutern**.
- **Hierarchie der Teilnehmer** darf nicht zu unterschiedlich sein; soziologisch müssen sie zueinander passen.
- Die **Wissens- und Erfahrungs-Dotation der Teilnehmer** soll eher heterogen als homogen sein, da Querdenken und Fremdanregung dann die Kreativität aller förderlich beeinflussen („Fachidioten"-Gruppen dagegen leiden oft unter „Technoquatsch", Prestigestreit und fachlicher Deformation, weshalb sie untereinander im allgemeinen aggressiver, aber weniger kreativ sind).
- **Günstige Sitzordnung** wählen zwecks guter Sichtverbindung aller untereinander inklusive Projektmanager und Prozeßmanager.
- **Optische Hilfsmittel** nutzen (Flipchart, Hellraumprojektor usw.).
- **Psychologische Regeln gruppendynamischer Zusammenarbeit beachten:** Alle in den Prozeß integrieren – Keine persönlichen Präferenzen anzeigen – Keine persönlichen Angriffe – Konstruktiv mitdenken – Klarstellen in welchen Prozeßphasen nicht kritisiert werden darf, sondern ausschließlich produktive Suchanstrengung zu leisten ist – Sachlich bleiben, nicht Firma oder einzelne Abwesende angreifen, sondern mit Verbesserungsvorschlägen operieren – Gut zuhören – Loben was anerkennenswert – Tierischen Ernst vermeiden, Humor einsetzen – Kritisches mit sachlichen Fragen angehen – Beiträge knapp und klar formulieren – Stets Beweise erbringen, statt im Behauptungsstil zu schwelgen – Unklare Aussagen sofort hinterfragen – variables- und alternatives-Denken pflegen – Anschauliches Erläutern, nicht lange dozieren, nicht verkomplizieren – Überlegenheit nicht deklassierend ausspielen – Produktivität immer im Auge halten – Vorgegebene Zeitgrenzen einhalten – Prinzip Sammeln-Ordnen-Ergänzen beachten – Stark nutzenorientiert denken – Sitzungen nicht überdehnen – Notfalls Inkubationsphase zwischenschalten – Am Schluß Positives zusammenfassen und allen für konstruktives Mitarbeiten danken.
- Die verschiedenen Techniken der Kreativarbeit in der Gruppe nutzen (siehe die späteren Kapitel 12 und 13).
- Sitzungsraum optimal bestimmen (Helligkeit, Freundlichkeit, angenehme Raumtemperatur, Störmöglichkeiten ausschalten, Getränke aufstellen, bequeme Sitze).
- Genügend Pausen einschalten.
- Eventuell Diskretionsverpflichtungen klarstellen.
- Protokoll weiter überarbeiten / bevorzugter Schlußlösevorschlag eventuell in Kopie an Teilnehmer senden.
- Späteres Erfolgs-Feedback bieten.

6. Gehirnfunktionen und Kreativleistung

„Alles im Leben trägt sein Ideal in sich: der innerste Trieb des geistigen Lebens ist die Bewegung nach der Idee, nach einer größeren Vortrefflichkeit“.
L. v. Ranke

Das Gehirn des Menschen ist das komplizierteste und wertvollste Organ, welches die Evolution bisher geschaffen hat. Es enthält – so die Forschungsergebnisse – rund 100 Milliarden Nervenzellen, welche mit 100 Billionen Kontaktstellen und Leitungsbahnen von insgesamt einer Million Kilometer Länge vernetzt sind. Sie sind auf 25–30 Hirnrindenarsenale verteilt. In einem Kubikmillimeter der Großhirnrinde sind ca. 40000 Schaltelemente enthalten und rund 6 km „Kabel“ verlegt, so Prof. W. Singer von der Gehirnforschungsabteilung des Max-Planck-Institutes in Frankfurt (1992).

Diese Schöpfung der Natur vollzog sich sukzessive in einer gewaltigen Zeitspanne von Hunderten von Millionen Jahren. **Die Entwicklung zu immer höheren Lebensformen erbrachte auch die Verfeinerung der Nervensysteme, vor allem die enorme Entwicklung des Großhirns, die nicht nur die Anpassung an die sich stetig wandelnde Umwelt, sondern auch ihre tätige Beeinflussung ermöglicht.**

Sämtliche erkenntnismäßigen, motorischen, psychischen und intellektuell-kulturellen Leistungen sind der Gehirnarbeit zu verdanken und damit auch unserer Gedächtnisleistung.

An sich ist das menschliche Gehirn (1300–1800 gr.) natürlich komplizierter, als es aus unserer Darstellung hervorgeht; es gehören noch Teile hinzu wie Hirnkammern, Hirnhäute, Stirn-, Schläfen-, Scheitel-, Hinterhauptslappen des Großhirns, Gehirn- und Rückenmark-Flüssigkeit, Nervenzellen (graue Substanz), innersekretorische Drüsen wie Hypophyse und Epiphyse. Schließlich bewältigt unser Gehirn ja auch die verschiedensten Funktionen wie Denken, Fühlen, Ahnen, Hören, Sehen, Riechen, Sprechen/Formulieren, Erinnern – es steuert aber auch die Atmung und den Kreislauf und beeinflußt das vegetative Nervensystem.

Die Gesamtleistung des Gehirns übersteigt die Leistung des größten und teuersten Computers. Dieser kann zwar im Bereich des zahlenmäßigen Rückgriffs größere und schnellere Leistungen erbringen; wo es aber um eigentlich schöpferische Arbeit geht, da ist er ein Waisenknabe, verglichen mit dem Gehirn. Und der Fortschritt in unserer Welt hängt ja einseitig von der kreativen Arbeit menschlicher Hirne ab und nicht von digitaler Rechentechnik.

Das Gehirn ist die Wohnung, in der unsere **Instinkte, Verhaltens- und Reaktionsweisen, die körperlichen und geistig-seelischen Bedürfnisse eingelagert sind**. Unsere Gefühls- und Denkfunktionen korrespondieren laufend millionenfach mit all diesen Seiten und vermögen sie in ihrem Zustand und in ihrer Wirkweise zu beeinflussen.

Gehirndarstellung

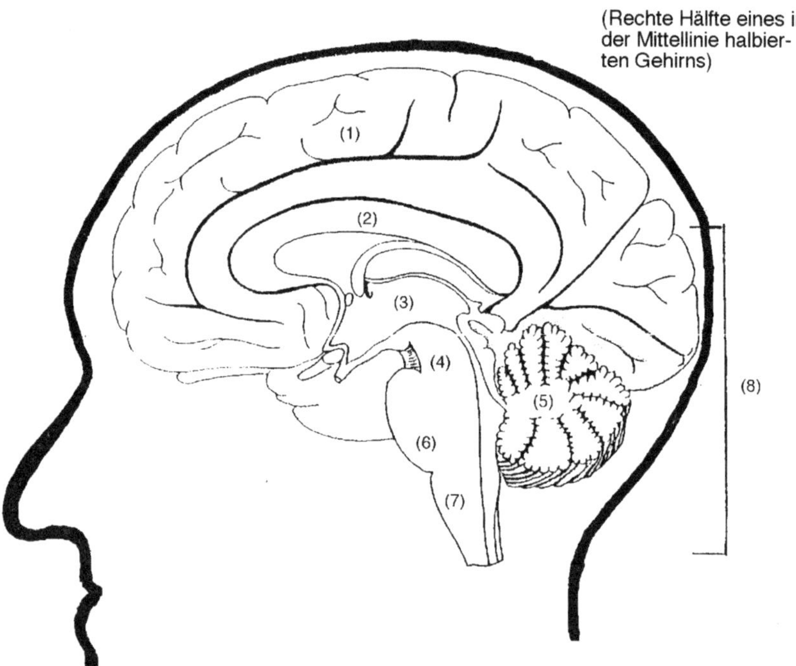

Legende:

1 = Großhirn/Innenfläche
2 = Balken
3 = Zwischenhirn
4 = Mittelhirn
5 = Kleinhirn
6 = Brücke
7 = verlängertes Mark
8 = Hirnstamm, bestehend aus Mittelhirn, Brücke und verlängertem Mark

Daher kann ein Mensch sein Verhalten auch variieren, anderen Situationen und anderen Menschen anpassen, sich geistig-seelischem Wertwandel unterziehen, sich selbst ändern.

Das Gehirn vollbringt seine Leistungen auf **zwei Ebenen: in der bewußten und der unbewußten Sphäre**. Zum Teil spielen diese Funktionen ineinanderüber. Die bewußten Reaktionen eines Menschen lassen sich vom Unbewußten her beeinflussen – aber das Unbewußtsein läßt sich auch durch bewußte Programmierung steuern. Zwei Beispiele: Ein untergründig schlechtes Gewissen kann unsere Handlungen im nächsten Kontakt mit irgend jemandem einfärben. Bewußt programmieren kann man das Unterbewußtsein, z. B. dadurch, daß man sich fest vornimmt, am Morgen kurz vor 7 Uhr zu erwachen. Es gibt natürlich Tausende Möglichkeiten dieser gegenseitigen Beeinflussung von Bewußtsein und Unterbewußtsein. Sie passieren bei uns jeden Tag unzählige Male, nur realisieren wir diese sich vollziehenden Einwirkungen meist gar nicht.

Im Prinzip lebt das Gehirn von Eindrücken, die in verschiedenen Assoziationsfeldern aufgenommen und hernach in den vielen einzelnen Gehirnteilen eingelagert werden. Beim Denken greift unser Gehirn gesteuert, aber auch zufällig auf diese Eindrücke und Erinnerungen und verbindet sie zu Gedanken, ja zu ganzen Denkketten und Denksystemen im bewußten wie im unbewußten Auftrag, unbewußt, z. B. im Traumgeschehen, bewußt aufgrund von Willenshandlungen. Das klingt zwar einigermaßen logisch, aber **die innersten Denkvorgänge sind immer noch geheimnisumwittert**, obwohl der Gehirnforschung schon gewaltige Erkenntnisfortschritte gelungen sind und sich auch die Technik unerhört raffinierter Mittel zur Erforschung der komplizierten Zusammenhänge bedient. Darüber ein bißchen mehr im folgenden Abschnitt:

6.1 Hirnforschung im vollen Fluß

„Alles wissenschaftliche Arbeiten ist nichts anderes, als immer neuen Stoff in allgemeine Gesetze zu bringen."
W. v. Humboldt

Es hat lange gebraucht, bis die Hirnforschung unter dem Einfluß neuester technischer Entwicklungen der Hirnvermessung, Einführung elektrischer Sonden mit Hilfe der Neuroradiologie, Elektroenzephalographie, pharmakologischen Eingriffen, Untersuchungen an Zellkulturen, Tierversuchen und Computersimulation zu einer komplexen, aber spektakulär erfolgreichen Wissenschaft wurde. Der amerikanische Kongreß hat übrigens die 90er Jahre als Jahrzehnt der Hirnforschung ausgerufen.

Dabei ist jetzt so richtig deutlich geworden, daß es eines **perfekten Zusammenspiels interdisziplinärer Fachgebiete** braucht – daß also die Gehirnforschung absolut auf das Ergänzungswissen anderer wissenschaftlicher Disziplinen angewiesen ist, soll man ein langfristig aufgebautes Forschungsprogramm auch wirklich unter Dach bringen können. Ein solches Programm, an dem sich unzählige Wissenschaftler unterschiedlicher Fachrichtungen* beteiligen liegt vor, und mit der laufenden Publikation ihrer Forschungsergebnisse ist bereits begonnen worden. Zweck des Programms besteht darin,

- noch ungeklärte Gesetze und Funktionsmechanismen der Gehirnarbeit zu erforschen
- Gehirnkrankheiten wirksamer bekämpfen zu können, z.B.: Alzheimer-Krankheit, Schizophrenie, Hirnschlag, Gehirnerweichung, Hirnblutungen und -abzesse, Gehirnhautentzündung, Epilepsie, Traumata, Parkinsonsche Krankheit, Hirntumore
- die Kreativarbeit des Gehirns noch gründlicher zu erforschen, um der Menschheit zu helfen, ihr kreatives Denken und Handeln zu optimieren
- menschliche Lerntechnik generell angenehmer und wirksamer zu gestalten und im speziellen die Kreativtechniken weiterzuentwickeln, um die Problemlösungs-Fähigkeit zu verbessern.

> Das gesetzlich verankerte amerikanische Programm der neuro-wissenschaftlichen Forschung läuft auf vier Hauptebenen ab: Molekül, Zelle, Zellverband und menschliches Verhalten, unter Konzentration auf zehn Schwerpunkte (lt NZZ, 24.3.93):
>
> - Entwicklung des Gehirns: Wie verläuft die Embryonalentwicklung des menschlichen Hirns, und welches sind die stofflichen Voraussetzungen der normalen Hirnfunktion?
> - Lernen und Gedächtnis: Welche funktionelle und strukturelle Veränderungen entstehen bei Lern- und Erinnerungsprozessen?

* Chemie, Biochemie, Molekularbiologie, Zellbiologie, Neurobiologie, molekulare Neurobiologie, Neurophysiologie, Neuropsychologie, Neurogenetik, Neuroanatomie, Neurochemie, Neurokommunikation, Kognitionspsychologie, Psychophysik, Pharmakologie, um nur die wichtigsten zu nennen.

- Menschliches Verhalten: Welches sind die molekularen Mechanismen im Zusammenspiel der Hirnzellen, die das menschliche Verhalten bestimmen?
- Emotion, Kognition und Aufmerksamkeit: Wie sind unterscheidbare Gruppen von Hirnzellen, die für normale oder anormale Emotionen, Kognitionen und Aufmerksamkeit verantwortlich sind, miteinander verbunden?
- Hormone: Wie regulieren Hormone die Leistungen des Hirns, und wie reguliert das Hirn die Hormonproduktion?
- Neurotoxine: Welche Rolle spielen Neurotoxine bei Störungen des Hirns, und welchen Stellenwert haben sie in der Erforschung der Hirnfunktionen?
- Mathematische Modelle: Wie können funktionelle Einheiten des Hirns mit mathematischen Modellen simuliert und nichtlineare dynamische Theorien der Hirnfunktionen überprüft werden?
- Immunsystem: Welches ist die Wechselwirkung zwischen Hirn und Immunsystem, und welche Auswirkungen haben diese auf das Verhalten?
- Genom (Erbgut): Wie reguliert das Genom die Hirnfunktionen, und welchen Einfluß übt es auf das menschliche Verhalten aus?
- Tageszeitliche Rhythmen: Welches sind die neurobiologischen Hintergründe tageszeitlicher Rhythmen?

6.2 Wie schafft das Gehirn seine Superleistungen ?

Viele haben noch nie über das
Denken nachgedacht.

Wir erwähnten schon, daß die Hirnforschung noch viele Nüsse knacken muß, bis alle Funktionsgeheimnisse des menschlichen Denkapparates klar zutage liegen – falls wir überhaupt je so weit kommen werden. Immerhin hat man folgende Funktionsprinzipien schon einigermaßen klären können:

- Man kennt heute recht weitgehend die **Funktionsaufgaben der vielen einzelnen Gehirnteile**, dank Anatomie, aber auch dank Untersuchungen am lebenden Hirn unter Nutzung raffiniertester Strommeßtechnik.
- Die Wissenschaft hat sich schon gut an die **Funktionsgeheimnisse der Nervenzellen (Neuronen) und ihrer Fortsätze, ihre Synapsen**, über welche sie mit ungezählten anderen Nervenzellen kommunizieren, herangetastet.

- Man weiß, daß **die Synapsen Umschaltstellen sind**, wo die ankommenden Fasern in Endknöpfchen auslaufen, und daß in den synaptischen Spalten **chemische Überträgersubstanzen** gespeichert sind und freigesetzt werden, wenn ein elektrischer Impuls eintrifft. Auf diese Weise wird in der nachgeschalteten Nervenzelle wieder ein **elektrisches Signal** erzeugt. Neuesten Forschungen zufolge ergeben einfache Gasmoleküle, die vom Hirn selber produziert werden, in der Wechselwirkung mit elektrischen Vorgängen die Grundlage für das Speichern von Erinnerungen. Es handelt sich dabei um Stickstoffmonoxid, eine Art „Gedächtnisgas".
- Um die Zehntausende von Umschaltstellen jeder Nervenzelle miteinander zu „verdrahten", existiert ein kolossal dichtes **Netzwerk von Leitungsbahnen**. Unter dem Mikroskop lassen sich lebende Netzhautausschnitte mittels feiner Glaskapillaren kontaktieren. Dabei können die Reaktionen der verschiedenen Neurotransmitter dieser Zellen gemessen werden.
- Man weiß, wo im Gehirn, welche **Leistungsausfälle** vorkommen und wie sie sich auf den Menschen auswirken.
- Man hat auch festgestellt, daß sich nach einem Schlaganfall **gewisse Funktionen erholen** und der Patient daher nach einiger Zeit die verlorengegangene Bewegungsfreiheit ganz oder z.T. zurückgewinnen kann.
- Es ist bekannt, daß das menschliche Gehirn bis zum Alter von rund 20 Jahren sich zwar auswächst, aber daß bestimmte Strukturen und Vernetzung noch lange nicht ihre endgültige Dichte erreicht haben. **Die Vernetzung der grauen Zellen setzt sich ein ganzes Leben lang fort. So wird es möglich, in jedem Alter noch dazuzulernen.**

Das sind nur ein paar von Hunderten von Forschungseinsichten, denen viele andere folgen werden.

> Die ungezählten psychologischen Verhaltensweisen des Menschen – die ja alle hirngesteuert verlaufen – werden der Neuropsychologie in Zukunft noch massenhaft Probleme aufgeben. Es haben Gehirnforscher bereits begonnen, futuristische Romane zu schreiben, wie der Mensch in einigen Jahrhunderten lebt, wenn er sein inneres Funktionieren einmal exakt kennt und daraus eine neue Verhaltens- und Kommunikationslehre abzuleiten vermöchte.

Noch futuristischer ist die Vision eines Aphoristikers unserer Tage (B. Hornung), der witzig prophezeit: „Der Fortschritt der Technik wird bald eine solche Perfektion erreichen, daß schließlich der Mensch ohne sich selbst auskommt."

6.3 Tätigkeiten der beiden Gehirnhälften (Hirnhemisphären)

Gleich vier Gehirne verwöhnen jeden Menschen:
Klein-, Mittel-, Zwischen- und Großhirn.
Warum nützen viele sie so wenig?

Eine besonders wichtige Erkenntnis moderner Gehirnforschung ist die Zweiteilung des Gehirns in eine linke und rechte Hirnhälfte, die beide bestimmte, z.T. identische Funktionen erfüllen, und zwar nach folgender Schematik:

Funktionen der linken Gehirnhälfte:

Zahlendenken (digitales Denken)
Logisches, vertikales Denken
Analytisches (ergründendes) Denken
Realistisches Denken
Mathematisches Denken
Lesen
Schreiben
Sprechen
Kurzzeitgedächtnis
Gedächtnis für Wörter und Sprache
Organisationsdenken
Planungsdenken
Kategorisieren/Bewerten
Zeiteinteilung
Gebrauch von Symbolen
Lineares Denken (Ursache und Wirkung berücksichtigend)

Funktionen der rechten Gehirnhälfte:

Analoges Denken (Ähnlichkeit, Parallelität und Übereinstimmung suchend)
Synthetisches Denken (zusammenfügendes Denken)
Erkennen von Strukturen
Systemdenken
Räumliches Denken
Simultanwahrnehmung
Intuitives (gefühlsmäßiges, erahnendes Denken)
Zeitzuordnendes Denken für Gegenstände und Ereignisse
Optisches, bildhaftes Denken
Erkennen von Gesichtern, Mustern, Flächendimensionen
Körpersprachliches Ausdrucksvermögen
Ganzheitliches Verstehen
Selbsteinsicht
Emotionalität/Affektivität
Musikalität
Rhythmisches, tänzerisches Ausdrucksvermögen
Phantasie
Gedächtnis für Personen, Sachen, Zusammenhänge, Ereignisse
Wachträumen
Laterales Denken (unbewußtes Assoziieren im „chaotischen Speichergedächtnis“)

Wichtig ist noch zu wissen, daß der sogenannte Balken im Gehirn (corpus callosum), der aus Nervenfasern besteht, ein Kommunizieren der beiden Hemisphären untereinander erlaubt. Die motorischen Bahnen kreuzen sich, weshalb, z.B. Rechtshändigkeit von der linken Großhirnhälfte gesteuert wird. Einen positiven Effekt für den Menschen ergibt die **bewußte Aktivierung der Gegen„händigkeit“**, wie das Fachwort heißt, m.a.W. wenn einer Rechtshänder ist, sollte er seine linke Seite auch aktivieren, und umgekehrt. Das geschieht bei Frauen beim Stricken; aber auch andere **Simultantätigkeiten** sind beim Menschen geeignet, einen **Ausgleichseffekt** und damit nach Ansicht von Wissenschaftlern auch **stärkere Kreativität** zu entwickeln, beispielsweise das beidhändige Arbeiten auf Schreib- und Rechenmaschine sowie Computern, das Weben, Stricken, Töpfern und Jonglieren, das Musizieren auf Instrumenten (bei Pedalinstrumenten auch unter Mitwirkung der Füße), aber auch beim Autofahren, wo die Hände das Steuer und die Apparaturen, die Füße dagegen Gas und Bremse (bei gewissen Wagentypen noch die Kupplung) zu bedienen haben.

Beim Fußballspielen läßt sich der Ball auch mit dem linken Fuß ins Tor schießen, abfangen oder zum Partner hinlenken. Schreiben und Zeichnen mit der linken Hand ist für Rechtshänder auch eine Umgewöhnung im motorischen Bewegungsablauf und soll helfen, die Gegenhändigkeit zu fördern. Imposant ist es auch, den Virtuosen im Basketball zuzuschauen, wie sie ihren Ball abwechselnd mit der rechten und linken Hand trippelnd vor- und rückwärts bewegen, z.T. sogar kreisförmig um einen Gegner herumjagend.

Es gibt sicher noch manch andere Arten simultaner Betätigung an Apparaten, Maschinen und Einrichtungen. Wie eindrucksvoll, z.B. die Bordinstrumententafel eines Großflugzeuges!

Beidseitige Aktivierung von Händen und Füßen setzt nach Ansicht von Experten Energien frei und stimuliert Schaltkreise im Gehirn, die uns nicht geläufig sind und sonst auch nicht beansprucht werden. Harald Braem schreibt in seinem lesenswerten Buch „Brainfloating“ (deutsch, mvg Verlag, Landsberg am Lech): „Die ungewöhnliche neue Aufmerksamkeit, die wir dabei der sonst vernachlässigten Seite schenken müssen, führt nicht nur zu einer **stärkeren Koordinierung im Zusammenspiel aller Muskeln und Nervenstränge**, sondern manifestiert sich auch – auf höherer Ebene – im Gehirn selbst: Wir stoßen auf Schaltkreise, die prädestiniert sind für die **Bildung neuer Kombinationen**; **Kreativität wird freigesetzt**.“ Die altbekannte Erfahrung, daß der Mensch dazu neigt, manuell und geistig der Einseitigkeit zu frönen – weil es einfach bequemer ist – wird dadurch auch bestätigt.

Gerade deshalb müssen sich Kreative zwingen, nicht überwiegend links-hemisphärisch zu denken und zu handeln, sondern sie sollten sich quasi in ihr Gesamtbewußtsein zurückfallen lassen, um auch von ihrem Unterbewußtsein ausreichend zu profitieren. Bewußtes Einfühlen und Sich-Eindenken in Gegenstände. Personen und Situationen sind in gewissem Ausmaß übungsfähig und vermögen unsere Sensibilität zu steigern, Hintergründiges und oft verborgen Wirkendes wahrzunehmen. Äußere Aufmerksamkeit muß sich somit mit der inneren Aufmerksamkeit verschwistern, wenn ganzheitliche Wahrnehmung zustandekommen soll.

Vielleicht hat man dieser Art motorischen Bewegungsausgleichs bis heute viel zuwenig Beachtung geschenkt. Vermutlich wird bald einmal mehr Literatur darüber zu greifen sein. Und ob es wohl bald einmal Spezialkurse geben wird, um die simultane Aktions- und Reaktionsbefähigung des Menschen noch besser zu entwickeln und ihn dabei auch kreativ auf einen höheren Stand zu bringen?

6.4 Gedächtnisleistung und kreative Potenz

„ Das Gedächtnis ist ein kapriziöses und launiges Wesen; bisweilen verweigert es ganz unerwartet, was es hundertmal geliefert hat, und bringt es später, wenn man nicht mehr daran denkt, ganz von selbst entgegen".

Arthur Schopenhauer

Der Mensch zeichnet sich als höheres Wesen aus. Sein allen anderen Wesen überlegenes Gedächtnis besteht im Fähigkeitspotential, Millionen wahrgenommene Eindrücke und Informationen so einzuspeichern, daß sie in der Regel auch wieder abgerufen werden können.

Die Gedächtnisleistung ist abhängig von

- der logischen Ordnung innerhalb eines gegebenen Zusammenhangs,
- dem Grad der Assoziierbarkeit (inhaltliche, bildmäßige, bedeutungsmäßige und erscheinungsmäßige Vergleichbarkeit oder Interpretierbarkeit mit Artverwandtem),
- der Eindrücklichkeit der erhaltenen Informationen oder Wahrnehmungen,

- der Zahl der Wiederholung der empfangenen Informationen oder Sinneseindrücke,
- dem Interesse, die die Inhalte beim Empfänger wachrufen,
- dem persönlichen Engagement in der Sache,
- Vorteilen und Gefahren, die mit dem Wahrgenommenen für den Empfänger verbunden sind,
- dem Vertrautheitsgrad des Wahrgenommenen,
- der Komplexität des Aufzunehmenden,
- der momentanen physischen und psychischen Leistungsfähigkeit (Ermüdungsgrad),
- dem individuellen Gedächtnistyp (akustischer, visueller oder motorischer Typ).

Unser Gedächtnis – Der Supercomputer

Wir sind uns oft zu wenig bewußt, über welch gewaltige Speicherleistungen unser Gedächtnis verfügt. Es könnte mit seinen Erinnerungen viele Bücher füllen! Für viele fallen noch besondere Erlebnisbereiche an – in unserer Darstellung sind nur die häufigsten berücksichtigt:

(Viele dieser Einzelbereiche würden allein ein Buch voller Erinnerungen abgeben)

Gedächtnis

Kindheit
Jugend
Schule
Familie
Geburten
Geschwister
Eltern
Freunde
Bekannte
Heirat
Eheleben
Verwandtschaft
Pfadfinderleben
Militärdienst
Prüfungen
Fahrunterricht
Autofahren
Krankheiten
Arztbehandlungen
Spitalaufenthalte
Operationen
Unglücke
Verluste geliebter Personen
Enttäuschungen
Persönliche Niederlagen
Geldverluste
Feindschaften
Berufswissen
Berufskönnen
Kriegserleben

Patenschaften
Vermögensangelegenheiten
Persönliche Erfolge
Liebesbeziehungen
Heirat
Personenerinnerungen
Namenserinnerungen
Zahlengedächtnis
Telefonnummern-Gedächtnis
Schulabschlüsse/Auszeichnungen/Diplome
Hobbies wie Musik, Theater, Ausstellungen, Basteln, Kochen, Tanzen etc.
Sporterleben
Reisen
Auslandaufenthalte
Lektüre
Filme
Fernsehen
Kontakte zu Lehrpersonen
Korrespondenzen
Wohnorte/Wohnqualitäten
Geschenke, gemachte und erhaltene
Kunstgenüsse aller Art
Gastronomische Genüsse
Gedächtnis für Gerüche

(Plus viele Tausende weiterer Erinnerungen)

Im allgemeinen aber ist der Mensch sich überhaupt nicht klar darüber, über welch ungeheuer leistungsfähigen Apparat er damit verfügt. Im Gegenteil: man hört doch fast täglich den Satz: „Ich erinnere mich nicht mehr", oder „Entschuldigen Sie mein schlechtes Gedächtnis", „Ich kann mir Namen einfach nicht merken". Und kennen Sie den Witz?: „Vati, was ist ein Vakuum?" – „Ich hab's im Kopf, Junge, aber ich komme im Moment nicht drauf!".

Spezialisten, die Kurse für Gedächtnistraining anbieten, sagen alle, es sei gefährlich, sich selbst einzureden, man habe ein „Sieb im Kopf". Tatsächlich ist längst bewiesen: wer sich suggeriert, diese oder andere Unfähigkeiten zu haben, der bewirkt eine Negativprogrammierung und schädigt sich dabei selbst. Millionenfach üben Menschen Tätigkeiten aus, die großartige Gedächtnisleistungen verlangen, und diese werden von ihnen auch tatsächlich erbracht – ohne daß dieselben Menschen sich ihrer Superleistung überhaupt bewußt sind. **Telefonistinnen** haben unzählige Nummern von Kunden, Lieferanten, Mitarbeitern, Chefs, Bekannten, Verwandten usw. im Kopf. Ich kenne **Buchhalter(innen)**, die über ein geradezu verblüffendes Gedächtnis für Zahlenzusammenhänge jeglicher Art in ihrem Betrieb verfügen. **Schauspieler(innen)** beherrschen nicht nur Gewaltsrollen auswendig, sie wissen auch in jedem Moment, wie sie ihre Körpersprache den Situationen wie den darzustellenden Personen genau anzupassen haben. Ein **Shakespeare und Goethe** verfügten über einen Wortschatz, der verglichen mit einem Normalmenschen ein Vielfaches ausmachte. Ein gut ausgebildeter **Referent** vermag in freier Rede mehrere Tage hintereinander eine imposante Materie abzuwandeln und dazu noch spontan illustrierende Beispiele, Metaphern, Erfahrungen und Witze in Menge einzublenden. Pro Tag gehen ihm dabei Abertausende von Assoziationen durch den Kopf, während er formuliert oder Antworten oder Gegenmeinungen seiner Kursteilnehmer hört und überdenkt. **Reiseleiter** müssen auch über einen erklecklichen Wissensschatz verfügen, um ihre Reisegruppen historisch, wirtschaftlich, geographisch, kunsthistorisch usw. kompetent zu informieren und dazu geistvoll zu unterhalten, vielleicht sogar noch mit feinem Witz auf Anspielungen der Zuhörer zu reagieren.

Das sind nur wenige aus Hunderten von gedächtnisstarken Berufsspezialisten. Aber auch im Privatbereich – z.B. in Hobbies – verfügen viele Könner über ein Detailsgedächtnis, das beeindruckend oder gar umwerfend sein kann. All den erwähnten Personen ist eines gemeinsam:

Die eigentlichen „Geheimnisse des guten Gedächtnisses" sind:

1. Bewußtes fortlaufendes Einprägen wichtiger Fakten (dauerhafte Übungsbasis)

2. Kombination von Einprägungsakt mit Assoziieren von Vorstellungsbildern (geistiges Sehen, magnetisierendes Verbinden in interessanter Form)
3. Positivieren des Zusammenhangs (ihn mit angenehmen Gefühlsinhalten attraktiv ausstatten, ihm sympathischen Touch verleihen)
4. Entlastung durch Notieren von weniger Wichtigem, das aber doch nicht vergessen gehen darf (als Ausgleich zur konzentrativen Anstrengung der Gedächtnisarbeit von 1–3)

Wie man sich auf konzentrative Gedächtnisarbeit einschießt und die Technik praktisch erlernt, das vermittelt in verständlicher und didaktisch aktivierender Form das Buch „Das perfekte Gedächtnis – Hinter jeder Stirn ein Superhirn" des bekannten Trainers Roland R. Geisselhart (auch im Orell Füssli Verlag Zürich und Wiesbaden 1989 herausgekommen, 2. Aufl. 1991). Der Leser wird, wenn er nochmals die Funktionsseiten der beiden Gehirnhälften in unserer letztaufgeführten Tabelle überdenkt, etwas Wichtiges mit der Hand greifen können: **Die assoziativ orientierte richtige Gedächtnisarbeit beansprucht in erster Linie die rechte Gehirnhälfte.** Leider wird diese in der Schule noch verbreitet **stark vernachlässigt** – worüber sich alle Kapazitäten der Gehirnforschung wie auch der kreativen Arbeitstechnik absolut einig sind. Wir werden im Kapitel 12 „Ansatzmechanismen für das kreative Denken" insbesondere der Abschnitt 12.14 „Laterales Denken" noch mehr darüber zu sagen haben. **Gedächtnisleistung ist zwar nur ein Teil der Kreativarbeit, aber doch ein sehr wichtiger, nicht zuletzt auch die unbewußte Gedächtnisarbeit**, die uns in anderen Kapiteln auch noch näher beschäftigen wird.

6.5 Ultra-Kurzzeit-Gedächtnis, Kurzzeit-Gedächtnis und Langzeit-Gedächtnis

Es gibt nicht nur e i n Gedächtnis, sondern mehrere Arten von Gedächtnis, wie die Überschrift dieses Kapitels verrät. Zum Schutze des Menschen m u ß das so sein. Er würde überfordert, wenn sein Gedächtnis a l l e s auf Dauer registrieren würde, oder m. a. W., er würde bald einmal an die Grenzen seiner Kapazität stoßen.

Das **Ultra-Kurzzeit-Gedächtnis** ist im Grunde genommen ein erster Filter, der all jenes wieder der Vergessenheit überantwortet, was nicht von längerfristiger Bedeutung ist. Wenn ein Referent mit einem Blick in sein Manuskript – das er selbst geschrieben hat und somit genau kennt – den nächsten Untertitel und damit vielleicht auch gleich die einleitenden Sätze erfaßt, so genügt ihm der flüchtig aufgenommene Eindruck als Vorausorientierung, damit er ohne geistige Sucharbeit die

Fortsetzung des Referates sicher an die Hand nehmen kann. Das Erfaßte bleibt somit nur für sehr kurze Zeit (nach Vester sind es höchstens 20 Sekunden) im Gedächtnis und wird rasch wieder ausgebootet. Aber es genügt dem Zweck ja vollkommen. Jeden Tag nehmen wir im Ultra-Kurzzeit-Gedächtnis unzählige Male Signale, Fakten, Beobachtungen, Absichten usw. auf, um unsere Gedanken oder Reaktionen zu steuern. Und gleich darauf vergessen wir wieder, was uns für bloß einen Moment von Bedeutung war. Das betrifft vor allem Abläufe mechanischer oder geistiger Art, beim Autofahren z. B., beim Zähneputzen, beim Treppensteigen, nur um einige Beispiele von mechanisch durchzuführenden Tätigkeiten zu erwähnen. Bei geistiger Arbeit kann auch das Ultra-Kurzzeit-Gedächtnis funktionieren, wenn man ein besonderes Wort konzipiert, um etwas auszudrücken oder um etwas schriftlich niederzulegen; ist es gesagt oder geschrieben, so kann man es prompt auch wieder vergessen.

> Das Kurzzeit-Gedächtnis hat als Helfer seine Pflicht getan, um die Zeit zwischen Konzipieren des Begriffs im Geist und seinem sofortigen nachherigen schriftlichen Hinsetzen zu überbrücken. Solange muß es – um bei unserem Beispiel zu bleiben – den Begriff festhalten, damit er nicht schon vergessen ist, wenn es ans Schreiben geht.

Das waren harmlose Beispiele, aber das Ultra-Kurzzeit-Gedächtnis kann trotzdem lebenswichtige Funktionen erfüllen: Wenn z. B. ein anderer Fahrer an einer Kreuzung von rechts herkommt, so muß ich dies einen Moment lang im Gedächtnis behalten, will ich nicht einen Zusammenstoß riskieren. Der **Selbsterhaltungstrieb** kennt viele Situationen, wo eine **ultrakurze Gedächtnisfixierung eines Sachverhalts vor einer nachherigen Fehlreaktion** mit eventuell schlimmen Folgen schützen kann und es auch tut. „Knapp am Tode vorbeigegangen", so heißt es meist unmittelbar nach solchen Erlebnissen.

Das **Kurzzeit-Gedächtnis** speichert Beobachtungen, Einfälle, Überlegungen usw. etwas länger als das Ultra-Kurzzeit-Gedächtnis; der Wissenschaftler begrenzt es auf ca. 20 Minuten. Auch diese Gedächtnisart schaltet nach erfüllter Funktion die Erinnerung wieder ab. Es sei denn, daß man kurzzeitig eingravierte Information mit besonderen Zusammenhängen koppelt und sie so dem Langzeitgedächtnis überantwortet.

Das **Langzeit-Gedächtnis** ist einerseits abhängig von starken Gefühlsbezügen und besonderen Interessen (z. B. in den Bereichen Liebe, Haß, Leiden, Lustempfinden, Vorfreude, Prestigeempfinden, Vorteildenken, Mitleid und Mitempfinden, Gefahrenerkenntnis, Verantwortlichkeit, Gewissensbereich usw.), anderseits aber auch von **wiederholtem Einprägen**. Dabei ist es wichtig, mit dem ersten Verankern nicht zu lange zuzuwarten.

Wo es sich um **größere einander folgende Lernteile handelt**, ist das **Prinzip der „geometrischen Reihe"** nützlich. Der aus verschiedenen größeren Teilen bestehende Lehrstoff wird mit dieser Technik wie folgt repetiert bzw. verankert:

1. Teil	2. Teil	3. Teil	4. Teil
Repetition 1. Teil	1. + 2. Teil	1. + 2. + 3. Teil	1.+ 2.+3.+ 4. Teil

Durch den Rückgriff auf die vorangegangenen Teile ergibt sich eine wesentlich bessere Gedächtnishaftung, als wenn entweder jeder Teil nur für sich, oder wenn am Schluß alle Teile auf einmal repetiert werden. Wer an Schulen, Hochschulen oder im Selbstunterricht große Pensen zu bewältigen hat, sollte diese Verankerungstechnik unbedingt nützen.

Im übrigen ist noch festzuhalten, daß unserem Gedächtnis sehr verschiedene Informationen zugeleitet werden: **grundsätzlich können alle menschlichen Sinne Informationen ans Gedächtnis vermitteln**, also Auge, Ohr, Nase, Geschmacksnerven im Mund sowie die Haut, die Wärme, Kälte, Druck oder Schmerz signalisieren kann. Die Hand verdient in diesem Zusammenhang auch erwähnt zu werden; sie kann uns Formen und Oberflächenbeschaffenheit von Dingen anzeigen, z.B. in einem dunklen Raum, dank unserem Tastgefühl. Es ist bekannt, daß unser Gedächtnis **besondere Geruchsempfindungen**, die wir vielleicht vor vielen Jahrzehnten einmal erlebt haben, unerhört ergiebig zu speichern vermag; stößt man dann viel später wieder auf denselben Geruch, so erinnert man sich unmittelbar der seinerzeitigen Situation, in welcher man ihn zum erstenmal wahrnahm. Ein Beispiel eines solch typischen ausgeprägten Geruchs: die von Gerbstoffen und Ledergeruch geschwängerte Luft in einer Ledergerberei. Auch in einer Weinkellerei, einer Fischhandlung oder in einer gummiverarbeitenden Industrie prägt sich der jeweils dafür typische Geruch mit großer Intensität ein. **Tester kombinieren oft Riechen mit Schmecken**, wenn es um die Klassifizierung von Weinen, Kaffee, Tee geht, wo solche Experten uns mit ihrer geradezu phänomenalen Sensibilität verblüffen.

Neben den menschlichen Sinnesfunktionen ist die **geistige Wahrnehmungsfähigkeit** ein Signalvermittler par excellence, ganz besonders in der Kreativarbeit, wo im Bewußtsein wie im Unterbewußtsein Millionen von Eindrücken, Erfahrungen, Erlebnissen und Wissensfakten abgespeichert sind, die uns einzeln oder in Verbindung untereinander Denkbausteine und Ideen liefern können.

Je größer der Erfahrungshorizont und das Insgesamtwissen eines Menschen, desto inspirativer fällt die Einwirkung auf seine Geistesarbeit von diesen Seiten her

Das gilt nun vor allem für die operationale Kreativität, während bei der künstlerischen Kreativität dies nur am Rande von Bedeutung ist; dort zählt die Intensität der **Begabung** viel stärker.

Wie im einzelnen die Belieferung des Gedächtnisses bzw. unseres speichernden Gehirns und die dortige Verankerung der empfangenen Signale vor sich geht, hat mit dem Nervensystem und seinen elektrochemischen Funktionsmechanismen zu tun. Die Informationen werden bekanntlich in den Milliarden Neuronen und ihren Fasern kodifiziert. Die Code-Moleküle sind diffus über die Großhirnrinde verteilt. „Durch diese vervielfachte Anordnung ergeben sich unter den entstehenden Informationsmustern sogenannte Resonanzen („Mitschwingungen") und Interferenzen („Schwingungswechselwirkungen"). Diese können von Zeit zu Zeit aus sich heraus völlig neue Sinninhalte, d.h. ein neues, originales Informationsmuster und damit eine schöpferische Idee erzeugen" (Vester). Dahinter stecken viele schwierige Mutationsvorgänge, die eigentlich nur für hochspezialisierte Wissenschaftler erklärbar, z.T. aber auch noch nicht vollständig erforscht sind. Im Rahmen unseres Werkes über Kreativität müssen wir uns auf das begrenzen, was hier gesagt wurde. Wer noch tiefer graben will, ist auf die **spezifische Fachliteratur der Gehirnforscher** angewiesen.

Zum Schluß dieses Kapitels hier noch einige Spezialtips, wie man sein „Gedächtnis" auf besondere Weise in der Alltagspraxis absichern und anderseits entlasten kann:

- Lesen Sie nie ohne bereitliegenden Zettel und Bleistift, um Ideen (oder Gedankenanstöße zu vernünftigem Handeln) sofort festhalten zu können.
- Stellen Sie in der Wohnung den Wecker, wenn Sie um eine bestimmte Zeit unbedingt etwas tun sollten, und legen Sie einen Merkzettel zum Wecker hin, falls Sie meinen, Sie könnten die Absicht inzwischen wieder vergessen.
- Gelegentlich hilft es auch, innerhalb der Wohnungstüre einen erinnernden Zettel auf den Boden zu legen, damit dieser Sie auffällig an etwas erinnert, das Sie vor dem Weggehen zu erledigen haben.
- Viele haben eine Uhr mit eingebautem Wecker; auch dieser Wecker, einmal gestellt, kann uns an eine fällige Erledigung erinnern.

- Haben wir keine Hilfsmittel zur Verfügung, aber möglicherweise einen Partner, mit dem wir zusammenarbeiten oder sonstwie die Zeit verbringen, so ließe dieser sich vielleicht bitten, uns bei der späteren Erledigung von etwas Wichtigem erinnerungsmäßig zu unterstützen. Damit es dann nicht beide vergessen, weil sich jeder auf den anderen verläßt, ist es empfehlenswert, sich innerlich als „Aufpasser" des anderen zu mobilisieren; der Mensch kontrolliert andere oft besser und sicherer als sich selbst.
- Schaffen Sie sich eine Checkliste an, um z.B. auf Reisen mit Übernachtungen wirklich alles Wichtige bei sich zu haben.
- Aktenzettel dürfen nie separat aufbewahrt werden, sondern sollten immer ins betr. Aktenbündel einsortiert werden, um sie später mit Sicherheit wieder zur Verfügung zu haben.
- Ein Knopf im Taschentuch ist ein uralter Kniff, um z.B. am nächsten Tag an etwas zu erinnern, nur ist dann mit Nachdruck einzuprägen, woran uns der Knopf zu erinnern hat.
- Kreative Ideen lassen sich nachts in Schlafpausen mit Leuchtkugelschreiber auf einen bereitliegenden Zettel notieren, sonst gehen sie im Weiterschlafen mit Sicherheit verloren. Näheres darüber noch im Kapitel 15.
- Im Auto kann man einen Zettel an den Schalthebel kleben, und so wird man später an eine fällige Erledigung (Einkauf, Telefonat, Besuch etc.) erinnert.
- Die bekannten kleinen gelben Notizblöcke von Scotch sind auch praktische Helfer für Erinnerungsvorsätze, weil sie hinten oben eine Klebfläche haben und so leicht irgendwo hingeklebt werden können (Ausgangstüre, Eßplatz, Autositz, Schreibmaschine, Computer etc.).
- Es ist auch gut, wenn man sich daran gewöhnt, Notizzettel immer in die gleiche Tasche zu stecken, um etwas zu erledigen. Der Griff in diese Tasche wird nach einiger Zeit zur festen Gewohnheit und erspart uns Unterlassungssünden.

Was hat das alles mit Kreativität zu tun? Es sichert sie ab und entlastet für weiteres kreatives Wirken. Die Angst, man könnte etwas Wichtiges vergessen, bremst bekanntlich jeden in seiner weiteren Gedankenarbeit.

7. Die drei Realisierungsebenen für schöpferische Leistung

„Wer Großes leisten will, muß leben, als ob er niemals sterben würde.“

Vauvenargues

Es gibt über Kreativität viele Theorien, die in Wirklichkeit Fehlschlüsse sind, z. B. die nicht selten gehörte Meinung: „Es geschieht nichts Neues auf der Welt – es ist alles schon dagewesen!“. Die millionenfachen Fortschritte, die uns im Laufe der Zeit ganze Heere von Erfindern brachten, belegen das Gegenteil. Eine andere Theorie heißt: Bloße Verbesserungen sind keine echten Kreativitätsleistungen! Auch dies ist unhaltbar, denn wenn es um eine wirkliche Verbesserung geht, die man erzielt hat, dann ist logischerweise auch etwas Neues in die Welt gesetzt worden, eben jener Fortschritt, der bisher noch gefehlt hat. Noch spitzfindiger ist diese Aussage hier: „Es gibt deshalb nichts eigentlich Neues, weil alles, was der Mensch an Ideen und Lösungen prägt, schon irgendwie in seinem Unterbewußtsein existiert hat.“ Es ist jedoch tausendfach erwiesen, daß der Anstoß zu einer Idee auch von außen, ja sogar auf zufälligem Weg an uns herankommen kann. Und – provoziert vom Wort „zufällig“ – schreien jetzt wohl jene auf, die aus religiöser Einstellung heraus bestreiten, daß es einen Zufall gibt. Für sie ist alles, was passiert, durch die Hand Gottes ausgelöst. Auf der Sachebene sieht es die große Mehrheit jedenfalls anders. Lassen Sie uns **drei Realisierungsebenen für Kreativität** unterscheiden:

7.1 Perfektionierende Kreativität (wesentliche Verbesserung von Bisherigen)

Ein Perfektionist hat den Mut, mehr zu können, als er kann.

Solange in den meisten Menschen so etwas steckt wie **Perfektionismus**, so lange läßt er sich zwischendurch immer wieder von schöpferischer Unzufriedenheit anstecken und, und packt irgendwo den Stier bei den Hörnern, um eine Verbesserung anzustreben. In der Regel geschieht dies aufgrund eines **bewußten oder unbewußten Vergleichs des Ist-Zustandes mit dem Soll-Zustand**. Das Unbefriedigende am jetzigen Zustand löst dann die Bereitschaft aus, darüber nachzudenken, wie der nun empfundene Mangel sich beheben ließe. Andere haben vor ihm den

Mangel oder Nachteil gar nicht empfunden, weil sie sich perfekt an ihn gewöhnten, oder weil sie an „klassischen Vorurteilen“ litten, die sich dann in so typischen Formulierungen wie den folgenden manifestieren:

„Was läßt sich schon dagegen tun?!“ – „Es ist ja nicht so schlimm, wie es aussieht!“ – „Diesen Nachteil muß man eben in Kauf nehmen“- „Eine bessere Lösung würde viel Geld kosten“ – „Andernorts wird dieser Mangel auch in Kauf genommen“ – „Wo Vorteile herausschauen, da sind auch Nachteile zu akzeptieren“ – „Es gibt eben nichts Perfektes auf dieser Welt!“ – „Nichts Schlimmeres als Perfektionismus !“ Und dann läßt man's eben bleiben.

Das **Auto als Kultgegenstand** unserer heutigen Gesellschaft ist das vielleicht eindrücklichste Beispiel, wie im Laufe von Jahrzehnten aus einem **primitivsten und anfälligsten Vierradvehikel** ein **Luxusfahrzeug von geradezu verblüffender Raffinesse**, **Eleganz und Solidität** wurde. Niemand hat je in einer wissenschaftlichen Arbeit aufgezeigt, wie sich seine tausenderlei Verbesserungen im Lauf der Zeit ergaben, aber der moderne Autofahrer nimmt sie gedankenlos als selbstverständlich hin. Wie viele Konstruktionsänderungen wurden doch allein für die Sicherheit des Autofahrers vorgenommen! Es dürften wohl einige Hundert sein, so kreativ hat man sich angestrengt. Nehmen wir nur den Airbag. Ist es überhaupt faßbar, daß er sich im Moment des Zusammenpralls noch rasch genug entfalten kann und damit vielleicht das Leben des Autofahrers zu retten vermag? Wer sein Erfinder ist, weiß ich nicht, aber sicher wird er von Kollegen im Zuge der Entwicklung dieses Sicherheitsdispositivs am Anfang nur Spott und Hohn geerntet haben. „Spinner!“ – „Phantast!“ – „Tüftler!“ sind wohl noch die harmlosesten „Auszeichnungen“, deren er teilhaftig wurde. Und heute legt jedes luxuriösere Auto Wert darauf, schon mindestens zwei Airbags zu haben.

Kreative Verbesserungen sind natürlich nicht nur in der Sparte technischer Erfindungen denkbar – ebensogut und mindestens so häufig werden Systemabläufe, Organisationen, soziologische Systeme, wissenschaftliche Methoden usw. perfektioniert. Man nennt dies operationale Kreativität. Aber auch künstlerische Leistungen werden immer ausgefeilter betrieben und setzen beim Künstler selbst ein Wachsen durch ständige kleine und größere Verbesserungen voraus. Wie lange haben Dichter und Komponisten doch manchmal an ihren Werken gefeilt, oft während Jahren und Jahrzehnten, und irgendwann wurden sie zu leuchtenden Sternen der Kultur und erfreuen Generationen und Generationen als geniale unsterbliche Werke.

7.2 Kreativität zur Schaffung von Neuem

Jede Zeit geht mit Neuem schwanger

Neues strahlt immer wieder seine uralte Zauberkraft aus. Es ist die einzige Macht, die uns vorwärtsbringt. Zwar ist nicht alles gut, was neu ist, aber es beflügelt und weckt unsere N e u g i e r – eben weil wir gierig auf Neues sind.

Selbst die Natur bietet uns fortlaufend immer wieder Neues; die Wechselhaftigkeit des Wetters und die Gegensätze der Jahreszeiten stimulieren unseren Tonus, den Spannungszustand im physischen und geistigen Bereich. Wir wissen zwar längst, wie der Frühling beschaffen ist – aber wenn er mit seiner Frische und unbeschreiblichen Schönheit wieder hereinbricht, empfinden wir ihn einmal mehr als belebendes Elixier, als Erneuerer unserer Kräfte.

Und da wir Menschen ja auch ein Stück Natur sind, ist uns Evolution auf den Leib geschrieben, also Wachstum, Fortentwicklung, Neuerung! In Gewöhnung geht die Kreativität verloren – in der Herausforderung steigt sie auf wie der Phoenix aus der Asche. Und „Herausforderung" hat im Grunde zwei Seiten, wenn es um Neuerung geht: Es braucht einmal **visionäre Kraft**, um das Neue mit seinen Chancen ausfindig zu machen; anderseits wird uns angesichts der Unberechenbarkeit von Neuem auch **echte Risikobereitschaft** abverlangt. Vielleicht liegt in diesen zwei unbequemen Seiten allen Neuerns der tiefere Grund, warum Kreative immer Sondererscheinungen sind, also niemals Massengattung werden können.

Man sollte nun meinen, daß es in unserer modernen Welt immer **schwieriger sein wird, wirklich Neues zu erjagen**. Nicht nur balgen sich ganze Heere von Erfindern, Brainworkers und Wissenschaftlern im Dauerclinch mit Innovationsvorhaben herum, sondern die rasante technisch-wissenschaftliche Entwicklung auf allen Gebieten hat die Nischenpolitik im Erfindungswesen so sehr vorangetrieben, daß man wähnen könnte, für weitere namhafte Erfindungen und Innovationen würde der Spielraum immer kleiner. Sind Erfinder und Innovatoren also vom Aussterben bedroht, weil man heute sozusagen vor abgemähten Wiesen steht? Wir unterstrichen es schon mit Nachdruck: Die Zahl der Erfindungen steigt munter weiter an, ja **man scheint das Erfinden erst richtig erfunden zu haben**, denn in den letzten Jahrzehnten hat sich die Gangart gegenüber früher deutlich beschleunigt. Es ist ja auch klar: erstens haben sich viele neue Wissenschaften erst herangebildet und auch eine ganze Menge neuer Technologien haben zu **kreativen Freiräumen** geführt, in welchen der innovativen Forschung immer neue Aufgaben zugeschanzt werden. Die Entwicklung der System- und Organisationstechnik, des Marketing, des Dienstleistungsangebots auf breitester Ebene, aber auch die Schaffung neuer Werkstoffe und die Erfindung unzähliger neuer Verfahrenstechniken haben **die Chancen zu neuer Kreativanstrengung multipliziert**. Zudem die **erdrückende Problemvielfalt** unserer Zeitepoche, die von Hader, Armut und ideologischer Gegensätzlichkeit gefährlich geprägt ist, **verstärkt ihrerseits den Druck, sich in allen Problembereichen um kreative Lösungen zu bemühen**.

Alles Streben nach einer besseren Welt ließe sich auf eine Generalzielsetzung reduzieren: **Kampf um bessere Lebensqualität auf allen Breitengraden!** Das Neue in all seinen positiven Erscheinungsformen ist der einzige goldene Schlüssel für künftiges Heil. Die bisher geschaffenen Mittel und Instrumente haben sich für die Vergangenheit mindestens teilweise gut bewährt, aber **wo neue Problematiken auftauchen, da sind eben auch neue Lösungen gefordert**. Und diese neuen Problematiken bedrängen uns ja – wie wir im langen Kapitel „Erdrückende Problemvielfalt unseres modernen Zeitalters" nachgewiesen haben – an allen Ecken und Enden.

7.3 Genie-Kreativität

„Genie: jene menschliche Macht, vor der man ohne Beschämung sein Haupt beugen darf."

Lombroso

Seit sich im Zuge der Evolution das menschliche Gehirn zu einem geistigen Kraftpaket – in der gesamten Natur einmalig – entwickelt hat, haben Höchstleistungen im Sinne der heute verstandenen Genialität die Menschheit stets fasziniert wie kaum eine andere Erscheinung. Zwei Beispiele dafür aus jüngster Menschheitsgeschichte: In den 60er Jahren verfolgte die ganze Welt in atemlosem Staunen die **ersten Mondlandungen** – Krönung genialer Leistungen der Raumschiffahrtstechnik. Und ungefähr in der gleichen Zeit hielten uns auch die **ersten erfolgreichen Herztransplantationen** in Atem. Beides waren kreative Höchstleistungen, zwar mit einzelnen Namen wie Neil Armstrong und Dr. Christian Barnard verbunden, aber auch, im Ganzen betrachtet, Paradefälle geglückter Zusammenarbeit unter verschiedenen Wissenschaftsbereichen.

In technologischen Bereichen wird als Folge des vernetzten Denkens das interdisziplinäre Teamwork immer wichtiger und häufiger. Wird damit der Genius des Ideenträgers abgewertet? Sicher nicht, denn ohne die tätige, ja ideenvernarrte Entschlossenheit des Initiators kommen die Dinge nicht eigentlich ins Rollen, noch würden die sich jeder grundlegend neuen Idee entgegenstellenden Hindernisse überwunden. Den **Spiritus rector** braucht es immer, ob es nun um kleinere oder größere kreative Leistungen gehen soll. Allerdings: je größer der zu vollziehende geniale Geistessprung ist, desto erheblicher ist auch das Gefälle vom Ist-Zustand zum angestrebten Soll-Zustand hin, und um so größer muß – symbolisch ausgedrückt – die Hutnummer des Ideenträgers sein, um die Idee Wirklichkeit werden zu lassen.

> **Das kämpferische Durchsetzungsvermögen gehört fast zwangsweise zum Genie, weil sonst das Heer der Konservativen, der Zweifler und Verneiner rasch übermächtig wird und selbst einer elitären Idee den Todesstoß versetzen kann.**

Die Welt scheint selbst **geniale Leistungen** oft durch eine **subjektive Brille** zu betrachten. Wie häufig sind große Meisterwerke, z.B. im Musikbereich, gelegentlich auch in der Architektur, beim vermeintlich kompetenten Publikum erst völlig durchgefallen, haben dann aber in der Weltöffentlichkeit bald darauf vorbehaltlos Akzeptanz gefunden. Einen besonders harten Boden für Genieleistungen scheinen die Wissenschaften abzugeben. Manch frappante neue Erkenntnis oder Theorie wurde erst verhöhnt, wenn nicht gar verketzert. Nicht nur dogmatische Päpste, sondern auch anerkannte Leuchten der Wissenschaft haben sich oft vehement gegen Neues versperrt und ihre Berufskollegen dem Spott und vernichtender Kritik ausgeliefert, bevor sich die neue Einsicht siegreich durchsetzte.

Wissenschaft fördert zwar im allgemeinen das Wissen entscheidend, behindert und verhindert es aber auch häufig. Berufsneid und das **Sich-angegriffen-Fühlen** durch Gegenthesen anderer Wissenschaftler haben den Durchbruch von Neuem, ja sogar Genialem schon oft verzögert.

> **Wissenschaftlichkeit kann an sich keinen Anspruch auf Wahrheit ergeben. Sie ist im wesentlichen Bemühung um die Wahrheit, und der Weg dazu ist oft gepflastert mit tausend Irrmeinungen. Das Genie dagegen ist nicht auf Wissenschaftlichkeit angewiesen. Als Kreativ-Phänomen steht es über ihr. Seine Macht liegt im treffsicheren Aufspüren neuer ungewöhnlicher Wahrheiten. Mit visionärer Kraft vermag das Genie Zusammenhänge von unbekannter Bedeutung zu erfassen und in eine Lösung zu verschmelzen – damit die Welt überraschend mit einem neuen Wert beglückend.**

Wie jegliche andere Kreativleistung, so ist auch ihre höchste Steigerungsform, die **Genialität**, auf den schon auseinandergehaltenen **drei Realisierungsebenen** denkbar: im **künstlerischen**, im **erfinderischen** und im **operationalen** Bereich. Im Letztgenannten spricht man vielleicht am seltensten von „genialer Leistung“. Ein Vertragswerk kann ein „genialer Wurf“ sein oder ein ausgetüfteltes vernetzendes System kann so unerhörte Vorteile erbringen, daß sich von „genialer Machart“ sprechen ließe. Auch ein absolut ausgewogenes Führungssystem, das einen sozialabgestimmten und motivationsfördernden Charakter hat und während Jahrzehnten die kreative Leistung eines Unternehmens in allen Bereichen zu optimieren vermag, kann ein genialer Wurf sein. Dahinter steckt dann als Initiator in der Regel ein Geist von kapitalem Ordnungsvermögen und gleichzeitig absoluter Menschbezogenheit – inspirierend und geschickt steuernd, Gegensätze versöhnend und die Gemeinschaftsleistung mächtig anregend.

So faßbar sich solche Beschreibungen operationaler Kreativität, so überzeugend sich künstlerische Werkinterpretationen oder so plausibel sich im Nachhinein erfinderische Großtaten anhören – im Kernpunkt läßt sich Genialität nie voll begreifen. Mit dem Genius bleibt Rätselhaftigkeit auf ewig verbunden. In seinen tiefsten Gründen ist das Genie geheimnisumwittert, sogar sich selbst gegenüber!

Das hat sich auch immer wieder an prominentesten Kreativitätssymposien bestätigt: die eingeladenen hochrangigsten Kreativitätsasse waren außerstande, ihren Genie-„Mechanismus“ zu erläutern bzw. zu erklären, wie Genieleistung funktioniert. Könnten sie es, so wäre Genie wohl auch lernbar und nachahmungsfähig. Soweit sind wir aber noch nicht. Und es spricht viel dafür, daß wir nie so weit kommen werden.

8. Viererlei Quellen des schöpferischen Leistungsvermögens

Die Frage, aus welchen Quellen das kreative Gestaltungsvermögen des Menschen fließt, hat mich einiges Überlegen gekostet. Schließlich ortete ich vier Quellen, aus welchen sich schöpferisches Wirken ergeben kann: **Vererbung, Zufall, praktizierte Kreativitätstechnik und unbewußt vor sich gehende Kreativität**. Lassen Sie mich dazu jeweils Näheres aussagen:

8.1 Spezifisch vererbte Kreativität

Es ist leichter zu erben, als aus eigener Kraft zu gestalten.

Wie andere menschliche Eigenschaften ist auch die Kreativität vererbbar. In zahlreichen Musiker- und Malerfamilien traten die Söhne oder die Töchter in die kreativen Spuren der Väter ein. Johann Sebastian Bach ist nur das klassische Beispiel. Bei Thomas Mann war schon sein Bruder Heinrich ein begnadeter Schriftsteller, aber auch sein Sohn und seine Tochter wirkten in diesem Fach talentiert weiter. Vielleicht gibt es kein Tätigkeitsfeld ausgeprägter Kreativität, wo nicht auch in Nachfolgegenerationen der Vererbungseffekt, mindestens gelegentlich, offenbar wurde. Es scheint fast die Regel zu sein: je höher das Talent, desto eher sind auch die Nachkommen damit gesegnet. Es gab zudem viele Fälle, wo der Sohn den Vater an Begabung noch übertraf. In Kreisen von Dichterinnen, Malerinnen, Modeschöpferinnen läßt sich der Vererbungseffekt vermutlich ebenso häufig nachweisen, doch sind mir da keine Erfahrungen geläufig, sind ja die kreativen Frauen erst in den letzten Jahrzehnten so richtig zu zahlenmäßiger Profilierung gelangt. Natürlich gibt es weder auf weiblicher noch auf männlicher Seite **Garantien für kreative Erbnachfolge**, sowenig wie für andere Sonderbegabungen, die sich gelegentlich fortpflanzen.

8.2 Zufalls-Kreativität

„Auf den Zufall bauen ist Torheit – den Zufall nützen ist Klugheit".

Sprichwort

Erfinder und Forscher haben in zahlreichen Fällen ohne weiteres bekannt, daß **bestimmte Ideen oder Entdeckungen** auf zufällige Art zustandekamen. Zum Beispiel in Form einer Kombination von bereits existierenden Möglichkeiten. Diese gab es vielleicht schon seit langem, aber niemand dachte an ihre Kombination, bis dann dem „Erfinder" die Kombinationschance zufällig offenbar wurde.

Kürzlich las ich in einer Zeitungsnotiz (Okt. 1992):

Bakterien fördern Herzerkrankungen

(DG) Der Krankheitserreger Chlamydia pneumoniae, der Lungenentzündung und Bronchitis auslöst, spielt wahrscheinlich auch bei Erkrankungen der Herzkranzgefäße und bei der Entstehung von Herzinfarkten eine Rolle, **wie finnische Wissenschaftler durch Zufall herausgefunden haben**. Den Bakterien kamen sie bei Untersuchungen an einem Medikament auf die Spur, das den Cholesterinspiegel im Blut senken soll. Dabei fanden sie bei Männern, die einen Herzinfarkt erlitten hatten, häufig Antikörper gegen den Erreger und Teile der Umhüllung des Bakteriums. Das Auftreten von Antikörpern ist ein sicheres Zeichen für eine Infektion.

Weitere berühmte Zufallsentdeckungen:
- Die Begegnung von Darwin mit Malthus (Evolutionstheorie)
- Marie Curies Entdeckung eines neuen Elementes
- Alexander Flemings Entdeckung des Penizillins
- Wilhelm Röntgens Röntgen-Strahlen-Entdeckung

„Der Zufall begünstigt den vorbereiteten Geist" sagte Pasteur, in dessen Erfinderkarriere der Zufall auch vereinzelt seine Wirkung tat.

Zum Teil haben die erwähnten Entdecker schon Vorleistungen erbracht, sei es auch nur die Schulung eines allerbesten Wahrnehmensvermögens, über das wissenschaftlich Tätige ja unbedingt verfügen müssen.

Hernach ist es immer so, wie Gerd Binnig, Nobelpreisträger 1986, es in seinem Buch „Aus dem Nichts“ mit einem einfachen Satz auf den kürzesten Nenner brachte: „Erst konnten wir es uns selbst nicht vorstellen, und dann konnten wir uns nicht vorstellen, daß man es sich nicht vorstellen konnte.“ Mir ist mit einer Checklistendokumentation etwas Ähnliches passiert. Vorher verfaßte ich das Checklistenhandbuch „Messebeteiligung erfolgreich gestalten“. Dieses richtet sich also an **Messeaussteller**. Ich zog indessen nicht in Erwägung, daß auch der **Messebesucher** von einer ausführlichen Checkliste profitieren könnte, um seinen Messedurchgang rationell zu gestalten, seine Gespräche mit Verkäufern/Beratern verhandlungstaktisch optimal zu steuern, und auch sonst seinen Messebesuch systematisch zu planen und auszuwerten. Erst als mich ein Kunde auf das Fehlen einer solchen Organisationshilfe ansprach, erfaßte ich deren Nutzen und entschloß mich sofort, eine Dokumentation zu schaffen, in welcher nun acht sinnvolle Checklisten integriert sind. Der betreffende Kunde hätte sich genau so gut an hundert andere Autoren und Verlage wenden können. Es war wohl ein Zufall, daß er gerade mich ansprach.

Im **Assoziationsbereich** jedes Menschen kann sich von selbst eine Begegnung verschiedener Dinge oder Gedankeninhalte ergeben, und flugs ist eine neue Idee geboren. Wer wäre nicht schon zufällig beim Bücherlesen, Korrespondieren, im Dialog mit anderen, in einer Mußestunde oder in einer Schlafpause auf eine produktive Idee verfallen, also kreativ geworden. Auch die Begriffe Einfall, zündender Funke, Anregung, Geistesblitz, Illumination, Animation, Inspiration zeigen indirekt auf, daß

> **eine Erleuchtung durch irgendeinen zufälligen Anstoß ausgelöst werden kann. Chaos ist unkontrollierbare Vielfalt. Es ist daher völlig logisch, daß auch im Chaos – gerade weil es aus ungezählten Elementen besteht – Ähnlichkeiten und wechselseitige Beziehungen und Beeinflussungen gegeben sind.**

Durch unser Ahnungsvermögen, unsere Intuition und unsere Vorstellungskraft vermögen wir im sozusagen unlimitierten Chaosbereich seherisch Analogien zu erfassen, und sei es nur auf dem Weg über Hypothesen (Annahmen). Hypothesen sind der Wunderteig, aus dem neue Erkenntnisse und neu entdeckte Gesetzmäßigkeiten erwachsen können. Bisherige Erfahrung, die als unumstößlich galt, ist in der Menschheitsgeschichte schon tausendmal umgeworfen worden. Kühne neue Annahmen, eben Hypothesen und deren bewußtes Variieren, leiteten dabei den Entwicklungserfolg ein.

Wir sind alle vom Zufall viel abhängiger, als wir meinen, denn im Geflecht des Alltagserlebens und in unserem Denken mischt sich der Zufall laufend ein.

Der Kreative ist sich dessen viel bewußter, während Unkreative gerne ihre Fiktion von der absoluten Steuer- und Beherrschbarkeit ihres Daseins aufrecht erhalten. **Willentliche, bewußte und systematisch betriebene Kreativität** einerseits und anderseits **ergänzende Kreativität über intuitive Nutzung des Chaotik- und Zufälligkeitsbereiches** (zwecks Gewinnung zusätzlichen Ideenmaterials) ergeben zusammen **ganzheitliches Kreativitätsstreben**. Diesen Dualismus zuinnerst als Realität anzuerkennen und ihm Auslauf nach beiden Seiten hin zu geben, ist Kreativitätsoptimierung bester Art.

8.3 Kreativität durch praktizierte Kreativitätstechnik

Geistige Arbeitstechnik hat immer eine schöpferische Komponente, wenn sie gestalterisch wirken soll.

In den späteren Abschnitten

12. Ansetzmechanismen für kreatives Denken
13. Gestaltungsphasen eines komplexen Kreativitätsprozesses
14. Techniken der Kreativarbeit

im speziellen, aber auch in weiteren Folgekapiteln, werden viele „technische" Handhaben zur Bewältigung schöpferischer Denk- und Problemlösungs-Prozesse näher erläutert. Es gibt also eindeutig differenzierte kreative Arbeitstechniken, die man nützen sollte, um seinen kreativen Erfolg möglichst hoch anzusetzen. Arbeitstechnik hat zwar seinerzeit im Bereich sinnvoll abgestimmter Handhabungsprozesse in der industriellen Fertigung begonnen, aber man spricht längst auch von geistiger Arbeitstechnik und meint damit die Anregung, Systematisierung, Rationalisierung und Optimierung geistiger Werdeprozesse.

Daß auch die Kreativarbeit im allgemeinen und das In-Gang-Bringen von Innovationsprozessen im besonderen von gut überlegten und gezielt eingesetzten Gestaltungstechniken maßgeblich profitieren kann, ist überall dort selbstverständlich, wo es um komplexere kreative Werdeprozesse geht.

Manche dieser geistigen Arbeitstechniken wird an **Kreativseminaren nicht nur gelehrt, sondern auch wirkungsvoll geübt**. Den Begriff „wirkungsvoll" setze ich hier absichtlich ein, da sich z. B. in einer gut gesteuerten Arbeitsgruppe tatsächlich eine verblüffende Wirkung ergibt, wenn die praktizierte Ideenkumulation um ein Mehrfaches reicher ausgefallen ist, als man es optimistischerweise vorher erwartete.

> Es ist daher von entscheidender Bedeutung, daß ein Kreativer sich nie nur auf seinen genialen Impetus, d. h. seine angeborene Ideenkapazität verläßt; er wird in jedem Fall die in diesem Buch abgehandelten Vorgehens- und Gestaltungstechniken zum schönen Teil berücksichtigen müssen, um überdurchschnittliche Kreativleistungen zu schaffen.

Eine Anregung noch zum praktischen Vorgehen hinsichtlich Nutzung von Kreativtechniken: Schaffen Sie sich am Schluß Ihrer Buchlektüre eine **Checkliste derjenigen Kreativtechniken, die Sie für Ihre schöpferische Tätigkeit als unerläßlich erachten**. Von Fall zu Fall können Sie dann immer noch bei der Konsultation Ihrer Checkliste einzelne darin enthaltene Techniken ausklammern, wenn Sie diese für den anzusteuernden Kreativprozeß als minderwichtig oder gar überflüssig halten. Auch in der schöpferischen Arbeit gibt es ja grundlegende Unterschiede zwischen den einzelnen Gestaltungsprozessen.

8.4 Unbewußte Kreativität aus innerem Wunschdenken oder als Folge einer Programmierung des Unterbewußtseins

„Fantasie ist die Selbsttätigkeit der Seele, die überall da herausbricht, wo die Hemmung durch das Bewußtsein nachläßt oder überhaupt aufhört wie im Schlaf. Wäre die Bewegtheit und das Schillern der Seele nicht, der Mensch würde in seiner größten Leidenschaft, der Trägheit, ersticken und verfaulen".

C. G. Jung

8.4.1 Inneres Wunschdenken und innere Bedürfnisse als auslösende kreative Akte

Jeder kennt den Satz „Der Wunsch ist der Vater des Gedankens". Es gibt in uns allen Wünsche und Bedürfnisse, die unser Überlegen und Trachten steuern. Allerdings sind wir uns dabei oft nicht bewußt, was unsere Äußerungen, Haltungen und Handlungen ausgelöst haben. Das ist bei den Trieben genau dasselbe. Aber da **der**

Mensch im Normalfall von seiner Gefühlsseite her wesentlich stärker beeinflußt ist als vom Verstand her – sonst wären wir alle ja so vernünftige Wesen! –, ist es leicht verständlich, daß unsere **inneren Wünsche und Bedürfnisse unser Denken und Handeln hintergründig laufend automatisch steuern**. Es ist, wie wenn das rationale Denken und Reagieren dann, mindestens vorübergehend, lahmgelegt würden. Wünsche und Bedürfnisse sind eigentlich „Mangelsituationen". Sie signalisieren einen Abstand zwischen Ist- und Soll-Zustand, also zwischen der momentanen Situation und einer erstrebenswerten besseren. Das Gefälle vom Stadium des Wunsches oder Bedarfs zum Stadium der Erfüllung bildet sozusagen ein **Vakuum, das Ideen ansaugt**, die der Zustandsverbesserung dienen könnten. Die kreative Arbeit beginnt damit – sie endet aber erst, wenn die Idee oder gefundene Problemlösung realisiert ist.

So sehr gewisse Weisheitsschulen die **Bedürfnislosigkeit** als Heilslehre ausgeben, so dürfen wir nach meiner Meinung der Natur dafür dankbar sein, wenn sie uns laufend höhere Bedürfnisse vermittelt. Denn Lebensbefriedigung und Glücksempfinden sind namhaft verbunden mit beseligendem Eindecken von Bedürfnissen aller Art.

Es ist nun eine interessante Tatsache: **je stärker Wünsche und Bedürfnisse in uns verankert sind, desto größer ist der Anreiz, sie zu befriedigen und um so kreativer vermögen wir uns dabei in die Mittel zu legen.**

Die Wirkung von Wünschen und Bedürfnissen läßt sich noch verstärken, wenn wir uns ihre **Ziele mit deren besonderem Nutzen ausmalen**, so daß die Wunschdisposition noch **plastischer** wird und sich in uns dementsprechend **stärker verankert**.

8.4.2 Bewußte Programmierung des Unterbewußtseins mit einem Kreativauftrag

Die moderne Psychologie hat nicht nur erkannt, daß unser Unterbewußtsein eine viel größere Rolle spielt, als der Mensch normalerweise annimmt. Der Einfallsreichtum unbewußter Prozesse ist phänomenal. Die Psychologie hat auch herausgebracht, daß die **Tätigkeit des Unterbewußtseins durch uns beeinflußbar ist**. Dies vor allem durch **suggestive Selbstbeeinflussung** und ganz besonders **im Zustand der Tiefenentspannung**. Die Phantasietätigkeit des Unterbewußten kann dabei zum mächtigen Helfer, sprich: kraftvollen Regisseur für komplexe geistige Prozesses werden. Es gibt nicht nur die **bewußt ausgeübte Vorstellungskraft** –

die **innere Vorstellungskraft des Unterbewußtseins** vermag noch in einem unendlich größeren Kommunikationsrahmen tätig zu werden. Sie kann auf Millionen gespeicherte Fakten, Vorstellungen und Erfahrungen greifen, Vergleiche anstellen, Hypothesen aufzustellen, Rückschlüsse ziehen und synthetische Lösungsvorschläge herausfiltern.

> **Durch Einbezug des Unterbewußtseins wird somit der Kontakt mit unserer gesamten Ideenwelt auf eine viel breitere Basis gestellt, als wenn wir nur auf rationale Art Ideen oder Lösungsvorschläge suchen.**
> Dazu auch Prof. K.M. Magyar: „Kreativität beginnt mit der inneren Sensibilisierung von Individuen auf alles, was mit der Entstehung von schöpferischen Ideen zusammenhängen kann.“

Bevor man überhaupt die Kooperation mit dem Unterbewußtsein in die Kreativitätslehre übernahm, hat man die Gesetzmäßigkeiten des systematischen Einbezugs des Unterbewußtseins in der Psychiatrie und Gestaltung von Lebensprozessen untersucht.

> Sinnvolle Selbstprogrammierung kann zum lebensbejahenden fruchtbaren Prozeß aktiver Lebensgestaltung wesentlich beitragen. Allzu viele leben nur als **Augenblicksmenschen** und reagieren wie ein **Schilfrohr im Wind**, statt daß sie sich – der Einmaligkeit des individuellen Lebens bewußt – bemühen, ihre Leben nach bewährten Regeln der Selbstentfaltung so reich wie möglich zu gestalten. Das bedeutet nicht verkrampftes hektisches Arbeiten.

Positiv gesteuertes Leben ist ein faszinierender froher Prozeß voller Überraschungen, beweist man sich doch laufend, daß man fähig ist, in kleinen dezidierten Schritten den Weg nach oben zu gehen. Man entspricht dabei den überlegten und vernünftig bemessenen, somit erfüllbaren eigenen Zielsetzungen. Die dafür nötige Programmierung der Selbstentwicklung ist nicht mit Totalprogrammierung zu verwechseln. Ein Programm darf ja niemals zur bloßen Askese und Selbstkasteiung werden. Es sollte auf **Lebensbelohnung** hinauslaufen! Die Amerikaner haben den Begriff der „Strokes“ geschaffen, womit sie jene Erlebnisse und Anstöße meinen, die uns in irgendwelchen Augenblicken des Lebens Geleistetes mit Lob oder gar Belohnung verzieren und uns so zu weiterem positiven Tum stimulieren.

Verdiente Anerkennung verstärkt immer auch die Selbstmotivation, die als treibende Kraft im Selbstentfaltungsprozeß überhaupt nicht hoch genug eingeschätzt werden kann.

Für die **Selbstentwicklung auf der Basis suggestiver Programmierung des Unterbewußtseins** gibt es heute Unmengen von **Kassettenlehrgängen**, meist **kombiniert mit Entspannungsübungen**. Persönlich bin ich allerdings der Meinung, daß die meisten dieser Lehrgänge recht oberflächlich gestaltet sind. Gewisse Psychologen sind der Auffassung, daß sich eine große Wirkung dann auszuüben vermag, wenn man verschiedene Lehrgänge des gleichen Themas studiert, dann aber **abgestimmt auf die eigene Situation mit einer eigens entwickelten Version Maßarbeit betreibt**. Das verlangt natürlich gewisse **Kenntnisse der Psychologie** und auch **einiges Formuliervermögen**. Auch ist es wichtig, den selbstentwickelten Text in möglichst **suggestiver Sprechweise** aufzunehmen und mit **entspannender Musik** zu untermalen, die man heute auch auf Separatkassetten erwerben kann. Will man eigene Suggestivkassetten optimal konzipieren, so kostet dies natürlich recht viel Zeit, aber es lohnt sich, denn gibt es etwas Wichtigeres als die Entfaltung der eigenen Persönlichkeit? Noch ein Tip zu diesem Thema: **Fortschritte**, die man im Text suggestiv sich selbst gegenüber programmiert, dürfen **nie in der Möglichkeitsform** ausgedrückt werden, sondern sie müssen in **faktischer Form** festgenagelt werden (Beispiel: bitte nicht sagen: „Ich werde mir Mühe geben...", sondern „Ich berücksichtige...", „Ich konzentriere mich auf...". Im Selbstprogrammierungstext dürfen auch keine negativen Formulierungen Verwendung finden, wie z.B. „Ich werde nicht mehr..." – „Ich verzichte in Zukunft strikte auf..." – „Ich enthalte mich..." – sondern: „Ich mache mir positives Denken bewußt zur Gewohnheit, indem ich..." – „Ich kontrolliere immer..., bevor..." – „Ich weiß, daß ich fähig bin...". Es kann dabei vorteilhaft sein, möglichst viele schon bestehende Kassettenlehrgänge anzuhören, um sich gut in die Technik der Selbstprogrammierung einzudenken. Vielleicht kennen Sie Leute, die solche Kassetten auf autogener Trainingsbasis schon besitzen; ein gegenseitiges Ausleihen könnte beiden Seiten Vorteile erbringen.

Zurück zur Programmierung des Unterbewußtseins zwecks Unterstützung der kreativen Leistungsfähigkeit. Es gibt verschiedene Vorgehensschritte, die empfohlen werden können:

8.4.2.1 Checkliste Nr. 3: „Wie programmiere ich mein Unterbewußtsein auf kreative Mitarbeit?" (12 Anregungen)

• Ich überlege mir die Aufgabe nach allen Seiten erst genau.	....
• Ich formuliere die Zielsetzungen nach erfolgter Problemanalyse schriftlich und repetiere erstere später mehrmals.	....
• Ich arbeite formelhafte Vorsätze aus, die den Erfolg als sichere Erwartung einprägen und wiederhole diese öfter in absoluter Konzentration auf deren Aussage.	....
• Ganz besonders frage ich mich, welche Vorteile für eine neue Lösung sprächen und welche bisherigen Nachteile sie ausschließt.	....
• Diese Vorteile und die vermeidbaren Nachteile versuche ich von allen Seiten her plastisch anzuschauen und einzuprägen.	....
• Dies erleichtere ich mir noch durch schriftliches Festhalten derselben.	....
• Ich gehe sie aufgrund meiner Auflistung mehrmals durch, am besten in zeitlichen Abständen, die auf die Dringlichkeit des Kreativprozesses abgestimmt sind.	....
• Ich diskutiere wenn möglich meine kreative Absicht oder das Problemlösungsvorhaben mit Interessierten anderen und versuche ihnen die Vorteile wie die vermeidbaren Nachteile so wirkungsvoll wie möglich zu „verkaufen".	....
• Kritiken von Gesprächspartnern schiebe ich vorerst ganz bewußt weg von mir, es sei denn, daß die eine oder andere gleich eine wirkliche Verbesserungsidee für meinen Kreativprozeß ergeben.	....
• In Schlafpausen „rede ich mit meinen Kreativabsichten" und überdenke in der Tiefenentspannung (in der Versenkung in den Alpha-Zustand) neue Möglichkeiten und den winkenden Erfolg; ich wecke damit im Unterbewußtsein tätige Kräfte und richte sie indirekt auf mein Ziel aus.	....
• Ich höre geeignete Kassetten zur Kreativitätsförderung in vielfacher Wiederholung an, um mich so suggestiv auf Erfolg zu programmieren.	....
• Ich programmiere mich auch auf automatische Wahrnehmung aller Erscheinungen oder Zusammenhänge, die im Alltag an meinem geistigen Auge vorbeigehen, welche jedoch im Konnex mit meiner Kreativaufgabe bedeutungsvoll sein könnten.	....

Im Abschnitt 10.1 (Mentaltraining) und 10.2 (Suggestologie) werden wir uns noch näher über **Suggestionstechnik** und **konzentrative Selbstentspannung** auslassen. Hier muß aber noch festgestellt werden, daß die Bedeutung **des autogenen Trainings** für jedermann, **für Kreative jedoch von besonderer Wichtigkeit** ist. Wer sich noch nie mit dieser suggestiven Konditionierungstechnik auseinandergesetzt hat, sollte unbedingt gute Literatur darüber lesen und Kurse bei anerkannten Instruktoren für Autogenes Training besuchen. Millionen haben dies schon bewerkstelligt und profitieren dann lebenslang vom Gelernten. Wir sehen, daß man auf verschiedensten Wegen ein freundliches und produktives Verhältnis zum Unterbewußtsein schaffen kann. Warum sollten nicht auch Sie aus solchem geistig-psychischen Konditionierungs-Training Nutzen schlagen?

9. Bildungsniveau – beeinflussender Hintergrund der schöpferischen Leistung

Gute Bildung ist für den Kreativen der Feuerstein, aus dem er laufend erhellende Funken schlagen kann.

Viele verstehen unter „Bildung" nur ein gehöriges Paket von Wissen. Bildung als **Grundbegriff der Erziehung – lateinisch formatio – schließt jedoch Wissen, kulturelles Wachstum und Persönlichkeitsentfaltung** ein, im Sinne humanistischer Werterhöhung des Menschen.

Bildung ist somit nicht nur intellektuelle Befähigung, sondern immer auch ethische Qualifikation. Sie hilft Wissen, Fähigkeiten und Erfahrung als Anleitung zu optimaler Lebensbewältigung zu gebrauchen.

Gebildet sein heißt durch Streben nach Vorbildlichkeit weiser zu werden und die Kommunikation mit anderen für beide Seiten anregender und ertragreicher zu gestalten. Bildung kann somit auch als geistige Daseinsform verstanden werden.

Leider ergibt sich Bildung nicht mühelos von selbst. Sie setzt eine **Leistungsbereitschaft** voraus, sich und anderen gegenüber. In den Zeiten der Hochkonjunktur hat man Leistung teilweise verketzert, weil sie als einseitige Kraft zur Erhöhung des materiellen Wohlstands betrachtet wurde. **Leistung ist aber das verläßlichste Kriterium für jegliche Zusammenarbeit.** Sie läßt sich niemals auf die Dauer vortäuschen oder mit bloßen Sprüchen und Kniffen hochhalten. Auch mit der persönlichen Leistung zum Zwecke einer positiven Lebensgestaltung verhält es sich so. Es gibt nichts Kreativeres als Persönlichkeitsentfaltung. Sie läßt sich nur aufgrund überlegter Zielsetzungen und zäher Schleifarbeit an sich verwirklichen.

Leistungsfeindliche schaden immer dem Gesamtkollektiv. Sie bilden sich teilweise noch etwas ein auf ihre Minileistungen. Viele Aussteiger gehören auch dazu; sie verwechseln sich mit Ökonomiehelden. Die Fleißigen und Gesunden zahlen immer mehr für die Faulen und Leistungsunfähigen, denn leistungsunfähig macht auf die Dauer auch krank. Die sich stark verbreitenden Süchte sind nur ein klarstes Spiegelbild davon. Wer sich dagegen fordert und ansprechende Leistungen vollbringt, stimuliert sich und erfährt Genugtuung, ist auch anderen mehr wert.

Je größer das Leistungsmanko vieler, desto mehr erwarten sie von der Gesellschaft Sozialleistungen. Solche verstärken aber nicht die Leistungsdisposition der Schwachen, sondern sie mindern sie noch mehr. Das ist auch immer der Anfang der Dekadenz. Und wir sind schon bald soweit, daß wir uns von unserem jetzigen falschen Sozialverständnis in den Niedergang treiben lassen. Darum beginnen wir auch in vielen Ländern, den Drogensüchtigen neue und z.T. härtere Drogen großzügig anzubieten. Kann man Alkoholiker heilen, indem man ihnen den Griff zur Flasche erleichtert? Gibt es zwischen Süchten denn wesentliche Unterschiede? Sie laufen doch alle auf eine fortschreitende Korrumpierung der Süchtigen hinaus. Und Tausende anderer, die bisher auf der Kippe waren und sich noch knapp vor einem grausamen Schicksal zu bewahren wußten, bringt man so in die mörderische Versuchung, der Sucht nun doch anzufallen. Die naive Vorstellung und Behauptung, durch Wegfall des Beschaffungshandels würde die Kriminalität der Süchtigen weitgehend eliminiert, ist doch reine Selbsttäuschung. Der Drogenkonsum macht den Konsumenten ja insgesamt lebensunfähig. Ohne Geld läßt sich aber nicht einmal ein Hundeleben fristen: also können Beschaffungskriminalität und -prostitution gar nicht verschwinden, im Gegenteil: da bei solcher Haltung der Behörden die Heere der Süchtigen immer größer werden, wird auch die Kriminalität noch stark anwachsen.

Den Weg des geringsten Widerstandes zu gehen, bringt weder den verantwortlichen Behörden noch den Süchtigen etwas. Es muß Kreativeres geboten werden, um diese Probleme wirksamer zu lösen.

Die Güte unserer Bildung hat eben eigentlich schon vor längerem zu versagen begonnen, weil die Familie als Keimzelle des Staates ihre Erziehungsaufgabe nicht mehr genügend wahrzunehmen vermag. Natürlich gibt es immer noch integre Familienverhältnisse, aber die Zahl derer, die in unglücklichen Milieu aufwachsen, wird größer und nicht kleiner. Frauen- und Kindsmißhandlungen sind tragische, aber klare Zeichen für den Verlust an Humanität in unserer sooo modernen Zeit.

Nach diesem Ausflug in die Misere unseres heutigen Bildungsdefizits lassen Sie uns zum Thema der **Kausalität zwischen Bildung und Kreativität** zurückkehren. Von einem Sophisten (5. Jh.) stammt folgende Sentenz:

> „Am Anfang von allem steht im Menschenleben die Erziehung und die Bildung. Denn wenn einer bei einer Sache – welcher auch immer – den Anfang richtig gemacht hat, so wird aller Voraussicht nach auch das Ende gut herauskommen. So ist es ja auch bei der Er-

de: welcher Art der Same ist, den einer hineingesät hat, solcher Art werden auch die Früchte sein, die er davon erwarten kann. Ergo: wenn einer in den Boden eines jungen Menschen eine wertvolle Erziehung und Bildung hineingesät hat, so lebt diese Saat in ihm fort und blüht sein ganzes Leben lang, und weder Wolkenbrüche noch Dürrezeiten können das jemals wieder zunichte machen".

Je größer die Unsicherheiten in der heutigen Welt, desto wichtiger die Mobilisierung aller Kräfte des einzelnen. Sie auszubilden, ist individuelle Aufgabe jedes Heutigen. In diesem Zusammenhang ist ein wichtiger Freiraum besonderer Erwähnung wert: Der Mensch verbringt knapp einen Drittel seiner Lebenszeit im Privatleben. Aristoteles sagte: „Wir leisten uns die Unmuße (Berufsarbeit), um uns die Muße leisten zu können". Auch das andere Drittel, die Schlafzeit, ist ein Mittel zum Zweck der Muße, weil wir in dieser Phase ja unsere Kräfte – beruflich wie privat verbraucht – zu regenerieren haben. Nützen wir die Muße gut genug, um unsere Bildung zu erweitern und zu vertiefen? Es wäre natürlich falsch, hier zu protestieren: „Der Beruf laugt mich so aus, daß ich mich mit Lernanstrengungen nicht auch noch in der Privatzeit zerreißen kann!" Denn

> Bildung ergibt sich sympathischerweise ja nicht nur aus Lernanstrengungen, sondern auch durch weniger strapazierende Tätigkeiten wie Lesen, Musikhören, lockeres Diskutieren mit Freunden und Bekannten, Theater- und Ausstellungsbesuche, Hobby-Betätigung jeglicher Art, ja sogar über gastronomische Genüsse (kultiviert essen und trinken regt auch den Geist und die Gespräche mit den Begleitpersonen an). Und schließlich gehören ja auch die Ferien zur Mußezeit, die man dann individuell je nach Geschmack auch z. T. bildend ausgestalten kann.

Sind wir uns eigentlich bewußt, **wie sehr sich die Mußezeit des Menschen im Laufe der Geschichte verlängert hat**?

In der Firmenzeitschrift der Hilti AG, Schaan, eines weltweit tätigen Konzerns modernster Prägung, ist folgende Grafik abgebildet:

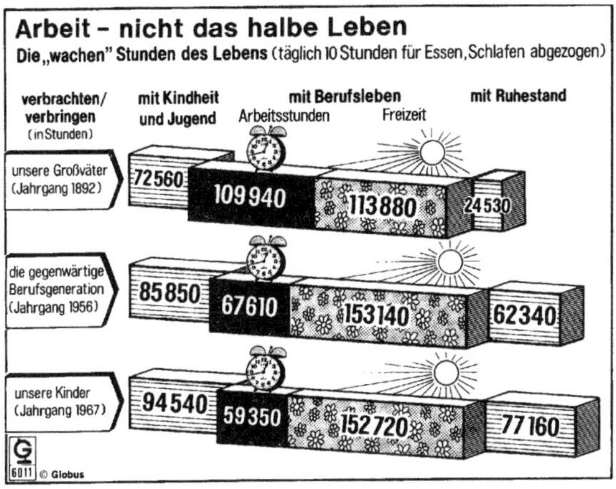

Und hier noch eine ergänzende Darstellung aus der gleichen Quelle:

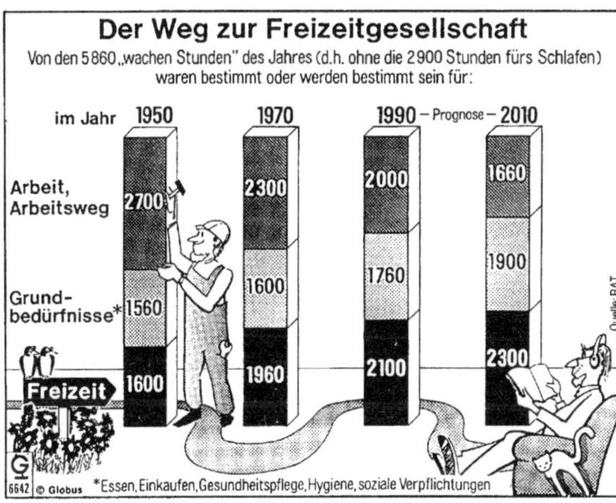

Muße kann man auch als Weg zur Sinnfindung verstehen. Die öftere Begegnung mit sich selbst, das heißt Rückschau auf die kürzere und längere Vergangenheit, Bewußtmachung von erzielten Erfolgen, Analyse von Fehlhandlungen, Standortbestimmungen, Konzeption neuer Zielsetzungen, Anpassungen in der Marschrichtung, neue Bildungsziele, neue Freizeitaktivitäten – das alles ist bei jedem Menschen nötig, will er **die Ausgestaltung seiner Lebensinhalte bewußt an die Hand nehmen. Wachstum im Geistigen muß immer parallel laufen mit Sinnerfüllung des Lebens**. Und diese bedingt Eigenständigkeit im Planen und

Handeln, somit auch Programmierung des individuell Erreichbaren. Muße ist somit nicht Faulsein gleichzusetzen; kreative Pausen sind indirekt auch Arbeit – ohne sie kein ausreichendes Fortschreiten!

Freizeitstreß führt zum Gegenteil. Es gibt tatsächlich viele Menschen, die das Alleinsein als beengend und trostlos empfinden. Sie verschleißen sich dann unentwegt in der gesellschaftlichen Aktivität, verplanen sozusagen jeden Moment ihrer Muße, dynamisieren sie zur **hektischen Selbstüberforderung**. Keine Zeit für sich selbst zu haben, führt dazu, **daß man vom Leben gelebt wird, statt dieses nach eigenem Gutdünken mit wichtigen Werten anzureichern und seinen Sinn zu erfüllen**. Bildung ist nicht nur als Lern- und Erziehungsphase des Lebens zu verstehen, sondern eben als **geistige Daseinsform**. So bilden sich viel mehr kreative Ansätze, um mit den Problemstellungen des Lebens – beruflich wie privat – erfolgreicher umzugehen.

Es gibt noch den Gegensatz zum Freizeitstreß: die **Geistesfaulheit**. Sie vermag Leute aller Altersstufen anzufallen. Sie birgt zwei große Gefahren: sie **behindert das Vorwärtskommen** und **bremst den gesellschaftlichen Umgang** mit wertvollen Menschen, weil geistige Passivität diese abstößt.

Kreativität ist bei solchen Individuen gar nicht denkbar. Sie wirken als jung schon ausgelaugt, und im Alter degenerieren sie zum reinen Schaukelstuhlakrobaten.

Lebensphilosophie prägt Lebensziel –
Lebensziel prägt Lebensstil –
Lebensstil prägt Lebenserfolg!

Eine **gute Bildung** macht diese Prämissen erst möglich, denn sie beeinflußt laufend und auf ganz positive Weise unsere Lebensphilosophie, unsere Lebensziele, unseren Lebensstil und auch unseren Daseins- oder Lebenserfolg.

Was an der Bildung die kreative Leistung im einzelnen spezifisch befruchtet, das erläutern wir noch gründlicher im übernächsten Kapitel „Abhängigkeit der schöpferischen Potenz von besonderen geistig-seelischen Eigenschaften".

Vergessen wir zum Schluß nicht herauszustellen, daß eine breitgefächerte und auch in etwelche Tiefe reichende Bildung uns ein **Arsenal von Anregungen, Einsichten, unbewußten Anstößen und Vergleichsmöglichkeiten** schenkt, deren kreative Nutzung uns einem Ungebildeten gegenüber eine **gewaltige Überlegenheit** verschafft, ganz speziell auf dem Gebiet der operationalen Kreativität, sicher aber auch in künstlerischen Gestaltungsbereichen.

10. Neue Lerntechniken – vermögen sie die Kreativleistung zu fördern?

„Lernen ohne zu denken, ist eitel-denken ohne zu lernen, ist gefährlich".

Konfuzius, chines. Philosoph
vor ca. 2500 Jahren

Lernen deckt verschiedene Zwecke ein: Wir lernen, um ein bestimmtes angestrebtes Fach- und Allgemeinwissen zu erwerben und zu vertiefen – wir lernen, um richtige Verhaltensweisen anwenden zu können (Kommunikation mit anderen und sich selbst) – wir lernen aus unserer Erfahrung (Optimierungsprozeß durch Herausfinden von Verbesserungschancen), und wir lernen im aktiven Lebensprozeß, in dem unsere Persönlichkeit an Aufgaben und Schwierigkeiten zu wachsen hat.

Vor 30 bis 40 Jahren war Lernen noch weitgehend identisch mit Einpauken von Wissen. Die Psychologie und speziell ein neuerer Zweig von ihr, die **Lernpsychologie,** haben den Lernprozeß und – damit verbunden – auch die Lehrtätigkeit zu einem umfangreichen neuen Wissensgebiet ausgestaltet. Die gewonnene Erkenntnis verhilft der **Lehrtätigkeit**, Wissen und Können anschaulicher, rationeller und besser abgestimmt auf die betreffende Zielgruppe zu vermitteln. „Rationeller" bedeutet in diesem Zusammenhang zeitsparend und verbunden mit wirksamerer Verankerung des Gelernten. Was die **Psychologie richtigen Lernens** anbelangt, so profitiert sie von stark einbeziehenden Lehrmethoden, dynamisierten Übungen von Verhaltensweisen sowie Techniken wirksamer Wissensverankerung. Auch die **Lernmotivation** spielt dabei eine wichtige Rolle.

Wo früher Wandtafel, Zeigestock und Lehrbuch sozusagen die einzigen Lehrhilfen waren, winkt heute ein **Sammelsurium von technischen Hilfen** wie Tonbildschau, Video, Film, Multivision, computergesteuerte Lehrgeräte, Simulatoren, Hellraumprojektor, Tonkassetten, Pinwand, Flip-Flap-Tafel, Großbildschirm, View Master für dreidimensionale Bildbetrachtung, Sprachlabors, Suggestopädielehrgeräte bis zur noch umstrittenen Mind Machine.

Modernes Lehren hat zum Hauptzweck, das Lernen attraktiv zu machen. Die Zeit rein intellektueller Begriffsturnerei und Wortbüffelei ist vorbei. Faszination und damit erlebnisorientiertes Lernen ist heute Trumpf. Denn wir lernen ja nicht bloß, um irgendwelche Geisteskonserven ins Gedächtnis einzulagern, sondern auch um einen **fruchtbaren kreativen Hintergrund für eine erfolgreichere**

Problembewältigung und für eine bessere Lebensqualität insgesamt zu schaffen. Sinnvolles Lernen ist immer auch geistiges und seelisches Wachstum. Je größer der **Fundus an Wissen** und je stattlicher die **erworbene Reife** als Ausdruck geglückten Lernens im seelischen Werdeprozeß, desto reichhaltiger sind unsere „Schubladen" mit konstruktiv nutzbaren Bausteinen angefüllt. Ohne solche ist Kreativität nicht denkbar. Im übrigen ist die Lernbefähigung viel weniger eine Frage des Alters als der geistigen Haltung.

Kreativität muß aber auch gelernt haben, mit der „Manipuliermasse" angepaßt schöpferisch umzugehen. Viele verfügen zwar über ein größeres Wissen, beachtliche Erfahrung und einen nüchternen Verstand – aber sie vermögen keine auffallenden Kreativleistungen zu erbringen. Die **Methodik bewußter Kreativarbeit und das Einbinden unbewußter Gestaltungsprozesse in schöpferische Arbeit** sind ihnen ungeläufig. Gründliche Information dazu enthalten unsere Kapitel „12. Ansatzmechanismen für kreatives Denken", „13. Gestaltungsphasen eines komplexen Kreativprozesses", „14. Techniken der Kreativarbeit" und „16. Kreativarbeit im gruppendynamischen Zusammenwirken".

Wir haben schon darauf hingewiesen, daß Lernen für den Kreativen eine basale „Manipuliermasse" von Fakten, Erfahrungen und Fähigkeiten erbringt sowie daß schöpferische Leistung in der Durchführung – ich denke vor allem an operationale Kreativität – auf Vorgehenstechniken angewiesen sind, die man näher kennen sprich l e r n e n muß.

10.1 Mentaltraining

Der kreative Mensch ist das Ergebnis seiner geistigen und seelischen Potentiale. Solche heranzubilden und weiterzuentwickeln, ist eine Lebensaufgabe und damit ein kontinuierlicher Prozeß. Je weiter wir in unserem Buch voranschreiten, desto deutlicher wird dieser Entwicklungsvorgang herauszuarbeiten sein. Kreativität wollen wir ja nicht als zufällig mal passierenden Musenkuß verstehen, sondern als eine Geisteshaltung und Befähigung, alles, was sich individuell gestalten läßt, auch wirklich betont kreativ anzugehen.

Wir haben gerade das Wort Geisteshaltung angesprochen, das auch mit dem Begriff Mentalität identifiziert wird. Im 6bändigen Duden-Wörterbuch wird „Mentalität" definiert als **„Geistes- und Gemütsart; besondere Art des Denkens und Fühlens"**. Unter dem Eigenschaftswort „mental" dagegen ist die Rede von „geistig, den Bereich des Verstandes betreffend, zum Denken gehörend". „Geistigkeit" wird somit beim Adjektiv viel enger gefaßt – von Gefühl und Gemüt wird hier nicht gesprochen. Einer der typischen Widersprüche in Lexiken und Wörterbüchern! Wir dürfen uns hier ruhig an die umfassendere Interpretation halten. „Mentaltraining" ist ein Begriff, den es noch nicht so lange gibt, aber

Mentaltraining definieren wir als die Heranbildung seelischer und geistiger Potentiale, mit welchen das Leben positiv gestaltet und der Forderung nach optimaler Lebensqualität entsprochen werden kann.

Dabei ist völlig klar, daß auch seelische bzw. ethische Werte angesprochen sind. **Unser Denken** wird maßgeblich von zwei Seiten her bestimmt: durch unsere **seelisch-ethische Grundhaltung** und durch unseren **Verstand, auch den Sach- und Fachverstand**. **Somit partizipieren also auch unser Gefühlsleben und die Gemütskräfte an unseren Denkprozessen.** Bestimmend ist dabei noch, daß unsere Lebensprozesse – wie es uns die Psychologen immer wieder einhämmern – stärker von der Gefühls- und Triebseite her gesteuert werden als von der Seite des Intellektes.

Mentales Training dient der Persönlichkeitsentfaltung so sehr wie der Entwicklung kreativer Fähigkeiten, da beides wechselseitig aufeinander angewiesen ist, soll als Ziel Lebensoptimierung verfolgt werden.

Mentaltraining hat somit zum Zweck, eine Reihe menschlicher Seiten ganz spezifisch zu entwickeln und zu vervollkommnen. Die folgenden Seiten enthalten einen **Überblick über mentale Entwicklungsaufgaben**, wobei der Leser immer selbst entscheiden muß, wo er schon Positives geschafft und wo er noch weiter an sich arbeiten sollte:

Aufgaben mentalen Trainings, die für jeden Optimierung seiner Lebensprozesse darstellen

	(Bitte prüfen Sie, wo Sie noch Nachholbedarf an Mentaltraining haben)
Weltbildbestimmung	Wie stelle ich mich zur Umwelt und zur Zukunft ein? Wie koordiniere ich meine Lebensphilosophie mit meinem Weltbild? Was kann mir helfen, mein Weltbild in meinem Dasein umzusetzen?
Herbeiführung eines schöpferischen Bewußtseins	Wie überzeuge ich mich davon, daß mein Lebensprozeß ein schöpferischer sein kann und muß? Wie mache ich mir meine kreativen Fähigkeiten bewußt? Welche Kreativitäts--techniken können mir helfen, meine schöpferischen Aufgaben erfolgreich zu bewältigen?
Konzeption geistiger Wunschbilder in allen wichtigen Lebensphasen	Worin liegt die Kraft von starken Wunschbildern? Wie fixiert man diese wirkungsvoll im Bewußtsein und im Unterbewußtsein? Wie visualisiert man sie vor dem geistigen Auge? Warum gilt es, sie ständig aufs Neue vor sich hinzuzaubern?
Bewußte Lebensgestaltung	Warum ist es wichtig, sein Leben aktiv zu gestalten, statt sich passiv „leben zu lassen“? Was für Anforderungen stellt bewußte Lebensgestaltung hinsichtlich Zielsetzungen, Selbstorganisation und Eigenprogrammierung? Wie betreiben wir ganzheitliche Persönlichkeitsentfaltung? Welche ehernen Lebensgesetze gilt es zu berücksichtigen? Wie betreibe ich ein wirksames Selbstmanagement?
Positives Denken als Geisteshaltung	Wie blockiere ich bei mir negatives Denken systematisch, mit welchen Methoden? Mit welchen Einstellungen bahne ich ein grundsätzlich positives Denken an? Wie erhalte ich es aufrecht, um daraus eine Geisteshaltung zu machen?
Bewußte andauernde Selbstoptimierung	Wie setze ich selbstkritisch immer wieder den Hebel an, ohne in Minderwertigkeitskomplexe zu verfallen? Wie verbinde ich wirksam Selbstbefehlstechnik mit Selbstkontrolle? Wie betreibe ich motivierende Selbstoptimierung?

Fortsetzung Aufgaben mentalen Trainings	
Konstruktive Standortbestimmungen	Warum sind solche nötig? In welchen Abständen? Mit welcher Systematik? Wie sind sie quantitativ und qualitativ zu orientieren? Wie ist bei der nächsten Standortbestimmung auf frühere zurückzugreifen? Wie ist eigene Leistungsmessung damit zu verbinden? Wovon hängt möglichst objektive Selbstbeurteilung ab?
Stärkung der Konzentrationsfähigkeit	Was erbringt gutes Konzentrationsvermögen in der Berufsarbeit? Wie schafft man taugliche Bedingungen für konzentriertes Arbeiten? Wie übt man seine Konzentrationsfähigkeit? Wie schützt man sich vor negativer Ablenkung?
Selbstprogrammierung und Umprogrammierung	Mit welchen mentalen Hilfen vermag man sich wirksam auf wichtige Fähigkeiten/Haltungen/Aufgaben zu programmieren? Wie gewinnt man Selbsterkenntnis, um falsche eigene Verhalten überhaupt zu erfassen? Wie wird man falsche Verhaltensprogramme los? Wie programmiert man sich effizient um?
Entwicklung größerer Phantasie/Vorstellungskraft	Ist man sich über die Macht der Vorstellungskraft im klaren? Warum vermag sie sogar den Willen zu übertreffen? Wie weckt man eigene Phantasiekraft? In welchem Umfeld kann freies Assoziieren am besten vor sich gehen? Wie vermögen sich Phantasie und Visualisierung gegenseitig zu befruchten? Welche Tätigkeiten regen unsere Vorstellungskraft an?
Verstärkung der eigenen Kommunikationsfähigkeit	Wie gewinnt man Kontaktfähigkeit? Wie strebt man einen positiven Umgang mit anderen an? Wie verstärkt man sein sprachliches Ausdrucksvermögen? Wie schafft man sich Freunde? Wie wird man zum fähigen Ideenverkäufer? Welche Überzeugungsstrategien muß man sich erarbeiten?
Umwandlung von Spannungen, Krisen und Konflikten in fruchtbare Prozesse	Wie geht man grundsätzlich mit Ärger um? Mit welchen Umsetzungsstrategien verarbeitet man eigene Niederlagen? Wie gut handhabt man Konfliktstrategien? Wie lassen sich Spannungen und Krisen in positive Gestaltungsprozesse umwandeln? Wie gewinnt man als „Konfliktmanager“ Einfluß auf Partner oder Gegner?

Fortsetzung Aufgaben mentalen Trainings

Beachtung der Gesundheitsprämissen des Lebens	Wo verstößt man gegen die Gesetze des Gesundbleibens, körperlich und seelisch? Wie kann man den Ausgleich schaffen? Wie vermeidet man Überforderung? Wie entspannt man sich oft genug und wirksam? Wie unterscheidet man zwischen positivem und schädlichem Streß? Wie stimuliert man sich selbst am besten? Wie geht man mit Ängsten um? Wie vermeidet man unbewußte, nachteilige Verdrängung, Projektion und Kompensation?
Gewinnung des Unterbewußtseins zum Freund	Warum unterschätzt der Mensch die starke Einwirkung seines Unterbewußtseins auf seine Lebensführung? Wie lernt er die unbewußten Kräfte einschätzen? Wie beeinflußt er sein Unterbewußtes? Wie gewinnt er seine aktive Mitarbeit in allen wichtigen Lebensprozessen und auch für das schöpferische Anpacken seiner Aufgaben? Wie vermeidet er Gewissenskonflikte, die in seinem Unterbewußtsein Blockaden auslösen und ihm die Lebensprozesse erschweren?
Richtiger Umgang mit dem eigenen Erfolg	Wie steht es mit der Erkenntnis des Doppelgesichts bedeutender Erfolge? Verkraftet man sie positiv als Selbstbestätigung und Motivation zu weiterer gesunder Leistung? Wie vermeidet man, daß aus Erfolgsbewußtsein Überheblichkeit und Selbstüberschätzung wird? Wie geht man mit Neidern um? Wie schöpft man Erfolge trotz Bescheidenheit voll aus?
Selbstbelohnung als Akt verdienter Selbststimulierung	Warum soll man nach errungenen Erfolgen auch sich selbst gegenüber großzügig sein? Warum stimmt das?: wer sich nicht selbst achtet, achtet auch andere zu wenig. Warum schadet hektische Erfolgsgier der Karriere und mindert die weitere Erfolgstüchtigkeit? Und warum erzielt Selbstbelohnung eine innere Erfolgsverstärkung?

Mit bloßem Unterstreichen einzelner wichtiger Aufgaben in unserer Aufstellung ist der Nachholbedarf an mentaler Bereicherung für Sie noch nicht geschafft. Was dagegen echten Gewinn erbringt, sind Maßnahmenpläne konkreter Art, die bei konsequenter Verfolgung den erwünschten Fortschritt tatsächlich erbringen.

10.2 Suggestologie als Förderungsmittel der Kreativität

Nun gibt es aber noch spezielle Hilfen für optimales Lernen, die immer größere Verbreitung erfahren. Die **Suggestologie** befaßt sich als Wissenschaft mit der Anwendung von Autosuggestion und Fremdsuggestion in Prozessen der Beeinflussung, der Heilung wie auch der Selbstentfaltung. Unter **Suggestopädie** versteht man die moderne Lernpsychologie, die im sogenannten **Super Learning** positive Suggestionen mitbenützt, z. B. den Herztaktrhythmus barocker Musik, sphärische Klänge mit ähnlicher beruhigender Wirkung, Atemtechnik, Autogenes Training, stimulierende Farben im Raum, Beteiligung vieler Sinne im Lernprozeß, Tiefenentspannung, formelhafte Affirmationen in Form suggestiver „Vorgaben", Yogaelemente und erlebnisorientierte Vermittlung von Wissen und Können. Die **Stimulierung zu kreativer Befähigung** ist auch ein wichtiges Anwendungsgebiet der Suggestopädie, das Lernen von Fremdsprachen ebenfalls.

Was uns hier besonders interessiert, ist die erwähnte **Verstärkung kreativer Disposition** im Menschen; bestimmte Seiten in uns sind z. T. ungenügend entwickelt, wie wir selbst gelegentlich bedauernd feststellen. Ob es nun mangelhafte Konzentration, zu geringes Selbstvertrauen, störende Nervosität, Hemmungen aller Art, fehlende Begeisterungsfähigkeit, unzureichendes Entscheidungsvermögen, ungenügende Überzeugungskraft, negative Denkgewohnheit oder mangelhaft entwickeltes Kontaktvermögen sind, die allesamt die kreative Leistungsfähigkeit bremsen: Gute Lehrgänge auf Tonkassetten oder Videokassetten, Tonbildschauen und Filmen können wertvolle **Hilfe zur Selbsthilfe** bieten. Das Stichwort „Selbsthilfe" ist hier mit voller Absicht eingefügt, da es unumstritten ist, daß jegliche Selbstverbesserung stets einen **entschlossenen Willensakt** voraussetzt, soll Hilfe durch andere oder auf dem Weg über Instruktion und Schulung wirksam werden. Das Motto lautet somit: **Hören wir auf, dem Glück nachzulaufen – beginnen wir, es selbst aktiv zu gestalten, unter Nutzung der heute gegebenen wertvollen Hilfen.**

Eine wirksame **Selbstbeeinflussung** war eigentlich schon immer Ausgangspunkt jeglicher **Selbstverbesserungsprozesse**. Trotzdem kämpfen viele mit inneren Widerständen, wenn es um die systematische Anwendung nach absolut beweisbaren psychologischen Funktionsmechanismen geht. „Man" hat verbreitet etwas gegen Suggestionstechnik, erstens weil man sie in schlechter Form oft bei unterentwickelten Verkäufern erlebt, zweitens, weil niemand gerne „hilfsbedürftig" erscheinen will, drittens, weil Suggestion, auch Autosuggestion, bei vielen „Hypnose im Zustand des Sich-nicht-wehren-Könnens" assoziiert, und viertens, weil man es einfach als unwürdig empfindet, sich „manipulieren" zu lassen. Der

„manipulierte Mensch", bzw. die Vorstellung davon, wirkt in jedem als **Abwehrdispositiv**, weil z.B. schlechte Werbung uns ununterbrochen in plumper Weise zu manipulieren versucht. Auch die **Genetik** ist z.B. in Gefahr, von vielen ausschließlich negativ interpretiert zu werden, obwohl diese Wissenschaft schon recht lange funktioniert und viele für die Menschheit höchst bedeutungsvolle Fortschritte ergeben hat. Manche Krankheiten wurden jedenfalls erst heilbar nach durchgeführten genetischen Forschungsarbeiten.

Daß eine Manipulation der menschlichen Natur auch große Gefahren in sich schließt, ist klar und muß bei weiteren genetischen Eingriffen strikt beachtet werden. Genetik grundsätzlich zu verurteilen ist naiv. Alles Positive kann ins Negative verkehrt werden, wenn man will. Das fängt schon beim Menschen an: Sparsamkeit kann zu Geiz werden, Großzügigkeit zu Verschwendungssucht, Genauigkeit zu Pedanterie, Diskretion zu Geheimnistuerei, Ordnungsliebe zu Ordnungsfanatismus, Vorsicht zu Mißtrauen etc.

Zurück zur Suggestion: sie bedeutet **Beeinflussung der Denk-, Willens- und Gefühlsabläufe** eines Menschen, ausgeübt entweder in der Form der **Fremdsuggestion** oder der **Autosuggestion**. Beides kommt in Lern- und Erziehungsprozessen vor, ist in passender Form wünschbar und stellt für die ganzheitliche Entwicklung des Menschen sogar eine Notwendigkeit dar. Auf Kreativität kann man nicht einfach warten, sonst geschieht sie zu selten oder überhaupt nicht, oder sie vollzieht sich nur in harmlosester Form, wo sonst ein echter größerer Kreativfortschritt vorstellbar wäre. Der schöpferische Geist will daher dauernd suggestiv angeregt werden, sonst schläft er ein wie viele andere menschliche Fähigkeiten, die man zu wenig nützt.

> Die Gedanken und Gefühle des Menschen sind sein größtes Energiepotential, denn sie lösen seine Handlungen aus und bestimmen damit den Gang seines Lebens oder m.a.W. sein Schicksal.

Einzig Reflexhandlungen vollziehen wir ohne Nachdenken als Impulshandlung, und zwar aufgrund unseres Instinktes, der genetisch programmiert wurde in den Jahrmillionen der menschlichen Evolution. **Ob unsere Vorstellungen die Gedanken auslösen oder bereits Gedanken sind, war schon immer eine Streitfrage**. Oft suggerieren wir uns auch, daß unsere Vorstellungen ausschließlich das Produkt bewußter Geistestätigkeit seien. Sie können aber genau so gut vom Gefühl bzw. von der Triebseite her ausgelöst werden. **Entscheidend jedenfalls ist die Stärke einer Vorstellung, die bei genügender Intensität Willenshandlungen in Gang setzen kann, besonders wenn die veranlassende Vorstellung viele Wiederho-**

lungen erfährt. Damit sind wir beim **Autogenen Training*** angelangt, das ja in der ersten Phase eine körperlich-geistig-seelische Entspannung anstrebt und hernach durch formelhafte einprägsame Vorsätze eine **Programmierung von Wunschverhalten** bewirkt. Ein Verstärkungseffekt läßt sich noch mit sogenannten **Subliminals** (engl.: unterschwellig empfangene Informationen) erreichen. Konkret geht es um positive Zielformulierungen, **Suggestionen, die in einer für das menschliche Ohr nicht bewußt wahrnehmbaren Form mit entspannender Musik oder Naturgeräuschen kombiniert werden**. Über diesen „Klangteppich" fließen die Subliminals direkt ins Unterbewußtsein und beeinflussen dieses dank zahlreicher Wiederholungen.

Wohl jeder, der dieses Phänomen erstmals studiert, wird vom Zweifel angefallen werden, ob denn ohne bewußte Wahrnehmung die praktisch unhörbar verwobenen Programmierformeln vom Unterbewußtsein auch tatsächlich registriert werden können. Viele wissenschaftliche Untersuchungen – ich habe manche davon gründlich studiert – belegen jedoch einwandfrei, daß dies faktisch stimmt. Die Werbung hat diese „Manipulation" des Unterbewußtseins ja seinerzeit sehr rasch benützt, **um Kunden Verkaufsvorschläge zu suggerieren**, die sie gar nicht eigentlich wahrnehmen. Es geschah dies mit blitzschnellem, fast nicht wahrnehmbaren Einblenden von Werbestichworten oder Bildern in Filmen, um z.B. in der Pause den Verkauf von Snacks, Eis und Schokolade anzukurbeln. Natürlich hat sich diese Beeinflussungstechnik unbeliebt gemacht, und heute ist nicht mehr viel davon zu hören. Ein anderer Anwendungsfall: In Läden hat man in der Background-Musik Beeinflussungsformeln gegen den Ladendiebstahl verwoben. Entsprechende Untersuchungen haben ergeben, daß sich damit die Ladendiebstahlsquote senken ließ. Das sind Beweise für das Funktionieren von Subliminals, die man übrigens auch in der Therapie, z.B. beim Abgewöhnen von Suchtanfälligkeiten (Rauchen, Alkoholismus, Eßsucht), nützt.

Das Verweben von Subliminals mit Musik ist allerdings auf absolute **Professionalität der Tonträgerhersteller** angewiesen. Pfuscher sind leider auch in diesem Bereich am Werk, und daher begegnet man gelegentlich Tonkassetten, in denen die Subliminals gegenüber der Sprache oder Musik einen störenden Charakter aufweisen, weil sie zu laut aufgenommen sind. Das Zuhören wird einem so verleidet und der Zweck ist verpaßt. Nach Möglichkeit sollte man daher entweder solche Lehrgänge bzw. Suggestionskassetten vor dem Kauf prüfen oder bei erst späterer Feststellung des Mangels diesen sofort beanstanden.

*autòs = selbst, genos = erzeugt

Wenn jemand sich mittels solcher Autogen-Kassetten auf Kreativität konditioniert, so können die darin verwobenen Suggestionen bzw. Affirmationen beispielsweise lauten: Ich bin gelöst und entspannt – neue schöpferische Ideen fließen mir zu – ich bin offen für interessante Zusammenhänge – ich bin innerlich aufnahmebereit, auch für scheinbar Nebensächliches – ich achte auf meine Eingebung – mein Unterbewußtes arbeitet mit – alles ist verbesserungsfähig – kreative Arbeit bereitet Freude, bildet den Geist – ich bringe meine schöpferischen Fähigkeiten zur Geltung und wachse über mich hinaus.

Liest man solche Sätze lediglich, so klingen sie vielleicht etwas naiv. Ist man aber durch Musik und Entspannung positiv beeinflußt und verstehen es die Sprecher und Sprecherinnen auch, suggestive Sprechweise mit angenehmer Stimme zu verbinden, so kann sich eine sehr starke Wirkung ergeben. Im sprachlichen Umgang mit anderen ist es ja auch nicht anders: Was einer sagt, hört sich langweilig und einschläfernd an, wenn sprachliche Ausdruckskunst fehlt. Wo sich aber Überzeugungskraft, Begeisterungsfähigkeit, Originalität des Geistes, Bildsprache und anderes miteinander verbinden, da vermag die rhetorische Gabe des Redners die Zuhörer in eigentliche geistige Höhen hinaufzukatapultieren oder gar in andere Welten zu versetzen. **Sicher ist jedem zu empfehlen, einmal selbst den Reiz solcher Motivationskassetten auszuprobieren**. Um damit Erfolg zu haben, muß man sich allerdings noch merken: **Wiederholung ist die Mutter der Weisheit!** Wir wiesen schon darauf hin, daß Suggestionen sehr auf vielfältige Einprägung angewiesen sind. Das trifft auf die negative Programmierung so gut zu wie auf die positive. Schlechte „Erzieher" predigen ihren Kindern z.B. ständig: „Das schaffst du nie", „Der Fehler ist typisch für dich!", „Mathematik liegt dir nicht", „Du hast kein Talent für Sprachen", „Du bist faul und bequem"; „Aus dir wird nie etwas Rechtes" – bis das Opfer es selbst felsenfest glaubt! Das Gegenteil ergibt sich, wenn „motivierend begleitet" wird durch positive Strokes wie die Amerikaner sagen, also durch Lob und Anerkennung.

> **Eigentlich stecken in jedem Menschen gewisse negative Programmierungen, diese durch positive Suggestionen auszulöschen bzw. zu ersetzen, ist eine Aufgabe bewußter Selbstentwicklung, so wichtig wie das Lernen von vollständig Neuem, dem wir uns ja auch nicht entziehen können, solange wir im Leben vorwärtskommen wollen.**

Zwei letzte Hinweise für eine erfolgreiche autosuggestive Selbstprogrammierung: Wenn es um die **Heranbildung neuer nötiger Verhaltensweisen** – die einem bisher fehlten – geht, so müssen die Programmier-Vorsätze immer in der

Form von **Affirmationen** gewählt werden: „Ich bleibe in allen Lebenslagen ruhig und gelassen" – „Ich bin erfüllt von Lebensmut und Lebensfreude" – „Ich denke positiv" – „Ich spüre die innere Harmonie" etc. **Man geht also davon aus, daß sich die Wandlung schon vollzogen hat**. Natürlich schafft keiner diese sofort und ohne gelegentlichen Rückfall, **aber in der Selbstbeeinflussung muß man davon ausgehen, den Schritt nach vorn schon geschafft zu haben**. Das Unterbewußtsein wird so langsam aber sicher programmiert, das Versprechen zu erfüllen. Es ist ja ein altbekanntes Lebensgesetz, daß einer in der Regel erreicht, was er ständig anstrebt und erhofft.

Und wo es um eine **Umprogrammerierung bzw. Löschung von Fehlverhalten oder Fehleinstellungen** geht, da darf auch niemals negativ formuliert werden. Es wäre also falsch, zu programmieren: „Ich darf nicht mehr…", „Ich verzichte in Zukunft, den Fehler zu begehen...", „Ich merze meinen Fehler …aus", „Ich gewöhne mir ab…". Sprechen wir also nicht von Fehlern oder Schwächen, sondern vom **Idealverhalten, wie wenn dieses schon eingetreten wäre**. Das widerstrebt zwar dem Normalmenschen, weil ihm ja immer bedeutet wurde, er „dürfe sich nichts vormachen", aber die Psychologie sieht das klar anders, und zwar so, wie es eben menschgerecht ist bzw. so, wie es in unserer Psyche eben nun mal abläuft. **Ein Vorsatz in Form einer Affirmation ist ja nichts Ehrenrühriges. Man darf es nur nicht an die große Glocke hängen und dann augenfällig für alle scheitern.** Millionen haben auf autogene autosuggestive Weise Fortschritte erzielt, ja sich sogar geradezu verwandelt. Warum sollten nicht auch wir unsere Chance immer wieder nützen? Das Wissen um psycho-technisch erfolgreiche Methoden der Selbstverwirklichung ist dann eine unschätzbare große Hilfe, wenn es einmal ins volle Bewußtsein gelangt ist. Dabei ist auch hier Probieren besser als Studieren!

10.3 Computerunterstützter interaktiver Unterricht

Der **Computer**, welcher immer stärker in alle Alltagsbeschäftigungen eindringt, hat im Zusammenhang mit modernster Lerntechnik **neue Anwendungsformen des Unterrichtens** geschaffen, die wir in unserem Kapitel 10 „Lerntechniken und Kreativität" noch kurz zur Sprache bringen wollen. Zwar sind mir im Moment noch keine Lernprogramme bekannt, die ganz gezielt die Förderung der Kreativität zum Thema haben. Doch sind die Anwendungsbereiche des interaktiven computerunterstützten Lernens fast unbegrenzt, weshalb früher oder später solche Programme wohl auch verfügbar sein werden. Anderseits verlangt das Lernprogramm so kreative Gestaltung in bezug auf die zu applizierende Didaktik, daß eine kurze Beschreibung sich in unserem Handbuch rechtfertigt. Zudem ist auch die dialogische Auseinandersetzung des Schülers mit dem Lehrstoff kreativ gestaltet, weil interaktives Training die Präsenz des Lernenden voll beansprucht.

Ein paar Klarstellungen noch für den Nichtspezialisten in diesem neuen Lehr- und Lernfach: zwei geläufige Abkürzungen heißen **CBT (Computer Based Training)** und **IES (Interaktive elektronische Systeme, bzw. Lernsysteme)**. „Interaktiv" kommt von „Interaktion" = Wechselbeziehung; somit geht es bei interaktiven Lernsystemen um Unterrichtssysteme, wo der Lernende einen Dialog mit dem System führt. Es werden ihm Fragen gestellt, auf die er zu antworten hat, und es erfolgen Korrekturen oder Hinweise auf frühere Instruktionen, die nochmals durchzuarbeiten sind, damit der Lernende sich selbst korrigieren kann. Grundsätzlich ist der Unterricht möglich in Form des Einzelunterrichts oder, in Verbindung von Projektionsmitteln, auch als Gruppenunterricht. Vorteil des Einzelunterrichts: Der Lernende kann sein Lerntempo selbst bestimmen, und bei Neueintritt einzelner Personen in eine Organisation oder Firma muß nicht zugewartet werden, bis der oder die Betreffenden gruppenweise geschult werden können. Einzelunterricht erfordert so keine Lehrpersonen.

Ein paar wichtige Voraussetzungen, die es zu berücksichtigen gilt: Dieses Lehrsystem eignet sich nur für Fälle, wo eine **Vielzahl von Personen oder Personengruppen** zu instruieren sind, da es sonst zu teuer ist. Es müssen ja exakte Lernziele festgelegt und auch die Adressantengruppe muß genau festgelegt werden. Die aufwendige didaktische Strukturierung des Programms muß mit Benützerfreundlichkeit und Funktionssicherheit harmonieren. Präsentationsart und grafische Realisierung haben zu faszinieren, sollen das Lernen also zum Erlebnis gestalten. Auch die sprachliche Formulierung der Texte und Schriften haben höheren Anforderungen zu entsprechen (Verständlichkeit, guter Stil, Klarheit, Knappheit, Praxisnähe, angepaßte Didaktik, Freundlichkeit der Formulierungen, speziell auch bei Korrekturen). Unempfindlichkeit bei Fehlmanipulationen, ausreichendes Feedback, rasche Orientierung für den Lernenden, wo er steht und was er zu tun hat, attraktive visuelle Gestaltung und sonstige Programmqualität müssen schlechte Lernleistung ausschließen. Natürlich sind solche Lernprogramme auch mit Testpersonen der Zielgruppe didaktisch zu erproben und eventuell zu verbessern, bevor sie offiziell eingesetzt werden. Schließlich ist das schriftliche Begleitmaterial genau auf die Lernanforderungen abzustimmen. Die Berücksichtigung aller Erfolgsfaktoren erfordert somit ausgeklügelte Maßarbeit.

Sicher ruft ein neu auszuarbeitendes Lernsystem einer **größeren Investition** – es darf aber auch nicht übersehen werden, daß bei Vorhandensein vieler Zweigbetriebe und Filialen anderseits das **Kopieren von Programmen sehr kostengün-**

stig ist. Und der Unterricht mit eigenen Referenten kommt im Normalfall ja auch nicht billig zu stehen, angesichts der Honoraransätze bewährter Fachreferenten.

Hinsichtlich Hardware wird sich noch zeigen, welche Systeme und Produkte sich im Markt durchsetzen. Hier die Adresse einer spezialisierten Firma in der Schweiz, die eine ganze Reihe erfolgreicher Projekte für namhafte Unternehmen realisiert hat und Interessenten mit ihrem Know-how zur Verfügung steht: Furrer + Partner AG, Kommunikation und Informatik, Hardturmstr. 161, CH-8005 Zürich. Sie hat eigene Didaktik- und Informatik-Spezialisten. Neuerdings gibt es in der Schweiz die **Zeitschrift „CBT-Forum"**, die sich spezifisch dem computerunterstützten Unterricht widmet. Redaktionsadresse: „CBT Forum", Erlachstr. 91, CH-3000 Bern 9. Sie bringt Fachgespräche über aktuelle Themen im Bereich CBT-Einsatz in der Ausbildung, vermittelt Information über Technologie und neue Produkte. Der **CBT-Verein** (gleiche Adresse wie eben angeführt) faßt Anwender, Entwickler, Medienfachleute und Produzenten zusammen und setzt sich für das Lernen mit Computern in Wirtschaft und Verwaltung ein. CBT-Schweiz bietet folgende Dienstleistungen an: Datenbank-Service, Redaktion CBT-Forum, Informationsdienst, Software-Programm-Testung, Forschung/Entwicklung im Multimediasektor, sodann Seminare/Veranstaltungen/Tagungen.

11. Abhängigkeit der schöpferischen Leistung von besonderen geistig-seelischen Potentialen

Persönlichkeitsentfaltung ist höchste Verwirklichung angeborener Eigenarten und Fähigkeiten – Kreativprozeß par excellence gegenüber sich selbst.

Artisten zeigen uns mit ihrem stupenden Akrobatiknummern immer wieder, was aus Körper und Muskeln herauszuholen ist, wenn beides geduldig und in vernünftiger fortwährender Steigerung trainiert wird. Im geistig-seelischen Bereich sind ebenso verblüffende Steigerungsmöglichkeiten erreichbar. Von den in diesem Kapitel abgewandelten individuellen Fähigkeiten sind sicher in jedem Menschen gute Anlagen vorhanden. Es kommt nur darauf an, daß man sie wahrnimmt und bewußt fördert. Ein Beispiel aus meinem Erleben: Ich prüfte eine Videokassette (sie hat die Beobachtung und Deutung der Körpersprache im Umgang mit anderen zum Thema), um sie dann in mein Sortiment von Medien aufzunehmen. Nach zweimaligem Durcharbeiten des stündigen Lehrgangs stellte ich fest, daß ich in jedem Gespräch die Körpersprache der Partner viel aufmerksamer verfolgte, ja sogar meine eigene Körpersprache mehr unter Kontrolle hatte. Durch die positive Auseinandersetzung mit dem Lehrstoff ergab sich also eine auffallende Fokussierung meiner Aufmerksamkeit auf alle körpersprachlichen Signale und ihre Ausdeutung. **Es ist ein Grundphänomen beim Menschen, daß er durch bewußte intensive Beschäftigung mit einem Thema, Gegenstand oder auch Partner seine Wahrnehmungsfähigkeit für alles damit Zusammenhängende schlagartig wesentlich steigert**. So realisiert z. B. eine schwangere Frau Baby-Artikel oder Zeitungsberichte über Schwangerschaftsbesonderheiten, Mehrfachgeburten, gesundheitliche Empfehlungen für werdende Mütter viel aufmerksamer als im Normalzustand.

Wir wollen nun im Folgenden eine größere Zahl von geistig-seelischen Fähigkeiten, die die Kreativitätsdisposition von uns positiv beeinflussen, untersuchen und uns überlegen, wie man sie zur Stärke ausbauen kann. **Diese Eigenschaften oder Fähigkeiten sind wohl jedem einigermaßen geläufig, aber nicht selten werden sie so vernachlässigt, daß sie weder als Lebenshilfen noch als kreativitätsfördernde Antriebe Nutzen bringen können**. Unsere Liste umfaßt folgende Eigenschaften und Fähigkeiten (an einigen Stellen sind ähnliche Befähigungen mitaufgeführt):

Kreativitätsfördernde Eigenschaften/Fähigkeiten

1. Dynamik/Initiative/Macherlaune
2. Vorstellungsvermögen/Visionäre Kraft/Intuition
3. Bildungsreichtum/vielseitige Interessen
4. Zielbewußtsein/Zieltreue
5. Selbstvertrauen
6. Freude an anspruchsvoller Denkarbeit
7. Wahrnehmungs- und Beobachtungsvermögen
8. Perfektionismus
9. Durchsetzungsvermögen
10. Selbstprogrammierfähigkeit
11. Arbeitssystematik/Planungsvermögen
12. Entscheidungsvermögen/Mut
13. Sensibilität
14. Erfolgsgläubigkeit/Optimismus, positive Lebenseinstellung
15. Vorurteilslosigkeit
16. Originalität
17. Lernbereitschaft/Flexibilität
18. Befähigung zur Erfahrungsnutzung
19. Ordnungsbewußtsein
20. Konzentrationsvermögen
21. Gedächtnisstärke
22. Begeisterungsfähigkeit/Lebensfreude
23. Kommunikations- und Motivationsfähigkeit
24. Kritisch wertendes Denken
25. Geduld/Gelassenheit bei auftauchenden Schwierigkeiten
26. Toleranz/Akzeptanz von Gegensätzlichkeit/Widersprüchlichkeit
27. Humor und Witz

Unsere Behauptung: **All diese Fähigkeiten oder Eigenschaften lassen sich intensivieren und begünstigen dann auch unsere kreative Leistung im Leben.**

11.1 Dynamik/Initiative/Macherlaune

Bis zu einem gewissen Grade ist diese Seite bei einem Menschen natürlich veranlagungsbedingt. Aber auch ein nicht ausgesprochen dynamischer Mensch kann mit einigem Willen diese Disposition verstärken. Sich mal hinsetzen und folgende Fragestellungen durchdenken, wäre ein erster Anfang: Wie kann ich initiativ vorgehen? Welcher Plan könnte mir helfen? Wo lassen sich Stärken von mir nutzen? Wer ließe sich als nützlicher Helfer einspannen? Was fördert meine Macherlaune? Wo immer Projekte einen großen Einsatz verlangen, da helfen Initiative und Dynamik, Anfangsschwierigkeiten, unerwartet auftauchende Hindernisse und menschlichen Widerstand schwungvoll zu überwinden. Die Fähigkeit, sich für dynamische Leistungsbereitschaft selbst zu motivieren, muß jeder erarbeiten, wenn er Erfolg haben will.

11.2 Vorstellungsvermögen/Visionäre Kraft/Intuition

Vielleicht könnte man mit dem einen Wort Phantasie die ganze Titelzeile zum Ausdruck bringen. Theodor Heuss sagte einmal: „Eines Tages werden Maschinen nicht nur rechnen, sondern auch denken. Mit Sicherheit aber werden sie niemals Phantasie haben."

> Phantasie ist eines der größten Rätsel überhaupt. Wir werden nie genug Phantasie haben, um uns konkret vorzustellen, wie solche zustande kommt. Eines aber ist klar: jeder Mensch hat Phantasie, darum kann er ja auch schöpferisch sein.

„Phantasielosigkeit" bei Menschen ist eine Fiktion – aber natürlich können wir mehr oder weniger phantasiebegabt sein! Bei den einen ist sie von Kind auf eine große Erbveranlagung, andere müssen ihre Phantasieseite zur Hauptsache erst so richtig heranbilden. Durch Nachdenken in Momenten der Muße, durch Bildungsanstrengungen, durch Lösen der eigenen Berufs- und Lebensaufgaben, durch Kontakte mit phantasievollen Partnern. Es hilft auch, sich über alles Wichtige Gedanken zu machen, Kausalitäten nachzugehen, etwas perfektionistisch zu sein, sich immer konstruktiv an Neues heranzutasten, die Zukunft geistig zu „befingern". Die Befähigung zum Tagträumer gehört auch hinzu, die Neigung also, sich hin und wieder etwas Zeit zu stehlen, um ganz einfach irgendwelchen Gedanken nachzuhängen, locker zu phantasieren und zu „spintisieren".

> **Manchmal holt der Tagträumer mehr heraus als ein verbissen Arbeitender. Geistiges Los-lassen-können ist auch eine Fähigkeit – Kreative wissen das besonders gut.**

„Phantasten sind Leute, die tun, was sie nicht lassen können – Realisten sind Leute, die lassen, was sie nicht tun können", so sieht es Axel von Ambesser, und Anita Daniel meinte einmal: „Phantasten sind Menschen, deren Uhr vorgeht."

Unsere Vorstellungskraft beschränkt sich übrigens nicht nur auf ein simples Denken in Bildern, sie fragt auch nach ursächlichen Zusammenhängen, versucht Unklares zu interpretieren, malt sich Wünschbares und Notwendiges aus, nimmt oft auch die Zukunft vorweg, besonders wenn sie sich mit der Intuition verschwistert, die raschahnend Zusammenhänge erfaßt. **Intuitive Erkenntnisprozesse entstammen der Tätigkeit der rechten Gehirnhälfte und vermögen vielfach verläßlichere Resultate zu ergeben, als wenn der Mensch seinen Denkapparat mit Logik und anderen Verstandesfunktionen während einer bedeutend län-**

geren Zeitspanne strapaziert. Menschenkenntnis ist z. B. so ein Fach, in dem mit der Intuition in manchen Fällen präzisere Einschätzung möglich ist, als wenn man z. B. die bekannten Typologien zu Hilfe nimmt, die ja alle gewaltsame Vereinfachungen der menschlichen Natur darstellen. Das Problem an der Intuition ist, daß auch sie sich täuschen kann, und da sie zuerst noch über keine Beweismittel verfügt, kann in der Regel erst später entschieden werden, ob Erahnung und Gefühl zugetroffen haben. Frauen, die im Durchschnitt gefühlsorientierter als Männer sind, verfügen oft über einen ausgeprägteren Spürsinn für Unberechenbares. Dennoch: auch sie sind in der Einschätzung von solchem nicht unfehlbar, sonst hätten bisher nicht ganze Heerscharen von Heiratsbetrügern ihr sicheres Geschäft mit ihnen tätigen können. **Wie überall in der Kunst der Beurteilung von Situationen und Menschen ergibt sich in der Regel dann die größte Treffsicherheit, wenn auf verschiedenen Ebenen die Prognosen ähnlich oder gar gleich ausfallen.** Der britische Physiker Ernest Rutherford bestätigt uns mit seinem Ausspruch: „Systematisches Denken ist Voraussetzung. Analyse, Synthese, Kombinatorik gepaart mit intuitivem Denken führen am ehesten zum Neuen, selbst im Bereich der Wissenschaft“, und als eine Art Großvater des Atomzeitalters antwortete er auf die Frage von Kollegen, woher er denn schon in den dreißiger Jahren seine Behauptung genommen habe, der Atomkern stelle vermutlich eine potentielle Energiequelle mit phantastischen Möglichkeiten dar, er hätte das im Urin gespürt!

Die Intuition verarbeitet im Hintergrund wohl unbewußt oft auch die herangereifte Erfahrung und viele Fakten und Erkenntnisse, die im Gedächtnis (auch unbewußt) gespeichert sind. Das macht vielleicht eher verständlich, warum intuitiv Erfaßtes zwar immer verblüffende Wirkung entfaltet, aber doch in vielen Fällen „nur“ **Resultat einer abgekarteten Kombinationsarbeit unseres Unterbewußtseins** ist. Es braucht dazu natürlich die Meisterleistung des Gehirns, das magistral alle tauglichen Einflußgrößen und inneren Ideenanstöße miteinander verknüpft, so daß daraus intuitive Bausteine werden.

Generell besteht heute in der Wirtschaft wie in den Wissenschaften der Eindruck, **der Mensch werde immer noch zu sehr intellektuell und verstandesmäßig für seine Berufsaufgabe geschult, und Intuition und Inspiration würden unverantwortlich vernachlässigt.** Das paßt ausgezeichnet zur Manie vieler, Gefühlsorientierung als Emotionalität zu verlästern und umgekehrt das rationale Denken zu vergöttern. Der Mensch tut gut daran, seine Gefühlsfunktionen in allen begründeten Fällen mit einzusetzen und so auch fortgesetzt zu üben. **Sensibilität ist unbestritten übungsfähig.** Wie sehr hat sich unter dem Einfluß moderner Aus- und Weiterbildung doch z. B. im Führungs- wie auch im Verkaufsbereich menschbezogene Kommunikation als überlegen bewährt, gegenüber früherem autokratischem Führungsstil und druckvollem Verkaufen.

11.3 Bildungsreichtum/vielfältige Interessen

Im Kapitel 9 haben wir darüber schon einiges ausgesagt. Von Herbert Spencer gibt es den Satz: „ Das große Ziel der Bildung ist nicht Wissen, sondern Handeln" – eine etwas mißverständliche Weisheit, denn Handeln ohne Wissen wäre gefährlich. Wir sind aber sicher insofern mit ihm einverstanden, als Wissen ohne handelnde Nutzung, sprich praktische Verwertung, bloß angenehmer intellektueller Ballast wäre. Der Wissensdrang ist dem Menschen eingegeben, darum fragt und fragt das Kind und überfordert dabei die Erwachsenen nicht selten. Bertolt Brechts Motto: „Das einzige Ziel der Wissenschaft besteht darin, die Mühseligkeiten der menschlichen Existenz zu erleichtern" klingt sehr pragmatisch. Heute würde man statt „Mühseligkeiten erleichtern" formulieren: die Lebensqualität zu verbessern.

Im Zusammenhang mit unserem Thema Kreativität sei nochmals betont, daß **eine breitgefächerte Bildung ein denkbar bester Nährboden für die schöpferische Betätigung abgibt, weil er uns die geistige Manipuliermasse verschafft, um aus den einzelnen Bildungsbausteinen Kunstwerke oder Modelle und Systeme zu gestalten**. Bildung erhöht den Menschen, besonders wenn sie auch Herzensbildung ist. Sie macht aus dem bloß physischen Dasein geistig-seelisches Leben und erlaubt dem Menschen, im besten Fall über sich selbst hinaus zu wachsen. **Das Interesse ist der Antrieb der Bildung, aber Bildung fördert umgekehrt auch das Interesse.** Diese wechselseitige Bedingtheit und Animation vermehrt aber auch den seelischen Reichtum, im Sinne der zitierten Herzensbildung.

Wenn der Lehrer ein Fach interessant zu machen versteht, weckt er beim Schüler den Bildungsdrang automatisch, da die Aufnahme interessanten Wissens zu einer Art geistigem Abenteuer wird. Die Lernleistung wird dadurch angespornt und die Note steigt an. **Wir erinnern uns in der Regel an unsere guten Fächer, weil uns dort ein Lehrer nicht trockenes Wissen, sondern eigentlich Bildung vermittelt und damit auch reges Interesse für den Stoff weckte.** Gute und gründliche Schulbildung geben später dem Erwachsenen weiteren Lernantrieb und den Ehrgeiz, dabei auch die Persönlichkeit zu entfalten. Die Lehrerpersönlichkeit kann so für einen Menschen zum ungeheuren Glücksfall werden. Didaktik genügt dabei allerdings nicht; Herzensbildung muß auch bei ihm spürbar sein, um im Schüler ganzheitliches Interesse und echte Leistungsbereitschaft wachzurufen.

Vielleicht realisiert man zuwenig, daß das Leben auch nichts anderes als eine „Schule“ ist. Vielen genügt dort ihr Pflichtpensum; sie versimpeln im Privatleben möglicherweise noch in einem ganz einseitig betriebenen Hobby, und mehr als simpel ist vielleicht auch ihr gesellschaftlicher Umgang. Sie gehen dabei am Leben vorüber, ohne sich bewußt zu werden, wie viel sie verpaßt haben. **Anlagen nicht zu nützen, heißt auch, am Sinn des Lebens vorbeidriften, sich mit Bedeutungslosigkeit zufrieden zu geben, das Wachstumsversprechen des Lebens nicht zu beachten.**

Interessant ist noch, daß die Psychologie herausgefunden hat: **der vielseitig interessierte Mensch ist stabiler gegen Neurosen und Psychosen**. Dazu gewinnt er größere Lebensbefriedigung. Er wird durch seine gelebten Interessen attraktiver für andere Menschen, vereinsamt weniger und ist suizidresistenter verglichen mit „einseitig Vegetierenden“. Das ist alles eigentlich mehr als einleuchtend.

11.4 Zielbewußtsein/Zieltreue

Auch berufene Dichter und Philosophen konnten am Phänomen menschlichen Zielbewußtseins nicht vorbeigehen. Treffender als sie vermag wohl niemand das Wesentliche auf kürzesten Nenner zu bringen:

> „Ziel ohne Wille – Papier!
> Wille ohne Ziel – Kraftvergeudung!“ *(Chinesische Weisheit)*
> „Der ist nicht frei, der da will tun können, was er will – sondern der ist frei, der da wollen kann, was er tun soll“. *(Matthias Claudius)*
> „Formel meines Glücks: ein Ja, ein Nein, eine gerade Linie, ein Ziel“. *(Friederich Nietzsche)*
> „Willst du, o Herz! ein heit’res Ziel erreichen,
> Mußt du in eig’ner Angel schwebend ruh’n;
> Ein Tor versucht zu geh’n in fremden Schuh’n,
> Nur mit sich selbst kann sich der Mensch
> vergleichen.“ *(Gottfried Keller)*

Ist in der Kreativarbeit Ganzes zu leisten, so gehört sich ein **klar gefaßtes Ziel, möglichst in schriftlicher Form, denn schriftlich denken, heißt gründlich denken**. Und zudem verpflichtet das schriftliche Fixieren stärker auf Zielerfüllung, als wenn man ein Ziel nur vage im Kopf konzipiert.

Die nützlichste Freiheit des Kreativen besteht darin, sich vernünftige, vorwärtsbringende Ziele zu setzen und sie – sich selbst getreu zu realisieren. **Nur gesteuertes Leben ist überlegene Lebenskunst.** Ohne schöpferische Zielsetzung bleibt man Spielball der Umstände und Zufälle, die viele dann „Schicksal" nennen. Ziele setzen ist schon ein Teil der Kreativität, weil sie visionäre Kraft voraussetzt. Natürlich gibt es Ziele und Ziele. Mit einfacher Berechnung kann jeder deduktiv Ziele ableiten, die dann auch mit wenig Anstrengung realisierbar sind. **Wir meinen in unserem Zusammenhang jedoch Ziele, die den Mut fordern, über sich hinauszuwachsen, Ziele, die mindestens z.T. Außerordentliches anstreben lassen.**

Ziele kann man fahrlässig festlegen – oder man kann sie verantwortlich und realistisch bemessen. „Realistisch" meint dabei: bis an seine Grenze gehen. Wenn im Kreativprozeß diese sogar noch übermarcht werden, desto besser. Wir haben uns alle schon hundertmal selbst übertroffen, sind also über unsere vorherigen Vorstellungen hinaus erfolgreich gewesen. Daß man auch einmal an einem Ziel scheitern kann, ist menschlich. Genau dann aber sollte man sich des griechischen Sprichworts erinnern: „Eine Niederlage ist manchmal der erste Schritt zum Sieg."

Die Menschen unterteilen sich eigentlich in drei Gruppen, was Zielbezogenheit anbelangt: Die „triebhaft Unbekümmerten", die vom Leben gelebt werden und nur fast zufällig mal ein Ziel anvisieren. Dann solche, die immer wieder ein Ziel ins Auge fassen, weil sie sich eine gewisse Systematik zu eigen gemacht haben. Und schließlich gibt es jene, für die das Denken in Zielsetzungen zur Geisteshaltung wird. Sie vor allem bestätigen ein ehernes Gesetz, zugleich uralte Erfahrung der Menschheit:

> **Langfristige durchschlagende Erfolge sind immer auf Beständigkeit im Zielbewußtsein zurückzuführen!**

Warum diese Einsicht Gesetzescharakter hat, wird jedem schnell klar, wenn er sich die **Vorteile eines wachen Zielbewußtseins als Geisteshaltung** überlegt:

„Wer kein Ziel hat, dem ist jeder Weg zu weit" *(B.Hornung)*.
- Ziele sind geplante Fortschritte für die Zukunft
- Ziele bestätigen die Urteilskraft des Menschen und erfüllen ihn – sobald das Ziel geschafft ist – mit Genugtuung
- Zielerfüllung ist niemals Abschluß, sondern Motivation zu weiteren Zielabenteuern und zu weiterem Wachsen an den Aufgaben des Lebens
- Zielbewußtsein stärkt jede Organisation und festigt ihr Image, aber auch das Selbstvertrauen und das Image des Zielerfüllenden

- Klares Zielbewußtsein fördert den Teamgeist in der Gruppe und damit auch die Gemeinschaftsleistung

Allerdings dürfen sinnvolle Ziele nicht nur konzipiert sein: die Ziele wollen nach Möglichkeit auch **quantifiziert, koordiniert, mit Maßnahmenplänen kombiniert und terminiert** sein.

Hat man Mitarbeiter oder sogar x Gruppen zu führen, so will das **Zielbewußtsein** dieser Partner auch **herausgefordert** sein, durch geschickte Fragen, durch Zielvereinbarungsgespräche und durch ein taugliches Vorschlagswesen, alles Aspekte kreativer Führungsarbeit, auf die wir später noch näher einzutreten haben werden.

11.5 Selbstvertrauen

Das **Selbstvertrauen** ist eine **kreative Kraft**, die sehr hoch einzuschätzen ist. Bei gewissen Menschen ist es oft zu ausgeprägt vorhanden, und man spricht dann von Selbstüberschätzung und Überheblichkeit. **Bei den Tüchtigen ist es paradoxerweise vielfach in zu geringem Ausmaß vorhanden.** Wenn ich an Personalleiterseminaren jeweils die Frage stellte, ob die Kursteilnehmer (als versierte Menschenkenner von Berufs wegen) dem Mitarbeiter generell zuwenig oder zuviel Selbstvertrauen attestieren, so fiel die Antwort immer verblüffend einheitlich aus: es gäbe zwar vereinzelt Leute mit unberechtigt hohem Selbstvertrauen, Einbildung genannt, aber der durchschnittliche Mitarbeiter hätte zuwenig Selbstvertrauen. Das sähe man am besten, wenn man Mitarbeitern neue Aufgaben überbinden müßte. Trotz ehrenvollem Auftrag würden sich die meisten am Anfang dagegen versperren, mit Sätzen wie „Ich weiß nicht, ob ich dafür geeignet bin", „Ich zweifle, ob ich das kann", „Solche Verantwortungen habe ich noch nie erfüllen müssen", usw. Ich machte seinerzeit in meiner 5jährigen eigenen Personalcheftätigkeit dieselbe Erfahrung und merkte bald, daß **Delegieren neuer Aufgaben stets mit Motivieren gekoppelt sein will**, es sei denn, daß einer betont ehrgeizig ist und eine höher geartete Aufgabe trotz erweiterter Verantwortung gleich willig akzeptiert.

Das Ausmaß gegebenen Selbstvertrauens ist im allgemeinen abhängig von der gemachten Erfahrung, dem Grad eigener Selbstachtung, der Einschätzung eigener Improvisationsfähigkeit und Wendigkeit, aber auch von der positiven Lebenseinstellung, über die jemand verfügen mag, und dem Wissen und Können, welches jemand einsetzen kann.

Von Maria von Ebner-Eschenbach, einer sehr weisen Frau, stammt der Satz: „Wenn es einen Glauben gibt, der Berge versetzen kann, so ist es der Glaube an die eigene Kraft.“ Gutes zu erwerben bedarf des Selbstvertrauens; Erworbenes zu bewahren, bedarf der Klugheit. Beides ist offensichtlich wichtig, aber das Selbstvertrauen trägt die Zukunft zu uns herein, ist daher basisbildend.

Kreative Leistung ist praktisch undenkbar ohne genügendes Selbstvertrauen. Auch in einer Projektgruppe, die schöpferische Arbeit zu vollziehen hat, muß für alle spürbar sein, daß schon der Gruppenleiter mit Selbstvertrauen an die Arbeit geht, aber auch Vertrauen in die Leistung der Gruppe hat. Dann springen die Funken über, von jedem zu jedem, und die gegenseitige Anregung kann große Wirkung hervorrufen.

Gibt es Möglichkeiten zur Heranbildung eines produktiven Selbstvertrauens? Sicher, durch Leistungsstreben, Bewußtmachung erzielter Erfolge, Freundschaften (Freunde erfassen nicht nur unsere Leistungen, sondern vermögen sie auch mit Anerkennung auszuzeichnen), Umgang mit anderen Leistungsfähigen, Selbsttreue und generell positive Geisteshaltung.

11.6 Freude an anspruchsvoller Denkarbeit

„Kenntnisse kann jedermann haben, aber die Kunst zu d e n k e n, ist das seltenste Geschenk der Natur“, so Friedrich der Große. Warum sagte er „das seltenste“ und nicht „das größte Geschenk der Natur“? Offenbar, weil er an qualifiziertes Denken dachte und dieses beim Durchschnittsmenschen für untervertreten hielt. Das hat seine gewisse Berechtigung, denn **gedacht wird von vielen erst hinterher, wenn vorschnelles Handeln Schwierigkeiten bereitet.**

Unter Denken wird die gesamte Verstandestätigkeit begriffen; unterschieden wird dabei nichtgegenständliches-verallgemeinerndes Denken (auch abstraktes Denken genannt), anschauliches-plastisches, zergliederndes (analytisches), zusammenfügendes (synthetisches), begriffliches (terminologisches/diskursives), produktives, reproduktives, vergleichendes (komparatives), deduktives (ableitendes), induktives (hinführendes), kombinatorisches, logisches und intuitives (erahnendes-gefühlsorientiertes) Denken.

Einige wenige müssen oft für viele denken, weil sie auf ein großes Instrumentarium variablen Denkens greifen können, das wir gerade aufgezeigt haben. Im Zusammenhang mit kreativem Denken werden wir im Kapitel 12 noch etwas näher auf diese Denkarten eintreten.

Daß die Denktätigkeit z.T. auch noch **von Gefühlen und Emotionen beeinflußt** sein kann, ist klar: Berechnendes Denken kann dem Egoismus verpflichtet sein, spekulierendes Denken ist oft identisch mit Wunschdenken, phantastisches Denken verrät Irrrealismus, Haßdenken resultiert aus Feindseligkeit usw.

Das kreative Denken kann einzelnen Denkarten verbunden sein, aber auch durch Kombination verschiedener Denkwege zustande kommen. In der operationalen Kreativität mischen sich die Denkstile vielleicht am auffälligsten. Darum sind die Kreativtechniken auch so vielseitig. In Kapitel 14 behandeln wir die Techniken der Kreativarbeit noch ausführlich.

Jeder müßte sich eigentlich darüber klarzuwerden versuchen, **welche Arten des Denkens er vorzugsweise einsetzt und welche bei ihm noch stärker zu entwickeln wären**. Einseitiges Denken beengt uns im Leben und schränkt unsere Entwicklungsmöglichkeiten ein. Wer dagegen ein reicheres Denkinstrumentarium zu nützen versteht, der gelangt zu größerer Übersicht, besserer Urteilsfähigkeit und reiferem Handeln – auch zu höherer Bildung. Und: „Für die Gebildeten ist ihre Bildung eine zweite Sonne" (Heraklit).

Es gibt für jeden einfache Mittel, sich im anspruchsvollen Denken zu üben: Den **Kontakt mit interessanten Menschen** suchen, **Schachspielen** (eine unerhörte Konditionierung der Denkfunktionen), **Kreuzworträtsel** und andere **Denkprobleme** lösen, **Kreativkurse** besuchen, in allen Situationen **erst überlegen und dann handeln**, die großen **Denker studieren** (stimuliert den Gebrauch der eigenen Denkkraft).

11.7 Wahrnehmungs- und Beobachtungsvermögen

„Auch eine schwere Sache wird leicht, wenn einer sie gern tut; doch eine leichte Sache wird schwer, tut einer sie ungern".

Klaus Bartels

Der Mensch ist unterschiedlich wahrnehmungsfähig, wohl weil das Wahrnehmungsvermögen von manch anderem abhängig ist und man sich im allgemeinen dieser Zusammenhänge zuwenig bewußt wird. **Was fördert eigentlich ein gutes**

Wahrnehmungsvermögen? Sicher das gegebene Interesse, die Konzentration auf einen Vorgang, eine Sache oder einen Menschen, oft auch das begleitende Denken, welches das Verständnis für Wahrgenommenes herbeizuführen vermag. Generell ist natürlich auch die „Wachheit" des Geistes und schnelles Begreifen von Vorteil für den Prozeß des Wahrnehmens.

Kreativität ist sehr angewiesen auf gutes Wahrnehmungs- und Beobachtungsvermögen, denn deren Resultate sind ja die Basis für eine Ideenbildung im Kreativprozeß. Eric Neumann bestätigt mich mit seiner Erkenntnis: „Augen zu haben und nicht zu sehen, Ohren haben und nicht zu hören, sind die typischen Symptome des Verschlossenseins gegenüber dem Anruf des schöpferischen Lebens."

Eigenartig ist, daß **das Tier über ein viel besseres Beobachtungsvermögen verfügt als der Mensch**, einerseits wohl, weil Instinkt und Selbsterhaltungstrieb im Tierleben laufend Gefahren abzuwenden haben, anderseits weil sein Jagdinstinkt ebenfalls scharfes Beobachten potentieller Beute voraussetzt. Der Mensch dagegen wird durch seine Denkesgaben immer sehr rasch von Wahrnehmungen abgelenkt. Sofort beginnt er mit der Interpretation von Wahrgenommenem, rasch vergleicht er Beobachtetes mit anderem, und schnell zieht er Rückschlüsse aus einer Wahrnehmung, um sich gleich ein Urteil – wenn nicht gar ein Vorurteil – darüber zu bilden. Schließlich trainiert er ja laufend seinen gedanklichen Reflex in allen Lebenssituationen, und da ist es auch kein Wunder, daß er nicht selten seine Wahrnehmungsvorgänge verkürzt oder sie nicht genügend bewußt abwickelt. Und da beim Menschen viele geistige Prozesse auf verschiedenen Ebenen oft gleichzeitig ablaufen, so fällt es ihm vielfach schwer, sich auf gewisse Wahrnehmungen zu konzentrieren, besonders wenn deren Bedeutung noch unzureichend erkannt wird.

Was hilft uns, unsere Wahrnehmungsfunktion besser auszubilden, als es normalerweise geschieht? Wohl nichts anderes als eine spezielle Programmierung unseres Unterbewußtseins auf konzentrierte Wahrnehmung. Geistige Fokussierung sensibilisiert natürlich unsere Aufmerksamkeit bzw. unser Wahrnehmungsvermögen in besonderem Maße. Wer nächstens einen neuen Anzug braucht, dem fallen garantiert ab sofort alle Schaufenster auf, in den Anzüge ausgestellt sind. Ein anderes Beispiel: Wenn Sie oder ich während längerer Zeit ein anspruchsvolles Thema zu bearbeiten haben, so fallen uns beim Lesen von Zeitungen von selbst einschlägige Artikel auf, so sehr ist man auf das Thema fixiert. Wenn wir es fertigbringen, uns bewußt so zu konditionieren, daß wir automatisch auf Aufnahme schalten, wo Wichtiges wahrgenommen oder beobachtet sein will, **dann nützt unsere Präsenz uns wie anderen**. Es gibt auch sonst nützliche Übungsmöglichkeiten: Darstellungen, an denen irgendwelche Einzelheiten unnatürlich/unlogisch/undenkbar sind, lassen sich prüfend analysieren; in Gesprächen kann man dem Partner Bestätigungsstichworte zuspielen, um anzuzeigen, wie man aktiv mitdenkt und sich mit ihm identifiziert; dazu Bruno Neckermann: „Wer gut zuhört, gewinnt: Wer hört, der empfängt und lernt. Gut zuhören ist auch Schmeicheln ohne Worte". Anhand von Kriminalfilmen und Schauspielen läßt sich die Aufmerksamkeit durch genaues Beobachten von Details, die verborgenes Wichtiges charakterisieren, trainieren; Ausbildung im Interpretieren der Körpersprache des Menschen hilft, uns auf erfaßbare Signale im Verhalten unserer Partner zu sensibilisieren; man kann auch einen Landschaftsausschnitt betrachten, um dann zu prüfen, ob man ihn hernach auswendig in einer zeichnerischen Skizze wiedergeben kann.

11.8 Perfektionismus

Über den Nutzen von Perfektionismus läßt sich streiten. Die einen verlästern ihn, weil er zuviel Zeit koste und vom Wichtigen abhalte, die anderen haben es mit Philip Rosenthal, der einmal sagte: „Wer aufhört, besser zu werden, hat aufgehört, gut zu sein!".

> **Übertriebener Perfektionismus ist sicher negativ zu bewerten. Gesunder Perfektionismus als kreative Unzufriedenheit ist für jeden unentbehrlich, wenn er Besonderes schaffen will.**

Das Gefährliche ist beim Nicht-Perfektionisten, daß er sich leicht an seinen Standard gewöhnt. Da sich aber alles um uns herum bewegt und nach Optimierung drängt, kann man sich Stehenbleiben nicht leisten, denn wer stillsteht, fällt zurück. Somit betreibt der gesunde Perfektionist auch Umweltanpassung, und da er an jeder selbst kleinen Verbesserung ein bißchen wächst, wächst gesamthaft auch seine Persönlichkeit. Kreativität ist zu großen Teil ein Optimierungsprozeß – somit gehört ein gewisser Perfektionismus unabdingbar zum schöpferischen Individuum.

Die Grenzen des Perfektionismus muß jeder in Maßabstimmung auf den kreativen Akt selbst ziehen. Verhältnismäßigkeit, Zeitmanagement, Dringlichkeit und Priorität sind die Hilfsmaßstäbe, mit denen man den Perfektionismus aufgegebene Anforderungen abstimmen muß.

Perfektion muß mehr **als Ziel** verstanden werden, **nicht als absoluter Anspruch**. Zwei Zitate als Schlußstrich unter dieses Kapitel: „Um den Daumen zu schonen, lohnt es sich, den Nagel auf den Kopf zu treffen“ (Hornung). „Viele haben einen ganz einfachen Geschmack: Sie sind immer nur mit dem Besten zufrieden“ (Oscar Wilde) – und diese sind erfahrungsgemäß nicht die Schlechtesten…

11.9 Durchsetzungsvermögen

„Es liebt die Welt, das Strahlende zu schwärzen und das Erhabene in den Staub zu ziehen.“
Schiller

Neues findet immer Zweifler oder gar Feinde. Für den Innovator oder Erfinder fällt das Problem an, daß er zwar von seiner Idee meist überzeugt, wenn nicht gar in sie vernarrt ist. Er hat einen Informationsvorsprung, weil er alle kreativen Vorstadien schon durchgemacht hat, während **für die anderen die Idee noch neu, vielleicht unbequem oder nachteilig erscheint**. Aber es gibt ja noch die andere Seite, die dem Innovator erhebliche Schwierigkeiten bereiten kann: **gelegentlich ist der Weg viel länger und dorniger**, bis sich endlich die ersten Chancen deutlich abzeichnen. Und solche unerwartete Mühen setzen einem bekanntlich immer mehr zu als erwartete Schwierigkeiten, auf die man sich vorher schon einstellen und vorbereiten kann.

Es gibt viele berühmte Beispiele auf der Welt, wo Zögern oder zu frühes Aufgeben zum Scheitern von Plänen und Innovationen führten. Ein alter Weisheitsspruch aus China lautet: „Besäße der Mensch die Beharrlichkeit, so wäre ihm fast nichts unmöglich.“ Der Satz stimmt noch heute. Jeder Fehlschlag wirft einen zurück – jeder Fortschritt aber motiviert zusätzlich.

Ausdauer, Beharrlichkeit, Durchsetzungsvermögen, Beständigkeit, Unermüdlichkeit, Zähigkeit, Willensbeständigkeit sind alles Begriffe von ähnlichem Gehalt. **Lassen sich diese Eigenschaften verstärken?** Ich denke wohl: Es wird leichter durchzuhalten, wenn der Plan gut überlegt, der Weg bestens eingeteilt wird, wenn man oft genug zurücksieht, um das bisher Erreichte zu erfassen und sich von ihm weiter anspornen zu lassen. Vielleicht ist es aber auch sinnvoll, eine Erholungspause einzulegen. Unter dem Stichwort „Inkubation“ werden wir uns noch näher mit der schöpferischen Pause auseinandersetzen. Was tut ein Bergsteiger, wenn er zu ermatten droht? Er ruht auch aus, nimmt nachher kleinere Schritte, stärkt sich zwischendurch, mäßigt das Tempo, übernachtet bei großen Touren und regeneriert damit in einer Zwischenphase seine Kräfte.

Da der Kreativprozeß ein besonders anspruchsvoller und auch oft besonders langwieriger Schaffensprozeß darstellt, ist Beharrlichkeit ein unerläßlicher Bestandteil von Kreativität, mit anderen Worten eine Erfolgsvoraussetzung!

Und vergessen wir nicht: „Die größte Stärke eines Menschen entwickelt sich dort, wo er seine größte Schwäche überwindet." Schöpferische Potenz gepaart mit Durchsetzungsvermögen ist eine der stärksten Kombinationen, die man sich vorstellen kann. Welch ein Gegensatz zu den vielen, die leider schwach anfangen, dann aber stark nachlassen...

11.10 Selbstprogrammierfähigkeit

In den Kapiteln 8.4 und 10 habe ich darüber schon Näheres erläutert. Die Selbstprogrammierfähigkeit ist ein Teil des Mental-Trainings. Mental bedeutet geistig/gedanklich. Unter Mental-Training hat man eigentlich die **umfassende Entwicklung der geistigen Persönlichkeit** zu verstehen.

11.11 Arbeitssystematik/Planungsvermögen

Kreative Arbeit braucht Zeit, raschen Zugriff auf alle erdenklichen Hilfen und eine disziplinierte Technik der geistigen Arbeit. Systematik und Planung ist selbst schon eine kreative Aufgabe, da beides auf das betreffende vorliegende Projekt **maßgeschneidert** sein will. Lassen Sie uns dafür ein Beispiel geben: Heute schreiben immer mehr Leute Bücher – die Statistik sagt ca. 90000 pro Jahr allein im deutschen Sprachbereich! Interessant ist es, von den Verlagen immer wieder zu vernehmen, daß mancher Autor sein Buchversprechen gar nicht erfüllt, weil er nämlich **die Arbeit unterschätzt** und sein Projekt dann plötzlich an den Nagel hängt. Von den anderen, die sich durchbeißen, bis ihr Buch fertig vorliegt, halten wiederum viele die **Ablieferungsfrist** nicht ein, weil sie, auch wegen Unterschätzung der Arbeit, zeitlich ins Schleudern kommen. So ist es ebenfalls mit Zeitungsartikeln, versprochenen Vorworten oder sonstigen etwas aufwendigen Konzeptionen, wie sie in Unternehmen anfallen: Die Einreichung passiert in der Mehrzahl der Fälle mit Verzögerungen. Wenn man seine Manuskripte und Drehbücher fristgerecht einreichen will, dann muß man Systematik entwickeln und die Arbeiten mit einem genauen Zeitplan angehen. Dabei ist immer auch eine **Reserve einzuplanen**, die z.B. bei unerwartet eingetretener Krankheit einen **Manövrierspielraum** garantiert. Es können aber auch unerwartet spezielle **Ge-**

staltungsschwierigkeiten auftauchen, und dann ist eine kleine Zeitreserve Helfer in der Not.

Einer Anregung folgend, füge ich hier eine Checkliste an, die einem Buchautor mit geringer oder keiner Erfahrung helfen wird, **sein Buchprojekt geordnet über die Bühne zu bringen.** Ich gehe dabei von einem Fachbuch aus. Für Lyrik, Kriminalromane, Kinderbücher, Kunstbücher usw. gelten sicher wieder andere mir zuwenig bekannte Voraussetzungen.

11.11.1 Checkliste Nr. 4: Wie plant und schreibt man ein Fachbuch? (30 Anregungen)

	Frist..	O.K.
1. Prüfung der Frage: „Hat das Buch eine echte Chance im Markt?“ (Aktualität? Eignung der Substanz? Echte Neuheit? Besser als schon vorhandene einschlägige Literatur?)	....	....
2. Überprüfung vorhandener ähnlicher Buchwerke in großer Buchhandlung, in deren Titelverzeichnissen; eventuell Besuch in Bibliotheken zwecks Abklärung der Berechtigung eines neuen Buches	....	....
3. Inhaltsverzeichnisse und eventuell Inhalt gewisser Konkurrenzwerke genauer prüfen	....	....
4. Vertrauenswürdige Referenten im Fachgebiet des geplanten neuen Buches fragen: Wie schätzen Sie die Chance für ein neues Buch gemäß Grobvorstellung des Autors ein? Welche Literatur im gleichen Fachgebiet schätzen Sie als besonders gut ein?	....	....
5. Überblick über vorhandene eigene Unterlagen, Artikel, Vorträge und eventuell schon gesammelte andere Niederschläge dazu	....	....
6. Erarbeitung eines ersten groben Inhaltsverzeichnisses	....	....
7. Überlegung, ob man noch Mitautoren für gewisse Buchteile und für welche anfragen will	....	....
8. Kontaktnahme mit möglichen Mitautoren und Autor des Vorwortsgroborientierung und Abklärung ihrer Bereitschaft zum Mitmachen – Wenn nötig Anfrage weiterer möglicher Mitarbeiter	....	....
9. Gründliche Überarbeitung des Inhaltsverzeichnisses in starker Strukturierung	....	....
10. Schriftliches Festhalten hinsichtlich Gestaltungsabsichten: Textliche Strukturierung – Buchgröße – Einbindungsart – Deckelgestaltung – Hervorhebungen im Text – Dezimalklassifikation von Titeln/Untertiteln – Schrifttypus – Schriftgröße – Randgröße – Grafiken/Fotos – Vorwort – Beiwort – Verlegerwort – Literaturanhang – Autorenvorstellung – Stichwortverzeichnis als Nachschlageregister – Beifügung von Checklisten, Aufgabenstellungen, Tabellen usw.	....	....
11. Ansprechen eines für die Zielgruppe geeigneten Verlages, unter vertraulicher Vorlegung des Inhaltsverzeichnisses	....	....
12. Bei Nichteinigung Ansprechen anderer Verlage	....	....
13. Nach grundsätzlichem O.K. des Verlags Besprechung der Buchgestaltung aufgrund beiderseitiger Vorstellung – Besprechung des Herausgabetermins – des approximativen		

	Frist..	O.K.
Preises – der Mitautoren – des Umfangs des grafischen Beiwerks – des Autorenhonorars und sonstiger Vertragsbedingungen – eines möglichen Auslandvertriebs – eventueller Übersetzungen – Entschädigung möglicher Mitautoren sowie Manuskriptgestaltung	....	....
14. Bei Einigung Vertragsausfertigung und Unterzeichnung/ Aufstellung eines Zeitplanes	....	....
15. Erneute Überarbeitung des Inhaltsverzeichnisses aus einer gewissen zeitlichen Distanz		
16. Beginn der Schreibarbeit und Absprache mit den Mitautoren über Einreichung eines Grobkonzepts an den Autor und Abgabetermin für dieses wie für die Endabnahme	....	....
17. Vorlage eines ersten Teil des Manuskripts an den Verlag, damit dieser O.K. geben oder besondere Wünsche geltend machen kann	....	....
18. Manuskript im Doppel führen, separat aufzubewahren aus Sicherheitsgründen	....	....
19. Manuskript weiterführen, wenn gewünscht Mitautoren und Verlag Einsicht gewähren	....	....
20. Mögliche Einzelverbesserungs-Vorschläge beurteilen und eventuell berücksichtigen	....	....
21. Tabellen und Grafiken festlegen bzw. in Auftrag geben sowie die nötigen Abdruckrechte beschaffen	....	....
22. Abgabefrist ständig im Auge behalten, um notfalls Samstags-, Sonntags- oder Nachtarbeit zur Aufholung von Verzögerungen zu bewerkstelligen	....	....
23. Manuskript als Autor mehrmals überarbeiten, möglichst immer aus zeitlicher Distanz, eventuell Vertrauenspersonen zur kritischen Stellungnahme geben	....	....
24. Seitenzahl im Inhaltsverzeichnis nachführen, Vorwort, eventuell Verleger- oder Beiwort prüfen, notfalls Bereinigung veranlassen	....	....
25. Nachschlageregister und mögliche andere Schluß-Buchteile wie Literaturangaben, Checklisten-, Aufgabenverzeichnis etc. erstellen	....	....
26. Schlußablieferung des Buchmanuskriptes – Doppel aus Sicherheitsgründen zurückbehalten (dient auch für eventuellen Beizug bei der Korrektur der Druckabzüge)	....	....
27. Druckabzüge sorgfältigst korrigieren, Kopie mit Korrekturen ergänzen und zur Kontrolle bei sich behalten	....	....
28. Eventuell Mithilfe bei Buchprospekt- und Werbeinseratabfassung bieten	....	....
29. Eigenwerbung für Buch bestimmen und durchführen, sobald Buch greifbar		
30. Eventuell Referenzen sammeln	....	....

Um nach unserem illustrierenden Beispiel aufs Grundsätzliche zurückzukommen: Da gerade kreative Arbeit meist mehr Arbeit verursacht als zuerst angenommen wird, wollen wir uns in der nächsten Darstellung einen Überblick über den besonderen Nutzen der Arbeitstechnik und Systematik für den kreativ Arbeitenden verschaffen:

Zehn wichtige Vorteile einer guten Arbeitstechnik für den Kreativen

1) **Er vermag mehr zu erreichen**
(qualitativ und quantitativ)

2) **Er vollbringt seine Leistungen mit weniger Aufwand**
(schaltet Leerlauf aus, spart Zeit)

3) **Sein Streß und Ärger reduziert sich**
(er arbeitet ruhiger, überlegter, begeht weniger Fehler überwirft sich mit anderen daher weniger)

4) **Er bleibt gesünder**
(er schont seine Nerven, schaltet viele Ängste aus, setzt seine Kräfte besser ein, vermeidet psychosomatische Störungen)

5) **Er erbringt bessere Leistungen**
(er wächst eher an Aufgaben und Verantwortungen und erwirbt sich damit mehr Achtung und Wertschätzung seitens seiner Arbeitspartner und Chefs)

6) **Er kommt im Beruf besser voran**
(Tüchtige haben es immer leichter, werden von anderen begünstigt und gefördert, auch schneller befördert)

7) **Er verdient mehr**
(Tüchtigen wird früher oder später mehr geboten)

8) **Er kann sich mehr leisten**
(besser Verdienende können sich mehr Luxus und Bequemlichkeit erlauben, können die schönen Seiten des Lebens eher genießen)

9) **Er vermag anderen mehr zu geben und zu sein**
(in der sozialen Wechselbeziehung kann der Tüchtige eher in der Geberrolle aktiv werden, sich durch Nützlichkeit zusätzliche Befriedigung verschaffen)

10) **Das Lebensglück steht auf seiner Seite**
(Eigenleistung und Selbstbewährung führen zur Lebenserfüllung, machen stolz und erfolgreich)

11.12 Entscheidungsvermögen/Mut

Neuentwicklungen herauszubringen erfordert Entschlußkraft, erstens wegen der **Arbeit**, die damit verbunden ist, zweitens wegen der **Risiken**, die in Innovationen stecken und entweder finanzieller oder persönlicher Art sein können (man eckt mit dem Neuen an, schafft sich vielleicht Feinde oder läuft in eine Blamage). Daher ist vielfach auch **Mut zum Abenteuer Innovation** nötig. Der Künstler liegt diesbezüglich auf der besseren Seite, wenn er sich schon einen Namen gemacht hat und man bei ihm sozusagen auf Neues wartet. Anders ist es bei Künstlern, die völlig Neues in dazu noch ungewohntem Stil erschaffen. Da müssen dieselben Risiken wie oben angeführt in Kauf genommen werden.

Entschlußvermögen bringt man am leichtesten zustande, wenn man sich die **Vorteile des neu zu Realisierenden gebührend ausmalt** und sich auch auf **den Verkauf der Idee entsprechend gut vorbereitet**. Ein paar Weisheiten, die vielleicht noch zusätzlich motivieren:

> „Wenn der Wille da ist, sind die Füße leicht" *(Engl. Sprichwort).*
> „Entschlossenheit entsteht durch einen Akt des Verstandes, der die Notwendigkeit des Wagens zum Bewußtsein bringt". *(Clausewitz).*
> „Ein entschlossener Mensch wird mit einem Schraubenschlüssel mehr anzufangen wissen als ein unentschlossener mit einem ganzen Werkzeugladen" *(Emil Oesch).*
> „Ein Entscheid, der alle Wünsche erfüllt und nirgends Anstoß erregen soll, ist kein Entscheid – sondern ein Gebet um ein Wunder!" *(A. Schäfer).*

11.13 Sensibilität

Sensibilität bedeutet **Empfindsamkeit, Feinnervigkeit, Feinfühligkeit**. Wo feinere geistige und seelische Fühler vorhanden sind, da verfügt man über ein besseres Wahrnehmungsvermögen, und ebenso profitiert das Einfühlungsvermögen davon.

> Kreativität ist im Anfangsstadium des schöpferischen Prozesses meist ein Abtasten, Erspüren und Erfühlen von Möglichkeiten und Varianten. Daher ist Sensibilität so wichtig.

Feinfühligkeit ist sicher im wesentlichen Sache der Veranlagung. Kreative sind in der Regel sensibel, registrieren oft sogar mit seismographischer Empfindsamkeit. Das Erfassen von Ursachen und Hintergründen, verborgener Einflüsse und sekundärer Abhängigkeiten ist alles auf feinnerviges Wahrnehmen angewiesen. Dem Sensiblen fällt auch das Ungewöhnliche schneller auf; er erkennt Probleme rascher als andere.

Die Feinfühligkeit und Problemsensibilisierung kann durch **Üben der Gefühls- und Registrierarbeit** noch ausgeprägter herangebildet werden. Der Spruch: „Viele hören das Gras wachsen", ist zwar eine Übertreibung, zeigt, aber daß einzelne überlegene Sensibilität zu erbringen vermögen. Auge, seelisches Empfinden, einfühlendes Zuhören, intuitives Mitgehen und geistiges Eindringen in Zusammenhänge – all dies fördert die Empathie* und die schöpferische Qualität von uns.

11.14 Erfolgsgläubigkeit/Optimismus/Positive Lebenseinstellung

Wer nicht an Wunder glaubt, ist kein Realist, sagt man. Am wichtigsten ist der Glaube an den eigenen Erfolg, und da der Mensch immer viel mehr zustande bringen kann, als er glaubt, ist das kein Aberglaube.

> **Im Leben gewinnt lange nicht immer der, welcher stärker und schneller ist, sondern der, welcher stärker an sein Gelingen glaubt. Die positive Lebenseinstellung ist dabei Basis, aber auch begleitende Kraft. Sie läßt Mühsal und Ärger leichter verkraften.**

Der Optimist sieht schon fast die Narbe über der Wunde, der Pessimist nur ihr Klaffen. Der Optimist sieht sein Glas halb voll, der Pessimist halb leer. Der Optimist zieht auch auf der Waage seinen Bauch ein, die Optimistin empfindet ihre Fettpölsterchen als erotische Kurven. Das alles wirkt vielleicht etwas lächerlich, aber **die Kraft der Zuversicht ist eine reale Macht**. Ein positiver Mensch riskiert gelegentlich, von Menschen, in die er zuviel Vertrauen gesetzt hat, enttäuscht zu werden; bei tausend anderen ist er aber geschätzt, weil Positives immer anzieht. Pessimisten und Mißtrauische wirken in ihrer menschenabwertenden inneren Haltung auf a l l e, sogar ihresgleichen, negativ. Auf die Sympathie und Hilfsbereitschaft der anderen müssen sie dann verzichten, und sie opfern damit einen großen Teil ihres Lebensglückes.

*Empathie = Einfühlungsvermögen, Gemeinschaftsgefühl

Im kreativen Bereich zählt dies alles doppelt, denn dort ist die Herausforderung ja unverhältnismäßig größer als bei bloßer Routinearbeit.

An der Wiege des Gelingens steht der Mißerfolg auch immer bereit. Der Mutige braucht oft nur ein Quentchen mehr Durchhaltevermögen als der Zaghafte, und er schafft das Wunder! Eben weil er ein bißchen mehr Zuversicht bzw. Erfolgsgläubigkeit einzusetzen hat.

Wo andere schnell die Flinte ins Korn werfen, da hämmert sich der Kreative ein: jetzt erst recht, ich werde es bestimmt schaffen! Und jeder errungene Erfolg macht ihn noch stärker für künftige Kraftakte. **Die Mittel, die man einsetzt, sind nicht unwichtig, aber das Allerwichtigste ist die Kraft der Persönlichkeit, die jede Anstrengung begünstigt.**

11.15 Vorurteilslosigkeit

Vorurteile ersetzen in der Regel immer die Arbeit des kritischen Verstandes. William James sagte einmal: „Viele Menschen verstehen unter Denken nur die Umgruppierung ihrer Vorurteile". Fehlt solchen nur die Erfahrung oder ist es eine allgemeine menschliche Schwäche von uns, daß man sich selbst gegenüber immer gnädig sein will, nicht aber anderen gegenüber? Es muß gar nicht Böswilligkeit sein, die hinter unserer Neigung zu vorschnellem Urteilen steckt – es genügt schon unsorgsames Analysieren, also Oberflächlichkeit der Betrachtung, um zu falscher Einschätzung von Tatbeständen wie auch anderer Menschen zu gelangen. **Schnellurteile ohne eigentliche Erfahrungsbasis müßte der Urteilende selbst eigentlich immer als Hypothesen oder noch besser als eine Fragestellung begreifen.** So wie in der Führungspsychologie der Grundsatz gilt, „eine Kritik sollte stets in der Frageform vermittelt werden"; wenn Beweise für eine Fehlhandlung oder -haltung nicht eindeutig vorliegen, so müßten wir alle – sehr in unserem eigenen Interesse – Vorurteile zu vermeiden suchen. Das ist deshalb aber ein schwieriges Unterfangen, weil der Mensch schon rein gefühlsmäßig, nicht selten auch zu seinem Schutz, Situationen und Menschen einschätzt. Schließlich muß er seine Urteilsfähigkeit ja auch heranbilden und sogar dauernd üben. Ist das ein echtes Dilemma? Ich glaube, ein solches läßt sich leicht vermeiden, wenn wir **ein erstes Urteil vorläufig für uns behalten**, im Gedanken, es wäre unvorsichtig, sich mit einer Fehleinschätzung zu blamieren.

So ein innerer Vorbehalt kann Gold wert sein: wieviel Divergenzen und sogar Prozesse entstehen doch täglich, weil Vorurteile an die große Glocke gehängt werden, statt sie in der Praxis erst zu testen.

In schöpferischen Tätigkeiten ist Vorurteilslosigkeit – mindestens eine relative, denn wer vermöchte schon jegliche Vorurteilshaltung total zu vermeiden! – eine sehr hoch einzuschätzende gute Gewohnheit. Sie hilft zu vermeiden, daß man sich zu rasch in eine bestimmte Richtung festlegt, der erstbesten Vermutung verbissen nachjagt, Zeit verliert, sich exponiert und demotiviert. **Kreativität muß immer zu einem schönen Teil ein geistiges Varianten-Puzzle sein, ein lustvolles Jonglieren mit Hypothesen, bis sich eine positive Lösung verläßlich abzeichnet.** Daher ist es absolut nötig, daß der Kreative aus seiner relativen Vorurteilslosigkeit eine **Geisteshaltung** macht. Ohne solche ist es eine ganz geläufige Erscheinung, daß man eine sich abzeichnende Lösung gleich als Endlösung anschaut, statt daß man zuerst entschlossen andere Lösungsvarianten sucht, die in ihrer Gesamtheit erst eine verläßliche Entscheidungsbasis bieten, um die optimale Lösung zu bestimmen. **In der Kreativität läßt sich Vielfalt nicht durch Einfalt ersetzen. Es gibt ja auch eine Art „Intelligenzmoral".**

11.16 Originalität

Originalität ist ein kreatives Phänomen, kaum verläßlich zu erfassen, wie wir ganz bescheiden zugeben müssen. „Originalität ist etwas, was man nie mit Absicht erreicht", so ein Ausspruch des bekannten Schriftstellers William Somerset Maugham. Und zwischen **echter Originalität** und **Pseudooriginalität** besteht natürlich ein erheblicher Unterschied. „Die ewig Originellen sind die Todfeinde der Originalität", beklagte Hans Kasper, und er meinte damit sicher die gemachte bzw. vorgetäuschte Originalität.

Echte Originalität ist nach meiner Meinung ein Gnadenakt der Natur, eine glückliche Gabe, die vorbehaltlos von allen geschätzt, um nicht zu sagen verehrt wird. Originell ist man oder man ist es nicht.

So einfach liegen die Dinge. Man kann Originalität nicht züchten, noch durch Erziehung heranbilden. Aber es ist eine unverwechselbare, allen willkommene menschliche Eigenschaft, die ungewohnte Perspektiven aufreißt und mit pikanter Überraschung und Verblüffung einhergeht.

Originelle lassen sich von Modeströmungen und anderen momentanen Nachahmungseffekten weniger beeinflussen; sie beginnen dort zu denken, wo der Normalmensch entweder aufgehört hat zu denken oder wo er sein Überlegen gar nie einsetzen würde. Zudem sind sie resistenter gegen traditionelle Denkmuster und schaffen so Durchbrüche zu Neuem leichter und unbefangener als andere.

11.17 Lernbereitschaft/Flexibilität

Irgend jemand hat das Wort geprägt: „Wir müssen lernen, solange wir leben – und wir leben (geistig) nur, solange wir lernen!" Tatsächlich: Gesteigertes Wissen macht das Leben erst wirklich interessant, aber technische und andere Fortschritte sind nur insoweit für jeden nutzbar, als er seinen Bildungsstand der Entwicklung laufend anpaßt.

> **Unter Lernen kann jede Maßnahme verstanden werden, die es einem Menschen ermöglicht, sich geistig und charakterlich zu entfalten.**

Lernbereitschaft ist auch Bereitschaft zur flexiblen Anpassung; daher sind in der obengenannten Titelzeile die zwei Begriffe von mir gekoppelt worden. Es gibt keine Flexibilität ohne Lernbereitschaft, und es gibt keine Lernbereitschaft ohne Flexibilität.

Beides steht aber auch im Wechselspiel mit der Kreativität: Wo einer schon viel gelernt hat, da ist die Chance zu kreativen Erfolgen größer. Wer umgekehrt kreative Veranlagung hat, lernt automatisch lieber und mehr, weil er stets neue Erkenntnisse braucht und weil er bisherige Grenzen nur zu überschreiten vermag, wenn er **alte Erfahrungen in neue umformen kann.**

Sind wir uns auch bewußt, wie viel Flexibilität uns der Alltag abverlangt? Täglich wechseln wir unsere Haltung mehrfach gegenüber unterschiedlichen Situationen und Menschen. Einmal ist Geduld nötig, einmal Dynamik und Angriffigkeit; hier nehmen wir, dort geben wir; Momente der Hektik wechseln sich ab mit gemütlichem Ausspannen; da haben wir zu lernen, dort zu erziehen; hier verfügen wir über Sicherheit, plötzlich sind wir mit Risiken konfrontiert; einmal genießen wir, dann wieder leiden wir; Handeln wechselt mit Denken ab; morgens haben wir vielleicht eine Hochstimmung, nachmittags deprimiert uns eine tief empfundene Enttäuschung. **Die einen überstehen solche Haltungswechsel leichter, die anderen verlieren dabei zuviel an Nervensubstanz – weil sie zu wenig biegsam**

sind. Im kreativen Bereich braucht es besondere Flexibilität, denn dort erzwingen die einem zuströmenden Assoziationen einen raschen und steten geistigen Kulissenwechsel; immer wieder gilt es, sich neu – oder wenigstens auf verschobenen Ebenen – mit irgendwelchen Gedankeninhalten auseinanderzusetzen.

Interessant noch, daß es auch ein **seelisches Lernen** gibt: die Seele ist ja ein selbstregulierendes System, das exzessive Prozesse ausbalanciert, und zwar in Form zwangsläufiger Kompensationen, ohne welche es keine normale Psyche gäbe. Bei Fehlhandlungen meldet sich automatisch das Gewissen, und dieses löst dann Impulse für Gegensteuerung bzw. verbessertes Verhalten aus.

> **Unser Seelenleben besteht zum großen Teil aus inneren Lernprozessen, die das Verhalten steuern und beeinflussen. Seelisches Wachsen ist als Reifeprozeß maßgeblich auf den kontinuierlichen Lernprozeß angewiesen.**

Aus diesen verschiedenen Perspektiven betrachtet, kann Lernen nur als wertvollste Aktivität verstanden werden, die – wie nachgewiesen – einerseits Voraussetzung der Kreativität, anderseits unumgängliche Begleitanstrengung von ihr zu sein hat.

11.18 Befähigung zur Erfahrungsnutzung

Dieses wichtige Kapitel behandle ich noch ausführlich im Abschnitt 20 „Systematische Erfahrungsnutzung in der Kreativarbeit".

11.19 Ordnungsbewußtsein

Im Kapitel 3.2.7 „Ordnung und Chaos als widersprüchliche Kreativkräfte" haben wir schon einiges zum Ordnungsbewußtsein des Menschen ausgesagt. **Dem Kreativen bietet die Ordnung besondere Vorteile:**

- Das Denken wird klarer.
- Der innere Aufbau entsteht sozusagen von selbst.
- Wo Ordnung ist, hat man den raschen Zugriff auf sinnvoll Gespeichertes, um von diesem in irgendwelcher Weise zu profitieren.
- Ordnung erspart immer wieder Zeitaufwand.
- Ordnung reduziert unseren Arbeitsaufwand.

- Ordnung macht überlegen und läßt uns im Blickwinkel anderer als vorbildlich organisiert erscheinen.
- Ordnung hilft der raschen Orientierung innerhalb eines größeren Gefüges.
- Ordnung verstärkt die Arbeitsbefriedigung, stimuliert den kreativen Elan und erhöht die Leistung.

Es ist bezeichnend, daß die Tüchtigen in der Regel auch zu den Ordnungsbewußten gehören, wohl einfach deshalb, weil sie die oben angeführten Vorteile selbst nicht missen möchten. Dazu gehört allerdings auch etwas „höhere Vernunft" und den entschlossenen Willen, sich öfter ein bißchen Zeit zu stehlen, um hier oder dort **ordnende Vorleistungen** zu erbringen; in der Regel macht sich dies später **mehrfach bis vielfach bezahlt**. Das sieht man besonders gut beim Delegieren von irgendwelchen Aufgaben an Mitarbeiter: Die einen Vorgesetzten denken nur an den Instruktionsaufwand und sagen sich dann: ach bis ich das alles erklärt und instruiert habe, ist es längst selbst getan. Clevere Chefs ergründen zuerst: wie viele Male vermag mich der Mitarbeiter zu entlasten, wenn ich mir einmal die Mühe nehme, ihn gut zu instruieren? Und dann delegieren sie eine Arbeit, wo andere Chefs sich auf die Dauer überlasten. Daß Abwechslung in der Arbeit, erweiterte Verantwortung und ein Wachsen an neuen Aufgaben auch aus der Sicht des Delegierten ein Gewinn darstellen können, übersehen die im Delegieren schwachen Vorgesetzten erst recht.

Ordnungsbewußtsein ist somit auch ein Teil eines vernünftigen Zeitmanagements und eine Führungsverantwortung, denn wo die Ordnung fehlt, da verlieren beide – Chef und Mitarbeiter – Zeit und Kraft, und der Vorgesetzte büßt zudem noch sein Ansehen ein, längerfristig auch seine Führungsbefähigung!

Wo ein so wichtiges Prinzip menschlicher Leistungsbefähigung wie das Ordnungsbewußtsein zur Diskussion steht, da haben sicher auch Dichter und Philosophen darüber nachgedacht. Hier einige Aussprüche, die überdenkenswert sind und unsere Ausführungen wertvoll ergänzen:

> „In einen aufgeräumten Zimmer ist auch die Seele aufgeräumt." *(Feuchtersleben)*
> „Ordnungsliebe führt zu Gerechtigkeitsliebe." *(Lavater)*
> „Der Weg der Ordnung, ginge er auch durch Krümmen, er ist kein Umweg." *(Schiller)*
> „Ordnung hilft haushalten." *(Simrock)*

„Es gibt keine Regel, die nicht einer höheren Regel untergeordnet wäre, oder vielmehr die Regel ist eben das Unterordnen der Nebensache unter die Hauptsache.“ *(Moritz Hauptmann)*

Systeme sind Kristallisierungen der Ordnungsliebe; diese ist ein Schaffensprinzip der Kreativität, so wichtig wie die ordnende Verarbeitung unterschiedlichster Erfahrungen zu Regeln und Grundsätzen.

11.20 Konzentrationsvermögen

Auch diese Fähigkeit hat für die schöpferische Arbeit große Bedeutung. Allerdings ist zu unterscheiden zwischen der **Tätigkeit des kreativen Bewußtseins** und der **unbewußten schöpferischen Leistungserbringung**. Bewußte Kreativarbeit verlangt eine willentliche Fokussierung auf den Kernpunkt der Sache, aber auch eine entschiedene Konzentrationsanstrengung auf die im Streubereich der Sache liegenden Möglichkeiten und Hypothesen, aus welchen später Lösungen werden können.

Wo dagegen das **Unterbewußtsein** kreativ in einen Schaffensprozeß einsteigt, da ist eine bewußte Konzentrationsanstrengung im Gestaltungsprozeß selbst wunderbarerweise überflüssig. Sie kann höchstens als **Vorleistung** erbracht werden, wenn wir durch **bewußte Programmierung** unser Unterbewußtsein auf bestimmte Kreativziele ausrichten. Ebenso können **ausgeprägte Wunschvorstellungen** aktivierend auf die Tätigkeit des Unterbewußtseins einwirken, und dann ist auch dies eine konzentrative Vorleistung, denn starke Wünsche vermag man nur zu empfinden, wenn man sich auf ihre faszinierenden Erfüllungsseiten voll konzentriert, sie sich plastisch vorstellt.

Der Durchschnittsmensch ist eigentlich eher wenig konzentrationsfähig. Abgelenkt von anderen Gedanken, von gerade Vernommenen, von gerade in seinen Blickwinkel Tretendem, abgelenkt auch von momentanen Empfindungen, Sorgen, Ängsten und Nöten oder sich gerade geltend machenden Trieben fällt es ihm schwer, sich stark und während längerer Zeit auf etwas Bestimmtes zu konzentrieren. Viele sind auch nicht konzentrationsfähig wegen dauernder Überforderung oder ungenügendem Schlafpensum.

Ein geordnetes Innenleben, angepaßter Tätigkeitsausgleich im Privatbereich, ökonomischer Einsatz der Kräfte und ausreichende periodische Entspannung sind am geeignetsten, beim Menschen jenen

Grad an Konzentrationsfähigkeit zustande zu bringen, der eine gute Aufgabenerfüllung ermöglicht. Natürlich ist die Konzentration auch noch von anderen Seiten her beeinflußt, z.B. durch ein gegebenes Interesse, von Zwängen oder Wunschvorstellungen, die mit einer Handlung verbunden sein können.

Positiv verstärken läßt sich die Konzentrationsfähigkeit des Menschen durch **Übung**, z.B. in Spielen wie Schach, Kartenspiel, Tennis, Golf usw., auch durch **Lernanstrengungen, Teilnahme an Konferenzen und Aus- und Weiterbildungslehrgängen, Lesen, Rechnen, Verhandeln, Diskutieren, Vortragen** und ähnliche Tätigkeiten, die in hohem Maß Konzentration erfordern.

Kreativität in größerem Ausmaß ist nach meiner Meinung in absoluter Form von der Konzentrationsfähigkeit abhängig, sonst zerflattern die Anstrengungen, bevor etwas Brauchbares herausschaut.

Wer sich in diesem Bereich konzentrativer Anspannung noch schwach fühlt, sollte auch mit **Kassettentraining auf autogener Basis** seine Fähigkeit zu gutem Konzentrieren zu verstärken versuchen.

Gutes Planen und klare feste Zielsetzungen können auch helfen, sich auf einen bestimmten Zweck voll zu konzentrieren. In der **Kommunikation** mit anderen ist es vor allem wichtig, die Möglichkeiten des guten Zuhörens als Konzentrationsbeweis ganz auszuschöpfen: Blickkontakt pflegen, Bestätigungswörter gebrauchen, Nicken mit dem Kopf, Notieren wichtiger Punkte, mimische Konzentration, Anzeigen von Akzeptanz, Stellen von interessierten Zwischenfragen, auch vertiefenden Fragen, schmeichelhafte Zwischenbemerkungen (wie: „Ich sehe, Sie sind gut informiert“, „Aha, es spricht der Fachmann aus Ihnen“, „Ich kann immer lernen von Ihnen“, „Da dürften Sie aber Ihrer Konkurrenz einiges voraus sein“), durch Schrägstellen des Kopfes (abwägendes Mitdenken) und durch Kopfschütteln (wenn man Verständnis für den Ärger des anderen anzeigen will). Den Namen des Partners konzentriert aufzunehmen und ihn gelegentlich im Gespräch beehrend einzusetzen, ist auch eine gute Art, Aufmerksamkeit zu bezeugen.

Konzentriert sein kann natürlich niemand in **lärmiger Umgebung** oder wenn sonstige Störungen immer wieder vorkommen. **Kreativitätsstunden sind Feierstunden des Denkens, verlangen also ein Ausgeruhtsein und eine Abschirmung gegen Umwelteinflüsse.** Verschieben wir also besser eine kreative Anstrengung zugunsten eines späteren Zeitpunktes, wo wir uns ungestört auf die Sache konzentrieren können.

11.21 Gedächtnisstärke

Im Abschnitt 6 über Gehirnfunktionen und Kreativleistung haben wir uns zur Gedächtnisleistung schon ausführlich geäußert und die drei Gedächtnisarten – Ultra-Kurzzeit-, Kurzzeit- und Langzeit-Gedächtnis – behandelt.

11.22 Begeisterungsfähigkeit/Lebensfreude

Kreativität und Begeisterungsfähigkeit/Lebensfreude arbeiten Hand in Hand; sie stimulieren sich gegenseitig. Begeisterung verleiht Flügel und trägt über Abgründe hinweg. Freiherr Adolf von Knigge, Verfasser des berühmten Umgangs-Knigge, hat es klassisch formuliert: „Ohne Begeisterung, welche die Seele mit einer gesunden Wärme erfüllt, wird nie etwas Großes zustande gebracht werden“. Smiles doppelt ihn nach: „Begeisterung ist darum so schätzbar, weil sie der menschlichen Seele die Kraft einflößt, ihre schönsten Anstrengungen zu unternehmen.“ Begeisterung ist **reale Glückseligkeit, die sich ansteckend auch auf andere zu übertragen vermag**. Und wo Kreativität ihre Früchte weiterreichen will, da braucht sie begeisterungsfähige Empfänger; der Funke muß überspringen. Darum ist Begeisterungsfähigkeit die wohl **bestbezahlte Eigenschaft** des Menschen, ganz gleich ob man ein kostbares Gut oder eine großartige neue Idee zu verkaufen hat.

Wenn ich im Titel auch die Lebensfreude als ein Stimulans für Kreativität herausstellte, so weil da eine **wechselseitige Abhängigkeit von Begeisterungsfähigkeit und Lebensfreude** vorhanden ist. Wer sich am Leben zu erfreuen vermag, ist von bestimmten Werten angetan, huldigt ihnen durch sein positives Verhalten, bringt sich mit seinen eigenen Werten in Fahrt und begeistert dabei sich und andere durch seine lebensfreudige Ausstrahlung. Man spricht dann von einer Aura oder gar einem Charisma als Ausdruck einer starken und lebensbejahenden Persönlichkeit.

Daß es unter den Menschen auch **Begeisterungsunfähige** gibt, ist leider eine Tatsache, bedauerlich vor allem für diese selbst, denn die ganz trockenen Gemüter wirken auf andere seelenlos und haben daher Mühe, Freunde zu finden. Daß sie in ihrer inneren Bewegungsarmut unkreativ sein müssen, ist selbstverständlich bzw. psycho-logisch.

Begeisterungsfähigkeit dagegen ist ein starker Antriebsmotor für die Kreativität. Wie fördert man sie bei sich selbst? Durch bewußte Auseinandersetzung mit Wertvollem, Schönem, Gutem und Erstrebenswertem, auch durch bewußte

Pflege von Kontakten mit Begeisterungsfähigen. Wer Hobbies hat, ist immer auf dem Weg, aus einer anfänglichen Neigung echte Begeisterung werden zu lassen. Nur sollte man sich dann in der Liebhaber- und Ausgleichstätigkeit **nicht abkapseln**, sondern den Kontakt mit anderen Enthusiasten in der gleichen Sparte suchen. Im lebendigen Austausch von Wissen und im Vermitteln eigenen Könnens ergibt sich allmählich von selbst eine gewisse Begeisterungsfähigkeit. Unsere moderne Welt bietet faszinierendste Hilfestellungen für Lieblingstätigkeiten: Bücher, Kassetten, Videos, Ausstellungen, Kunstreisen, Abenteuer-Reisen und ungezählte andere Möglichkeiten zum Ausleben von Liebhabereien. Wo ist der Hobby-Bereich, in welchem es noch keinen Verein gäbe?!

Vergessen wir auch nicht, daß eine echte Begeisterung für etwas auch **die Kraft steigert, mit Widerständen und besonderen Schwierigkeiten eher fertig zu werden**, als wenn der innere Elan fehlt. Starke Gemütskräfte wie Freude und Begeisterung haben dem Menschen schon immer **größere Durchschlagskraft** verliehen.

11.23 Kommunikations- und Motivationsfähigkeit

Der Mensch ist von Natur aus auf geistig-seelischen Kontakt angewiesen. Er braucht die lebendige Gemeinschaft mit anderen und die Bereicherung von ihrer Seite her. Er will in der Gesellschaft mit anderen aber auch sich selbst einbringen, sein Geltungsbedürfnis eindecken und seine Leistungen in nützlicher Weise den Sozialpartnern anbieten. Kommunikation ist Mittel und Weg dazu.

Wo immer sich in unserer Welt etwas **verändert** oder **entwickelt**, da sind mit der Wandlung **Kommunikationsprozesse** verbunden. Was nützt der Welt ein brillanter Geist, wenn er in seinen Kontakten versagt, also nicht zu überzeugen, zu beeinflussen und zu harmonisieren versteht? Nicht ganz umsonst interpretiert man unsere Gesellschaft als Informations- und Kommunikationsgesellschaft. Die technologische und wissenschaftliche Entwicklung hat alles gewaltig kompliziert, und die Abhängigkeiten haben sich nach allen Seiten hin multipliziert und differenziert. Das setzt auch einen entschiedenen **Akzent auf die menschliche Verständigung**. Und da jeder Mensch ein unverwechselbares Individuum ist und sich von anderen in hunderterlei Beziehung unterscheidet, sind für uns **Anpassungen laufend gefragt, wollen wir unsere Berufs- und Lebensziele erreichen**.

Die Bereiche, innerhalb deren in der menschlichen Gesellschaft kommuniziert wird, habe ich in meinem Buch „Kommunikation – die Brücke zum anderen", auf einfachste Art wie nachstehend skizziert:

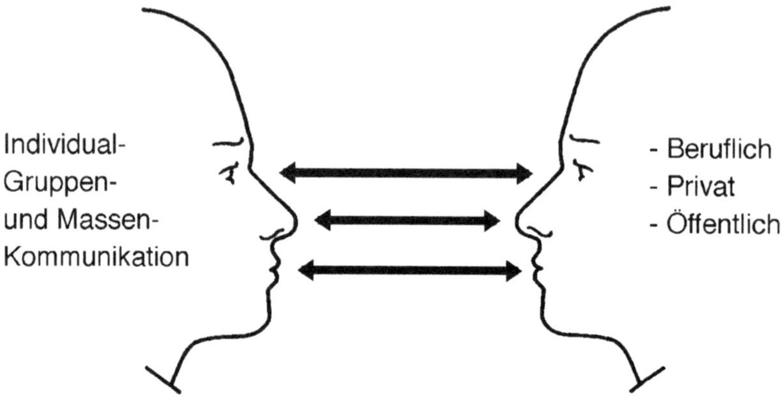

Eine gute allgemeine Definition von Kommunikation heißt:

Kommunikation ist das Insgesamt aller Verhaltensweisen, durch die menschliche Kontakte entstehen, sich beeinflussen und vertiefen lassen.

Es geht also immer um Verständigung untereinander, Verkehr miteinander zwecks Austausch von Meinungen. Kontaktieren, andere informieren und sich selbst orientieren sind zentrale Funktionen der Kommunikation.

Im Kreativprozeß ist die **schöpferische Bereitstellung von Ideen und Lösungskonzepten nur der erste geisteshandwerkliche Prozeß** (der z.T. aber schon Kommunikation mit anderen voraussetzt, wenn nicht allein im stillen Stübchen „gehirnt" wird). Auf jeden Fall ist **Kommunikation auch nachher** – nach Vorliegen von Lösungen – **dringend erforderlich, um deren Realisierung anzubahnen**.

Es gibt nebenbei auch eine **nichtverbale Kommunikation** in der Form von Verhaltensweisen, der Blick- und generell der Körpersprache, die natürlich die Meinungsbildungsprozesse hüben und drüben auch zu beeinflussen vermag. Die nichtverbale Kommunikation vollzieht sich vielfach unbewußt, weshalb schon behauptet wurde: Es ist nicht möglich, nicht zu kommunizieren! Für uns stellt sich immer die Frage nach optimaler Kommunikation.

In der Kreativarbeit ist Kommunikation hauptsächlich in den folgenden Teilzielbereichen oder Stadien wichtig:

- Sondierungsprozeß mit Leuten, die in betreffender Sache viel wissen oder hinsichtlich verfolgtem Zweck um ihre Meinung befragt werden sollen.
- Problemventilierung zu zweit oder in Problemlösungsgruppen.
- Gespräche zur Abstimmung von Kreativzielen auf eine bestimmte Zielgruppe.
- Information bestimmter Kreise.
- Überzeugungsprozesse, wo mit der Realisierung von Projekten Zweifel, Ängste, Widerstände, hinderliche Gewohnheiten und dergleichen überwunden sein wollen.
- Fälle, wo Kompromisse anzubahnen sind.
- Fälle, wo mögliche Helfer für eine gute Sache zu gewinnen sind.
- Kooperationsverhandlungen aller Art.
- Motivationsprozesse gegenüber Mitarbeitern, Partnern, Verbrauchern, Gebrauchern, Entscheidungspersonen, Lehrpersonal, Lernende, Kontrollfunktionären, Wissenschaftlern, Verkäufern, Chefs, Lieferanten, Ökonomen, Ökologen, Pressevertretern, politischen und anderen Gegnern, Verbänden usw.

Zur Kommunikation – soll sie optimal beschaffen sein – gehören natürlich eine ganze Reihe von Fähigkeiten: Berufswissen, Erfahrung, Menschenkenntnis, Beeinflussungstechnik, Informationstechnik und -psychologie, Motivationsbefähigung, gute Allgemeinbildung, Kooperationsbereitschaft, professionelle Telefoniertechnik (da immer mehr Kommunikationsprozesse über den Draht ablaufen), Kunst ausgereifter Menschenbehandlung (weil die Spezies Mensch immer kritischer und aggressiver wird), dialektisch-rhetorische Geschicklichkeit, gute Fragetechnik, Beweglichkeit, Flexibilität und überzeugende Persönlichkeitswerte.

Wenn wir diese lange Liste der Voraussetzungen für gutes Kommunizieren überdenken, so wird uns sicher klar, warum **Kommunikatoren exzellenter Art** immer noch eine **Mangelgattung** darstellen. Es braucht langes und entschlossenes Bemühen in den erwähnten Fähigkeitsbereichen, bis man überall im Leben herausragend zu kommunizieren vermag.

Die schwierigste Art des Kommunizierens ist das Motivieren, das zwei Erscheinungsformen hat: die Selbstmotivation und die Motivation anderer. Natürlich gehen wir davon aus, daß die Zielsetzungen so oder so positive sind, somit einer **Sinnerfüllung des Lebens** dienen. Es gibt ja noch die negative Form des „Motivierens“, nämlich die **Manipulation**, die versucht, andere in gerissener Art für egoistische eigene Zweckabsichten dienbar zu machen, und dies möglichst so, daß sie es gar nicht bemerken. Die letztere Spekulation ist allerdings eine meist kurzbeinige, denn selten merkt ein Manipulierter nicht wenigstens später, daß er erwischt worden ist. Und dann ist das wichtigste Kapital, welches man bei anderen haben kann, nämlich Vertrauen und Achtung, garantiert verloren, oft für immer.

Unser Wert und Erfolg werden weitgehend bestimmt durch die Art, wie wir mit anderen kommunizieren!

11.24 Kritisch wertendes Denken

Kritik kommt vom Griechischen und bedeutet Beurteilungskunst. Bei Joubert heißt es: „Die Kritik ist eine methodische Übung der Urteilskraft." Mit der Kritik sollen Vorteile und Nachteile einer Sache, eventuell auch Sinn oder Unsinn, Eignung oder Nichteignung gewertet werden. Leider hat sich im Laufe der Zeit in der alltagssprachlichen Interpretation der Wortsinn von Kritik insofern gewandelt, als die meisten das Kritisieren einem Bemängeln/Beanstanden gleichsetzen. „Er hat mich kritisiert" wird also nicht mehr verstanden als „Er hat mich methodisch beurteilt", sondern eher als „Er hat mich angegriffen/verurteilt/angefeindet".

> **Innerlich sollte man sich grundsätzlich positiv zur Funktion des Kritisierens einstellen, denn sachliches Beurteilen dient jedermann, ist eine Forderung der Objektivität, kann Fehler ausschalten lassen.**

Beurteilungsfehler ergeben sich vor allem aus ungründlicher Betrachtung, aus Vorurteilen oder emotioneller Positionierung, z. T. aber auch aus reinen Denkfehlern oder einseitiger Betrachtung. **Es gibt niemand, der von Beurteilungsfehlern frei ist.** Vier Augen sehen mehr als zwei, zwei Köpfe denken mehr als einer; daher sollte man Vergleichsansichten als zweiten Maßstab begrüßen, ja sogar in wichtigen Angelegenheiten herausfordern.

So positiv die Kritik anderer wie auch eigenes kritisches Denken zu gewichten ist, im Kreativprozeß sollte man sich darauf programmieren, **nicht zu früh Kritik zu üben oder andere ihre Kritik zu früh aussprechen zu lassen**. Das kann demotivieren oder den schöpferischen Gedankenfluß hemmen bzw. gar unterbrechen. Man muß in einer Art Erwartungshaltung an Neues herangehen, so ungefähr im Gedanken: im Ansatz interessant – mal sehen, was sonst noch hinzukommt, was auch noch von Bedeutung oder von Wert wäre.

> **Es ist eindeutig ein Beweis von Reife, wenn ein Mensch mit dem Urteil zuwartet, um zu weiterer Information zu gelangen und**

sein Bild abzurunden. Somit nützt er die Fragetechnik, um zu mehr Beurteilungssubstanz zu kommen und sich nachher ein möglichst verläßliches Urteil erlauben zu können.

Die Unreifen hingegen werfen schon früh ihre Vorurteile um sich, bringen damit Unverträglichkeit ins Gespräch ein und emotionalisieren damit vielfach den Dialog, statt ihn nutzbringend-interessant zu gestalten.

Blockieren oder Profitieren ist die Kardinalfrage in der Kommunikation mit anderen. Es braucht wenig, um den Weg so oder so einzuschlagen – beim Blockieren genügt ein bißchen Überheblichkeit und vorschnelles Überlegen, und schon fühlt sich der Partner ungehörig attackiert und zieht sich in sein Schneckenhaus zurück, ... wenn er nicht ob des Störmanövers in Rage gerät! Gewinn dagegen ergibt sich, wenn sich im interessierten, von konstruktiven Fragen genährten Dialog das Wissen beider erweitert und vertieft.

Es gibt noch eine besondere Gefahr in der kreativen Arbeit, der auszuweichen sich sehr empfiehlt: wo ein Kreativer zugleich dynamischer Natur ist, drängt er zur erstbesten Lösung und frohlockt, die Endstation des gestalterischen Prozesses schon erreicht zu haben. Kreativitätsexperten werden aber nicht müde uns zu predigen: **abwarten und Variantenpuzzle betreiben. Die erste Lösung ist eher selten die beste!**

Das beweist sich auch immer wieder im **Brainstorming**, der gebräuchlichsten aller Kreativitätsmethoden bzw. -techniken. Der Leiter hat da die unbedingte **Pflicht, sich nicht gleich mit dem ersten attraktiv aussehenden Vorschlag zufrieden zu geben**. Er muß vielmehr sofort alle Register ziehen, um die Ideenproduktion weiter anzukurbeln. Je besser er selbst mit vorausüberlegter Ideensubstanz ausgerüstet ist, desto leichter vermag er zu überbrücken und ergänzendes schöpferisches Überlegen der Brainstorm-Teilnehmer anzuregen. Man sollte grundsätzlich nach jedem Brainstorm fragen, wer wann im Geist aufgegeben oder einen eingeschobenen Vorschlag als d i e Lösung erachtet hat. Oft sind nachher noch viele weitere Ideen vorgebracht worden, die dann erst eine optimale Lösung ergaben. So programmiert man sich sinnvoll auf Variantendenken und wirft im Kreativprozeß die Flinte viel weniger schnell ins Korn.

Im Endstadium ist dann allerdings intensiv-kritisches Überlegen von größter Wichtigkeit. Eine gefundene Lösung hat kaum je gar keine negativen Seiten. Diese im Bekanntmachungs-, Einführungs- und überhaupt Realisierungsprozeß zu berücksichti-

gen, um mit Widerständen und Schwierigkeiten aller Art klarzukommen, ist eine Erfolgsvoraussetzung par excellence.

Man darf sich in dieser Phase nie von den eindeutigen Vorteilen einer Lösung blenden lassen. Ein unerwarteter Einspruch wichtiger Personen oder überraschende Komplikationen vermögen selbst aussichtsreichen Ideen den Garaus zu machen, wenn man die Realisierungsproblematik unterschätzt oder von ihr völlig unvorbereitet getroffen wird. Voraussicht ist in diesem Sinne ein Gebot der Weisheit.

11.25 Geduld und Gelassenheit bei auftauchenden Schwierigkeiten

Kreativprozesse ohne jegliche Komplikationen und Beschwerlichkeiten gelingen höchst selten, wenn man auch die Realisierung einbezieht. Es sind nicht nur die **25 klassischen Kreativitätsbremsen** – in einem späteren Kapitel noch zu behandeln – welche uns oft sehr zu schaffen machen. Gelegentlich **fehlt es einfach an der nötigen Geduld und Gelassenheit, sich mit Verzögerungen und sonstigen Widrigkeiten abzufinden**. Unter den Kreativen findet man nicht selten den Typus des **Gipfelstürmers**, und solche zählen selten zu den Geduldigen. „Stärke aber wächst im Geduldgarten", besagt ein altes Sprichwort, und „Kommt Zeit kommt Rat" heißt ein anderes.

Warum nicht einmal abschalten, Kraft schöpfen, in der Inkubationsphase das Unterbewußtsein konstruktiv mitarbeiten lassen!

Jeder hat es schon vielfach erlebt, daß er später bei Wiederaufnahme der Bemühung von neuem Elan erfüllt war und plötzlich Hürden zu nehmen verstand, die ihm vorher als fast unüberwindlich erschienen waren. **Es ist gewissermaßen die Taktik des Mutigen, notfalls methodisch zurückzuweichen, um dann mit doppeltem Anlauf die Probleme zu meistern.**

Jeder wird gelegentlich von bösen Zweifeln angefallen, niemand ist immer in strahlender Siegerlaune – das Leben ist nun einmal ein Prozeß des mühsamen Ringens, und Kreativprozesse sind es in ganz besonderem Maße. Vieles, was sich nicht durch einfache Kraftakte bewältigen läßt, wird plötzlich machbar, wenn man **Geduld aufwendet, mit der Salamitaktik die Arbeit in kleine Portionen aufteilt, alle greifbaren Hilfsmittel einsetzt und einen gelegentlichen Rückschlag gelassen verdaut**, im festen Glauben daran, daß ein zweiter oder dritter Anlauf das Wunder doch schaffen werde.

Selbst Niederlagen gehören zur Kreativität. Sie zu überwinden, ist ein Beweis menschlicher Stärke, oder eine gute Gelegenheit, aus ihnen zu lernen und dabei stärker zu werden. Vielfach wurden ursprüngliche Ziele zwar nicht erreicht, aber im Kreativprozeß ergaben sich dann plötzlich neue, gewandelte Ziele, deren Erfüllung möglich wurde und zu noch größeren Erfolgen führten, als wenn das erste Ziel realisiert worden wäre. Die Geschichte der Erfindungen bietet Beweise dafür in größerer Zahl. „Gelassenheit ist eine anmutige Form des Selbstbewußtseins", so verstand es Marie von Ebner-Eschenbach.

11.26 Toleranz und Akzeptanz von Gegensätzlichkeit und Widersprüchlichkeit

Viele sind allergisch auf Gegensätze und Widersprüchlichkeit – der Gebildete weiß, daß solche unvermeidlich sind in allen Wissens- und Erfahrungsbereichen. Ihr geistiges Gefälle regt zum Nachdenken, Vergleichen, Analysieren und Kombinieren an. Die **Antithese** als gegensätzliche Behauptung (Duden) wird in der Wissenschaft sogar ganz bewußt als Teil der **Gedankenkette These-Antithese-Synthese** eingesetzt, wobei es vielleicht besser wäre, von gegensätzlichen Annahmen zu sprechen. Solche **erweitern den schöpferischen Spielraum**, weil sie die Phantasietätigkeit durch ihre Gegensätzlichkeit anregen. Wenn jemand in einer Diskussion sagt: „Die einen behaupten aufgrund ihrer Erfahrung, daß... – während andere sich zu völlig gegensätzlicher Auffassung bekennen, weil...", so belebt sich das Denken der Zuhörer sofort am Gefälle dieser Antithesen, und völlig automatisch fragt man sich, welche Behauptung stimme, ob die Wahrheit eventuell in der Mitte liege und wie man eigentlich selbst in dieser Sache urteile.

Gegensätze sind also Denkprovokationen und bringen das kreative Überlegen oft besser zur Entfaltung als gültige Weisheiten, die schon als abgenützt gelten, obwohl sie immer noch wahr sind.

Toleranz ist gewissermaßen die Überlegenheit des Rechtgläubigen, der weiß, daß Irren menschlich ist, und daß daher auch die eigene Rechtgläubigkeit immer wieder hinterfragt sein will. **Was einmal richtig war, kann heute oder morgen falsch sein; was einmal falsch war, kann in einer sich grundlegend ändernden Welt plötzlich richtig sein.** Einsprüche und Gegenmeinungen werden am besten als Einladung verstanden, nochmals über die Bücher zu gehen und erst dann zu reagieren. Die Elastizität, über die wir in einem früheren Kapitel schon nachgedacht haben, ist nur e i n e Basis für tolerante Haltung, aber eine wichtige. Beides ziert den Verhandlungstalentierten. Dazu eine Sentenz von Carl Hilty, Jurist/Philosoph: „Weltkluge Leute kleiden ihren Widerspruch gerne in eine scheinbar zustimmende Form ein, wobei ihre abweichende Meinung bloß als ein kleiner zusätzlicher Antrag zum gegnerischen Standpunkt erscheint. Der andere ändert dann lieber seinen Sinn, oder die Angelegenheit erscheint ihm nicht mehr von ausschlaggebender Wichtigkeit – während aber vorher sein Wille sein Himmelreich war!“

11.27 Humor und Witz

Ebenso tiefsinnig wie trefflich kurz ist die in aphoristische Form eingekleidete Definition von B. Hornung: „Humor ist, was den Menschen zum Menschen macht.“ Humor ist auch eine Art Gelassenheit, die eigene Unzulänglichkeit und die alltäglichen Schwierigkeiten des Lebens in Heiterkeit. **Humor ist menschenverbindend, ja sogar völkerverbindend**, denn große Humoristen wie Charly Chaplin, Grock, Heinz Rühmann, Hans Moser oder früher ein Mark Twain, ein Wilhelm Busch oder ein Georg Christoph Lichtenberg sind zu Freunden aller Nationen geworden. Humor reicht von der fröhlichen Lebensäußerung bis zur geistvollen Witzigkeit. Verwandte humorvolle Sparten sind Heiterkeit, Witz, Ironie, Sarkasmus, Satire, Spaß, Fröhlichkeit, Komik, Clownerie, Skurrilität, Possenreißerei, Scherz, Schalk, Schabernack, Ulk, Jux, Narretei, Hänselei, Schäkerei. Interessant die vielen sprachlichen Differenzierungen, die eigentlich im Widerspruch zur im Alltag eher selten vertretenen Humorsparte stehen. Wenn Sie Begriffe wie **Spott** oder **Zynismus** vermißt haben, so weil sie zu deutlich von der negativen Absicht, andere herabzusetzen oder zu verletzen, geprägt sind. Mit Humor haben sie nach meiner Meinung kaum etwas zu tun, höchstens z.B. in der gemilderten Form der Spöttelei, die noch menschlich akzeptable Formen haben kann. Ein Spötter hat z.B. beklagend ausgerufen: „So wie manche Menschen immer vergeblich zum Niesen ansetzen, so viele Leute zu geistreichen Bemerkungen.“ Auch unter Nationen ist man zur Pflege des Humorvollen unterschiedlich talentiert. Für mich sind die Amerikaner eine herausragende Nation, was gelockerte humorvolle Art anbelangt; auf allen meinen Reisen in den USA habe ich den Humor von Amerikanern unterschiedlichster sozialer Schichten schätzen gelernt, und ich fand auch, daß man dort den **Humor als Kontaktmedium** in angenehmster Weise einsetzt.

Guter Humor stimuliert jeden, vielleicht mit Ausnahme des eigentlich Humorlosen, der von gewissen Psychiatern als „unheilbar“ angeschaut wird. Humor zeigt auch, daß man eine wohltuende Distanz zur Sache hat; verkrampft man sich in etwas, so kann es gar nicht zu humorvoller Reaktion kommen.

Guter Humor ist eine Gabe des Geistes wie des Herzens, „ein Schwimmgürtel auf dem Strom des Lebens“ (Raabe) und bewährtes Heilmittel wider den tierischen Ernst. Im Kreativitätsprozeß lockert er die Geister und regt dabei das unorthodoxe Denken an.

Auch im Brainstorming, um diese Kreativitätsmethode zu zitieren, ist es wünschbar, hin und wieder humorvoll zu übertreiben und sogar ins Groteske zu zielen, um von sachlicher Verkrampfung abzulenken, das Gemüt aufzulockern und wieder einmal ein befreiendes Lachen herauszufordern.

Läßt sich Humor heranbilden? Ursprünglich war ich der Meinung, das sei nicht möglich. Etwas Geist und ein Quentchen Originalität vorausgesetzt, gibt es aber doch begehbare Wege, um den Humor bei sich zu fördern. Es gibt eine reichhaltige Aphorismenliteratur und Spruchlexiken, die nicht nur in Hülle und Fülle geistvolle Weisheiten und amüsanteste Merksätze enthalten, sondern auch die Humorseiten des Menschen erklingen lassen. Witzsammlungen, humorvolle Geschichten und ebensolche Filme, geistreiche Lustspiele in Theater oder Fernsehen, zwerchfellerschütternde Kabarettistikdarbietungen, Karnevalsreden und – Schnitzelbänke (Bänkelsängerverse mit Bildern) – das alles vermag unseren Sinn für Humorvolles zu nähren und zu stimulieren. Am lebhaftesten kann wohl der Umgang mit humorvollen Menschen auf uns einwirken. Wie schnell der Humorfunke auch bei Zuhörern zündet, das zeigen die Witzrunden an Stammtischen; rasch greifen alle in ihre persönliche Witzschublade und mächtiges Lachen erdröhnt. Glücklich auch all jene **Familien, die schon zwischen Eltern und Kindern wechselseitig der Fröhlichkeit freien Auslauf geben und vieles in humorvoller Art abwandeln oder diskutieren**. Erlebt man Leute, die von tierisch ernsten Eltern auferzogen wurden, so fällt drastisch auf, wie groß ihre Schwierigkeiten sind, auf kleine Späße anderer selbst humorvoll zu reagieren oder gar ihre ganze Natur etwas aufzulockern. Macht der Umweltbeeinflussung!

Humorvolle sind beliebt – Humor ist sogar gesund. Eine Ärztegruppe hat bei Untersuchungen festgestellt: es stimmt, daß Lachen gesund ist, denn

- Lachen führt zur Bewegung des Zwerchfells. Dieses massiert dabei die benachbarten Organe, nämlich Herz und Lunge, Leber, Bauchspeicheldrüse, Magen und einen Teil des Darms.
- Die Tätigkeit dieser Organe wird dadurch angeregt und auch die beteiligten Drüsen werden aktiviert.
- Das Essen bekommt einem besser, die Verdauung ist intensiver.
- Der Körper erhält mehr Sauerstoff.

- Lachen, Heiterkeit und Fröhlichkeit beeinflussen aber auch die Stimmung des Menschen, und zwar selbst im Schlaf: frohe Menschen schlafen besser!
- Gute Laune hebt die Arbeitslust und erhöht damit auch die Leistung.
- Humor stimuliert somit den ganzen Menschen! Und: wer heiter ist, dem präsentiert sich auch die Welt von der besseren Seite: Unser Zustand beeinflußt ja die Blickrichtung, da wir stimmungssensibel wahrnehmen, und schließlich beeinflußt er auch unsere Gedankenwelt, denn auch diese ist stark abhängig von unserem Gemütszustand.

Vorgespielte Fröhlichkeit ist allerdings wenig wert – der Humor und die Heiterkeit müssen aus der Quelle innerer Ausgewogenheit und Seelenruhe fließen. Wer innerlich zerrissen ist und im Gestrüpp eigener Problemhaftigkeit gefangen ist, dem kann man sicher nicht Heiterkeit predigen. Sinnvolle Lebenshaltung und vernünftiges Respektieren der Lebensgesetze ist immer noch der sicherste Pfad zum Lebensglück und zum körperlichen wie seelisch-geistigen Wohlbefinden. Und in diesem Zustand sind Heiterkeit und Fröhlichkeit natürliche Lebensäußerungen oder Seinszustände.

Die zwei am stärksten verdichteten Humorgattungen sind der **Witz** und der **Aphorismus**. Bei einem guten Witz beginnt es betont harmlos, oder es geht eine dümmlich erscheinende Frage voraus – dann aber zündet die Pointe und das Aha-Erlebnis kommt fast explosiv zustande. Der Aphorismus bringt in Prosaform äußerst prägnant und geistreich einen betont subjektiven Gedankeninhalt oder ein persönliches Werturteil zum Ausdruck. Nur ein einzelner Satz oder ein ganz kurzer Abschnitt ist ihm als spiritueller Lebensraum zugewiesen. Je brillanter und plastischer er diese knappe Realität auslebt, desto gültiger seine literarische Sonderform.

> **Beim Witz wie beim Aphorismus hat das befreiende Lachen, ausgelöst durch den vorherigen Spannungseffekt, sozusagen therapeutischen Wert; man versöhnt sich mit scheinbarem Widerspruch, oder man gelangt zu einer Tiefenperspektive, die weise bereichert, wenn nicht gar ein geistiger Höhenflug aus der gedanklichen Anregung resultiert!**

Gute Witzsammlungen und geistvolle Aphorismen sind hervorragende Mittel, um sich in eine produktive Stimmung zu bringen. Der Kreative braucht hin und wieder einen solchen Anreger, da er sowenig wie andere Menschen jederzeit in Hochstimmung sein kann. Und solche Stimuli sind sicher besser als Alkohol- oder exzessiver Kaffeegenuß, durch die bestimmte Dichter ihre Kreativlaune heraufzubeschwören versuchten.

12. Ansatzmechanismen für das kreative Denken

Kenntnisse kann jedermann haben, aber die Kunst zu denken, ist die wahrhaft überlegene Kunst.

In der **operationalen Kreativität** vollzieht sich die schöpferische Arbeit weniger in der Form **plötzlicher Eingebungen und genialer Geistesblitze**, obwohl solche zwischendurch natürlich noch so willkommen sind; die Systematiker und Methodiker in der Innovationssparte bedienen sich gewohnheitsmäßig geistiger Arbeitstechniken, die in allen Gebieten des Forschens und Entwickelns anerkannt sind, z. T. sogar automatisch von Leuten genützt werden, die gar keine spezielle Ausbildung in geistiger Arbeitstechnik genossen haben. Kreatives Denken vollzieht sich ganz besonders im Kraftfeld von Ursache, Zweck und Wirkung von Dingen, Erscheinungen und Systemen. Die entsprechenden Denkprozesse können allerdings ökonomisch oder unrationell stattfinden. Gute Denkgewohnheiten begünstigen das Verhältnis zwischen Aufwand und Ertrag kreativer Prozesse. In diesem Kapitel geht es um folgende **Denkprozesse, die sämtliche eine Art Ansatzmechanismen für die schöpferische Leistung darstellen:**

- Terminologisches begriffliches Denken
- Analytisches, hinterfragendes Denken
- Deduktive und induktive Fragetechnik
- Veranschaulichendes, bildhaftes Denken
- Komparatives (vergleichendes) Denken
- Kombinatorisches Denken
- Hypothetisches Denken (geistiges Basteln mit Annahmen)
- Synthetisches (zusammenbauendes) Denken
- Abstraktes Denken (vom einzelnen auf das Allgemeine/ Wesentliche/Normative schließend)
- Produktives (ergebnisstrebendes) Denken
- Reproduktives (nachbildendes) Denken
- Intuitives (erahnendes) Denken
- Vertikales Denken (logisch-geregeltes Denken)
- Laterales (unorthodoxes-sprunghaftes) Denken
- Traumdenken (Tagträumerei- und Schlaftraum-Nutzung)

In den Xenien von Goethe heißt es: „Ich hab'es klug gemacht, ich habe nie über das Denken gedacht.“ Wir meinen, es lohne sich über die eben spezifizierten Denkarten etwas gründlicher nachzudenken, da sie die **Generatoren, d.h. Energieerzeuger der Kreativität sind.**

12.1 Terminologisches (begriffliches) Denken

Unscharfe Begriffe verschärfen die Diskussion.

In Diskussionen in Politik und Wirtschaft fällt besonders auf, wie oft von unterschiedlichen Prämissen ausgegangen wird, weil die **Begriffe nicht im voraus klar definiert** werden. Kommt noch hinzu, daß selbst an sich gängige Begriffe von vielen falsch interpretiert werden, denn sprachliche Unsicherheiten und Bildungslücken können leicht Mißverständnisse hervorrufen, und als Folge davon laufen dann die Meinungen auseinander. Das kann schon im Familienkreis passieren.

Kommunikation, auch Redekunst, bedingen die Verwendung klarer Begriffe, in anspruchsvollen Bereichen notfalls vorherige ausdrückliche Erläuterung fachterminologischer Zusammenhänge. Beim Lesen und Zuhören begnügen sich viele mit einer halben Ahnung, wenn ihnen, vielleicht unvermeidlich, Fachausdrücke oder sonstige anspruchsvolle Begriffe serviert werden. Es ist ja eine bekannte Schwäche vieler, daß sie lieber im Dunkeln tappen, statt mutig zu fragen, was unter ... zu verstehen sei. Und auf der Senderseite ist es ebenso falsch, einen akademisch überzogenen oder fachchinesischen Wortschatz in Anspruch zu nehmen, der den anderen mit Sicherheit überfordern muß. Meist ist dies nur eine Folge überheblicher Einstellung oder fehlenden Einfühlungsvermögens in den Partner, in selteneren Fällen vielleicht gar ein Versuch bewußter Deklassierung des Gesprächspartners.

Wer im kreativen Bereich tätig ist, muß sich stets um besonders verständliche Ausdrucksweise bemühen und heikle Begriffe eben absolut klar definieren, bevor in der Diskussion Mißverständnisse zu Zeitverlusten und Bloßstellungen führen. Als Zuhörer sollte man immer gleich um Klärung von Zusammenhängen bitten statt nur zu hoffen: „Der Groschen wird später vielleicht doch noch runterfallen." Meistens fällt er dann nämlich nicht, und das Ergebnis ist Verwirrung und unnötige Komplizierung des Dialogs. Als Leser suche man verständliche Lektüre und habe stets auch ein Wörterbuch zur Hand, falls gewisse Begriffe einer Abklärung des genauen Wortsinnes bedürfen.

Bei **interdisziplinären Konferenzen** besteht ganz besonders die Gefahr, daß das Fachwissen unter den Teilnehmern – je nach ihrer Sparte – ganz unterschiedlich orientiert ist, und da meine ich, es wäre von Vorteil, vor solchen Konferenzanlässen die in den verschiedenen Bereichen zu verwendenden **Begriffe auf einer Liste vorher übersetzt abzugeben** und bei Eröffnung der Konferenz noch ganz speziell an eine verständliche Ausdrucksweise zu appellieren, mit Rücksicht auf die vertretenen unterschiedlichen Fachdisziplinen.

Kreative, die echte Fachkapazitäten sind, werden sich auch beim Verkauf ihrer Ideen und Problemlösungen an bestimmte Adressatengruppen mit Vorteil bemühen, ihr Fachchinesisch oder ihren Akademikerslang zu unterdrücken, um die Innovation und die damit möglicherweise zusätzlich verbundene Motivation erfolgreich zu gestalten.

12.2 Analytisches, hinterfragendes Denken

„Fragen macht klug"

Sprichwort

Selbst scheinbar Einfaches hat oft anspruchsvolle Hintergründe. Wer zu sehr nur auf den Schein geht, sieht zu wenig hinter die Dinge. Wir sollten die Unbefangenheit des Fragens im Kindesalter auch später bewahren. **Wer geschickt fragt, ehrt den Partner**, wenn dieser ein überlegenes Wissen ausspielen kann und dazu noch dem Fragenden einen Dienst erweisen kann. Wer nicht fragt, nur aus der Angst heraus, dem Partner als ungebildet zu erscheinen, ist mehr als unklug und nimmt dazu dem Partner noch die Genugtuung, seinen besseren Informationsstand auszuspielen.

Die Frage ist ein starkes Mittel dialektischer Befruchtung; sie animiert den Gedanken- und Erfahrungsaustausch, führt zu persönlichem Kontakt mit dem Gesprächspartner und vermag das schon vorhandene Wissen zu ergänzen und zu vertiefen.

Gelegentlich glaubt jeder, genügend hinter eine Sache, einen Zusammenhang oder einen Menschen zu sehen – und wer hätte sich dabei nicht schon grob fahrlässig getäuscht! **Fragen dienen somit auch der Absicherung von Sachverhalten, Meinungen oder Annahmen.** Nicht selten ergeben harmlos gestellte Vergewisserungs- oder Bestätigungsfragen überraschende andere als die eigentlich erwarteten Einsichten, und man ist gescheiter geworden!

Natürlich kann man sich mit unglücklicher Fragerei auch exponieren. Folgende fehlerhafte Fragearten sind an den Pranger zu stellen:

– Aufdringliches Fragen – Komplizierte Fragerei, die der andere nicht richtig versteht – Fragestellungen, die den anderen herabsetzen oder bloßstellen – Fragen, die ihn brüskieren oder unter Zwang setzen – Fragen, die den anderen als dumm verkaufen – Fragen, die ein Geständnis erpressen wollen – indiskrete Fragen, die niemand gerne beantwortet.

Ganz generell ergeben geschickte Fragestellungen dagegen einen imposanten Katalog von Vorteilen für den Fragestellenden, das Gespräch und nicht zuletzt auch für den Partner:

- Wer fragt, führt weg vom Monolog und hin zum Dialog.
- Wer fragt, aktiviert den Partner und spricht ihm Kompetenz zu, die richtige Antwort zu finden.
- Wer fragt, erlaubt dem anderen, seine Rolle zu spielen und sein Wissen imponierend zum Ausdruck zu bringen.
- Mit geschickten Fragen lassen sich auch heikle Situationen abfangen.
- Emotionelle Partner kann man damit versachlichen, aufs Wesentliche reduzieren, auf die realistische Ebene zurückführen.
- Wer fragt, vermeidet Leerlauf und gewinnt Zeit.
- Schwätzer können mit Fragen sinnvoll gestrafft und gesteuert werden.
- Mit Fragen läßt sich der andere aus dem Busch holen.
- Wer fragt, vermeidet eigene Bloßstellung als Folge vorschneller Annahme.
- Wer fragt, läuft nicht Gefahr, direkt zu widersprechen.
- Fragende lernen immer noch dazu. (Der gescheite Kipling sagte einmal: „Ich habe sechs Bedienstete, die mich alles gelehrt haben, was ich weiß. Ihre Namen sind: Wer und Was, Wie und Warum, Wo und Wann.“)
- Mit geschickten Fragen lassen sich Ideen verkaufen.
- Wer gezielt fragt, macht den anderen zum Mitgestaltenden, läßt ihn die richtigen Lösungen „mitfinden“ – so überzeugt er sich selbst und muß kaum mehr von uns überzeugt werden.
- Mit geschickten Fragen kann man unaufdringlich Bedürfnisse wecken.
- Der Fragende vermag Antworten oder Reaktionen herauszufordern.
- Mit Fragen kann man Zustimmung erwirken.
- Mit Fragen können Widerstände, Motivationen, Hemmungen, bremsende Erfahrungen oder von Drittseite her suggerierte Auffassungen herausgefunden oder analysiert werden.
- Mit Fragen lassen sich Verlegenheitsmomente überbrücken.

- Mit Fragen kann man überlegenes Wissen und große eigene Erfahrungen beweisen, imponierend herausstellen.
- Mit guten Fragen fördert man die Entschlußfreudigkeit des Partners.
- Durch Fragen kann man Abschweifende elegant zum Kernpunkt der Sache zurückführen.
- Mit Fragen läßt sich, ohne zu schulmeistern, indirekt Kritik anbringen, lassen sich Standpunkte richtigstellen.
- Fragen, die der Urteilsfähigkeit des anderen schmeicheln, führen dazu, daß er auch unseren Auffassungen Gewicht beilegt.
- Fragen dienen der optimalen, unaufdringlichen Gesprächssteuerung, denn wer fragt, der bestimmt, worüber gesprochen wird.
- Gute Fragen helfen, Einwände zu überwinden.
- Fragen geben uns Gelegenheit, die Reaktionen des anderen zu beobachten.
- Fragen zeigen die eigene Bescheidenheit.
- Fragen führen oft zu neuen, unerwarteten Möglichkeiten, die sonst nicht genutzt werden könnten.
- Fragen lassen uns die Partner besser einschätzen (Intelligenz, Vorurteile, Fachwissen, Bildung, Interesse).
- Fragen gestatten uns, indirekt, aber wirksam Lob und Anerkennung auszusprechen („Wie haben Sie es nur fertiggebracht...?").
- Mit Fragen können wir den anderen den Kropf leeren lassen.
- Mit Fragen läßt sich Spannung lösen oder Ärger abbauen.
- Gute einfühlende Fragen schaffen ein persönliches Klima.
- Fragen bringen Anregung für neue Argumente.
- Fragen dienen der Ablenkung des anderen, in Verbindung mit einem Themawechsel.
- Mit gezielter Fragetechnik können wir die Initiative wieder auf unsere Seite bringen.
- Durch die gestellten Fragen wird das Denken des Partners – oft auch unser Denken – klarer.
- Durch geschicktes Fragen verwandeln sich unsere Ideen zu vermeintlichen „eigenen" Ideen des Partners.
- Mit Fragen läßt sich indirekt informieren und auch Gegeninformation beschaffen.

Welche Fragetypen lassen sich im Gespräch mit irgendwelchen Partnern einsetzen? Aus meinem „Großen Euro-Verkaufshandbuch" zitiere ich folgende 17 Fragearten – hier etwas zugespitzt auf analytische Arbeit im Kreativbereich:

- **Aufschließende Frage:**
  „Darf ich fragen, wie Sie bisher das Problem … gelöst haben?“
- **Kontrollfrage:**
  „Bin ich richtig informiert, wenn ich annehme, daß…?“
- **Vergleichende Frage:**
  „Inwiefern ist die Lösung A der Lösung B überlegen?“
- **Antithetische Frage:**
  „Wenn einerseits behauptet wird, daß …, und andererseits nachgewiesen ist, daß…, welche Vorteile muß und welche Nachteile dürfte dann die neue Lösung haben?“
- **Abtastfrage:**
  „Gäben Sie einer Lösung auch Chancen, wenn sie nicht optimal ist?“
- **Prüffrage:**
  „Haben Sie auch versucht, in Ihrem Vorschlag die Sicherheitsbedürfnisse für die Durchführung solcher Prozesse zu berücksichtigen?“
- **Alternativfrage:**
  „Was eignet sich für diesen Versuch besser, Hydraulik oder Pneumatik?“
- **Reizfrage:**
  „Und Sie streben diese Lösung an, obwohl hier eindeutig das Risiko besteht, daß…?“
- **Beurteilungsfrage:**
  „Es würde mich interessieren zu hören, wie Sie die ersten beiden Lösungsvarianten hinsichtlich Realisierungschancen beurteilen?“
- **Vergewisserungsfrage:**
  „Sie scheinen einiges gegen die Verwendung der ...-methode zu haben – gibt es dafür einen gewichtigen Grund?“
- **Ja-Sammelfragen:**
  „Sind Sie auch der Meinung, daß…? Haben Sie auch die Erfahrung gemacht, daß…? Liegt es zudem nicht im Interesse der Gebraucher, daß…?“ (Aufsummieren von Vorteilen, um für den Zweck zu gewinnen.)
- **Persönliche Frage:**
  „Was halten Sie ganz persönlich von diesem Vorschlag?“
- **Abfangfrage:**
  „Ich verstehe Ihre Befürchtungen, aber wie würden Sie denn die Lösung zu gestalten versuchen?“
- **Zweifelfrage**:
  „Glauben Sie, daß dieser Lösungsvorschlag akzeptabel ist – auch angesichts des gravierenden Nachteils, daß…?“
- **Deduktive Frage:**
  „Was für Schlußfolgerungen ziehen Sie jetzt aus den erhaltenen Resultaten?“

- **Induktive Frage:**
  „Und welche Methode scheint Ihnen aufgrund bisheriger Testresultate die geeignetste zu sein?“
- **Abschließende Frage:**
  „Dann könnten Sie sich nach Abwägung der verschiedenen Lösungsvarianten also endgültig für die Variante C entscheiden?“

(Die Suggestivfrage haben wir in unserer Aufstellung übergangen, weil sie manipulativen Charakter hat und gerade deshalb auch oft den Widerspruch herausfordert und in der Kreativarbeit somit kontraproduktiv ist.)

Eine bekannte Lernmethode ist die **Fallstudie, die die Technik analysierenden Fragens hervorragend schult**, weil jede Fallstudie – die ja eine Situationsbeschreibung darstellt – absichtlich **Informationslücken** enthält, die erst herzufinden und auszufüllen sind, bevor man die von der Fallstudie bezweckten Erkenntnisse, Regeln, Gesetzmäßigkeiten oder richtigen Verhaltensweisen zu erarbeiten vermag. Kant meinte: „Es ist ein Beweis von gutem Verstande, wenn der Mensch weiß, wie gut er Fragen soll.“ **Sokrates** gilt als unbestrittener Meister der Fragetechnik. Josef Vital Kopp hat in „Sokrates träumt“ (Benzinger Verlag in Einsiedeln) mit unerhörter Sprachkunst die „geistige Hebammenkunst“ des großen Philosophen zu einem historischen Portrait verwoben. Sokrates hat bekanntlich die **Mäeutik entwickelt, welche durch methodisch geschicktes Fragen die im Partner schlummernden, diesem aber nicht bewußten Antworten und Einsichten ans Licht bringen soll.** Ich wüßte kein besseres „Lehrbuch“ für Leute, die die Fragetechnik zur hohen Kunst entwickeln möchten. Es läßt die führenden Männer Athens im Widerschein der brennenden Probleme jener Zeit erkennen, und die Sokratische Fragetechnik führt wie ein roter Faden durch die Gespräche hindurch. Was für ein Gegensatz zu den politischen Gesprächen von heute, wo vornehmlich mit Behauptungen, Aggressionen und brutalen Unterbrechungen mitten im Satz drauflosgeschustert wird. Ja, die Gesprächskultur von einst ist heute – leider – nur noch eine Randerscheinung, der emotionelle Kampfstil dagegen vorherrschend. Vielleicht ist die im Volk breit abgestützte Politikerverachtung deshalb so groß, weil im Grunde doch jeder spürt, daß Fortschrittlichkeit maßgeblich auf sachliche und kreative Gesprächskunst angewiesen wäre, wenn Konkordanz und Zusammenarbeit zustande kommen sollen.

So anspruchsvoll gute Fragetechnik ist, so klar erhellt andererseits, daß sie primär Mittel der Analyse ist. Und Analyse stellt eine Voraussetzung für Abklärung und Durchschaubarkeit von Zusammenhängen dar. Es gibt keine vernünftigen Erkenntnis-

prozesse ohne ein Durchsichtigmachen von Ursachen, Hintergründen, Zwecken und Beweggründen.

Ohne eine Analyse wird Folgern und Urteilen gefährlich, verkennt man Situationen und Personen, entstehen Fehllösungen und Mißerfolge. Wir sind eigentlich immer zu schnell bereit, „Fakten", Behauptungen, Meinungen, Ideologien und auch Prophezeiungen auszugeben, statt sie vorerst zu hinterfragen. **Hinterfragen ist eine Kardinalfunktion des kreativen Denkens.** In der Forschung und im Bereich des Erfindens sind sogenannte unumstößliche Tatsachen tausendfach über den Haufen geworfen. Die fatale Verwechslung von Hypothesen und Tatsachen gehört zum irrenden Menschen. Unfehlbarkeit ist zwar ein Begriff, aber im Grunde genommen nichts als eine Fiktion. Es gibt sie nicht. Unfehlbare Leistung wäre absolute Perfektion, ist ein Anspruch, der verwegen auch die Zukunft – und damit die Ewigkeit! – einschließt; wer aber vermöchte als Irrender solchen seherischen Ansprüchen zu genügen? Selbst kreative Höchstleistungen sind nicht unfehlbar; auch Genies haben vielfach zurückstecken müssen, sind von anderen Genies übertroffen worden. **Jeder ist immer nur auf dem Wege zum besseren Zustand, und sei es noch so ein hochstehender Geist. Gerade darum muß das Hinterfragen und Analysieren jedem schöpferischen Menschen zur Geisteshaltung werden.**

12.3 Deduktive (ableitende) und induktive (hinführende) Fragetechnik

„Das Besondere unterliegt ewig dem Allgemeinen; das Allgemeine hat ewig sich dem Besonderen zu fügen."

Goethe

Dieses Kapitel dürften wir nach dem Abschnitt über „Analytisches, hinterfragendes Denken" fast schon als behandelt erachten. **Deduktion ist Ableitung des Besonderen und Einzelnen vom Allgemeinen**, also ein Schlußfolgern zum Partikulären hin, und zwar **mit Hilfe der Logik und der Beobachtungsgabe**. Daß dies bis zu einem gewissen Grade auch ein **kreativer Prozeß** ist, kann wohl niemand stichhaltig widerlegen, aber wir haben in unserem Titel von Kapitel 12 ja von „Ansatzmechanismen des kreativen Denkens" gesprochen. **Deduktive und induktive Fragetechnik sind also Hilfsmittel des schöpferischen Überlegens, Vorausphasen, zugleich auch Techniken des vorbereitenden Erkenntnisprozesses. Induktion** ihrerseits ist – philosophisch verstanden – die **Hinführung vom besonderen Einzelfall auf das Allgemeine oder Gesetzmäßige, sozusagen eine**

konstruktive Umsetzung von Einzelfakten zu einem erkennenden, verbindenden System, das einen übergeordneten Gültigkeitsanspruch haben darf. Am Beispiel erklärt: Aus allen Einzelverhalten, die im Verkehr von Fahrzeugen Gefahren ausschließen können, hat man induktiv ein Verkehrsgesetz von verbindlicher Gültigkeit für alle Verkehrsteilnehmer geschaffen, während sich aufgrund des bestehenden Verkehrsgesetzes deduktiv bestimmen läßt, daß ein gewisses gefahrenträchtiges Verhalten eines einzelnen Verkehrsteilnehmers gesetzwidrig und bußanfällig ist.

In der Praxis hat jeder es laufend mit partikulären Fakten und mit Regelsystemen zu tun. Der Kreative muß beides jederzeit wesensmäßig auseinanderhalten, aber auch beides in seine schöpferische Arbeit einbeziehen, weil das kreative Endresultat evtl. umfassender konzipiert sein kann als ein Teil-Regelsystem.

Das alles erklärt die Notwendigkeit eines omnipräsenten deduktiven wie induktiven Hinterfragens von Zusammenhängen und Abhängigkeiten im schöpferischen Prozeß.

12.4 Veranschaulichendes (bildhaftes) Denken

Wenn seinerzeit die Erfindung der Buchdruckerkunst beim Menschen das Zu-einander-Reden durch das auch Lesen-Können erweiterte, so ist es heute eine auffällige Erscheinung, daß der Mensch immer stärker nach bildhafter Information drängt. Der Film, das Fernsehen, die illustrierten Zeitschriften, die Entwicklung der Grafikkunst und der Comic strips (Bildgeschichten mit Sprechblasen-Texten) haben uns umerzogen. Die Informatik übernimmt auch immer mehr – dem Geist der Zeit folgend – die Kunst der Veranschaulichung in ihren Bildschirmsystemen.

Was lernen wir aus der Bildhörigkeit des heutigen Menschen? **Daß sich wohl die Kommunikation immer ausgeprägter vom bloßen geschriebenen und gesprochenen Wort freimachen muß, zugunsten bildhafter Vermittlung.**

Der Homo sapiens ist zum typischen **Augenwesen** geworden. Über sein Auge nimmt der Mensch Informationen schneller auf als über sein Ohr, er versteht Zusammenhänge leichter und verarbeitet sie auch rascher. Zudem prägt sich ihm **Bildhaftes** stärker und für längere Zeit ein. Im Kontext mit der Gedächtnisarbeit haben wir in früheren Kapiteln darüber schon Bestimmendes ausgesagt.

Wer mit umfangreichem Wissen umzugehen hat, ist als **Lesender und Lernen-**

der auf die **lesefreundliche und z.T. bildhafte Gestaltung** von Zeitungen, Büchern, Fachwerken etc. angewiesen. Wo er eigene kreative Leistungen weiterzugeben, zu „verkaufen" oder zu realisieren hat, da ist auch er verpflichtet, dies in verarbeitungsgerechter Form zu tun. So habe ich mich in diesem hier vorliegenden Buchwerk auch um eine leserfreundliche Gestaltung bemühen müssen. Gliederung, Buchumfang, Buchgröße, Strukturierung des Inhalts, Hervorhebung des Wichtigen, Schrifttypen, Variation der Titelgrößen, bildliche Darstellungen und Tabellen, Übersichtlichkeit von Inhaltsverzeichnis, Definitionen-Liste und Nachschlagregister wollten sinnvoll überlegt sein. Nicht zuletzt habe ich als Autor versucht, durch **Checklisten** und **Interviews mit bekannten Kreativpersönlichkeiten** einen zusätzlichen Interessenanreiz zu schaffen.

12.5 Komparatives (vergleichendes) Denken

Im Menschen ist das Bedürfnis, sich mit anderen zu vergleichen, tief eingeritzt. Aber auch Gehörtes, Gelesenes oder Betrachtetes vergleicht ein lebendiger lernender und somit geistig verarbeitender Mensch fortlaufend mit interessanten Parallelgrößen oder -erscheinungen. Am auffallensten ist die Lust, sich mit anderen zu vergleichen, bei den Frauen ausgewiesen: Man betrachte nur eine wartende Dame in einem Laden, wie sie andere eintretende Geschlechtsgenossinnen anschaut, prüfend, geschmacksbewertend, im Stillen vielleicht bewundernd oder kritisch bemängelnd, je nach Aussehen und Aufmachung.

Und das ist nicht negativ gemeint, obwohl es den Satz des Marcel Aymé gibt: „Es ist ein Irrtum anzunehmen, Frauen machten sich schön, um Männern zu gefallen; sie tun es, um andere Frauen zu ärgern." Persönlich halte ich dafür, daß der Mensch gerne dauernd Vergleiche zieht, **um auch andere Maßstäbe neben dem eigenen zu nützen, um von anderen lernen zu können, um nach dem Überlegenen zu jagen – kurz, um sich zu entwickeln und zu steigern.** Und das ist sicher eine erlaubte, ja wünschenswerte Lebenshaltung. Wer sich dagegen nicht mit Besserem vergleicht, bleibt stehen, versimpelt oder wird gar überheblich, weil er sich auf die Dauer gerne überschätzt.

Geistiges und kulturelles Vorwärtskommen profiliert sich also am Vergleich mit Höherwertigem, bezieht daraus Ansporn und den Ehrgeiz, sich zu Besserem hin zu entfalten.

In der kreativen Arbeit sind es die **Visionen des Künstlers von einer höheren Vortrefflichkeit des neuen Werkes** gegenüber bisher Geschaffenem, die nichts anderes als einen animierenden Vergleich ergeben. Im **operationalen kreativen Bereich** ist es der Vergleich des Ist-Zustandes mit dem Soll-Zustand, der innovative Kristallisationen ermöglicht, mit anderen Worten **organisatorische oder systemmäßige Perfektionierung** auslöst.

> Wie immer das schöpferische Gefälle für die kreative Leistung beschaffen ist, ohne vergleichendes Bewerten käme es gar nicht zustande. Und auch während des ganzen kreativen Prozesses ist komparatives Denken ununterbrochen gefragt: Ist es wirklich, was wir uns vorstellen? Ist diese Variante nicht besser als die andere? Wie wurde denn das Problem früher gelöst? Ließe sich nicht noch mehr herausholen, wenn wir so statt so vorgingen? Könnte man noch überlegenere Mittel einsetzen? Wie präsentieren sich die verschiedenen Realisierungswege von den Kosten her? Wer hätte noch mehr Erfahrung in die Entwicklung einzubringen als wir? Mit welcher Vergleichsvariante ließe sich ein bestimmter Nachteil vermeiden?

Jeder ist eigentlich zu vergleichenden vernünftigen Fragestellung fähig, sofern er **flexibel, vorurteilsfrei und etwas perfektionistisch** eingestellt ist.

Vergleiche lassen sich oft auch quantifizieren: Vor- und Nachteillisten, Kostenvergleiche in Zahlen, Vergleiche von Maßnahmenbudgets für Vorgehensvarianten, statistische Vergleichsrechnungen und Schwierigkeitsberechnungen für verschiedene Varianten sind nur einige Hilfen, die sich hier oder dort sinnvoll nützen lassen.

Noch ein Hinweis, wie leicht man übersieht, daß man dauernd vergleicht: **Diskussionen, Erfahrungsaustausch, Gespräche mit Fachleuten usw. sind doch zu einem bedeutenden Teil Vergleiche von Meinungen, Erkenntnissen, Einsichten, Methoden, Versuchsresultaten oder Forschungsergebnissen.**

> **Schlußfolgerung: es gibt keine brauchbaren kreativen Leistungen ohne ständige vergleichende Tätigkeit.**

12.6 Kombinatorisches (verbindendes, assoziatives) Denken

Es gehört offenbar zur Natur des kreativ Schaffenden, daß er nicht nur partikulär denkt, also aufs Einzelobjekt fixiert ist, sondern auch stets verbindende Bezüge ins Auge faßt. **Kombination bedeutet zweck- oder planvolles Verbinden von Ein-**

zelelementen zu einer Einheit oder einem Vorstellungsbild. Dabei läßt sich logischerweise nicht nur Gegenständliches kombinieren, sondern ebenso produktiv kann zweckverbindendes Verknüpfen von Vorstellungen, Ansichten, Meinungen, Mutmaßungen sein. In diesem Zusammenhang spricht man ja auch von Ideenassoziation. Verknüpfen kann man **Ähnliches** – aber selbst **Gegensätzliches** läßt sich in seiner Auswirkung oder Verursachung manchmal kombinieren. Eßbares und Trinkbares erscheint als Gegensatz – von der Ernährung her ist es aber nicht nur eine sinnvolle, sondern notwendige Verbindung. Das Kombinieren von bestimmten Speisen mit ganz bestimmten Weinen vermag das Geschmackserlebnis zu intensivieren, ja zum Hochgenuß hinzuführen.

> **Der lebendige Geist assoziiert viel schneller und reichhaltiger als ein lahmer Geist. Was interessiert und sehr persönlich anspricht, assoziiert stärker Gedankeninhalte oder seelische Erlebnisse zu einem gesamthaften Vorstellungsbild. Die Stärke, mit der abrufbare Eindrücke (Erinnerungen) seinerzeit eingeprägt wurden, hat auch seine Bedeutung: schwache Eindrücke werden zögernder oder überhaupt nicht assoziiert; starke Erinnerungen verknüpfen sich rascher und intensiver mit gerade fixierten Gedankeninhalten.**

Im übrigen: **Gedanken- und Ideenassoziationen können sich auch durch selbsttätige unbewußte Verbindung unserer Vorstellungen ergeben.** Daß wir so ungeplant von einem Gedanken auf einen anderen kommen können, ist im Grunde genommen für den menschlichen Verstand nicht faßbar. Wir können uns nur mit der Feststellung begnügen, daß **jeder jeden Tag von eigenen Gedanken- oder Ideenassoziationen profitiert. Das Wunder Mensch macht sie ohne Erklärbarkeit einfach möglich.**

Mit **Assoziationstests** kann man das **Reaktionsvermögen auf bestimmte Reizwörter** testen. Je rascher und vielgestaltiger man darauf zu reagieren vermag, desto stärker ist das Assoziationsvermögen. Allerdings wird dieses im einzelnen Fall auch wieder vom unterschiedlichen Erlebnis- und Erfahrungsbackground abhängen, der hinter dem Reizbegriff auf die betreffende Person wirken kann.

Abschließend: je besser und vielseitiger man zu kombinieren vermag, desto schneller ergeben sich Ideen, Lösungsvorschläge oder nutzbare Systeme – umso größer also die Kreativität, obwohl das Kombinationsdenken ja nur e i n e bestimmte Art des Denkens ist.

12.7 Hypothetisches Denken (geistiges Basteln mit Annahmen)

Eine **Hypothese** ist laut Duden eine **Annahme, Vermutung oder ein Vorentwurf für eine Theorie.** Wo Lösungen noch nicht greifbar sind, da versucht man sich auf dem Weg über Hypothesen an eine solche heranzutasten, sozusagen in der Form einer Unterstellung, einer unbewiesenen Aussage. Interessant noch diese Lexikondefinition:

> „Unter Hypothese versteht man eine exakt definierte und widerspruchsfreie wissenschaftliche Annahme über den Zusammenhang beobachtbarer Größen (Variablen), die zwar einen gewissen Wahrscheinlichkeitsgrad hat, aber der Verifikation bedarf, häufig über den Versuch der Feststellung ihrer Falschheit (empirische Falsifikation). Jeder wissenschaftlich-systematischen Untersuchung geht mindestens eine Hypothese voraus, die auch die Methodik des Verifikationsversuchs bestimmt. Ist die Annahme erst vorläufig und dient sie überwiegend als methodischer Leitfaden, so spricht man von „Arbeits-Hypothese“.“ „Zur Theorie“ wird eine Hypothese, wenn ihre Richtigkeit durch Tatsachen klar und eindeutig als bewiesen gilt. Anstelle von „Theorie“ kann es auch heißen: Grundsatz, Gesetz, Richtsatz, Axio, oder **im Kreativbereich: Lösung**.

Die Suggestion „Nehmen wir mal an...“ ist jedem geläufig. **Für den Kreativen ist es geistiges Basteln, ein spielerisches Aus- und Abwägen von Annahmen relativer Treffsicherheit, um so schrittweise folgernd zu einer Lösung hinzugelangen.** Das methodische Vorgehen mittels hypothetischer Annahmen ist zugleich eine Bestätigung des Grundsatzes, daß man **nach Möglichkeit mehrere Variablen suchen bzw. bestimmen** sollte, bevor man darangeht, eine definitive meistbietende Lösung zu erwählen. Oder anders ausgedrückt: **je mehr Variablen man zur Auswahl hat, desto größer ist in der Regel die Treffsicherheit für die endgültige Lösung.**

Hypothesen und Variablen gehören somit zur Arbeitstechnik des Kreativen. So wie schon beim Schüler der Entwurf ein erster Versuch eines Aufsatzes ist, der bei der Reinschreibung noch wesentliche Veränderungen erfahren kann, so arbeitet der schöpferische Mensch auch mit „Entwürfen“, wie aus dem Leben unzähliger Genies bekannt ist. Und im Grunde hat ja auch die Evolution mit „Entwürfen“, „Hypothesen“ und „Variablen“ gearbeitet, z. B. in der Menschwerdung:

Menschliche Evolution mit Fragezeichen…

Die Entwicklung des Menschen bis zum „Homo balcanicus“.

12.8 Synthetisches (zusammenfügendes) Denken

Für den schöpferisch Tätigen bedeutet Synthese ein sinnvolles Zusammensetzen oder Verbinden brauchbarer Komponenten zu einem Ganzen. Dabei kann man unter „Komponenten“ Ideen, Empfindungen, Einfälle, Eingebungen, Vorstellungen, Thesen, Erkenntnisse, Teilkonstruktionen, Elemente usw. verstehen, je nach dem Bereich, in welchem kreative Arbeit geleistet wird.

Wenn wir ein Puzzle nehmen, so ist klar, daß in kunterbunter Mischung die Einzelteile – und schaue man sie sich noch so genau an – absolut nicht ahnen lassen, was letztendlich für ein Bild daraus wird.

> **Auch die kreative Arbeit besteht in den meisten Fällen aus einer Vielzahl von Einzelelementen, die es mühevoll zu suchen oder zu erschaffen gilt, bis zuletzt die Kreation vorliegt. Im Künstlerischen ist das nicht anders als in der operationalen Kreativität.**

Ein Roman entsteht aus tausend Abläufen; ein Meisterwerk wie die „Nachtwache“ von Rembrandt setzt sich aus ungezählten Einzelbildern zusammen, die letztlich das imponierende Ganze ergeben (und von allen Bildteilen sind bei manchen Malern zuerst diverse Entwürfe kreiert worden!). Genau so ist es undenkbar, daß ein 6- oder 10seitiges **Inhaltsverzeichnis eines Fachbuches** – bevor es notabene geschrieben ist – in einem Wurf entstehen kann. Es braucht umfangreichen geistigen Such-, Ordnungs-, Ergänzungs- und Formulierungs-Aufwand, bis es nur in der ersten Fassung steht. Und es dürfte keinen einzigen Autor auf der Welt geben, bei dem sich die ursprüngliche umfängliche Konzeption des Inhalts während des Schreibens des Buches nicht noch wesentlich verändert, teilweise verkürzt und erweitert.

Wir haben schon vom **kombinatorischen Denken** gesprochen; dieses muß sich fast zwangsweise **der synthetischen Denkarbeit hinzugesellen**, denn der Geist kann aus bestehenden Elementen nicht wahllos einzelne herausgreifen, sondern sie müssen zielgerecht selektioniert werden, um ein sinnvolles und logisch aufgebautes Ganzes zu ergeben. Und gerade die Synthese unterstützt noch andere kreative „Techniken“, um ihre Puzzle-Arbeit zu bewältigen, vielleicht **intuitives Überlegen, visionäre Kraft, Sensitivität, Originalität und nicht zuletzt natürlich auch eine selektive Gedächtnisarbeit.**

Aus all diesen Feststellungen erhellt, daß **die synthetische Arbeit besonders kreativ angehaucht sein will**, soll sie zu einem runden Ergebnis führen.

So wie im medizinischen Gebiet ein guter **Diagnostiker** ein Arzt ist, der es ausgezeichnet versteht, Einzelbeobachtungen und -untersuchungen synthetisch zu einem stimmigen Krankheitsbild zusammenzusetzen, so muß auch in der operationalen Kreativität ein **Innovator** aus seinem Mosaik an Beobachtungen, Feststellungen, Zielen und Untersuchungen synthetisch eine **ganzheitliche Lösung** erwirken.

> **Synthetische Arbeit kann man üben. Für das kreative Endresultat ist sie kaum hoch genug zu veranschlagen.**

12.9 Abstraktes (überordnendes) Denken

Abstrahieren heißt sich vom Gegenständlichen lösen, Allgemeingültiges erkennen, Einzelfeststellungen auf den wesentlichen Kern zurückführen oder die Idee erfassen, die hinter Worten oder Sätzen stehen kann. Als Vergleich: die abstrakte Kunst versucht den rein geistigen Kern einer Sache darzustellen, in Loslösung von Gegenständlichem.

Wer große Ziele anstrebt, muß sich übergeordnete, abstrakte Werte vorstellen können. Freiheit, Güte, Kraft, Sicherheit, Harmonie, Geborgenheit, Treue, Friede sind Beispiele abstrakter Begriffe. Hinter all diesen **Imaginationen** stehen Einzelheiten und Gegenständliches. **Dieses Einzelne so zu verarbeiten, daß geordnete Zusammenhänge, Gemeinschaftliches, Überdachendes erkennbar werden, ist die funktionale Aufgabe der Abstraktion.** Wer sich vom Detail zugunsten einer Gesamtschau nicht loslösen kann, hat eine begrenzte Wahrnehmungsfähigkeit, strapaziert vielleicht die Ausnahme, ist perspektivisch eingeengt, vermag nicht die großen Linien zu erkennen und kann sich zuwenig auf Wesentliches konzentrieren. Warum erlebt man in vielen Diskussionen pimpelige Auseinandersetzungen und Detailkrämerei? Weil vielen die Kunst abstrakten Denkens nicht gegeben ist. „Mit den Füßen im Schlamm – mit dem Kopf in den Sternen ist der Mensch das einzige Wesen, das sich selber nicht gewachsen ist", so heißt es irgendwo. Tatsächlich, der Hang zur Wesentlichkeit fehlt den meisten. Im Tornister des Kreativen muß er vorhanden sein, sonst fehlt letzterem die Linie, der Drang zum Entscheidenden und übergeordnet Richtigen.

Es gibt nirgends ein Schulungsprogramm für abstraktes Denken. Eine **breite Allgemeinbildung** und **Interesse für die Technik der geistigen Arbeit** tragen aber sicher dazu bei, daß man mit der Zeit alles eher aus erweitertem Blickwinkel betrachtet und so Wesentliches, Grundsätzliches und Entscheidendes rascher und auch genauer erkennt.

12.10 Produktives (ergebnisorientiertes) Denken

Viele Einzelfähigkeiten, die insgesamt schließlich das Obenerwähnte ausmachen, haben wir schon ausführlich erläutert: Zielstrebigkeit – Initiative – Selbstvertrauen – Durchsetzungsvermögen – Selbstprogrammierfähigkeit – Arbeitssystematik – Erfolgsgläubigkeit.

Was hier aber noch besonderer Erwähnung verdient, ist die **Praxisgerechtigkeit im Erfolgsstreben**. Wirklich zählbarer Nutzen motiviert immer beide: den kreativ Tätigen wie auch die von nützlichen Kreativleistungen Profitierenden.

Die Perspektive des praktisch Verwertbaren ist für viele heute absolut entscheidend. Es bringt ja auch nur dieses vorwärts. Die Aversion gegen den reinen Theoretiker in der breiten Allgemeinheit wächst. Selbst die Hochschulen, die früher den Typus des sterilen Theoretikers geradezu züchteten, haben weitgehend eingesehen, daß der Kontakt mit der Praxis für keinen Akademiker mehr entbehrlich ist. Theorie kann ein vorzügliches Hilfsmittel darstellen, wenn sie nicht nur auf der Wissenschaft fußt, sondern zugleich Destillat praktischer Erfahrung und somit im Alltag verwertbar ist. Umgekehrt hat jeder Praktiker die Verpflichtung, sich über die wissenschaftliche Weiterentwicklung ständig auf dem laufenden zu halten, da diese das praktische Know-how zu ergänzen und zu vertiefen hat.

Steht hinter kreativer Leistung ein produktives und praxisorientiertes Ergebnisstreben, so wird auch das Umsetzen von Innovationsvorhaben leichter vonstatten gehen, weil alle den Nutzen erfassen und durch ihn motiviert werden.

12.11 Reproduktives (nachbildendes) Denken

Der Leser wird sich vielleicht fragen, was solches Denken mit kreativer Leistung zu tun hat. Man könnte darauf – wohl etwas überraschend – wie folgt antworten:

Nachahmung von kreativen Leistungen ist in allen Sparten das tägliche Brot des Fortschritts, deshalb nämlich, weil bei der Nachahmungsabsicht in der Regel doch **der Ehrgeiz erwacht, die Leistung des anderen, wenn möglich, noch zu übertreffen oder nach gewissen Seiten hin zu ergänzen**. Und so kommt es – verbunden mit der ursprünglichen bloßen Kopierabsicht – zu kreativen Nebenleistungen, manchmal auch zu unerwarteten Neuleistungen, die der betreffenden Sparte gut anstehen. Bloßes Kopieren kann ja bei bestehenden Patenten und anderen Schutzvorschriften mit Risiken verbunden sein; ein Kopistenimage spricht sich rasch herum und schädigt auf die Dauer den Ruf eines Unternehmens, Künstlers oder Autors ganz entscheidend; das schlechte Gewissen wirkt auf den Kopisten zurück, selbst wenn er es nach außen tarnt, und schließlich kann ja auch von Berufsbefriedigung in einem solchen Fall keine Rede sein. Aus all dem wird dann eben oft Kreativität statt nur Nachahmung. Allerdings gibt es nach wie vor unzimperliche Kopisten, die gerne auf Kosten anderer reich werden und sich keinen Deut darum kümmern, ob ihr Handeln rechtswidrig und strafbar ist. Das klassische Beispiel ist die Bilderfälscherei, die mit immer raffinierteren Methoden arbeitet und gelegentlich selbst Experten hinters Licht zu führen vermag.

Die reproduktive Arbeit ergibt beim Künstler noch einige interessante Aspekte: Ist es Kunst, wenn Komponisten – wie es besonders früher gängige Erscheinung war – Kompositionen von Berufskollegen zu **eigenen Variationen** umgestalteten? Es gibt bekannteste Variationen von klassischen Stücken, die die Musikwelt nicht missen möchte. Und dieselben Musiker, die von anderen variiert wurden, haben z. T. ihrerseits Stücke anderer Komponisten variiert, einmal als persönliche Auszeichnung der hohen Qualität der musikalischen Vorlage, andererseits als kreative Anstrengung, weiteres musisches Kapital aus der Urkomposition herauszuschlagen, ganz einfach, weil letztere den Folgekomponisten so begeisterte. Das war und ist noch erlaubte und vielfach echt bereichernde Kunst – Hauptsache daß nachgewiesen wird, von wem die Ursprungsmelodie stammt. Auch bei **Dirigenten** stellt sich dem Laien die Frage, **ob in der Kunst des Dirigierens eines Orchesters eine kreative Leistung einfließt oder nicht.** Es gibt ja viele Dirigenten, die sich für bestimmte Interpretationen von Musikwerken einen besonderen Namen geschaffen haben oder überhaupt **ihre Dirigierkunst in so persönlicher Weise zu profilieren wußten, daß die erlebte Klangwelt zum Faszinosum wurde und in die Musikgeschichte einging.** Da über die kreative Seite von Musikaufführungen in der Öffentlichkeit wenig Konkretes bekannt ist, hat es mich verlockt, in diesem Buch einen Dirigenten und Musikwissenschaftler mit reichhaltigster Erfahrung zu diesem besonderen Thema Gültiges aussagen zu lassen. Siehe mein **Interview mit Prof. Dr. Kurt Pahlen.**

Die Tatsache, daß auch künstlerisch-reproduktive Kunst phasenweise ganz eindeutig musisch-kreativ akzentuiert sein kann, erinnert uns daran, daß Verbesserung, Weiterentwicklung und Ausschmückung von Leistungen von uns schon in den Anfangskapiteln als kreativ interpretiert wurden, sobald damit echt Neues oder gar neues Einmaliges in die Welt gelangt.

12.12 Intuitives („fühlendes, erahnendes“) Denken

„Was die Epoche besitzt, das verkünden
hundert Talente. Aber der Genius bringt ahnend
hervor, was ihr fehlt.“
Emanuel Geibel

Intuition ist als Thema bereits unter Kapitel 11.2 (Vorstellungsvermögen/Visionäre Kraft/Intuition) gründlicher angegangen worden. Bergson hat eine interessante Definition aufgestellt, die hier noch beigefügt sei:

„Intuition ist jene Art von intellektueller Einfühlung, kraft deren man sich in das Innere eines Gegenstandes versetzt, um auf das zu treffen, was er an Einzigem und Unausdrückbarem besitzt.“

Beim Kreativen ist hintergründig als Auslöser intuitiven Denkens eine **Ziel-**

oder Wunschvorstellung gegeben, aber es kann auch ein **Programm des Unterbewußtseins** hinter dem intuitiven Denk- und Fühlakt stehen. Solche verursachende Hintergründe haben wir ja schon ausführlich auch im Kapitel 8 „Quellen des schöpferischen Leistungsvermögens“ abgehandelt. Deshalb muß die Bergsonsche Aussage „. . . .,was er an Einzigem und Unausdrückbarem besitzt“ noch ergänzt werden mit „oder was zu sinnvoller Kombination oder Ergänzung wertvoll ist“.

Die ungestüme Entwicklung in Technik und Naturwissenschaften in den letzten Jahrhunderten bewirkte paradoxerweise, daß sich unser Bildungswesen stark auf rationales und intellektualistisches Denken ausrichtete; dabei kam das schöpferische Potential im Bereich der intuitiven Mitarbeit des Unterbewußtseins eindeutig zu kurz. Die Bewältigung der Zukunft ist inzwischen aber so komplex geworden, daß reiner Szientismus – eine Haltung, die auf Wissen und Wissenschaft beruht – zur Aufgabenlösung nicht mehr genügt. **Visionäres, intuitives Vorstellungsvermögen wird als Ergänzungskomponente immer wichtiger**, auch weil die herkömmlichen rationalen Planungsmethoden für die Zukunftsgestaltung nicht mehr ausreichen. **Futurologie ist so vieldimensioniert geworden, daß im Netz vorhandener Einflußgrößen und künftiger Unsicherheiten die Ziel- und Teilzielvisionen reichhaltiger ausfallen müssen als bisher.** Spätere Situationen und Möglichkeiten gedanklich vorwegzunehmen und hypothetische Perspektiven visionär aufzureißen, ergibt den nötigen Manövrierraum, um heute zu begreifen, wie die Problemlösungen von morgen ungefähr angepackt sein wollen. Unsere gewohnheitsmäßige Verhaftung in Gegenwart und Vergangenheit muß sich noch stärker zu einer **prospektiven Haltung** wandeln, in der **Veränderungen und Tendenzen zu späteren Entwicklungen früher als bisher wahrgenommen werden.** „Fühler“ und „Riecher“ sind also nötiger denn je, und solche lassen sich nur ausreichend heranbilden, wenn wir **Intuition und visionäres Vorstellungsvermögen üben und nochmals üben.** Vielleicht ist dies überhaupt der wichtigste Teil des kreativen Bemühens. Denn schöpferische Gestaltung wird ja erst möglich, wenn wir die bloß logisch und rational wirkenden Geisteswerkzeuge durch das spezifisch kreative Instrumentarium ergänzen. **Die Lockerung des Verhältnisses des Menschen zur Autorität** ist eingeleitet und schreitet wohl noch weiter voran. Die frühere **Machtvision** des Begriffes Autorität, die andere der eigenen Autorität zu unterwerfen versuchte, ist der Vision **Vorbildlichkeit der Leistung** gewichen und begünstigt das kreative Leistungsvermögen des Menschen von heute. Er braucht Freiräume, Akzeptanz der anderen und Ideale als motivierende Anreger.

Fassen wir zusammen:

Intuition ist gefühlsmäßiges, ahnendes, instinktives Erfassen von Zusammenhängen ohne momentane bewußte Reflexion. Unter der Schwelle des Bewußtseins nützt die Intuition vorhandene Informations-, Denk- und Erfahrungs-Potentiale, um zu Visionen oder Einsichten zu gelangen. Synonyme Begriffe sind: Offenbarung, Illumination, Eingebung, Einsicht, Einfall, Vision, Inspiration, Erleuchtung, Musenkuß, Lichtblick, göttlicher Funke.

12.13 Vertikales (logisch-geregeltes) Denken

Der Verstand kreiert, speichert und ruft Muster ab. Damit bildet er eine Art **Informationssystem**. Dieses macht es dem Menschen möglich, **Begriffe zu bilden**, um mit Vorstellbarem überhaupt richtig umgehen zu können – aber es beinhaltet auch das Vergleichen, das **Ziehen von Schlüssen, das Fällen von Urteilen und damit die Bildung von Meinungen.** Das Ganze nennen wir **verstandesmäßiges Denken**.

Es macht uns auch ein **Zergliedern, Analysieren, Abstrahieren** und **Ordnen** möglich.

Vertikales Denken ist folgerichtiges, systematisches Denken, das sich weitgehend an der Wahrscheinlichkeit orientiert. Es konzentriert sich auf Unumstößliches, schließt Belangloses und Falsches daher aus. Es arbeitet mit Kategorien, Klassifizierungen, Regeln, Kennmarken und anerkannten Größen.

Steht damit das vertikale Denken in krassem Gegensatz zum kreativen Denken?

Nein, es ist ein wichtiger Helfer schöpferischen Strebens, denn was vermöchte kreative Bemühung ohne Logik, Analyse, Vergleich, Deduktion, Folgerung und Kombination auszurichten? **Das Chaos allein genügt noch lange nicht, um eine Idee zu erzeugen**; es kann nur Material dazu sein. Was es braucht, ist eine **selektive Kraft, die die nützlichen Bausteine erkennt und sinnvoll zu einem Ganzen zusammenfügt**. Und vertikales Denken ist eine solche selektive Kraft.

Allerdings besteht beim vertikalen Denken eine gewisse **Gefahr der Vereinseitigung**:

Schemata neigen dazu, sich zu sehr zu verfestigen, zu ausschließlich gebraucht zu werden und wegen ihrer relativen Bequemlichkeit auch vom freien Assoziieren abzuhalten. Sie provozieren ein Gewohnheitsdenken und ihre systematische Starrheit machen mit der Zeit unbeweglich. Ein zu direktes Lösungsstreben läßt wertvolle Alternativen oft übersehen, und eine sich eben gerade andeutende Lösung schmeichelt dem Bequemlichkeitstrieb oft so sehr, daß sie vorschnell als Definitivchance gewertet wird. Mögliche, vielleicht weit überlegene Kreativansätze werden so übersehen.

Die Gefahr, Methodik überzustrapazieren, besteht wohl in allen Tätigkeitsfeldern und bei jedem Menschen. Beweglichkeit aufrecht zu erhalten und Schematik wohldosiert als vernünftiges Mittel zum Zweck einsetzen, statt sie um ihrer selbst willen zu betreiben, ist eine absolute Voraussetzung für jeden kreativ Tätigen.

Als geistiges Kraftwerk darf und soll vertikales Denken vom Mittelpunkt aus wirken, aber es bedarf wichtiger ergänzender Kräfte, wie z. B. die der Intuition, der visionären Kraft, der Begeisterungsfähigkeit, der Macherlaune und der Sensibilität. Mit diesen begleitenden Kreativphänomenen haben wir uns ja schon gebührend auseinandergesetzt. Aber als mitbewegende Kraft kann auch das **laterale Denken** gelten, das wir im nächsten Kapitel näher behandeln wollen.

12.14 Laterales (unorthodoxes-sprunghaftes) Denken

Wir haben schon vom **Assoziieren als bewußtem Verknüpfungsvorgang** gesprochen. Es gibt aber auch ein **freies Assoziieren von werthaltigen Vorstellungen**. Dieses ist zunächst an kein bestimmtes Denkziel gebunden, sondern es wird durch die rechte Hirnhemisphäre ausgelöst und bezieht aus vorbewußtem Gedanken- und Erfahrungsmaterial sowie unbewußten Gefühlsinhalten entsprechende Bausteine, wobei intuitiv Sinnhaftigkeit angestrebt wird.

Laterales Denken ist also unorthodox, unsystematisch, regelwidrig, sprunghaft, unorganisiert, zufallsunterstützend, chaotisch. Es greift ohne jegliche Methodik auf ein immenses Mosaik von Potentialen, vergleichbar zum Kunden im Supermarkt oder Warenhaus, der in Wühlkörben herumfummelt, um in der kunterbunten Masse von Gegenständen etwas herauszugreifen, was für ihn Sinn macht, also schön, preiswert, gut, nützlich oder originell ist. Bei solchen Gelegenheiten spüren wir, wie der Spieltrieb mit uns durchgeht. An sich ist der Inhalt eines

Wühlkorbes ja ein provokativer Gegensatz zur wohlgeordneten Präsentation eines Ladensortimentes.

In der **Schule** aber wird uns das **alte traditionelle Denken** eingetrichtert. Wohlproportioniert soll man an jeden Gegenstand herantreten. Unsystematik ist verpönt, Chaotik und Regelwidrigkeit sind es auch. Höchstens Originalität vermag im Aufsatz noch positiv anzuschlagen. Sonst qualifiziert der Lehrer hauptsächlich den Aufbau und die überlegte Gliederung, die Verständlichkeit und Logik sowie das gute Ausdrucksvermögen. Es sind ja keine größeren Kreativleistungen, die man in diesem Alter als „Lernling" zu schaffen hat. Für den Lehrer zählt, daß der Schüler in der Stunde aufgepaßt hat und das Vermittelte richtig wiedergeben kann. Und das ist so auch in Ordnung, denn dem Schüler nützt vieles vom Gelernten ein ganzes Leben lang, und dem Lehrer ist der gute Schüler ein Rechtschaffenheits-Beweis für die praktizierte Lehrtechnik.

Das Leben allerdings setzt später gelegentlich andere Akzente, z.B. durch die Forderung, daß bloßes braves Verstandesdenken in der schöpferischen Arbeit – und in wem besteht kein Drang, hin und wieder kreativ zu werden! – niemals genügt. Edward de Bono, dessen Buch „Laterales Denken" (Econ-Verlag) eigentlich **Pflichtlektüre jedes Kreativen** sein sollte, sagt: „Das laterale Denken nimmt sich vor, Dinge auf unterschiedliche Art und Weise zu betrachten, Muster neu zu strukturieren und Alternativen zu entwickeln." Zerlegung, Umkehrung, bewußte vorläufige Suspendierung der Beurteilung, Analogien, Aufmerksamkeitswechsel, Mitspielenlassen des Zufalls, Polarisierung, Umstrukturierung und Übertreibung ins Groteske helfen, zu anderen Betrachtungswinkeln zu kommen. Die erwähnte vorläufige Suspendierung der Beurteilung von gefundenen Einfällen oder Lösungsmöglichkeiten hat den Zweck, **verfrühte Hoffnungs- bzw. Pseudolösungen** auszuschließen. Die gefundenen Informationen/Anstöße/Ideen sollen erst aufeinander einwirken, sich ergänzen, sich widerlegen, Zusatz-Ideen auslösen, Abrundungen oder Kristallisationen ergeben. **Man nimmt also absichtlich die Verzögerung durch eine solche Inkubation (Bebrütungsphase/Brutschrankphase) in Kauf, um weitere Kreativanstöße zu erhalten, die die Qualität der endgültigen Lösung noch optimieren können.**

Ich hoffe, daß diese Ausführungen klargemacht haben, daß **laterales Denken eine nicht nur nützliche, sondern immer auch notwendige Ergänzung des vertikalen Denkens darstellt. Vor allem werden kreative Nischen** genutzt, an denen das vertikale Denken in seiner zu sehr richtungsgebundenen Art glatt vorbeigeht. Damit wird die kreative Wertarbeit in puncto Endgehalt meist noch wesentlich angehoben.

12.15 Traumdenken

Träume sind Erlebnis- und Vorstellungsabläufe, die sich im allgemeinen während des Schlafens vollziehen, unbewußt gesteuert sind und Tageserlebnisse, Personen- und Kindheitserinnerungen, aktuelle Wunschinhalte, Konfliktsituationen, Ängste und Triebverhalten verarbeiten, im Sinne einer Verdichtung, Verschiebung oder Symbolisierung der Trauminhalte.

Neben dem eigentlichen Traumgeschehen während des Schlafes gibt es noch die sogenannten **Wachträume** oder **Tagträume**, die im Wach- oder Halbwachzustand unterlaufen können. Das Traumgeschehen – und auch die Traumdeutung – ist ein äußerst komplexes Forschungsgebiet, auf dem sich unzählige Wissenschaftler tummeln und wo auch bereits eine umfangreiche Literatur angefallen ist.

Im Zusammenhang mit unserem Thema der Kreativität können wir uns auf einige produktive Aspekte der Traumtätigkeit für das schöpferische Geschehen konzentrieren.

Da Träume ja Gedanken- und Erlebnisinhalte ohne Kontrolle durch das Wachbewußtsein verarbeiten, ist es logisch, daß unser Unterbewußtsein auch eine momentane intensive Beschäftigung mit einem kreativen Projekt in der Traumsphäre aufgreift und weiter verarbeitet. Das kann so weit führen, wie manche Rapporte von Erfindern und anderen schöpferischen Geistern bestätigen, **daß im Traumgeschehen ein Lösungsansatz oder gar überraschend eine ungeahnte geniale Lösung auftauchen kann, wo vorher trotz allem Ideensuchen eine Erleuchtung nicht zustande kam**. Immerhin ist festzuhalten, daß solche Illuminationen durch eigentliche Schlafträume **selten** vorkommen. Sie werden aber stärker animiert, wenn eine ausdrückliche **Programmierung des Unterbewußtseins** auf Mitarbeit in einem konkreten kreativen Bereich erfolgt und auch in Wach- oder Halbwachträumen eine **Fokussierung auf nützliches Ideenmaterial ausgelöst wird**.

> Der Nachttraum übernimmt dann gelegentlich die Anreize der Wach- oder Halbwachträume – auf diese kommen wir im Folgenden noch zu sprechen – und verarbeitet sie weiter mit dem ganzen Potential der spezifischen Traummechanismen, die punkto Vielgestaltigkeit keine Grenzen kennen. Traumphantasien sind uferlos, weil sie das Irrationale noch viel stärker einbeziehen als jegliche „gewöhnliche" menschliche Phantasietätigkeit!

Das Sprichwort „Träume sind Schäume" mag zwar hin und wieder seine Richtigkeit haben, aber der Kreative sollte von seiner eigenen Traumtätigkeit mehr halten, weil Träume nämlich tatsächlich **wertvolle Helfer oder Signalgeber** sein können. Die professionellen Traumdeuter unter den Psychiatern unterstützen diese These mit ihrer überzeugenden Spezialistenerfahrung. Der alte Hebbel sagte einmal: „Der Traum ist der beste Beweis dafür, daß wir nicht so fest in unsere Haut eingeschlossen sind, als es scheint." Daß Träume für uns vielfach typisch sind, geht auch aus einem Satz im Herodot (7.16) hervor: „Die Traumgesichte pflegen am gewöhnlichsten einem vorzuschweben darüber, worüber einer des Tages nachdenkt."

Was ist nun Wach- oder Tagträumerei? Wenn einer ausführlich ins Sinnen gerät, betreibt er Tagträumerei oder Wachträumerei. Es handelt sich dabei um einen Wachzustand mit herabgesetzter rationaler Kontrolle und erhöhter Phantasietätigkeit. Locker läßt er die Gedanken um einen Gegenstand oder um eine Erscheinung kreisen, bis sich interessante Denkanstöße ergeben. Natürlich darf man nicht hektisch im Alltagsgetriebe eingespannt sein, um Tag- oder Wachträumerei zu betreiben. Es braucht etwas Muse dazu. **Im entspannten Zustand entfalten sich unsere Gedankenspiele am besten.** Und manchmal ist so ein plötzlich auftauchender Geistesblitz produktiver als ein paar Tage angestrenten Nachdenkens. Jeder hat das sicher schon erlebt. Gelegentlich kann man in einem Moment längeren Wartens die Gedanken um etwas kreisen lassen, was einen gerade beschäftigt. Tram-, Bus- und Bahnfahrten geben auch Spielraum für schöpferisches Nachdenken. Viele Geschäftsleute sind so hervorragend organisiert, daß sie für jeden „toten" Moment Lesematerial bei sich haben – ob sie dann aber nicht überorganisiert sind? So sind ihre Gedanken ja dauernd gebunden, statt daß ihnen mal die **Gnade des freien Assoziierens** winkt. **Kreatives Hirnen** bezeichnet man dies in der Alltagssprache auch, wobei Hirnen hier allerdings keine resolute Anstrengung meint, sondern einen **gelockerten Gedankenfluß, einen ungezwungenen Meinungsaustausch mit dem bevorzugten Objekt unseres Trachtens**. Dabei ergeben sich oft nützliche Einfälle und Ideen, die sich früher oder später realisieren lassen – wenn man sie konsequent **vormerkt**! Schon Euripides klagte sich mal selbst an mit dem Satz: „Ich erinnere mich an Dinge, die ich vergessen will, und vergesse die, welche ich nicht vergessen sollte." Und Schopenhauer faßt mit seiner Weisheit so nach: „Man lernt nur dann und wann etwas – aber man vergißt den ganzen Tag." Notiztechnik kann fürs Realisieren von Ideen so wichtig sein wie das Kreieren der Ideen selbst!

Träumen im Halbwachzustand: Über Schlafstörungen klagen viele. Auch bei mir stellen sich solche in fast jeder Nacht ein. Allerdings sehe ich sie positiv. **Dun-**

kelheit und absolute Ruhe begünstigen das Nachdenken, und wer hätte nichts zum Nachdenken? Vielleicht tauchen kleine Dinge auf, die noch der Erledigung harren: Telefonate, ein persönlicher Brief, ein zurückzugebendes Buch, ein Treffen mit jemandem, das nicht vergessen werden darf, usw. Wenn sich bei Ihnen in Schlafpausen **viele solcher Pflichten** melden, so gehören Sie zu denjenigen, die sich noch **besser organisieren** sollten. Denn die kleineren und größeren Pflichten lassen sich ja vernünftig einplanen, in Agenden und heute auch in computerisierten „Notizbüchern". Sie entlasten sich dabei, und bei anderen blamieren Sie sich nicht wegen versäumter Pflichten bzw. nicht eingehaltener Versprechen. Und das ist ja schon Selbstauszeichnung. „Zuverlässigkeit: offener Kreditbrief auf die allgemeine Achtung und das Vertrauen der Menschen", so meißelte es Smiles in Stein.

Für mich ist das Träumen im Halbwachzustand bedeutungsvoll: **Im Dunkeln und in der Ruhe ergibt sich eine besondere Luzidität des Geistes.** Es hat dies seine Erklärung im Gehirn des Menschen, wo die Gehirnströme unterschiedliche Frequenzen haben können. Es gibt Alpha-, Beta-, Delta- und Theta-Wellen, alle mit den ihnen eigenen Frequenzbereichen für ihren jeweiligen Bewußtheits- oder Unbewußtheits-Grad. Wir gehen auf diese Zusammenhänge noch näher ein im Kapitel 15.10 (Mind Machines).

In Schlafpausen kann sich eine Kombination von tiefentspanntem Wachzustand und Halbschlaf ergeben, die eine besonders rege Geistestätigkeit auslöst. Dann dreht sich auch die „schöpferische Spirale", um es symbolisch auszudrücken. Man erfaßt seine Möglichkeiten in bezug auf eine Problemstellung dann besser und rascher – Ideen fließen oft unerwartet zu – Unklares wird plötzlich durchsichtig und mögliche Hilfen werden einem offenbar. Parallel zum gedanklichen Tiefgang in diesem spezifischen Bewußtseinszustand ergibt sich ein Einfallsreichtum, der in der Tiefenentspannung als **euphorische Kreativitätsstimmung** erlebt wird. Es führt zu einer Phase, wo Hilfen und Lösungen greifbar vor einem liegen. Aber genau dann beginnt man auch eine besondere **Gefahr zu wittern, nämlich daß man sich am Morgen evtl. nicht mehr der einzelnen Denkergebnisse oder Kreativfrüchte zu erinnern vermöchte.** Und tatsächlich ist es ja vielfach so, daß man zwar am Morgen noch weiß, daß sich da diverse gute Ideen im nächtlichen Halbwachzustand ergaben, aber sie haben sich während des nachherigen Weiterschlafens ganz einfach im Nichts aufgelöst, können gedächtnismäßig also nicht mehr abgerufen werden. **Die Angst vor solch möglichem Ideenschwund hat dann gleich drei Konsequenzen: Man versucht die einem zugeflogenen Einfälle mühsam und gewaltsam zu speichern, leidet aber trotz-**

dem unter der Angst, sie vielleicht doch zu verlieren, und damit wird man immer wacher und behindert das Weiterschlafen für längere Zeit.

Gegen solch negative Auswirkungen nächtlicher Kreativphasen gibt es aber ein patentes Hilfsmittel, den **Notizblock mit Leuchtkugelschreiber**, den ich in solchen nächtlichen Kreativphasen konsequent nütze und den ich allen wärmstens empfehlen kann. Notiert man mit ihm bequem und rasch die auftauchenden Ideen oder Lösungsvarianten, so wird man nicht nur die **Angst** los, sie **vergessen** zu können, sondern man schläft auch wieder ein und vermag so **die Nachtruhe für die wichtige Regenerierung der Kräfte ausreichend zu nützen.**

In diesem Kapitel haben wir nun **fünfzehn verschiedene Denkmethoden** behandelt. In gewissem Sinne sind sie alle **schöpferische Vorgänge**. Die kreativsten unter diesen „Ansatzmechanismen des schöpferischen Denkens", wie wir diese Prozesse bezeichnen, weil sie dem eigentlichen schöpferischen Moment vorausgehen, sind wohl die folgenden Denkvorgänge: intuitives, produktives, kombinatorisches, synthetisches, abstrahierendes, vertikales, laterales und träumerisches Denken im Zustand der Tiefenentspannung.

Es muß ein Ziel des schöpferischen Menschen sein, **möglichst alle diese Denkprozesse anzuwenden und zu üben**. Viele unter uns „spezialisieren" sich sozusagen auf einzelne dieser Denkmethoden, so z.B. der typisch ausgeprägte Analytiker, der – seiner Natur nach – intuitives und laterales Denken vernachlässigt und damit seine Chancen einengt, umfassender kreativ zu werden.

13. Gestaltungsphasen eines komplexen Kreativprozesses

*Jedes große Werk beginnt mit einem
ersten kleinen Schritt.*

Vor allem in der operationalen Kreativität (Systementwicklungen) und auch sonst bei umfassender Werkgestaltung (Schreiben von Büchern, Mediengestaltung etc.) ist ein systematisches Vorgehen unerläßlich, da durch ein solches nicht nur viel Zeit eingespart wird, sondern auch das Ergebnis reichhaltiger und qualitativ höherwertig ausfällt. Zur systematischen Ideengewinnung und -realisierung kann sich folgendes Instrumentarium anbieten:

- Eine persönliche Optimierungstechnik/ein persönliches Quality Management, die alles kritisch werten, was an Leistungen vollbracht werden, immer aus der Verbesserungsperspektive heraus
- Systeme, um Probleme und Lösungsmöglichkeiten ausfindig zu machen
- Eine Systematik, um sie mit den meistversprechenden Kreativitätstechniken wirksam anzugehen
- Kommunikationsbefähigung, um auch die menschlichen Koordinationsprobleme so gut wie möglich zu lösen
- Ein Beurteilungssystem für das Testen von Lösungen, neuen Produkten, Dienstleistungen oder Arbeitssystemen
- Eine Planungsmethodik für die Realisierung des Neuen

Für komplexe Kreativprozesse handeln wir im Folgenden 18 Gestaltungsphasen ab:

13.1 Problem- und Wunschbewußtwerdung

*„Der Weitblick mancher Leute besteht darin, ihre
nächsten Probleme zu übersehen."*
Wolfgang Eschker

Genaue Problemkenntnis erhöht die Chancen der Problemlösung immer, besteht doch sonst die Gefahr, daß man nur Teillösungen erzielt oder daß das Ergebnis überhaupt am Ziel vorbeischießt.

In dieser Phase der Problemannäherung geht es also noch nicht um die Problem- oder Situationsanalyse, sondern nur um **Wahrnehmung von Problemen** oder Wunschsituationen. Wir haben schon gebührend darauf hingewiesen, daß der Mensch dazu neigt, **Probleme sehr oft zu spät zu erkennen oder überhaupt problemblind zu sein** – also Probleme gar nicht wahrzunehmen. Kritisches Denken und Perfektionismus, aber auch Zukunftsorientiertsein und ein immer waches Qualitätsdenken sind nach meiner Meinung die vier Hauptgaranten beim Menschen, daß er zu den **Problemwitternden** gehören kann. Flair, Instinkt, Witterung, Gespür für existierende Probleme zu haben, ist ein Teil der Überlegenheit, die gewisse Menschen gegenüber anderen auszuüben vermögen. Der zweite Teil besteht dann in der Kraft des Zupackens und in der Kunst, Probleme in wirkliche Lösungen zu verwandeln.

Lesen Sie doch nochmals unsere Ausführungen im Kapitel 11.7, wo zum Problem der **Verbesserung des Wahrnehmungsvermögens** grundlegende Empfehlungen abgegeben wurden. In so wichtigen Bezügen zu lernen, verlangt mehrfache Beschäftigung mit dem Gegenstand.

13.2 Situations-/Problemanalyse

Der spazierende Analytiker zum Angler am Bach:
„Was fischen Sie?" – „Forellen" – „Schon eine gefangen?" – „Nein" – „Woher wissen Sie denn, daß Sie Forellen fangen?"

Ein **Problem** ist identisch mit dem **Abstand zwischen Soll- und Ist-Zustand**; man kann das Problem auch als **Mangelsituation** anschauen. Für die Analyse ist entscheidend, daß man die Situationsaspekte einzeln verifiziert, das **Hauptproblem** und auch die **Nebenprobleme** erfaßt, ihren Ursachen nachspürt und wechselseitige Abhängigkeiten klärt. Es geht um ein Beziehungsnetz, das je nach Fall unterschiedlich zu durchblicken und zu überschauen ist. **Je komplexer die Problematik, desto wichtiger ist es, sich genügend Zeit für eine sorgfältige Analyse zu nehmen.**

13.2.1 Checkliste Nr. 5: 27 Einzelfragen für gründliche Problemanalyse

Herantastende Fragen:

- Habe ich schon einmal eine ähnliche Aufgabe gelöst? ....
- Welche bekannten Elemente enthält sie? ....
- Was für unbekannte Elemente stecken in ihr? ....
- Kenne ich verwandte Aufgaben und wie ging man dort vor? ....
- Läßt sich die Aufgabe in klare Teilaufgaben gliedern? ....
- Welche davon lassen sich am leichtesten lösen? ....
- Welche Teilaufgaben enthalten besondere Schwierigkeiten? ....
- Wie kann man letztere definieren? ....
- Will man die leichten Aufgaben zuerst lösen, um die schwierigeren nachher um so motivierter anzugehen? ....

Weitere Fragen:

- Wie dringend ist die Bearbeitung des Problems? ....
- Bis wann sollte eine Lösung gefunden sein? ....
- Bin ich kompetent genug, die Lösung an die Hand zu nehmen, oder wäre eine Teamarbeit anzustreben, gegebenenfalls unter wessen Leitung und im Namen von wem? ....
- Sind überbrückende Maßnahmen denkbar, die eine Hinausschiebung der Problemlösung auf einen günstigeren Zeitpunkt rechtfertigen könnten? ....
- Welche Folgen ergeben sich, wenn nicht sofort eingegriffen wird? kurzfristig? längerfristig? Auswirkungen auf Sicherheit, Arbeitsvorgänge, Zusammenarbeit, Beziehungen zu anderen? ....
- Welche Helfer könnten angesprochen werden? ....
- Welche Hilfen ließen sich einsetzen? ....
- Welche Methoden wären bestgeeignet, um den Problemlösungsprozeß zu optimieren? ....
- Ergeben sich rechtliche Probleme im Zusammenhang mit der angestrebten Veränderung? Ist es zwingendes Recht, oder lassen sich gewisse rechtliche Probleme durch Absprachen beheben? ....
- Sind größere Kosten zu erwarten? Ist ein Budget erforderlich? Wer hat die Problemlösung kostenmäßig abzusegnen? ....
- Sind in der Problembearbeitung Prioritäten zu berücksichtigen? ....
- Sind bestehende Patente zu berücksichtigen? Oder sind Patentanmeldungen anzustreben? Zum Gewinn von wem? ....
- Wer ist wie, wann, durch wen, in welchem Umfang schriftlich, mündlich oder an welchen Sitzungen zu informieren? ....
- Sind Spezialisten/Experten innerhalb der Organisation oder von außerhalb nötig, um die Problemlösung oder die Ursachenforschung nach gewissen Seiten hin qualitativ abzusichern? ....
- Ergeben sich aus der Problemlösung bestimmte Gefahren bzw. Folgewirkungen, die eine Problemlösung zum vornherein in Frage stellen könnten, oder die von Anfang an besondere Berücksichtigung verlangen? ....
- Läßt die Problemanalyse auf spätere Führungsprobleme folgern, deren Behebung auf jeden Fall rechtzeitig abzusichern wäre? ....
- Ergibt die Problemanalyse, daß bestimmte Informationskontakte zu interessierten Stellen im längeren Prozeß der Problemlösung vorzusehen sind, um Kollisionen mit anderen Interessen zu vermeiden? ....
- Ist besonderen Spannungen oder Rivalitäten in Abhängigkeitsverhältnissen aufgrund der Problemanalyse im Lösungsverlauf Rechnung zu tragen? wo und wem gegenüber, und wie und durch wen? ....

Ein genaueres Überdenken der Checklistenpunkte vermittelt wohl deutlich genug, **wie leicht kreative Problemlösungsprozesse plötzlich von irgendwelcher Seite her blockiert werden können, wird nicht schon bei der Problemanalyse ganze Arbeit geleistet**.

13.3 Problemdefinition in schriftlicher Form

„Wer ein Problem definiert, hat es schon halb gelöst."

Julian Huxley

Eine **schriftliche Version der Problembeschreibung** ist nötig aus verschiedenen Gründen:

1) zwingt sie zu **genauem Denken, Analysieren und verantwortlichem Formulieren**,
2) dient sie zur **Weiterinformation** anderer, die die Problemlösung entweder zu autorisieren haben oder an ihr teilnehmen sollen,
3) ist auf sie bei der späteren **Erfolgskontrolle** zurückzugreifen, um überhaupt ein Maßstabanlegen zu ermöglichen,
4) schützt sie vor **Leerlauf und Fehlleistungen**.

Um ein Beispiel anzudeuten: Wenn ein **neues Buchwerk** an die Hand genommen sein will, so tut der Autor gut, **genau zu recherchieren**, warum dieses Buch in seiner bestimmten Ausprägung eine echte Marktchance haben muß und wie es umfangmäßig, gestaltungsmäßig, inhaltlich und preislich ungefähr zu bemessen ist, soll es eine **wirkliche Publizitätschance** haben. Eine **Zielgruppendefinition** gehört natürlich mit dazu, auch die Überlegung, **innert welcher Frist es erscheinen soll**. Der ganze Nachweis läuft insofern auf eine **Problemdefinition** hinaus, als das momentane Nichtvorhandensein des bezweckten Buches eine **Mangelerscheinung** ergibt, beispielsweise: Ein Werk mit Handbuchcharakter (umfassend, gut strukturiert, gründlich übersichtlich gestaltet, mit vielen Arbeitshilfen ausgerüstet) fehlt noch auf dem Markt / Zielgruppen A, B, C, D sind aus diesen und jenen Gründen primäre Interessengruppen; Wünsche bei ihnen nach einem eigentlichen, systematisch aufgebauten Handbuch sind oft zu vernehmen / vorhandene wissenschaftliche Literatur behandelt nur Teilgebiete und diese viel zu akademisch für die interessierten Hauptgruppen / für das Thema besteht in der ganzen Welt gerade jetzt und in den nächsten Jahrzehnten ein aktuelles Bedürfnis, weil ... immer gefragter ist.

Dieser Bedarfsnachweis ist somit identisch mit einer **Nischenbeschreibung im Buchmarkt**. Er ist zugleich eine Problemdefinition bzw. ein **Mangelsituations-Nachweis**. Unser Buchmarketing-Beispiel ist in der obigen Fassung allerdings noch etwas umfassender als eine bloße Problemdefinition, weil es bereits auch die **Zielvorstellung für die Buchgestaltung** einbezieht. Nur: es geht bei unserem Beispiel ja eigentlich um einen Ideenverkauf, der nicht nur die gegebene Problematik einer Buchnische nachzuweisen hat, sondern auch vermitteln soll, welche Wertvorstellungen das geplante neue Werk im einzelnen in sich vereinen müßte, um größere Absatzchancen zu haben. Damit haben wir am Rand schon das nächste Kapitel über die Zielfestlegung im kreativen Prozeß tangiert.

13.4 Zielfixierung und -definition

Keine Handlung ist besser als das Ziel, welches man sich setzt.

Die Problemanalyse und -definition sind die Bearbeitungsgrundlagen für die Fixierung des Ziels von Problembearbeitungen. Von Nietzsche zitierten wir schon die Redensart „Formel meines Glücks: ein Ja, ein Nein, eine gerade Linie, ein Ziel.“ Schön formuliert, aber oft schwer zu schaffen. In der Zielformulierung liegt viel Verantwortung. Manche Aufgabe ist so komplex, daß schon die Situationsanalyse und das Ergründen der in ihr steckenden Möglichkeiten große Arbeit bedeutet. **Das Konzipieren von Zielen ist besonders anspruchsvoll, weil es auf einfache Weise begriffen sein will, andererseits in den großen Linien möglichst risikofrei und verantwortbar zu sein hat.** Im Kapitel 11.4, wo es um Zielbewußtsein und Zieltreue ging, haben wir die Voraussetzungen eines klaren Zieldenkens und gezielten Handelns schon recht ausführlich behandelt. Überfliegen Sie doch bitte jenen Abschnitt nochmals – er enthält besonders wichtige Erkenntnisse über Zielbezogenheit in der kreativen, aber auch sonstigen Arbeit. Wir unterstreichen auch hier, wie wertvoll es für den schöpferischen Prozeß ist, **genügend Lösungsvarianten** vor sich zu haben, um Ziele möglichst umfassend erfüllen zu können.

Wo eine Quantifizierung, Koordinierung, Terminierung und Kombination mit exakten Maßnahmenplänen mit der Zielsetzung verbunden sein will, entscheide man unbedingt schon vor der Zielfixierung, wie dieses Zielumfeld zu beackern ist, denn es beeinflußt die Qualität des oder der festzulegenden Ziele in bestimmendem Ausmaß.

Und denken wir auch daran, daß ein zu kompaktes Zielpaket immer schwer zu bearbeiten ist; man muß **Unterziele** oder Nebenziele festlegen, die das Vorgehen erleichtern.

Wenn im letzten Kapitel die Forderung nach **schriftlicher** Problemdefinition erhoben wurde, so gilt dies mindestens so berechtigt für die **Zielformulierung**. Ziele, an die man nur denkt, haben zu wenig verpflichtenden Charakter. **Wer ein Ziel aber klar und mit finalen Absichten formuliert** – so wie ein Autor z. B. das detaillierte Buchinhaltsverzeichnis erschafft, bevor er sich an die Schreibarbeit macht –, **geht er auch eine Verpflichtung sich persönlich gegenüber ein**. Und handelt es sich um eine Kreativleistung, in welcher noch andere mitzuentscheiden haben, dann ist eine schriftliche Zielfixierung sowieso ein **selbstverständliches Organisationserfordernis**.

Schließlich dient eine schriftliche Zielfixierung auch noch als Hilfsmittel für die spätere Ergebniskontrolle und ein evtl. Nachfassen mit neuen Zielen.

13.5 Impfung des Unterbewußtseins (innerer Auftrag)

Bedeutungsmäßig und machtmäßig wird das Unterbewußtsein als innerer Partner stets unterschätzt.

Wir haben im Kapitel 8 „Vier Quellen des schöpferischen Leistungsvermögens" nachgewiesen: Erbkreativität, Zufallskreativität, praktische Kreativitätstechnik und unbewußte Kreativität als Folge einer Programmierung des Unterbewußtseins. Wir haben dort die Checkliste Nr. 4 „Wie programmiere ich mein Unterbewußtsein auf kreative Mitarbeit?" beigefügt. Siehe Kapitel 8.4 bis 8.4.2.1, in welchem alles Wesentliche zum Thema der **Impfung des Unterbewußtseins durch einen inneren Auftrag** schon behandelt wurde. Wir können uns hier somit ein näheres Eingehen auf diese Programmierungsaufgabe ersparen. Wichtig ist nur, daß sie überhaupt stattfindet, denn das Unterbewußtsein läßt sich ja willig als Helfer des Ich einspannen. Es hat schon vielen Kreativen in einzelnen Fällen größere Hilfeleistung geboten als das Bewußtsein mit seinen wachen Verstandeskräften. **Für den Normalfall gilt sicher: die Zusammenarbeit von Bewußtsein und Unterbewußtsein fruchtbar zu nutzen, bietet die größten Erfolgschancen!**

13.6 Geisteshandwerkliche Phasen

Geisteshandwerkliche Geschicklichkeit erhöht das Ergebnis und verringert den Aufwand.

Da die gesamten Techniken und Hilfsmittel der Kreativarbeit noch in den Kapiteln 15 und 16 ausführlich behandelt werden, können wir uns hier ein näheres Eintreten auf das Thema „geistiges Handwerkszeug des Kreativen" erübrigen.

13.7 Inkubationsphase (unbewußte Bebrütung)

„Gut Ding will Weile haben."
Sprichwort

Mit wenigen Ausnahmen (Tagträumerei; „Zufliegen" seines Einfalles; Zufallsentdeckung, aus der leicht eine Idee wird; laterales/„herumschweifendes" Denken) bedeutet kreatives Denken **angestrengte geistige Leistung**, die uns Konzentration, Systematik, scharfes Beobachten, Perfektionismus, zielbewußte Dynamik, Lernbereitschaft, Gedächtnisleistung, kritische Analyse, Frustrationsresistenz und Durchsetzungsvermögen in großem Ausmaß abfordert.

Also ist es begreiflich, daß im so anstrengenden schöpferischen Prozeß auch der Faktor **Ermüdung** auftreten kann. Oder die lange Beschäftigung mit einem bestimmten mühevollen Thema kann irgendwann einen **Widerwillen** gegen die weitere Auseinandersetzung mit betreffender Problematik ergeben. Eine gewisse **Frustration** kann sich auch einstellen, wenn man längere Zeit erfolglos nach Ideen und Lösungsansätzen fahndet. Zwänge, sich zwischendurch mit **anderen dringenden Aufgaben** abzugeben, können vorübergehend die kreative Spannkraft erlahmen lassen. Auch wirken momentanes **Sich-nicht-wohl-Fühlen** oder **Behinderung durch äußere Einflüsse** (Lärm, Kälte, Hitze, öftere Störungen) negativ auf unseren Arbeitselan ein. Und schließlich sind noch **Kritik und Widerstand anderer** in einem Ausmaß vorstellbar, daß uns plötzlich der Schnauf ausgehen kann.

In einem solchen Moment ist zu prüfen, ob selbst ein **entschlossenes Sich-Zusamenreißen** etwas bringen kann. Gelegentlich läßt sich ein Nachlassen der Kraft durch einen entschlossenen Willensakt beheben. Wo die Ermüdung oder Frustration aber so ausgeprägt ist, daß auch ein starker Wille keine Stricke mehr zu zerreissen vermag, da sollte man auf I n k u b a t i o n schalten, was etwa gleichbedeutend mit **Abschalten** ist. Zuversichtlich muß man sich dann suggerieren:

Kommt Zeit, kommt Rat. Im Zustand der Ermüdung schafft keiner mehr Außergewöhnliches. **Loslassen, Kräfte regenerieren und das Unterbewußtsein als tüchtigen Helfer programmieren bringt mehr, ist in einem solchen Fall das einzig Vernünftige!** Und wer hätte es nicht schon viele Male erlebt, daß sich später plötzlich der Elan erneut einstellte und man erstaunlich schnell vorwärtskam, wobei einem auch wieder gute Ideen von allen Seiten zuflogen.

Inkubation ist eine Art schöpferischer Nicht-Technik, die aber im Innern des Menschen eben doch Funktionsmechanismen auslöst wie Fokussierung und Programmierung auf unbewußte kreative Kontinuität. Der Mensch ist tatsächlich ein zweibeiniges Wunder: mit dem einen Bein kann er auf seine **Verstandeskräfte** setzen wie kein anderes biologisches Wesen, und mit dem anderen Bein vertritt er das **wundertätige Unterbewußtsein**, dessen Arbeitsweise immer noch von eigentlichen Rätseln umgeben ist.

Ist Inkubation ein kreatives Vergessen gestalterischer Energien? Ja, vielleicht in dem Sinne, als vorheriges längeres kreatives Arbeiten **die klar fixierten Zielvorstellungen schon unauslöschlich in unserem Unterbewußtsein eingeritzt** hat, so daß es selbsttätig weiterarbeitet und wir vorübergehend unsere Aufgabe an den Nagel hängen bzw. vergessen können. Noch wirksamer aber wird das Unterbewußtsein mitarbeiten, wenn wir in Vorbereitung unserer vorübergehenden Abschaltung mit mentaler Kraft **das Unterbewußtsein mit einem Auftrag programmieren**: „Ich wiederhole meine klare Zielsetzung – ich weiß, daß du ein wundertätiger Mithelfer bist – ich weiß auch, daß du über gewaltige Potentiale verfügst, die du fruchtbar zu machen verstehst – ich fühle ebenso, daß du, gerade weil ich mich bewußt vorübergehend ausklinke, alle deine Fähigkeiten einsetzen wirst, um Wege und Mittel zur Erreichung meiner Ziele zu finden, und ich danke dir jetzt schon für deine Unterstützung!" Solche Suggestionen und Vorsatzprogrammierungen begünstigen nach den Gesetzen der Mentaltechnik die helfende Leistung des Unterbewußtseins, mögen solche Sätze für Laien im Mentaltraining auch etwas naiv klingen. Wer allerdings je einen guten Kursus in Mentaltraining durchgemacht und nachher in seinem praktischen Leben umgesetzt hat, der kann keinen Moment an der Programmierfähigkeit des Unterbewußtseins zweifeln, sondern von ihm nur profitieren.

Haben Sie also den Mut, im gegebenen Moment ganz dezidiert abzuschalten. Es ist immer eine gute Idee, etwas zu überschlafen, es vorübergehend ganz fallen zu lassen. Lenken Sie sich total ab. Verschwenden Sie evtl. sich komplett an ein geliebtes Hobby, oder unternehmen Sie eine Reise, die Sie vielleicht in ganz andere Welten führt. **Irgendwann, je nach Dringlichkeit oder launiger Neigung**

finden Sie zurück zu Ihrer Kreativaufgabe. Packen Sie wieder an im Bewußtsein: Ich bin ausgeruht und ausbalanciert, denke mich wieder ein, und neue Anregung wird mir sicher zuteil!

Es mag aber durchaus auch vorkommen, daß Ihnen Ihr Unterbewußtsein in einem bestimmten Moment, **wie aus heiterem Himmel, plötzlich eine Idee, eine Lösung oder helfenden Einfall zuspielt**, und Sie wissen per sofort: es kann weitergehen! Meine Kreativität hat sich erneuert, vermag noch auf andere taugliche Alternativen zu greifen. Und Sie brauchen nur noch zu ernten oder weiterzuverfolgen, was Ihnen in der Phase der Inkubation dazu gewachsen ist. Nietzsche sagt in seinem Buch „Menschliches, Allzumenschliches“: „Es gibt hochbegabte Geister, welche nur deswegen immer unfruchtbar sind, weil sie aus einer Schwäche des Temperamentes heraus zu ungeduldig sind, ihre Schwangerschaft abzuwarten.“ Es wimmelt in der Fachliteratur von Beispielen, daß entscheidende Erleuchtungen im Schlaf, im Traum oder im Zustand der Inkubation aufgetaucht sind. Eine Untersuchung von W. Platt und R. A. Baker hat bei einer Befragung von 232 Forschern aus der Chemie ergeben, daß nur 17% von ihnen nie solche Illuminationen im Zustand des Abschaltens hatten.

13.8 Inspirationsphase

„Das Ideal von Stil: die Verbindung von Sachlichkeit und Inspiration.“

Stefan Napierski

Wenn es für etwas im kreativen Wirken absolut keine Regeln gibt, so trifft das auf die Inspirationen zu. Inspiration heißt „Einhauchung“, bedeutet „Geistesempfängnis“. Man wird wie durch ein Wunder erhellt, Schuld daran kann ein **„Geistesblitz“** sein, aber es ist auch denkbar, daß diese Phase recht **bewußt als letzter krönender Schritt in einer sorgfältigen, langen Gedankenkette** erlebt wird. Er ist dann Konklusion angestrengter, guter Kreativarbeit, glanzvoller Lohn für die aufgewendete Mühe, ein Resultat, das weiterzutragen stolz macht und die damit Konfrontierten in der Regel mit Genugtuung über das Gebotene erfüllt. Daß Erfolgreiche und selbst Hochverdiente vereinzelt immer auch Neider finden, ist natürlich eine geläufige Erscheinung und widerspiegelt nur die Unvollkommenheit der Spezies Mensch.

Mit Inspiration ist Gnade verbunden. Ob sie religiös als **Gnadenbeweis des Schöpfers**, als **glückliche Schicksalsfügung** oder bloß als **freundliche Laune des**

Zufalls gewertet wird, tut nicht viel zur Sache. Das Faktum besteht: eine neue Idee ist geboren. Der Urheber kann (vielleicht, leider nicht immer!) davon profitieren – und die Mitmenschen auch! Am schönsten präsentieren sich uns schöpferische Leistungen, **wenn sich der Kreator bescheiden gibt und sein Erfolg von der Mitwelt dankbar reflektiert** wird. Und das ist schon viel tausendmal geschehen – greifbarster Beweis für die oft geleugnete Fortschrittlichkeit des Menschen.

Es besteht noch ein Unterschied zwischen der **Inspiration, die einen selbst ergreift**, und der Inspiration, die **andere als Adressaten beflügeln soll**. Die erstere kann man sich weder befehlen noch läßt sie sich zwanghaft herbeiführen – sie muß ganz einfach abgewartet werden. Sie kommt aber in der Regel rascher und in besserer Form zustande, **je mehr man vorher geistig und gefühlsmäßig in eine Sache investiert hat**. Bestimmt ist das eine Auswirkung des verborgen, aber doch aktiv mitgestaltenden Unterbewußtseins. **Andere zu inspirieren kann dagegen eine Willenshandlung darstellen.** Am besten gelingt sie, wenn noch andere Beeinflussungen parallel erfolgen: gute Information, Motivation, Übertragung von Begeisterung, Überzeugungsvermögen, Argumentationstechnik, rhetorische Kunst und ein gezielter Gefühlsappell.

13.9 Variantenphase/Laterales Denken

Wer sich vorschnell entschließt, der stolpert leicht.

Wir haben wiederholt darauf hingewiesen, daß man sich im allgemeinen gerne zu schnell zu einer Lösung bekennt und es dabei verpaßt, **genügend Varianten** zu erarbeiten. Im nächsten Abschnitt über „Techniken der Kreativität" wird von Morphologie, Brainstorming, Zündfragen-Katalog etc. die Rede sein; auch sind die methodischen Wege dargestellt, die es erlauben, ein Problem nach allen Seiten zu ergründen und möglichst viele brauchbare Lösungsvarianten für die spätere Lösungsbestimmung bereitzustellen. Das **Laterale Denken** sollte dabei nach Möglichkeit kräftig mitwirken. Wir haben dieses im Kapitel 12.14 als unorthodox, unsystematisch, regelwidrig, sprunghaft, unorganisiert, zufallsunterstützend und chaotisch definiert. Obwohl es im Gegensatz zum traditionellen Denken steht, hat es seine Berechtigung im Zusammenhang mit der unbewußten Denkaktivität, die als machtvoller Helfer den kreativen Prozeß zu begünstigen vermag.

Wie man das **Varianten-Puzzle systematisch auswertet**, darauf kommen wir im gerade nachfolgenden Kapitel 13.10 noch näher zu sprechen und bieten auch eine **Formularhilfe** dazu.

13.10 Bestimmung der optimalen Lösung (Entscheidungsphase)

„Aus dem Zweifel, träg, verdrossen – stets beglückend hebt dich der Entschluß!“
Gottfried Kinkel

Aus verschiedenen Gründen ist die Entscheidungsphase ein besonders schwieriger Schritt. Jeder Mensch kämpft in ihr gelegentlich gegen Windmühlen, die er für Riesen hält, wie Don Quijote, der „Ritter von der traurigen Gestalt“. Eigene **Verantwortungen** und Verantwortungen gegenüber Dritten können die Entschlußkraft lahmlegen. Zweifel über die Richtigkeit, Zeitangepaßtheit und Vorgehensweise vermögen einen zu konsternieren. Erwartete **Widerstände** – die oft von Freunden, besten Mitarbeitern, Geschäftspartnern oder guten Kunden herrühren können – verunsichern im letzten Augenblick. Die **große Mehrarbeit**, die eine Problemlösung möglichst perfekter Art vielleicht verursacht, vermag zu schockieren. Man kann die Entscheidung etwas paradox als die Durchführung eines nicht erhaltenen Befehls betrachten – den Befehl muß man sich selbst geben. Und das ist viel schwerer, als man denkt. Gehorchen ist oft leichter! **Anderseits bereiten Unentschlossenheit und Passivität auch Unbehagen.** Tätigkeit verscheucht die Untätigkeit am wirksamsten. Und gibt es etwas, was mehr Befriedigung erbringt, als eine überlegte Entscheidung mutig zu treffen und die Realisierungsmaßnahmen erfolgreich über die Bühne zu bringen? „Zum Glück habe ich mich damals entschlossen“, ist ein Satz, den jeder wohl schon öfter zu sich gesprochen hat, und es war immer ein verdientes Kompliment an die eigene Adresse!

Nach Bierce **ist Entschlossenheit die Art von Starrsinn, die wir billigen**. Umgekehrt wäre es wirklich starrsinnig, auf einem **falsch konzipierten Entschluß** zu beharren. „Das ist ein schlechter Entschluß, der sich nicht mehr ändern läßt“, so heißt es bei Aulus Gellius (und unter „ändern“ wollen wir hier „verbessern“, „anpassen“ und „erlebte Nachteile ausschalten“ verstehen). Und man könnte beifügen: Ein Entschluß, der vereinzelt auch Nachteile aufweist, ist sicher besser als kein Entschluß, der bedeuten würde, daß man in bekannt negativer Attitüde weiterwurstelt.

Im übrigen ist Entschlußlosigkeit eine reine Fiktion! Warum? Wer sich nicht entschließt, entschließt sich trotzdem, nämlich keine Entscheidung zu treffen – und diese Auch-Entscheidung trifft immer dann hart, wenn sie uns in Nachteil versetzt. Oft ahnt man in solchen Fällen die Schlappe, aber man will sie nicht wahrhaben, bevor sie einen in Nachteil versetzt. Wem wäre dies nicht schon geschehen?!

Nicht ganz umsonst haben wir unter den geistigen Fähigkeiten, die Voraussetzungen für kreatives Arbeiten darstellen, auch den Mut in Kapitel 11.12 angeführt.

Läßt sich der wagende Mut eines Menschen verstärken? Nun, vorsichtiges und gründliches Überlegen steht immer in gewissem Widerspruch zum Mut, Wagnisse einzugehen. Vielleicht ist es nur ein scheinbarer Widerspruch, denn **je sorgfältiger die ganze Arbeit vor Treffen eines Entschlusses geleistet wird, desto klarsichtiger unsere Erfolgsvision und desto leichter findet sich der Mut, sich zu entscheiden**. Ich denke auch, je öfter man diesen Prozeß im Leben erfolgreich durchsteht, um so eher verstärkt sich unser Mut zum überlegten Wagnis. Insofern ist also auch der Mut als menschliche Eigenschaft längerfristig in begrenztem Ausmaß entwicklungsfähig.

Die einfachste und leichteste Muthandlung ist vielleicht die, welche sich aus gutem Überlegen heraus als einzige Vernunftentscheidung aufdrängt. William Faulkner meinte einmal: „Manchmal stellt sich der Mut erst ein, wenn man keine andere Auswegvarianten mehr sieht." **Darf man stolz auf bewährten Mut sein?** Sicher, denn bewährter Mut ist immer auch Beweis für eine bestandene Charakterprüfung. Nur, beim gewohnheitsmäßig Kreativen – und es gibt ja Leute, bei denen das schöpferische Denken und Handeln zu einer Art Gewohnheitseinstellung wird – da darf aus Stolz nie, aber auch gar nie Überheblichkeit werden, weil ihnen diese nachher mit Sicherheit Umgangsprobleme mit anderen einhandeln würde. Kreative sind sehr stark vom Wohlwollen derjenigen abhängig, deren Kooperation sie bedürfen. Der Humorist Werner Fink hat das denn auch in humoriger Art trefflich zum Ausdruck gebracht: „Lasset uns Mut deklinieren: Der Mut – des Mutes – Demut!"

Lösungen ergeben sich normalerweise aus der sorgfältigen Abwägung von Varianten bzw. Alternativen. Falsches Denken praktiziert man, wenn man in diesem Verifikationsprozeß nur die Frage stellt: **welche Alternative ist die meistversprechende?** Man sollte immer gleich die Nebenfrage zu beantworten versuchen: **Gibt es Varianten und Alternativen, die sich auch miteinander kombinieren lassen?** Oft gewinnt die letztlich gefundene Lösung an Qualität, wenn verschiedene Stärken verschiedener Alternativen miteinander verbunden werden. Die Entweder-Oder-Perspektive ist der Sowohl-als auch-Perspektive unterlegen. **Daher ist denn auch der Ruf nach mehr Sowohl-als auch-Lösungen gerade in den letzten Jahren immer öfter zu hören.**

13.10.1 Verifizierung der optimalen Lösung (Formularhilfe)

Varianten	Vorteile	Nachteile	Kosten ca.	Realisier.-Problem	Frist*
Variante I					
Variante II					
Variante III					
Variante IV					

Selektionsentscheid: Variante ... **Entscheidungsstelle** ....
Selektionsbegründung: ....
....
....
....
Datum der Entscheidung: **Information an:** ....
....
....

* grob geschätze Realisierungsfrist

13.11 Vorteil-Nachteil-Bilanzerstellung/ Konsequenzen-Analyse

„Je reicher man an Urteilen ist, desto ärmer wird man an Vorurteilen."

Henry Miller

Lösungsvarianten nur im Geist abzuwägen kann in komplexeren Bereichen gefährlich sein, weil man dann gerne danebengreift, oder auch weil die quantitative Abschätzung der Vor- und Nachteile der möglichen Lösungsvarianten schwierig ist. In der unter 13.10.1 abgebildeten Formularhilfe haben wir die Vor- und Nachteile in einer Art Bilanz übersichtlich vor uns. Es handelt sich um eine **längst bewährte Art der methodischen Gegenüberstellung von Vergleichsaussagen, die einen Lösungsentscheid erleichtern.** In der wiedergegebenen Formularhilfe wurden auch die speziellen Beurteilungsbereiche „Kosten" und „Realisierungsprobleme" einbezogen. Es lassen sich natürlich noch weitere Neben-Beurteilungsbereiche in der Formulargestaltung berücksichtigen, z.B. die **ökonomischen Konsequenzen** der verschiedenen Lösungsvarianten, die **Sicherheitsseite**, die **Bequemlichkeitsseite**, **kundenspezifische Vor- und Nachteile** usw. usw.

Im Prinzip muß man sich also immer überlegen, in welchen Konsequenzbereichen einer Lösungsvariante man eine Gegenüberstellung von Vor- und Nachteilen bzw. besonderer Eigenschaften oder Gefahren vornehmen sollte. Diese Methodik ist zwar sehr einfacher Natur, aber sie trägt doch wesentlich dazu bei, daß Auswirkungen/Folgeerscheinungen/Einspruchsmöglichkeiten usw. sorgfältig überdacht bzw. bilanziert werden. Und **da im kreativen Bereich stets Neues angestrebt wird, ist die Beurteilung der Konsequenzen einer Lösung oder der Lösungsvarianten erst recht von Wichtigkeit.** Schon manche Kreativleistungen haben Schiffbruch erlitten oder mußten neu bearbeitet werden, weil die anfängliche Nichtbeachtung bestimmter Konsequenzen übersehen und das Neue gleich sofort vehement bekämpft wurde. Zum Beispiel ist einer der am häufigsten unterschätzten Einflußfaktoren die **Gewohnheitseinstellung des Menschen**, die bei Neuentwicklungen gerne den Durchbruch von sogar beweisbar Besserem verhindert oder auf längere Zeit hinaus behindert. Viele spätere Weltneuheiten wurden zu Beginn verbissen angefehdet, solange man noch „in den Ruinen alter Gewohnheiten" wohnte.

Eine Eigenschaften- und Auswirkungs-Bilanzierung vermag die Argumentation im Ideenverkauf erheblich zu verbessern. Sie gehört zur vernetzenden Absicherung des Kreativerfolges. Siehe auch Checklisten 7 und 11.

13.12 Gewinnen von Helfern/Fördern für die Realisierung

Der Mensch hilft anderen gerne, wenn er in der richtigen Art darum gebeten wird.

Niemand ist stark genug, um ohne Helfer durchs Leben zu kommen. Das Problem ist jeweils nur, die richtigen Helfer zu finden. Wer sich zu sehr auf sein Ziel fixiert und die Beobachtung seiner menschlichen Umwelt vernachlässigt, der findet kaum Unterstützung in seinem Streben. In einer Tonbildschau, die ich zum Thema „Erfolgreicher Umgang mit anderen" gestaltete, heißt eine der zehn Regeln: „Frag andere um Rat!" Viele haben Hemmungen, andere um Rat zu fragen und deren Zeit dafür zu beanspruchen. Sie reden sich ein, dem Mitmenschen damit zur Last zu fallen. Der Kommunikationsstarke dagegen weiß, daß **sich kompetente Leute durch die Bitte um einen Rat geschmeichelt fühlen und sich dadurch in ihrer Kompetenz bestätigt sehen**. Die Begutachterrolle appelliert aber gleichzeitig auch an die Objektivität und den guten Willen des Ratgebers, dem Fragesteller ein Optimum an brauchbarer Information zu bieten. Dabei ist es fraglos auch befriedigend für den Auskunftgeber, dem anderen helfen zu können. Und was nicht ganz vergessen werden darf: **im ersprießlichen Gespräch wird der Gebende auch oft zum Nehmenden**. Man muß sich vor dem Gespräch genau überlegen, wie man den Partner so **beehrend** anspricht (natürlich ohne dümmliche Floskeln!), daß er uns **gerne seine Überlegenheit zeigt**. Dieses „gerne" drückt sich z.B. vielfach so aus, daß der Befragte uns nicht nur eine gute Antwort liefert, sondern uns noch weitere Helfer empfiehlt und diesen seinen Gruß ausrichten läßt, quasi zur Kontakterleichterung.

Wenn mal gesagt wurde, daß **die erfolgreichsten Staatsmänner anderen nur deshalb überlegen waren, weil sie die besten Ratgeber um sich zu versammeln wußten**, so muß auch der Kreative sich diese Weisheit zunutze machen, denn Neues weckt fast von selbst Widerstand, und da hat man Helfer oft dringend nötig!

Was Ratsuchende leider oft falsch machen: **Sie profitieren später zwar vom umgesetzten Rat, aber sie bieten dem Ratgeber kein Feedback mehr.** Man sollte sich nach nicht allzu langer Zeit bei diesem nochmals bedanken. Ist der Dienst erheblich, den er uns mit seiner Beratung geleistet hat, so kann natürlich auch ein passendes Geschenk am Platz sein. Vielfach sind aus solchen Kontakten später Freundschaften geworden.

Wer als Kreativer Helfer benötigt, sollte sich immer diese Fragen hier stellen:

- Wer hat in fraglicher Sache mehr Erfahrung als ich?
- Habe ich Freunde, die mögliche Helfer kennen, und die mir den Weg zu Ratgebern öffnen könnten?
- Gibt es taugliche Literatur, die nützliche Erfahrung und vertieftes Wissen in fraglicher Sache vermitteln könnte?
- Sollte ich Kurse besuchen, um meinen Horizont in betreffender Materie zu vertiefen?
- Gibt es Tagungen, die die fragliche Materie instruktiv behandeln?
- Habe ich mich innerlich ausreichend auf die Problematik zentriert, um z. B. beim Zeitungslesen und bei anderen Gelegenheiten automatisch aufzumerken, wenn ein möglicher Ratgeber anzusprechen wäre, ein einschlägiges Buch gekauft werden müßte oder sich sonstige Wissenserweiterung anbietet?
- Bin ich selbst immer bereit, anderen willig zu helfen, wo ihnen mein Beistand nützlich wäre? (Auf die Dauer kann man nie nur einseitig von anderen profitieren wollen!)

13.13 Konzepterstellung für den Ideenverkauf

In der operationalen Kreativität ist Konzeptlosigkeit
– was den Ideenverkauf anbelangt –
immer gefährliche Selbstüberschätzung.

Mit dem kreativen Einfall ist es nie getan – er muß als Fortschritt auch wirksam verkauft werden. Früher hat man praktisch nur in der Kriegskunst von Strategie gesprochen. Heute ließe sich verallgemeinernd sagen:

Strategie ist die Kunst, ein verfügbares Potential vorausdenkend zweckmäßig einzusetzen, um einen größtmöglichen Erfolg zu erzielen. Strategie ist damit genaues Zielen nach Volltreffern.

Bei jedem umfangreicheren Zielvorhaben müssen strategische Überlegungen angestellt werden. Mit bloßem Improvisieren ist es in unserer modernen Zeit längst vorbei. Markus M. Ronner pointiert humorvoll: „Improvisation funktioniert nur, wenn sie seriös vorbereitet ist." Oder dann müßte sie ein **Geniestreich** sein, und solche sind bekanntlich mehr als selten. Da wir uns der Umsetzung kreativer Leistungen noch vertieft im Kapitel 24 annehmen werden, dürfen wir uns hier kurz fassen. **Ein Konzept ist immer ein Kristallisat überlegter Planung.** Bei jeder Realisierung von Neuem gibt es eine ganze Reihe von **Einflußgrößen, von deren Beachtung konzeptionell richtiges Vorgehen abhängig ist**: situative, menschliche, sachliche, zeitliche, mentalitätsmäßige, oft auch politische, soziale, ökonomische, ökologische, ideologische, technische und bildungsmäßige Einflußgrößen – womit sicher noch nicht alle genannt sind.

Je überlegter die Konzeption für den Ideenverkauf ist, desto weniger Widerstände sind zu überwinden und desto reibungsloser verläuft der Realisierungs- oder Durchsetzungsprozeß.

Die **Zeit**, die wir uns nehmen, um die Verwirklichung von Neuem mittels eines gründlich konzipierten Planes vorzubereiten, ist sinnvoll eingesetzt, zeigt doch die Praxis aller Innovationen, daß Rückschläge, die aus mangelhafter strategischer Ideenumsetzung erfolgen, immer teure **Rückschläge sind, ja sogar das Ganze entscheidend in Frage stellen können**.

Natürlich gibt es kein einfaches strategisches Rezept, das unbekümmert für jederlei Ideenumsetzung angewendet werden könnte. Ein brauchbares Konzept muß immer **maßgeschneidert auf den Fall und seine vielgestaltigen Einflußgrößen** sein.

13.14 Realisation/Ideenumsetzung

Vorsätze sind schnell gefaßt – ihre Verwirklichung aber ist meist Knochenarbeit.

Die Verwirklichung einer Idee kann von einer Augenblickshandlung bis zum längeren Durchsetzungsprozeß variieren, je nach Materie und gegebenen Verhältnissen. Oft ist sie mit **wichtigen Informations- und Motivationsprozessen zu kombinieren**. Die Sicherheit des Realisators und die Gelassenheit, mit welcher er auf unvermutet auftauchende Schwierigkeiten reagiert, bestimmen maßgeblich den Erfolg des Neuen wie auch das Zeitmaß seiner Durchsetzung. Dabei gehört es zur Natur solcher Innovationsprozesse, daß Schwierigkeiten selbst dann auftauchen können, wenn eine äußerst gut überlegte Konzeption erarbeitet wurde. **Die perfekte Konzeption gibt es wohl kaum, weil die Praxis immer komplizierter ist als selbst die bestbasierte Annahme bzw. Konzeption.**

Eines aber scheint mir für das Stadium der Realisation noch von besonderer Wichtigkeit: die l**aufende Vergewisserung hinsichtlich eingeschlagenem Kurs**

und möglicher Verbesserungen prozessualer Abläufe. Selbst Zielkorrekturen können sich aufdrängen, wenn Erwartungen und Ergebnisse differieren und sinnvolle Anpassungen verlangen. Nicht zuletzt kann sich auch ergeben, daß im Realisationsprozeß **die ursprünglichen Erwartungen übertroffen werden und der Ideenerfolg somit größer ausfällt als prophezeit**. Jedenfalls muß immer wieder der Maßstab angesetzt werden, um Teilerfolge in den Griff zu bekommen und nötige Kurskorrekturen rechtzeitig zu veranlassen.

13.15 Perfektionierungsphase I

„Das Bessere ist der Feind des Guten."

Sinnspruch

Bei anspruchsvollen Innovationen können sich immer eine Reihe von sachlichen, organisatorischen, sicherheitsmäßigen oder anderen Unzulänglichkeiten ergeben – trotz optimaler Planung. Am besten stellt man wohl eine möglichst umfassende Prüfliste auf, um Ungenügen auf die Spur zu kommen, und befragt auch sämtliche Personen systematisch, die involviert sind und sich über Einzelheiten ein genaues Bild machen können. Verhältniszahlen und exakte Messungen können dabei helfen, Mängelursachen zu erfassen und anschließend Verbesserungen vorzunehmen. Diese Phase kann zeitlich kurz bemessen sein.

13.16 Gründliche Erprobung

„Jedwede Tugend ist fleckenfrei, bis auf den Augenblick der Probe."

Schiller

Nach dem kurzen Probelauf in der Perfektionierungsphase I ist bei umfassenderen Neuerungen eine gründliche Erprobung sicher unerläßlich. Dabei sind alle Faktoren, die sich auf den Erfolg und auch auf die Kostenseite auswirken, genau zu prüfen; Stichproben allein versprechen da zuwenig. Schön ist es natürlich immer, wenn aus der Gesamtheit aller Prüfungen noch unerwartete Sondervorteile resultieren oder die realisierte Idee weitere Ideen gebiert, die den erhofften Nutzen noch vergrößern.

13.17 Perfektionierungsphase II

„Ganz in Vollkommenheit siehst du kein Ding erglänzen; warum, damit dein Geist hab etwas zu ergänzen."

Rückert

Diese Phase muß sich zwar nicht unbedingt ergeben, aber bei komplexen Innovationsprozessen ist sie am Platz; sie erbringt vielleicht nicht nur weitere Verbesserungen, sondern auch noch zusätzliche Nutzenschöpfung, wie dies bereits unter „Perfektionierungsphase I" angetönt wurde.

14. Techniken der Kreativarbeit

„Wer etwas Treffliches leisten will, hätt gern was Großes geboren, der sammle still und unerschlafft, im kleinsten Punkte die höchste Kraft.“

Schiller

Wer immer in der kreativen Arbeit zum erstenmal den Ausdruck „**Techniken** der Kreativarbeit“ hört, in dem meldet sich auch gleich der Widerspruch: Man kann doch im kreativen Bereich kaum Sinnvolles mit bloßer Technik zustande bringen! Auch ich litt seinerzeit etwas an diesem inneren vermeintlichen Widerspruch, bis ich dann Folgendes begriff:

- „Technik“ meint hier eigentlich **„Vorgehenstechnik“**. Der Begriff liegt näher bei **„Systematik“** als bei dem, was wir in der Umgangssprache unter „Technik“ (Konstruktion und Verwendung von Werkzeugen, Geräten und Einrichtungen) verstehen.
- **Technik der geistigen Arbeit bezieht sich primär auf den kreativ wirkenden Einsatz von Methoden und Hilfsmitteln**, die Anreger und Auslöser von kreativen Handlungen oder Ideen sind. Als Methode kann in unserem Fall z.B. das Brainstorming verstanden werden und als Hilfsmittel dient da oder dort die Checkliste, der Morphologische Kasten oder die Mind Map, um mit praktischen Beispielen aus der Kreativtechnik zu dienen.

In diesem Abschnitt „Techniken der Kreativarbeit“ behandeln wir vor allem die **vielfältigen Methoden, die in der innovativen Geistesarbeit anwendbar sind**, um möglichst gute kreative Resultate zu schaffen. Wir vermitteln den Gesamtüberblick auch, weil viele dazu neigen, in der kreativen Arbeitstechnik **immer die gleichen paar wenigen Methoden zu beanspruchen, statt vom Reichtum ihrer anregenden Vielfalt zu profitieren**. Zudem soll sich der Leser auch klar darüber werden, daß nicht jede Methode überall einsetzbar ist, sondern – abgestimmt auf den Zweck des jeweiligen Teilprozesses – immer **selektiv angewendet sein will.**

Die Methodenkenntnis versetzt uns also in den Stand, immer die spezifischen Stärken der bestgeeigneten Methode für den gerade gegebenen Zweck zu nützen.

Natürlich variiert die Häufigkeit der nachstehenden behandelten Methoden in der Praxis des kreativen Arbeitens. Allgemein gebräuchliche Methoden wechseln ab mit ganz abgezirkelten Methoden, die nur in exakt definierten Fällen verwendbar sind und z.T. auch **auf das Niveau einer gegebenen Gruppe abzustimmen** sind. Es macht einen großen Unterschied, ob wir es mit einer Gruppe von Konsumgutverkäufern zu tun haben oder mit einem Gremium hochspezialisierter Wissenschaftler. Auch kann es eine besondere Anforderung gewisser Methoden sein, über einen **speziell vorgebildeten und erfahrenen Moderator** zu verfügen.

14.1 Drei-Schritt-Systematik „Sammeln-Ordnen-Ergänzen"

Dieses Prinzip geistiger Arbeitstechnik ist wohl eine uralte und absolut bewährte Systematik, das bei einfachen wie anspruchsvollen Gestaltungsarbeiten genutzt werden kann. Es läßt sich nur mechanistisch oder auch etwas kreativ betreiben. Schon beim ersten Schritt des Sammelns muß man sich fragen: **wo sammle ich was, wie und in welchem Ausmaß.** Wer intensive Geistesarbeit zu vollziehen hat, **sammelt besonders Interessantes immer, auch wenn er es im Moment nicht braucht**. Erstens kann es später nützlich sein, wieder einmal einen brillanten Artikel oder eine vielsagende Abhandlung zu lesen, die man längst vergessen hat, deren Materie jedoch durch das Zeitgeschehen einen prägenden Akzent erfahren hat. Zweitens kann man bei neuen Gestaltungsprojekten hier oder dort aus dem Gesammelten eine stoffliche oder auch gestalterische Anregung beziehen, auch wenn das jetzt zu Schreibende ganz anders formuliert sein will. Beim Sammeln irgendwelcher möglicher Hilfen kann das Unterbewußtsein mithelfen, wenn wir es dafür programmieren. Wir haben darüber schon früher Wesentliches ausgesagt. **Sammeln läßt sich nicht nur Schriftliches, sondern auch Bildliches und Mündliches** – letzteres, wenn im Gespräch mit anderen zusätzliche Aspekte von Bedeutung auftauchen und in der späteren Verarbeitung die materielle oder geistige Seite zu bereichern vermag. Notizen im oder nach dem Gespräch sind dann unerläßlich.

Auch beim Ordnen all dessen, was an Notizen, Skizzen, Entwürfen, Fotos, Prospekten, Zeitungsausschnitten, Anzeigen, Katalogen, Büchern, Broschüren, Dias, Videos etc. verfügbar ist, mögen hier oder dort kreative Anstöße zu weiteren Gedanken oder Vertiefungen resultieren.

Und **das Ergänzen selbst** sucht ja schon nach sinnvoller Ausfüllung noch bestehender Lücken, ist also erst recht **ein schöpferischer Prozeß**. Natürlich kann man bei diesem Schritt noch verschiedene andere Methoden kombinierend mitbenutzen, die in diesem gleichen Kapitel 14 noch behandelt werden.

14.2 Gezielte Auswertung eigener Substanz

Geistige Schwerarbeiter in kreativen Sparten (Dichter, Schriftsteller, Philosophen, Schulungsfachleute, Wissenschaftler usw.) kommen automatisch im Laufe ihrer Arbeiten zu umfangreichem Schrifttum. Die Problematik, die alle kennen, widerspiegelt sich dann in der Frage: **Wo lege ich alles wie ab, damit ich es nötigenfalls sofort wiederfinde?** Und da muß wohl jeder ein **eigenes passendes System** erarbeiten.

Ein **Laden, der spezialisiert Planungshilfen für Büroaktivitäten anbietet**, kann einen vielleicht sehr nützlich beraten, bevor falsche Wege der Ablage von Dokumenten begangen werden; ein späteres Korrigieren eines fehlgeleiteten Ablagesystems kostet immer viel Zeit und Arbeit, von den Mehrkosten für die einrichtungsmäßige Umorganisation gar nicht zu sprechen.

Von Bedeutung für ein sicheres Wiederauffinden bestimmter Akten kann noch sein, daß man sich bei der Beschriftung von Ablagemappen stets überlegt, unter welchem eventuellen anderen Begriff spätere Sucharbeit vor sich gehen könnte; unter diesen Alternativ-Begriffen ließen sich dann **Hinweiskarten** einordnen.

Für die Auswertung eigener Akten ist ferner wichtig, daß man **aufzubewahrende Texte immer übersichtlich gestaltet**, eventuell. mit Inhaltsverzeichnissen (bei größeren Dokumentationen) ausrüstet, kombiniert mit Seitenzahlangaben.

14.3 Studium einschlägiger Literatur zwecks Horizonterweiterung

Gut organisierte Geistesarbeiter kümmern sich in ihren Spezialgebieten wie auch beim Zugriff auf neue Materien immer um die schon vorhandene Literatur. Brauchbare Hinweise kann man darüber in guten **Buchläden** und in **Bibliotheken** finden. Oft aber ist es auch nützlich, **gebildete Gesprächspartner** anzusprechen, die einem nicht selten äußerst wertvolle Tips zu geben vermögen oder sogar mit eigenem Material auszuhelfen bereit sind. Beim einen oder anderen Leser wird nun wohl automatisch die Assoziation „abschreiben“ auftauchen. Ich meine allerdings, wenn ich vom Studium einschlägiger Literatur rede, daß es um die **Verbreitung der Denkbasis geht, um die Vertiefung des Umfeldwissens und überhaupt um die ständige eigene Weiterbildung**. Kein einziger berühmter **Geistesmensch** hat sein immenses Wissen, mit dem er seine Werke befruchtete, bloß aus der eigenen Gehirnrinde extrahiert. Er hat sich vielmehr jahre- und jahrzehntelang weitergebildet und mußte somit auf das vielfältige Wissen und Können anderer Menschen greifen. Auch rein beruflich gesehen, ist jeder **Fachmann** von Anfang an und auch später auf den geistigen Austausch mit anderen angewiesen. Wie sagt man doch: „Wer fertig ist, ist fertig". Jeder ist auf eine Kontinuität seines Bildungsstrebens angewiesen, sonst sieht er sich angesichts der heute immer rasanter vor sich gehenden Entwicklung auf allen Gebieten schnell überrundet. Wir haben schon in einem früheren Kapitel mit Nachdruck darauf hingewiesen, **daß der kreative Mensch doppelt auf die ständige Bildungsbemühung angewiesen ist, reichen doch sonst seine geistigen Potentiale einfach nicht aus, um Kreativleistungen in neuer Form fortlaufend zu erbringen**. („Fortlaufend" ist hier allerdings nicht mit „ununterbrochen" zu identifizieren, denn jeder Kreative braucht auch mal eine „Schnaufpause" – das haben wir schon genügend unterstrichen.)

14.4 Ansprechen geeigneter Persönlichkeiten

Ich habe in der Titelsetzung bewußt den Begriff **„Persönlichkeiten"** verwendet, nicht nur „Diskussionspartner" oder „Gesprächspartner", weil ich sowohl an **Wissende** dachte wie an **prominentere Mitglieder unserer Gesellschaft**, die uns mit ihren vielseitigen Beziehungen oft Türen öffnen können, die andere nicht kennen. Ich habe es persönlich immer wieder erlebt, daß einer sagte: „Da kommt mir gerade in den Sinn, daß der … in dieser Sache nützlicher Gesprächspartner sein könnte", oder „Ich habe einen Bekannten (oder Freund), der in seiner Tätigkeit … genau Bescheid weiß über solche Zusammenhänge; lassen Sie ihn von mir grüßen – er wird sich ein Bein ausreißen, um Ihnen behilflich zu sein."

Wo immer Sie ein größeres Problem zu lösen haben, vergessen Sie deshalb nie, Ihre Bekannten, Freunde, Berufs-, Militärdienst- und Vereins-Kollegen, Lieferanten, Kunden, Konkurrenten, Autoren, Berater etc. im Geist Revue passieren zu lassen, um herauszufinden, wer vielleicht in der Sache angesprochen werden könnte. „Positive Beziehungspflege" könnte man dies bezeichnen – was glauben Sie, wie viele Geschäfte auf diesem Kommunikationsweg hereingebracht und wie viele eigene Leistungen so einen Qualitätszuwachs erfahren! Falsche Hemmungen muß man dabei allerdings fallen lassen. Gehemmte sind den Mutigen gegenüber ja immer im Nachteil.

Im übrigen ist ein gutes Gespräch mit einem fähigen Partner stets ein starkes Spannungsfeld, in welchem sich Anregungen, Einfälle und Optimierungsideen durch **wechselseitige Sensibilisierung und Illumination** fast regelmäßig ergeben. Gute **Vorbereitung** auf solche Gespräche erhöht natürlich die Chance, daß sich kreative Anstöße – manchmal übrigens für beide – einstellen.

14.5 Arbeit mit Checklisten als Anregungsinstrument

In meinem „Checklisten-Handbuch für die Verkaufsleitung" 4. Aufl. schrieb Prof. Dr. Heinz Weinhold/Hochschule St. Gallen in seinem Vorwort: „Checklisten dienen in erster Linie der Leistungsverbesserung und erfüllen dabei folgende Funktionen: Know-how-Systematisierung, Know-how-Übertragung, Prozeß-Strukturierung, Ablaufbeschleunigung, Rationalisierung und Kontrolle. Zu jedem dieser Punkte ist im einzelnen Falle zu prüfen, wo der Schwerpunkt der Anwendung liegt."

Wie sehr ein gründlich gefertigtes Netz von Check-Fragen die kreative Arbeit erleichtern und stimulieren kann, sehen wir besonders im Kapitel 14.9 „Systematische Variation mittels Zünd- und Spornfragen", wo wir in der Checkliste Nr. 7 nicht weniger als 408 solcher Checkfragen integriert haben.

Um sämtliche Vorteile guter Checklisten für die Arbeitsgestaltung einmal zu überblicken, seien sie hier angeführt:

1. Systematisierung von Arbeitsprozessen
2. Entlastung des Denkens im Streben nach Perfektion (kein vollwertiger Berufsmann ohne Streben nach Perfektion!)
3. Wesentlicher Zeitgewinn durch Rationalisierung von Abläufen oder Verhandlungen
4. Verringerung der Kosten für Aufwand
5. Vermeidung von Verlusten als Folge mangelhafter oder lückenhafter Arbeitsabläufe oder Verhandlungen
6. Sicherheit im Erfassen aller wichtigen Aspekte oder Aufgaben im Rahmen einer Aktion oder Tätigkeit
7. Entlastung des Gedächtnisses in der Berücksichtigung unzähliger Einzelheiten in differenzierten Arbeitsabläufen
8. Hilfe für optimale Gesprächsführung und Gesprächssteuerung
9. Reduktion des Schreibaufwandes/der Protokollierung (da Checklisten viele Wörter/Begriffe/Alternativen/Nebenpunkte/Untertitel/Varianten/Numerierungen usw. schon enthalten und oft nur noch ein Ankreuzen bestimmter Varianten oder einzelner Zahlenangaben nötig ist)

10. Vorteil für späteres Nachschauen (Verhandlungsprotokoll in Form der ausgefüllten Checkliste)
11. Kopie der Checkliste = Protokoll der Verhandlung zuhanden beider Seiten
12. Kopie = Kontrollmöglichkeit für noch zu erledigende Punkte
13. Ersparung von Leerlauf (z.B. für spätere Rückfragen ohne Benützung von Checklisten werden Abklärungen leicht vergessen)
14. Vereinfachung von Folgearbeiten (Orientierung anderer Abteilungen, der Direktion; Ausarbeiten von Korrespondenzen, Kontrollen usw.)
15. Beeindruckung des Partners durch sicheres und professionelles Verhalten in Verhandlungen
16. Gewinn an Effizienz, damit auch an Selbstvertrauen und Arbeitsbefriedigung
17. Checklisten = praktische Hilfen zur Schulung von Mitarbeitern (Substanz-Vorlage).

Es gehört zur Arbeit mit der Checkliste, daß man dieses Hilfsmittel perfektionistisch handhabt: nach jeder Benützung ist zu prüfen, ob sie sich nicht weiter vervollkommnen läßt. Meist lassen sich nämlich noch sinnvolle Ergänzungen einfügen oder auch Verbesserungen in der Formulierung einzelner Punkte realisieren. Am wichtigsten aber ist die Maßschneiderung auf den eigenen Gebrauchsnutzen.

In meiner mehr als 30jährigen Schulungsarbeit bzw. Autorentätigkeit habe ich verschiedene **Checklisten-Handbücher** verfaßt, z.B.

- das „Checklisten-Handbuch für die Verkaufsleitung“ (Internationaler Buchpreis 1987) mit 65 Checklisten mit 3779 Checkanregungen
- das Kommunikationshandbuch „Kommunikation“ – die Brücke zum andern mit 35 Checklisten
- das Handbuch „Messebeteiligungen erfolgreich gestalten“ mit 25 Checklisten, enthaltend 700 Anregungen
- meine Checklisten-Sammlung „Messebesuche gut vorbereiten“, durchführen und auswerten“ (330 Anregungen)
- meine Checklisten-Sammlung für Verkauf, Führung, Personalwesen, Servicearbeit, Telefonservice – total rund 100 Checklisten

(Checklisten-Verzeichnis beim Autor anzufordern)

Beispiele von Checklisten-Titeln:
- Durchleuchtung der Verkaufsorganisation, 94 Fragen
- Leistungssteigerung im Außendienst, 70 Anregungen
- Besuchsvorbereitung im Außendienst, 27 Tips
- Geschickte Reklamationserledigung, 55 Tips

- Optimierung der Argumentation, 26 Tips
- Wie Servicetechniker gewinnend mit Kunden umgehen, 12 Seiten
- Zuvorkommende Bestellungsaufnahme, 10 Regeln
- Aktivierung von Kunden mimt Schrumpfumsatz, 20 Tips
- Ausgefeilte Demonstrationstechnik im Verkauf, 24 Tips
- Rhetorische Perfektion im Verkaufsgespräch, 3 Seiten Tips
- Verbesserung Ihrer Verkaufskorrespondenz, 14 Tips
- Eingliederung neuer Mitarbeiter, 18 Anregungen + Text (3 Seiten)
- Optimale Konferenztechnik, 5seitige Checkliste
- Beurteilungsgespräche/Vorbereitung, Durchführung, Auswertung, 55 Tips
- Motivation der Mitarbeiter, 38 Anregungen
- Kampf der Personalfluktuation, 20 Ursachen, 41 Anregungen
- Aufträge richtig erteilen, 30 Tips
- Entscheidungstechnik, 30 Tips
- Systematisierte Unternehmensführung, 26 Voraussetzungen
- Methodisches Anlernen, 50 Spielregeln
- Leistungskontrollen richtig ausüben, 10 Anleitungen
- Konfrontation mit Gehaltsforderungen, 3seitige Instruktion
- Austrittsgespräche richtig führen, 41 Tips
- Das gute Führungssystem, 44 Anleitungen
- Persönliche Aussprachen mit Mitarbeitern, 34 Tips
- Geschickte Menschenbehandlung, 21 Anleitungen
- Angebotswesen-Optimierung und Nachfassen, 35 Tips
- Selbstbeurteilung zur Persönlichkeitsentfaltung, 52 Checkfragen
- Existenzsicherung auf längere Frist, 30 Tips
- Systematisierte Neukundenbearbeitung, 46 Tips
- Jagd nach verkäuferischer Perfektion, 18 Tips
- Fehlformulierungen und ihre Positivvarianten, 88 Tips
- Methodik der Einwandbeantwortung, 74 Tips für Verkäufer/Berater
- Tabus im Verkaufsgespräch, 17 Empfehlungen
- Kundentreue durch Kundenpflege, 29 Anregungen
- Großkunden durch Bearbeitungspläne spezifisch pflegen, 37 Tips
- Abschlußtechnik, 19 Wege und Techniken
- Wie man Kunden verlieren und rückgewinnen kann, 14 Überlegungen

14.5.1 Checkliste Nr. 6: Konzeption von Werbeprospekten und Anzeigen (20 Anregungen)

Werbung kostet viel Geld. Trotzdem sieht man in der Praxis oft schlechte Prospekte und Werbeanzeigen, die bei besserer Gestaltung unverhältnismäßig mehr Wirkung zu erzielen vermöchten. Nutzen Sie die Erfahrung erfolgreicher Werbetexter und Propaganda-Fachleute, die bei Inangriffnahme jedes neuen Prospektes oder Werbeinserates folgende Punkte überdenken:

1. Wie ist das Zielpublikum beschaffen? (Interessen, Probleme, aktuelle Bestrebungen, Wünsche, eigene Bedingungen etc.)
2. Welches sind die Haupt- und Nebenziele der Werbeaktion?
3. Welche Produkte, Einrichtungen, Dienstleistungen sind zu propagandieren? (in konsequenter Ausrichtung auf die obenangeführten Haupt-, und Nebenziele, bzw. Denk-, Handlungs-, Kaufmotive)
4. Wie könnte eine gute Headline oder ein Schlagworttitel formuliert werden, um anzureizen bzw. das Interesse herauszufordern?
5. Wie kann man gesamtgestalterisch originell wirken, um sich von der Masse anderer Prospekte oder Anzeigen wohltuend abzuheben? (Layout, Schriftendifferenzierung, Schrifttypen, Schriftgröße)
6. Gibt es einen Neuheitsaspekt, der wirksam herausgestellt werden kann? eventuell. als Aufhänger zu benützen ist?
7. Welche Substanz ist zu verarbeiten? (nach Prinzip vorgehen: sammeln, ordnen und ergänzen – in Verbindung vielleicht mit Brainstorming (mit schöpferisch fähigen Mitarbeitern aus Werbeabteilung, Verkaufs-Innen- und -Außendienst)
8. Wie soll die Substanz gegliedert werden in Verbindung mit Schlagwortfassung des Wichtigen, so daß auch bei raschem Überlesen das Wesentliche ins Auge springt?
9. Ist bis zum letzten Textwort alles so verständlich und leicht begreifbar formuliert, daß auch dem einfachen Lesertyp problemloses Verstehen möglich ist?
10. Sind bildliche Darstellungen (Fotos, Karikaturen, Zeichnungen, technische Darstellungen etc.) als Blickfang-Verstärkung im Rahmen des Möglichen einbezogen?
11. Läßt sich durch Humor, Witz, Symbolik, veranschaulichenden Vergleich, kontrastierende Fragestellung, emotionelle Appelle, plastische Begriffe, paradoxe Formulierung, sprechende Beispiele oder zarte Ironie etwas Pep in den Text hineinbringen?
12. Haben Sie die zu langen Sätze in kürzere aufgelöst, die als wesentliche Aussagen empfunden werden?
13. Bevorzugen Sie den dynamischeren verbalen Stil statt in Superlativen zu schwelgen?
14. Vermeiden Sie Behauptungen, für die keine Beweise geliefert werden, zugunsten von belegten Aussagen?
15. Können Sie einen Teil des Textes durch lebendigen Gegenwartsstil dynamisieren und haben Sie im Rahmen des Möglichen auch interessierende Zukunftsperspektiven eingeflochten?
16. Verkaufen Sie im Text grundsätzlich den Nutzen, Erlebniswert und Leistungen für den Kunden – statt Produkte und Materialien?
17. Vermag Ihr Text Neugier, Drang nach Information oder ein Bedürfnis nach persönlichem Kontakt zu wecken? Vermittelt er einen Handlungsanstoß, der Ihnen ein Geschäft bringen kann?
18. Lassen sich besondere Stärken Ihrer Firma mit dem Werbetext beiläufig verbinden?
19. Haben Sie das Wichtigste auf verschobener Ebene ein zweites Mal angesprochen, um es optimal einzuprägen?
20. Testen Sie den Text mit einigen kritischen Begutachtern, die für ein sachliches Urteil ausgewiesen sind?

14.6 Mind Mapping (Arbeit mit Mind Maps/„geistigen Landkarten“)

Mit dieser visuell gestalteten Technik versucht man zu einer **Übersicht über ein thematisches Ganzes** zu kommen, Verbindungen und Abhängigkeiten aufzuzeigen, somit eine **strukturelle Gliederung** herbeizuführen. Die entstandene Darstellung wird als Mind Map („geistige Landkarte“, „Denkgebäude“ oder „Denkkarte“) bezeichnet. Die Tätigkeit nennt sich Mind Mapping. **Die kreative Erarbeitungstechnik Mind Mapping eignet sich z.B. für Aufgaben wie die folgenden:** Projekte, Planungsvorhaben, Vorträge, Interviews, Unterrichtsgestaltung, Reisevorbereitungen, Konferenzgestaltung bzw. -leitung, Redaktion von Artikeln, Broschüren und kleinere Bücher, Organisation von Festanlässen, Qualitäts-Zirkel-Programme, Verhandlungskonzepte, Präsentationen, Messeaktionen, Presseinformationen, Interviews, Vorbereitung von Ideenkonferenzen, Entscheidungsfindung etc. – im Prinzip Vorhaben, die sorgfältige gedankliche Vorarbeit bedingen, aber nicht außerordentlich komplex sind.

Wenn wir z.B. die Thematik dieses Buches als Manipulationsmasse für eine Mind Map nähmen, so wäre dieses Verfahren ungeeignet, da das Inhaltsverzeichnis aus über 200 Titeln und Untertiteln besteht. Theoretisch ließe sich natürlich eine Mind Map auf einem Format von 2 m oder größer gestalten, aber trotzdem wäre die Übersichtlichkeit und Reihenfolge nicht mehr gegeben bei soviel Gliederungselementen.

Um dem Leser ein **praktisches Beispiel einer Mind Map** vorzulegen, habe ich auf Seite 247 eine solche gestaltet. Sie geht der Frage nach: Welche Faktoren beeinflussen unsere persönliche Kreativität?

Dabei habe ich die Gestaltungsregeln beachtet, die ungefähr wie folgt zusammengefaßt werden können:

1. Bezeichnung der Thematik unübersehbar in die Mitte stellen.
2. Wörter in Großbuchstaben oder sonst in gut lesbarer Schrift hinsetzen.
3. Hauptelemente durch Schriftgröße oder sonstiges Herausheben kennzeichnen.
4. Alle hingesetzten Begriffe sollten von vorn ohne zu starkes Kopfdrehen lesbar sein, auch wegen der Übersichtlichkeit des Ganzen.
5. Jedes Wortelement der Mind Map sollte auf kürzesten Nenner gebracht werden (Stichwortformulierungen).
6. Bei umfänglicheren Mind Maps ist eine vorangehende provisorische Darstellung des einfallenden Gedankenguts unerläßlich.

7. Ein sinnvolles Gliedern in Haupt- und Unterthemen verlangt ein entsprechendes Urteilsvermögen, weil die Gewichtung der einzelnen Elemente ja durch die Darstellung offenbar werden muß. Die Reihenfolge primär-sekundär-tertiär etc. muß die visuelle Schematik bestimmen und am Schluß klar aus der Mind Map hervorgehen.
8. Die Gedankengliederung kann optisch eine Verstärkung erfahren, farbliche Unterteilung der Hauptäste und Schriftgrößen-Differenzierung. Wechselbeziehungen und Abhängigkeiten lassen sich durch Symbole wie Pfeile, gestrichelte Verbindungslinien, Kreuze und geometrische Figuren, auch dreidimensionale Darstellungen, anmerken.

Die Gestaltungweise der Mind Maps hat wohl primär den Sinn, von bloßen Wörtern, Sätzen und Zahlen abzuweichen und zugunsten einer ganzheitlich wirkenden Bilddarstellung zu operieren. Dabei prägt sich das reizvolle Ganze dem Gedächtnis dank Formenreichtum, Dimensionalität und Farbigkeit besser ein als z. B. ein nur aus Wörtern und Sätzen konstituiertes Inhaltsverzeichnis.

Allerdings, wer die Kunst abstrakten Denkens beherrscht, kann auch ein gut gestaltetes Inhaltsverzeichnis, das die Titel und Untertitel bedeutungsmäßig durch Variation der Schriftgrößen und sukzessivem Einrücken nach rechts kennzeichnet, problemlos verstehen und die Hauptaussagen eines Buches im gesamten Überblick gut erkennen. Bedingung dabei ist natürlich noch die treffsichere Ausdrucksweise beim Formulieren eines solchen Inhaltsverzeichnisses und die Verständlichkeit der benutzten spezifizierenden Stichwort-Sprache.

Didaktischer Kommentar zum Mind Map-Beispiel Seite 247:
Dieses Schema erhebt **keinen Anspruch auf Vollständigkeit**. Es ging nur um die Visualisierung einer Mind Map. Obwohl der thematische Abschnitt aus meinem Buch, der hier behandelt wurde, weitaus geringfügiger ist als die Gesamtthematik, wird die **Übersichtlichkeit des Blattes voller Stichworte schon fraglich**. Dabei sind noch längst nicht alle Unterstichworte in diesem Schema aufgeführt, und weitere Untergliederungen, die denkbar gewesen wären, fehlen in dieser Darstellung auch. Mit diesem Beispiel läßt sich also belegen, daß komplexe Denkgebäude mit Mind Maps nicht befriedigend visualisiert werden können. Mind Maps eignen sich nur für **verhältnismäßig einfache Denkprobleme**. Man kann sie als **Einzelperson** für sich erstellen oder auf einer großen Tafel (vor einer **Teilnehmergruppe** dieses „schriftlichen Brainstorms“) unter gedanklicher Mitarbeit aller gestalten. Sobald das Thema nur einigermaßen anspruchsvoll ist, werden sich

manche nachträglichen Korrekturen ergeben, aber die Enddarstellung kann nachher ins Reine geschrieben und z.B. kopiert an beliebige Zielpersonen abgegeben werden. An beigesetzten Nummern ließe sich auch die Reihenfolge ablesen.

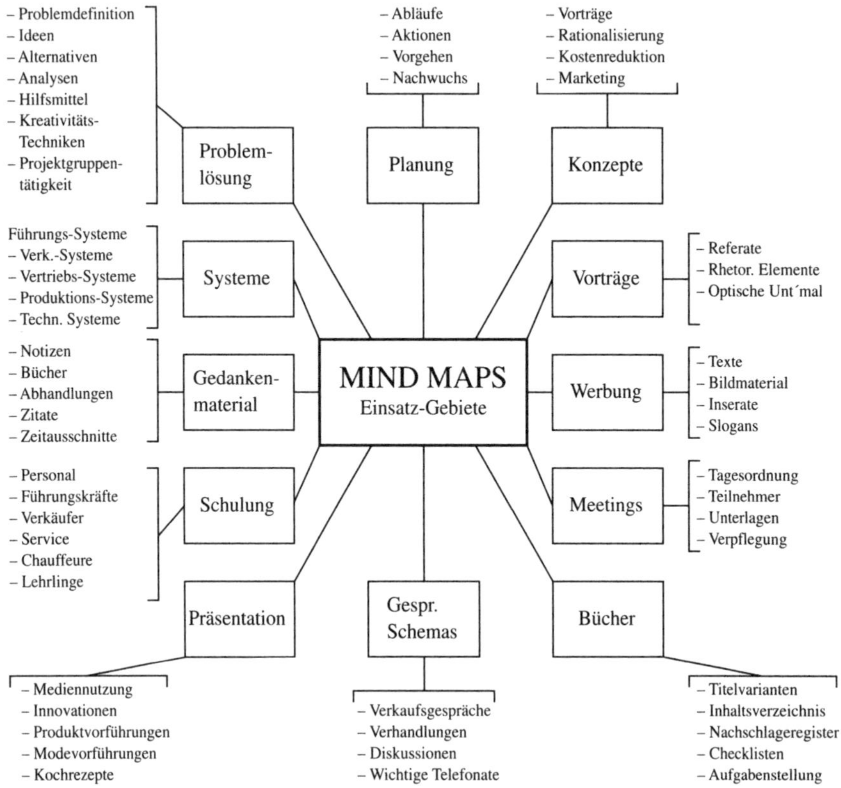

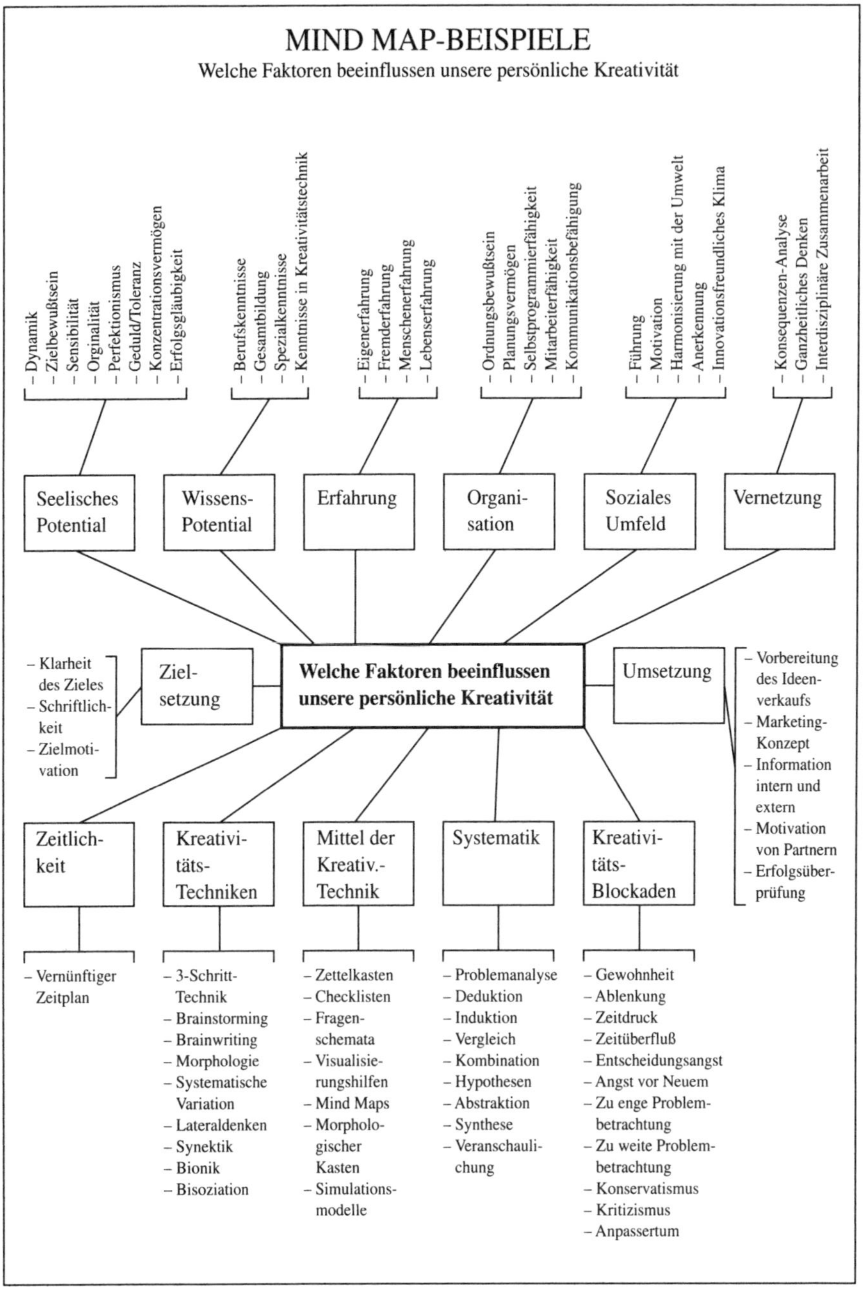
MIND MAP-BEISPIELE
Welche Faktoren beeinflussen unsere persönliche Kreativität
Welche Faktoren beeinflussen unsere persönliche Kreativität
Seelisches Potential
– Dynamik
– Zielbewußtsein
– Sensibilität
– Orginalität
– Perfektionismus
– Geduld/Toleranz
– Konzentrationsvermögen
– Erfolgsgläubigkeit
Wissens-Potential
– Berufskenntnisse
– Gesamtbildung
– Spezialkenntnisse
– Kenntnisse in Kreativitätstechnik
Erfahrung
– Eigenerfahrung
– Fremderfahrung
– Menschenerfahrung
– Lebenserfahrung
Organi-sation
– Ordnungsbewußtsein
– Planungsvermögen
– Selbstprogrammierfähigkeit
– Mitarbeiterfähigkeit
– Kommunikationsbefähigung
Soziales Umfeld
– Führung
– Motivation
– Harmonisierung mit der Umwelt
– Anerkennung
– Innovationsfreundliches Klima
Vernetzung
– Konsequenzen-Analyse
– Ganzheitliches Denken
– Interdisziplinäre Zusammenarbeit
Ziel-setzung
– Klarheit des Zieles
– Schriftlichkeit
– Zielmotivation
Umsetzung
– Vorbereitung des Ideenverkaufs
– Marketing-Konzept
– Information intern und extern
– Motivation von Partnern
– Erfolgsüberprüfung
Zeitlichkeit
– Vernünftiger Zeitplan
Kreativitäts-Techniken
– 3-Schritt-Technik
– Brainstorming
– Brainwriting
– Morphologie
– Systematische Variation
– Lateraldenken
– Synektik
– Bionik
– Bisoziation
Mittel der Kreativ.-Technik
– Zettelkasten
– Checklisten
– Fragenschemata
– Visualisierungshilfen
– Mind Maps
– Morphologischer Kasten
– Simulationsmodelle
Systematik
– Problemanalyse
– Deduktion
– Induktion
– Vergleich
– Kombination
– Hypothesen
– Abstraktion
– Synthese
– Veranschaulichung
Kreativitäts-Blockaden
– Gewohnheit
– Ablenkung
– Zeitdruck
– Zeitüberfluß
– Entscheidungsangst
– Angst vor Neuem
– Zu enge Problembetrachtung
– Zu weite Problembetrachtung
– Konservatismus
– Kritizismus
– Anpassertum

14.7 Dialektische Fragetechnik als Kreativinstrument

Die Kunst, sich und andere durch gutes Fragen zu fordern und zu fördern, verlangt fast eher den Meister als den Schüler.

Die Fragenden zählten schon immer eher zu den Tüchtigen als die darauflos Schwatzenden. **Fragetechnik ist ein Kunstmittel der Dialektik, und unter Dialektik versteht man die Kunst der Gesprächs- und Beweisführung.** Fragen sind eigentlich weit mehr als Fragen. Sie sind Gradmesser für Intelligenz und Verhandlungsgeschick.

In den Kapiteln 12.2 über analytisches, hinterfragendes Denken (wo wir auch 17 Fragetypen mit Beispielen erläuterten) und 12.3 über deduktives und induktives Fragen haben wir uns schon recht gründlich mit dem dialektischen Instrumentarium der Fragetechnik auseinandergesetzt.

Lassen Sie uns noch ergänzend festhalten, daß verhandlungsgewandte Menschen die **W-Fragen-Technik** konsequent nützen. Die **10 wichtigen W-Fragen** sind bekanntlich die folgenden:

Was? Wer? Wo? Wann? Wozu? Wie? Womit? Worauf? Welche? Warum?
(„Weshalb?“ und „Wieso?“ sind nur Synonyme von „Warum?“)

Den Satz „Das ist die entscheidende Frage!“ haben Sie von Ihren Gesprächspartnern hoffentlich schon öfter gehört. Er zeigt an, daß Sie das absolut Wesentliche erfaßten und mit Ihrer Frage den Partner genau an den Entscheidungspunkt heranführten. Dadurch haben Sie ihm einen wichtigsten Zusammenhang erhellt.

> Interessant ist noch, daß man in der Psychologie die gewohnheitsmäßigen Nicht-Frager als spannungslose und weitgehend desinteressierte Menschen einschätzt, wogegen dem geschickt Fragenden waches Interesse, Aufgeschlossenheit und Partnerbezogenheit attestiert werden. Im übrigen nützen auch bewährte Menschenführer die Fragetechnik bewußt und systematisch, um ihre Gespräche wirksam zu lenken und ihre Partner ohne Aufdringlichkeit gezielt zu beeinflussen.

Im Gegensatz dazu fällt bei nicht gewandt Verhandelnden auf, daß sie **auf Behauptungen des Partners notorisch mit Gegenbehauptungen reagieren**, statt ihr Gegenüber mit einer **guten Frage** abzufangen und interessiert den möglichen Gründen seiner Meinung nachzugehen. Auf diese Weise hat schon mancher – hüben wie drüben – seine Hefte revidiert, und unerwartet ist ihm eine Horizonterweiterung zuteil geworden. Was kann man sich mehr wünschen, als in der Kommunikation mit anderen gescheiter zu werden?

14.7.1 Frageliste/Produktionsbewertungs-Kriterien

Funktionsbereich	Fragestellung	
Absatzbereich	1. Absatzorganisation?	gut? schlecht? unzureichend?
	2. Absatzmenge?	steigend? fallend? konstant?
	3. Konkurrenz?	stark? steigend? schwach? neue?
	4. Konjunkturanfälligkeit	niedrig? stark?
	5. Preistrend?	auskömmlich? sinkend?
	6. Saisoneinflüsse?	stark? schwach? gering?
Produkt	1. Image?	gut? schlecht? mittelmäßig?
	2. Substitutionsgefahr?	hoch? niedrig? zur Zeit nicht? später?
	3. Know-how?	hoch? niedrig? gefährdet?
	4. Qualität?	nicht gefragt? von Vorteil?
Technik	1. Know-how (Verfahren)?	hoch? niedrig? bekannt? nachahmbar?
	2. Raum-/Standort?	schwierig? keine Probleme?
	3. Trend der Technologie?	gleichbleibend? hohe Investitionen?
	4. Kapazität?	vorhanden? beschaffen?
	5. Einführungs-/Umstellungsschwierigkeiten?	hoch? niedrig? keine? zeitaufwendig? kostenaufwendig?
	6. Substitutionsgefahr der Technologie?	hoch? niedrig? nicht gegeben? zur Zeit nicht überblickbar?
	7. Investitionen?	hoch? wie bisher? niedrig? keine?
Finanz	1. Kapitalbeschaffung?	möglich? schwierig? gering? hoch?
	2. Deckungsbeitrag bzw. Gewinn?	durchschnittlich? hoch? niedrig?
	3. Wachstumsfinanzierung?	möglich? aus Eigenmitteln? niedrig? hoch?

Entwicklung	1. Entwicklungskosten? 2. Patentsituation? 3. Konkurrenzvorsprung? 4. Personal?	hoch? niedrig? unklar? Konkurrenzpatente? Lizenz? ja? nein? in Zukunft? vorhanden? qualifiziert?
Personal	1. Absatzbereich? 2. Produktion? 3. Konstruktion?	angespannt? ausreichend vorhanden? keine Spezialisten? schwer zu beschaffen? nicht zu beschaffen
Material	1. Beschaffung? 2. Preise? 3. Sondervorschriften?	ohne Schwierigkeiten? lange Lieferfrist? stabil? steigend? fallend? ohne Problem?
Übriges	1. Selbständigkeit? 2. Stärken? 3. Schwächen? 4. Wachstum? 5. Image der Firma? 6. Chancen? 7. Risiken?	gefährdet? erhalten? eingeschränkt? genutzt? nicht eingesetzt? vermieden? nicht beseitigt? möglich? wenn gut: genutzt? werden wahrgenommen? vorhanden? groß? klein?

14.8 Morphologie (Matrix-Ideenfindungs-Verfahren)

Die Morphologie ist ein systematisch-analytisches Ideenfindungs-Verfahren, in der Kreativitätslehre durch Prof. Fritz Zwicky um 1950 herum entwickelt. An sich bedeutet Morphologie die **Lehre von der Gestalt oder Form**. Im Prinzip wird etwas – z. B. eine Maschine, ein Gerät, eine Einrichtung, ein System usw. – in seine Elemente oder **Wirkkomponenten zerlegt**, um sich an Lösungsvarianten heranzutasten, die letztlich etwas Neues, Besseres, Schöneres, Solideres, Kostengünstigeres ergeben. Natürlich sind noch mehr Möglichkeiten der Optimierung denkbar, Hauptsache, sie ergeben in jedem Fall einen Fortschritt oder sogar etwas völlig Neues.

Zwicky postulierte das „Morphologische Weltbild" als eine offene und vorurteilsfreie Einstellung oder Haltung. Morphologie ist ein integrales Methodik-Konzept und enthält neben der Methode des „morphologischen Kastens" auch viele weitere methodische Werkzeuge und Problemlösungsmethoden, z. B. das methodische Vorgehen zur Verhinderung von Denkkatastrophen und die wichtige Methode der „Systematischen Negation und Neukonzeption".

Grundsätzlich arbeitet die morphologische Methode mit folgenden Sequenzen:

1. **Problemdefinition** und genaue Beschreibung der Problemseiten und Problemfolgen
2. Ermittlung des sogenannten **Parameters** (wichtige Problem-, Funktions-, Beschaffenheits- oder Zweckkomponenten)
3. Erstellung des sogenannten **morphologischen Kastens** in Matrixform, der ein vielfaches Beziehungssystem zum Parameter erlaubt, also Basis für eine Gegenüberstellung von Lösungsvariablen bildet
4. Bestimmung der sich anbietenden **Lösungsmöglichkeiten und Bewertung ihrer Tauglichkeit nach einem Bewertungssystem**
5. **Auswahl und Definition der Bestlösung**

Beispiel eines morphologischen Kastens oder morphologischen Schemas, wie das jeweils individuell zu erschaffende Hilfsmittel genannt wird: (Vorzugsweise wird mit der Morphologie in der technischen Erfindungs- und Optimierungssparate gearbeitet. Um auch einmal die kreative Hausarbeit zu berücksichtigen, blenden wir zuerst ein Formularschema ein, das in jedem Haushalt Verwendung finden könnte: Siehe morphologischer Kasten „Essenseinladung" auf Seite 254.

Zu dieser Darstellung noch ein Hinweis: wenn die Gastgeberin zur kreativen Art von Haushaltsführenden gehört, wird sie bei Wiederholungseinladungen auf Notizen greifen können, die besagen, was man dem Gast bei seinen letzten Essensbesuchen offeriert hat; sie will ja nicht durch versehentliche Menürepetierung als einfallslos und kulinarisch begrenzt vor dem Besuch dastehen, sondern ihn jedesmal auf neue Art verwöhnen. Dann wird sie das morphologische Schema „Esseneinladung“ mit ihren Notizen vorsichtshalber noch vergleichen, eventuell auch Lieblingswünsche des Gastes berücksichtigen.

14.8.1 Beispiel eines morphologischen Schemas, Thema „Essenseinladung Privat“ (kann auch als Checkliste genutzt werden)

	Parameter:	**Selektionsvarianten:**						
Apéritif	Getränke	Champagner	Wein	Drinks	Säfte	Mineralwasser	Limonade	Apfelsaft
Apéritif	Snacks	Canapés	Nüsse	Blätterteig-teig	Mini-Hamburger	Sellerie-stengel	Oliven	Weinbeeren
	Salate	Grüner Salat	Gemischter Salat	Tomatensalat	Nüßlisalat	Endivensalat	Selleriesalat	Karottensalat
	Vorspeisen	Salate	Crevetten-Cocktail	Rauchfleisch	Rohschinken mit Melone	Pastete	Fisch-terrine	Artischocken
	Suppen	Bouillon	Bouillon mit Einlage	Gemüse-suppen	Mehlsuppe	Gazpacho	Vichyssoise	Crèmesuppe
Hauptgänge/Beilagen	Fleisch	Braten	Koteletts	Filet	Wildbret Entrecôte	Lammschulter	Geflügel	Bratwurst
Hauptgänge/Beilagen	Fisch	Seefische	Meerfische	Fischfilets	Thonfilets	Salm	Bachforellen	Aal
Hauptgänge/Beilagen	Käse-speisen	Käsefondue	Raclette	Käsekuchen	Käseplatte	Käseauflauf	Käserösti	Hobelkäse-Platte
Hauptgänge/Beilagen	Gemüse	Kartoffeln	Blumenkohl	Karotten	Broccoli	Bohnen	Spinat	Kohl
Hauptgänge/Beilagen	Teigwaren	Spaghetti	Nudeln	Makkaroni	Spätzle	Spiralnudeln	Ravioli o/Fl.	Lassagne
Hauptgänge/Beilagen	Reis	Trockenreis	Risotto	Wildreis	Vollkornreis	Reis gebraten	Reis in Tomaten	
Hauptgänge/Beilagen	Spezialitä-ten-Menüs	Fondue Orientale	Fondue Chinoise	Hors-d'œuvre riche varié	Nasigoreng	Wildspeziali-täten	Paella	Bouillabaisse
Hauptgänge/Beilagen	Anderes	Pommes-frites	Rösti	Bratkartoffeln	Pellkartoffeln	Kartoffel-Gratin	Berner Platte	Berner Rösti

	Parameter:	Selektionsvarianten:						
Käse	Käsesorten	Französische Käsesorten	Italienische Käsesorten	Schweizer Käsesorten	Spanische Käsesorten	Griechische Käsesorten	Ziegenkäse hart, weich	Schafkäse hart, weich
Käse	Beilagen	Trauben	Nüsse	Birnen	Weinbeeren	Dörrfrüchte	Sonnenblumenkerne	Kürbiskerne
	Süßspeisen	Torten	Kuchen	Eissorten	Eiskaffee Eisschokol.	Beeren	Fruchtsalat	Karamelköpfchen
Getränke	Weine	Weiße Weine	Rote Weine	Landweine	Rosé-Weine	Champagner	Schaumweine	Dessertweine
Getränke	Wasser	Min'wasser mit Kohl's.	Min'wasser ohne Kohl's.	Quellwasser				
Getränke	Säfte/Lim.	Fruchtsäfte	Fruchtlimo.	Schweppes	Apfelsaft	Birnensaft	Most	Traubensaft
Getränke	Kaffee	Espresso-Kaffee	Filter-Kaffee	Türkischer Kaffee	Irish-Coffee	Koffeinfreier Kaffee	Kaffee-Schnaps	Wiener Kaffee
Getränke	Spirituosen	Steinobstler	Calvados	Williams	Cognac	Armagnac	Marc	Grappa
	Konfekt	Hausgem. Konfekt	Confiseur-Konfekt	Abgepacktes Konfekt				
	Pralinen	Confiseur-Pralinen	Eispralinen	Hausgem. Pralinen				

14.8.2 Funktionsanalyse mittels morphologischem Kasten: Wie ließe sich ein Rasenmäher verbessern?

Funktionen	Funktionsträger	Funktionsträger	Funktionsträger
selbstfahrend	Benzinmotor	Elektromotor mit Kabel	Batteriemotor
Aufsitz für 1 Person	Kunststoff-Sitzschale	Sitzpolster	Stahlsitz wie bei Traktor
lenkbar	Lenkrad	Lenkgriff	Steuerknüppel
geländegängig	starker Motor, Stollenreifen	unabhäng. Motor mit Seilwinde	Allradantrieb
am Hang benutzbar	niedriger Schwerpunkt	Zugseil m. motor-getrieb. Aufroller	automat.Schräg-lagenausgleich
vorwärtsfahrend	synchronisiertes Schaltgetriebe	Automatik m. Dreh-momentwandler	Stufenlose Vollautomatik
rückwärtsfahrend	nichtsynchron. Rückwärtsgang	mehrere schaltbare Rückwärtsgänge	mehrere vorwählbare Rückwärtsgänge
verschiedene Geschwindigkeiten	Schnellgang	normaler Fahrgang	Spezialgang für ex-treme Steigungen
verschiedene Schnitthöhen	Schneiden verstellbar	Bodenabstand insg. verstellbar	jeweils passende Schneide wählbar
verschiedene Schnittbreiten	separate Schneiden zuschaltbar	einzeln regulierbare Schneiden	stufenlos ein- und ausfahrbare Schn.
Gras schneiden	Sichel	Spindel	Balkenmesser
Gras einsammeln	Fangkorb	Fangsack	Fangnetz
Gras pressen	hydraulische Presse	pneumatische Presse	mechanische Presse
Wiese kehren	Kehrmaschine zum Anhängen hinten	Kehrmaschine seitlich	Gebläse
Laub einsammeln	Kehrmaschine zum Anhängen hinten	Kehrmaschine seitlich	Gebläse
Gras und Laub pressen	hydraulische Presse	pneumatische Presse	mechanische Presse
Schnee wegräumen	Gebläse	Rammschild	durch Hitze auftauen
Anhänger ziehen	Anhängerkupplung	magnetische Kupplung	vom „Zugwagen" ferngesteuert
Kraftaggregat für Heckenschere	Motorleistung übertragbar	Motor in Hecken-schere einbaubar	Fernübertragung der Motorleist. möglich
Pflugschar anbaubar	Anhängevorrichtung	Pflug wird unterhalb montiert	Pflug wird seitlich montiert
Egge anbaubar	Anhängevorrichtung	Egge wird unterhalb montiert	Egge wird seitlich montiert

(Abdruck mit freundlicher Genehmigung des Unternehmensberaters BDU Hans Paul Jennen/Deutschland)

Das morphologische Schema ist also ein **variantenreiches Hilfsmittel** – eine Art **Ideenbaukasten** – für die Lösungssuche, sie kann sie aber nicht ersetzen. Die Gegenüberstellung von ungezählten Variabeln belebt die Vorstellungskraft, reizt zu Vergleichen an und deckt Kombinationsmöglichkeiten ohne Zahl auf. Nicht selten kommt man bei der Anwendung solcher Techniken noch auf zusätzliche Realisierungsmöglichkeiten, wodurch sich der kreative Spielraum einmal mehr erweitert. Positiv wirkt sich dabei immer die **Übersichtlichkeit der Matrix** aus, die ein momentschnelles In-Beziehung-Bringen der Teilelemente ermöglicht und damit die Suche nach Lösungsvariabeln erleichtert.

Allerdings zeigt die Erfahrung, daß auch „Morphologen" nicht vom Himmel fallen, sondern daß in der Kreativitätsarbeit **geübte, das heißt mit der morphologischen Technik vertraute Moderatoren mit ihren Gruppen zu besseren Resultaten gelangen.**

14.9 Systematische Variation mittels Zünd- und Spornfragen

Alex Osborne, dem wir das Brainstorming verdanken, hat seinerzeit auch eine **Frage-Systematik** geschaffen, die aus 76 sogenannten Zünd- und Spornfragen bestanden. Da sie mir eine ganze Reihe von Lücken zu enthalten schien, habe ich dieses Fragensystem ergänzt und neu geordnet. Es enthält nun 408 Fragestellungen, die Erfindern und technischen Innovatoren kreative Anstöße geben können. Ein Teil davon mag auch im kreativen Handwerk von Künstlern brauchbar sein. Das Ganze habe ich als Checkliste aufgebaut, die zwar möglichst umfassende Denkanstöße geben soll, deren Punkte aber je nach Materie bzw. kreativer Zielsetzung zum Teil auch gegenstandslos sein können, entsprechend der Natur des Hilfsmittels „Checkliste".

14.9.1 Checkliste Nr. 7: Systematische Variation der Produktgestaltung durch 408 Zünd- und Spornfragen

Überlegungsbereich:	Variationsmöglichkeiten:
Material	Eisen, Stahl, Chromstahl, Kupfer, Kunststoff, Holz, Spanplatte, Leder, Stein, Marmor, Styropor?
Größe	größer, kleiner, Maximierung, Miniaturisierung?
Länge	länger, kürzer?
Breite	breiter, schmaler?
Tiefe	tiefer, weniger tief?
Höhe	höher, niedriger, flacher?
Härte	härter, weicher, elastischer?
Form	rund, eckig, kantig, grotesk?
Farbe	andere, hellere, dunklere, auffälligere, unaufdringliche Farbe; Pastellton, Warnton, satter, schmeichelnder, eleganter, frischer, stimulierender, warmer, kalter, schockierender Ton; matt, brillant; beruhigend, erregend, grell; Reizfarbe?
Funktion	Verzichtmöglichkeit für einzelne Funktionen? Übernahme einer Funktion durch anderen Teil? Ersatz der Funktion durch anderes Verfahren? oder andere Mittel? Zusammenlegung mehrerer Funktionen? Funktionsvereinfachung denkbar? Funktionszweck zu erweitern? zusätzlichen Funktionen zu entsprechen? Gleichzeitigkeit von Funktionen nötig? Änderung des Funktionsablaufes?
Stil/Design	vornehmer, einfacher, prägnanter, klassischer, modischer, eleganter?
Festigkeit	kompakter, elastischer, nachgiebiger, zäher, dickflüssiger, wäßriger?
Oberfläche	rauh, fein, poliert, körnig, klebrig, haftend, abstoßend?

Anordnung/Positionierung/Reihenfolge	hintereinander, übereinander, untereinander, in anderer Reihenfolge, seitenvertauscht, kopflastig, auf den Kopf gestellt, umgruppiert, verkehrt, aufgeteilt, in logischer Abfolge, unregelmäßig oder regelmäßig verteilt, verschoben, verbunden, getrennt, rückwärts, vorwärts?
Konstruktion	Umgestaltung? Einsparungen durch konstruktive Änderung? Bauteilübernahme von Zulieferanten? Verwendung bestehender Teile anderer Produkte? Normteilverwendung? Größen – oder Formanpassung möglich zur Fertigungserleichterung? Designverbesserung denkbar?
Gewicht	schwerer, leichter, massiver, luftiger, schwebend, beschwert, tragbar, geringeres oder höheres spezifisches Gewicht?
Temperatur	heißer, kälter, kühler, wärmer, temperiert, unterkühlt, tiefgefroren, aufgetaut, brennend, unbrennbar, vorgewärmt, abgekühlt?
Geruch	geruchsneutral, parfümiert, mit zarter Duftnote, mit neuem Duftcharakter, süß riechend, männlich herb im Duft, aufregende Duftnote?
Geschmack	exotisch, mild, herb, süß, sauer, süß-sauer, rassig, scharf, pikant, geschmacksneutral?
Präsentation	auditiv, audiovisuell, dynamisch, aktivierend, mediengerecht, reißerisch, sensationell, packend, herausfordernd, publizistisch gerissen?
Handlichkeit	griffbereit, mit Griffen, einfach handhabbar, anatomisch geformt, gut zugänglich, griffig?
Klang	laut, leise, einschmeichelnd, hörbar, markant, volltönend, romantisch, hell, dunkel, bezaubernd, sphärisch?
Verwendung	nachher, vorher, pausenlos, mit Unterbrüchen, ohne Zubehör, mit Zubehör, rückwärts, vorwärts, durcheinander, perfekt, überzeugend, begeisternd, vorteilhaft, schriftlich, mündlich, telefonisch, beruflich, privat, in der Öffentlichkeit, vielfältig einsetzbar, sicher, risikolos, bewährt, unkompliziert, schnell instruiert, verlangt

	keine Spezialkenntnisse, einfach verwendbar, auch für Ungeübte, unter Materialeinsparung, unter Zeiteinsparung, die Lebensqualität erhöhend?
Normung	Rohmaterial-Normung? Teilnormung? Normteilverwendung statt Extraanfertigung?
Planmäßigkeit	planmäßig, konzeptorientiert, rezeptgetreu, gut eingeteilt, mit Erholungsphasen, zeitgerecht, mit Zwischenberichten, systemgerecht, koordiniert, zielbewußt, terminiert, teamwork-inspiriert?
Wiederholung	repetierend, nachdoppelnd, verdoppelnd, vervielfachend, erneuernd, auf verschobener Ebene wiederholend, automatische Repetition, Zwangswiederholung, Wiederholungstest?
Kombination	mit Ähnlichem, mit Gegensätzlichem, mit anderen Personen, Ideenkombination, Mischung, Legierung, Zweckkombination, Ausgleich, Kontrastaufhebung, Plankombination, Kombinieren von Hilfsmitteln und Methoden, Berücksichtigung von Kunden-, Firma-, Mitarbeiter-, Verbands-Interessen, gemeinsame Aktionen, gemeinsame Publizität, Zusammenarbeit mit Konkurrenz, interdisziplinäre Projektgruppenarbeit, Ziele kombinieren?
Fertigung	Andere Fertigungsverfahren, schnellere, leichtere, billigere? Bessere Auslastung der Fertigung denkbar? Einsatz vorteilhafterer Werkzeuge/Vorrichtungen? Reduktion der Rüstzeiten? Vereinfachung gewisser Operationen? Herabsetzung von Stillstandszeiten? Mechanisierung oder Automatisierung von Handoperationen? Abkürzung von Wegen? Senkung von Energie-, Transport-, Raumkosten? Größere Serienbemessung? Günstigerer Materialeinkauf? Arbeitseinsparung durch andere Lagerung vor oder nach Fertigung? Einbezug der Wertanalyse?

Einengung	von Zweck oder Ziel, Konzentration der Verantwortung, Reduktion der Funktionen, Begrenzung der Perfektionierung oder der Verwendungsanforderungen, zeitliche oder örtliche Limitation, Kostenbegrenzung, genaue Rollenzuweisung, verbessert kopieren statt neu ausarbeiten, Verschärfung der Vorschriften, Erhöhung der Sicherheitsanforderungen oder der Prüfnormen?
Umkehrungsenergie	aus Not Tugend machen, Ende an den Anfang setzen, Mittelteil nach vorn, Seiten vertauschen, aus Nachteil Vorzug machen, motivieren statt befehlen, anordnen statt bitten, Konkurrenz zum Mitarbeiter machen?
Energie	Benzin-, Dampf-, Licht-, Kraft-, Strom-Antrieb, Schwungradantrieb, Batteriebetrieb, Atomantrieb, Raketenantrieb, Pferdekraft- oder Menschenkraft-Antrieb, Hydraulik?
Zugang	seitwärts, von vorn, von oben, von hinten, von unten, in ausgebautem Zustand, durch Hilfsinstrumente, unter Spiegelkontrolle, unter Bildschirmprojektion?
Sicherheitsanspruch	Normenaufstellung, staatliche Sicherheitsvorschriften, Zwischenprüfung, Endprüfung, Testlauf, automatisierte Sicherheitskontrollen, Literatur und Kurse für Unfallverhütung, Telekamera-Überwachung, Securitas-Rundgänge, Kontrollen durch Sicherheitsspezialisten, Doppelkontrollen, Selbstkontrolle, Kontrollen durch Unfallexperten, Analyse passierter Sicherheitsvernachlässigung, Sicherheitsstudien, Einbau von Sicherheitsschikanen in funktionellen und mechanischen Abläufen (z.B. automatisches Ersetzen abgenützter Werkzeuge in Fabrikationsanlagen), Vorträge im Sicherheitswesen?
Befestigung	durch Festschrauben, Kleben, Magnetkraft, Klettenwandeffekt, Verankerung, Gewichte, Einbau in Wand/Mauer, Reißverschluß, Zuknöpfen, Verriegelung, Annähen, Montage von Haltevorrichtungen und Klammern, Anbinden?
Tempo	schneller, langsamer, taktrhythmisch, verzögert, sukzessiv beschleunigend, abnehmend verlangsamend, schlagartige Beschleunigung, abruptes Stoppen?

Selbstverständlich ließe sich dieser Anregungskatalog bestimmten Gestaltungsbereichen noch individueller anpassen, wobei die nicht zutreffenden Stichworte zu streichen und die fehlenden zu ergänzen wären. So kann dann eine solche Checkliste zu einem nützlichen maßgeschneiderten Instrument für konstruktive oder gestalterische Überlegungen in der Produktinnovation werden.

> „Viele Probleme sind nur falsch gestellte Fragen. Jedes Problem, das nicht gegen Naturgesetze verstößt, läßt sich lösen, wenn man es vom richtigen Standpunkt aus betrachtet."
>
> *(Bernd Rohrbach)*

14.10 Brainstorming

Diese Methode, die auch schon als „Ideenkonferenz", „Ideenwirbel", „Gehirnsturm", „Aktion Geistesblitz" übersetzt worden ist, bezieht sich auf **Problemlösungen, die nicht sehr komplex sind und eine klare Definition des Ziels erlauben**. Der amerikanische Werbefachmann Alex Osborne ist ihr Vater. Die Methode basiert auf **Teamarbeit mit synergistischem Effekt** (Zusammenwirken in gegenseitiger Ergänzung und Beeinflussung) und freier Assoziation (lateralem Denken). Brainstorming braucht einen Leiter und im Idealfall 5–20 Teilnehmer, die alle die Methode kennen sollten. Was die Teilnehmerzahl anbelangt, so läßt sie sich auch erweitern. In den USA nützte man einmal ein Hausfrauen-Meeting – es waren 2000 Damen beisammen –, um Vorschläge zu erhalten, wie man das Hochsommerloch in der Suppenindustrie ausgleichen könnte. Die Suggestion „eisgekühlte Tomatensuppe", die unter anderen in den spontanen Vorschlägen auftauchte, ergab einen Saisonschlager par excellence. Aber so etwas gehört zu den absoluten Ausnahmefällen. In unseren Breitengraden wäre die Angst des oder der einzelnen, sich in einer so riesigen Menge überhaupt zum Wort zu melden, wohl zu groß. In den USA ist man diesbezüglich weniger befangen, das sieht man schon bei den religiösen Massenveranstaltungen, die dort leichter und häufiger über die Bühne gehen als bei uns.

Was die zu bearbeitende Materie anbelangt, so ist Brainstorming sozusagen **universal einsetzbar**, wenn es um die Äußerung von Vorschlägen, Namenvarianten, Neuerungen, Gestaltungsideen, Werbeideen, Rationalisierungstips, Verkaufsempfehlungen usw. geht. Schon 1975 habe ich in meinem damals erschienenen Handbuch für Ausbilder, die folgenden **Spielregeln für die Brainstormmethode** angeführt, die heute noch gelten:

Spielregeln der Brainstorm-Konferenz

- Der gewählte Konferenzraum muß freundlich sein.
- Im übermüdeten Zustand können keine guten Resultate zustande kommen, daher eignen sich die leistungsgünstigen Zeiten von 9 bis 10 Uhr und 15 bis 16 Uhr am besten.
- Bei anspruchsvollen Themen ist es zu empfehlen, die Teilnehmer im voraus davon in Kenntnis zu setzen.
- Die ideale Teilnehmerzahl liegt zwischen 5 und 20 Leuten.
- Das Thema ist einleitend genau zu umreißen.
- Ist ein Thema zu komplex, so muß es in Unterthemen zerlegt werden und diese sind einzeln in Angriff zu nehmen.
- Ein Brainstorm sollte nicht länger als höchstens 20 Minuten dauern.
- Es dürfen nicht unbedingt nur fertige Lösungen erwartet werden. Der Nutzen kann auch in Teillösungen, Verbesserungen, Ergänzungen und Kombinationen zutage treten.
- Die Brainstorm-Konferenz lebt von der Fröhlichkeit und vom Tempo.
- Ohne den Chef werden häufig bessere Resultate erreicht (Hemmungen der Teilnehmer).
- Die Formulierung ist im Brainstorm Nebensache – Hauptsache ist die ungehemmte Produktion von Ideen.
- Jeder muß versuchen, seinen Vorschlag auf kürzesten Nenner zu bringen.
- Der Brainstorm-Leiter soll begeistern, antreiben und umwerten können.
- Er muß sich eigene Vorschläge vorbereiten, um etwaige Flauten überbrücken zu können.
- Unterbrüche des Gedankenflusses sind das Zeichen für den Leiter, seine Leute nochmals zu einer besonderen Denkanstrengung zu animieren.
- Auch übersteigerte Gedanken (Übertreibungen, Absurditäten, Snob-Ideen usw.) sollen ungehemmt ausgesprochen werden.
- Nur positive Gedanken sind erlaubt, alle Kritik und Diskussion ist untersagt, das heißt, es muß mit einer Glocke abgeläutet werden, wenn sich einer vergißt.
- Die Ergebnisbewertung geschieht erst nach dem Brainstorm.
- Keiner darf notieren; ein Tonbandgerät oder Diktierapparat ist der beste Protokollführer.
- Die Teilnahme einzelner Nichtfachleute ist erwünscht, sie sind der Materie weniger verhaftet und haben als Laien oft besonders originelle Ideen.
- Wenn sich taugliche Lösungen bereits am Anfang ergeben, so ist das kein Grund, die Übung zu stoppen, denn vielfach folgen noch bessere Vorschläge nach.
- Unmögliches kann auch ein Brainstorm nicht möglich machen.

- Unbeabsichtigte Wiederholungen spielen keine Rolle, sie können nicht vermieden werden, da eigenes Denken hin und wieder andere Vorschläge überhören läßt.
- Es gibt keine ableitbaren Urheberrechte weder für die Teilnehmer noch den Brainstormleiter selbst.

Ein Brainstorm kann natürlich auch unter umgekehrten Vorzeichen stattfinden: statt Lösungsvorschläge zu suchen, lassen sich Schwierigkeiten, Risiken, Einsprachemöglichkeiten usw. für schon gefundene Lösungen ausfindig machen.

Vorteil: wenn man rechtzeitig alle Gefahren überdenkt, die Probleme aufwerfen könnten, so ist man wohl auch in der Lage, Vorkehrungen zu treffen, um den negativen Auswirkungen von neuen Lösungen, geänderten Regelungen und Vorschriften, revidierten oder neuen Systemen usw. zuvorzukommen.

Um im Unternehmen die Brainstorm-Methode optimal zu nützen, kann man eine Gruppe von **Brainstormspezialisten trainieren**, um sie als starke Waffe in Problemlösungsfällen einzusetzen, z.B. in interdisziplinären Gruppen, aber auch in Normalgruppen einer größeren Abteilung, wo sie als Unbefangene die Fachleute wirksam unterstützen können. **Die Erfahrung zeigt, daß schöpferisch fähige Leute, wenn sie häufig an irgendwelchen Brainstorms teilnehmen, immer einfallsreicher werden. Freies Assoziieren ist etwas, was man üben kann.** Professionelle Ausbilder stellen fest, daß auch in gewöhnlichen Gruppenarbeiten die trainierten „Schnell-Assoziierer" stets mit guten Resultaten vorangehen, ganz einfach, weil sie **laterales Denken schon gewohnt sind**, während andere es erst lernen müssen.

An sich motivieren sich Teilnehmer von Brainstorms selbst durch die **Resultate**, zu welchen sie ja beisteuern. Zusätzliche Stimulierung ergibt sich dann, wenn die den Brainstorm veranlassende Instanz **nachher die ausgewerteten Ergebnisse** den Teilnehmern bekanntgibt, eventuell ihnen noch später auch die gemachten positiven Erfahrungen, z.B. Umsatzsteigerungen, Kosteneinsparungen, Arbeitszeiteinsparungen und was sich sonst noch an schmeichelhaften Resultaten belegen läßt, rapportiert, unter Beifügung verdienter Anerkennung und des Dankes. Wenn eine **materielle oder ideelle Belohnung** (z.B. Einladung zu einer Reise, zu einem feinen Nachtessen etc.) damit verbunden wird, so ist allerdings anzumerken, daß **immer kollektiv belohnt** werden muß. Auch wenn bekannt ist, **wer** eine bestimmte besonders wertvolle Idee vorgeschlagen hat, gehört der Lohn der Gruppe, denn der Vorschlagende wurde hintergründig vielleicht durch vorher schon gefallene Vorschläge anderer inspiriert. Der gruppendynamischen Kreativität läßt sich nicht individuell nachspüren; sie geht unter wechselseitiger Beeinflussung unsichtbar in den Köpfen der geistig Kommunizierenden vor sich.

14.10.1 Inverses Brainstorming

Die General Electric in den USA hat eine Abart des Brainstorming eingeführt, die sie als **inverses Brainstorming** bezeichnet. Durch dieses wird – quasi als Vorstufe des Brainstorming – nicht schon auf Lösungsvorschläge ausgegangen, sondern es werden **alle nur erdenklichen Fehler und Nachteile eines Produktes zusammengetragen, einerseits um die damit verbundene Problematik im vollen Umfang zu erfassen und andererseits um sich damit auch für nötige Verbesserungen zusätzlich zu motivieren.**

In einem solchen Vorstufenprozeß werden sicher nicht selten Anstöße für die spätere Umgestaltung des Produktes ausgelöst, oder es zeigen sich schon neue Wege auf, die man im nachfolgenden gewöhnlichen Brainstorming vielleicht nicht erfassen würde.

14.11. Idea Engineering/Brainwriting (schriftliche Ideenausarbeitung)

Wo spontanes mündliches Vorschlagen von Ideen und Lösungen Mühe bereitet (bei spezifisch introvertierten Mitarbeitern zum Beispiel), da verspricht der schriftliche Weg mehr, weil man dann **in Ruhe und konzentriert nachdenken** kann; die entstehenden Notizen regen zu weiteren Überlegungen an, wo im Brainstorming ein einmal formulierter Ideenvorschlag rasch der Vergessenheit anheimfällt, da ja stets neues Gedankenmaterial auf einen eindringt. Die Arbeit des **Formulierens** wird bei der schriftlichen Ideenausarbeitung erleichtert, weil man **nicht unter Zeitdruck** ist. Und wir wissen alle, daß beim sorgfältigen Formulieren manche Gedanken oft erst klare Form annehmen und uns Zusammenhänge offenbar werden, die sonst bei fließendem Weiterdenken gar nicht erst ins Bewußtsein gelangen.

Das sind einige **Vorteile**, die für die überlegte schriftliche Ideenausarbeitung sprechen. Nachteilig ist dagegen bei dieser Methode, daß die Anregung durch mitdenkende andere bzw. durch deren Vorschläge entfällt, außer bei der Methode 6-3-5, auf die ich noch eingehen werde.

Da der Mensch in seinem Denkhabitus unterschiedlich veranlagt sein kann, muß jeder selbst entscheiden, ob er im Alleingang oder im gruppendynamischen Zusammenwirken leistungsfähiger ist.

Für den individuellen Denkprozeß – wo also einer für sich kreativ überlegt – bieten sich natürlich noch Hilfen an wie die bereits behandelten **Fragenschemata** (z.B. Osborne-Heuristik), **Visuelles** (Skizzen, Fotos, Entwürfe und sonstiges vorhandenes Bildmaterial), **Mind Maps** (eine besondere Visualisierungsmethode für Stichworte in einem gegebenen Zusammenhang – wir treten später darauf noch näher ein), **Muster** und **Modelle**, **Literaturniederschläge**, **Medien** wie Filme, Tonbildschauen und Videos, eventuell auch **Gebrauchsanweisungen** und **Betriebsvorschriften**. Bekanntlich läßt sich der Mensch auf optischem Wege besonders wirksam anregen.

Kombination von Idea Engineering, auch Brainwriting genannt, und gruppendynamischer Kreativität: Individuelle Denkarbeit braucht sich nicht immer in absolute Abgeschiedenheit zu vollziehen. Sie kann einmünden in einen anschließenden **kollektiven Kreativitätsprozeß**, wenn entweder jeder seine individuell ausgearbeiteten Denkresultate in eine Gruppendiskussion einbringt, oder wenn die schriftlichen Niederschläge eines jeden in der Gruppe zirkulieren und sinnvolle Ergänzungen und Kombinationen durch die anderen erfahren. Dann wird man mit vorbereiteten Notizkarten oder -blättern arbeiten, eventuell nach klar definiertem Auftrag. Eine formale Bedingung dafür ist, daß jeder seine Ergebnisse in **gut lesbarer Druckschrift** zu Papier bringt, damit die Weiterverarbeitung durch andere erleichtert wird.

Für die kollektive Weiterverarbeitung ist noch als wichtig festzuhalten, daß in der vorherigen individuellen Denkarbeit der vielfältige **Ideenfindungsprozeß im Mittelpunkt** steht; jegliches **Bewerten** der notierten Vorschläge wäre nicht nur **überflüssig** in dieser Phase des Sammelns, sondern würde der kreativen Ideensuche sogar **hinderlich** sein.

14.12 Little-Technik

Sie stellt gemäß bestehender Literatur eine **Weiterentwicklung des Brainstorming** dar und geht auf William J.J. Gordon zurück. Man bezeichnet sie auch als „Gordon-Methode" oder „Operational Creativity". Sie unterstreicht indirekt **das psychologische Warmwerden für die nachherige schöpferische Arbeit**. In little steps (daher der Begriff der Little-Technik) wird die Assoziationsbereitschaft aufgebaut. Schnelle Lösungen sind vorerst nicht angestrebt. Die Problematik wird am Anfang gründlich umrissen und man durchleuchtet auch das Suchfeld. **Analogiedenken, Zusammenhangsüberlegungen, Systemdenken und laterales Denken** sind gefordert – also versteht sich bei dieser Kreativitätstechnik fast von selbst, daß sie hauptsächlich für **komplexe Lösungssuche** in Frage kommt und eine entsprechende **Vorbildung** vorausgesetzt ist, vor allem auch beim Moderator.

14.13 Methode 6-3-5

Wir verdanken diese Methode des Brainwriting dem Verfasser unseres Begleitworts, Prof. Bernd Rohrbach. **Sie kombiniert individuelle kreative Lösungssuche mit kollektiver Weiterverarbeitung** und ist heute eine sehr anerkannte Kreativitätsmethode, sicher wegen ihrer guten Resultate. Als Besucher eines Rohrbachschen Seminars in Kreativitätstechnik habe ich mich, wie alle anderen Teilnehmer, die dabei waren, durch die große Fülle der erhaltenen Anregungen sehr beeindrucken lassen. Wie die Methode genauer beschaffen ist, ersieht der Leser aus den nächsten zwei Formularseiten, die ich mit freundlicher Genehmigung von Prof. Rohrbach abdruckte.

Formularmuster: Ideenfindung nach Methode 6-3-5 (Brainwriting)

Problemstellung:		
Lösungsideen	Lösungsideen	Lösungsideen
11	12	13
21	22	23
31	32	33
41	42	43
51	52	53
61	62	63

Osbornsches Denkmodell:

Anders verwenden, adaptieren, modifizieren, vergrößern, verkleinern, eliminieren, umstellen, umkehren, kombinieren, substituieren.

Kurze Ablaufbeschreibung der Methode 6-3-5 (Brainwriting)

- Problem in Kurzform unter Problemstellung eintragen („Wie kann man erreichen, daß...?“, „Etwas, das...“ oder ähnlich).
- Maximal 1 Minute Zeit, dazu in den Feldern 11, 12 und 13 je eine Lösungsidee notieren.
- Nach maximal 1 Minute das Formular an den Nachbarn weitergeben.
- Maximal 2 Minuten Zeit, die Lösungsideen des Vorgängers zu lesen und dann in den Feldern 21, 22 und 23 je eine weitere Lösungsidee zu notieren.
- Nach maximal 2 Minuten das Formular an den Nachbarn weitergeben.
- Maximal 3 Minuten Zeit, alle Lösungsideen der inzwischen 2 Vorgänger zu lesen und in den Feldern 31, 32 und 33 je eine weitere Lösungsidee zu notieren.
- Nach maximal 3 Minuten das Formular an den Nachbarn weitergeben.
- Maximal 4 Minuten Zeit, alle Lösungsideen der inzwischen 3 Vorgänger zu lesen und in den Feldern 41, 42 und 43 je eine weitere Lösungsidee zu notieren.
- Nach maximal 4 Minuten das Formular an den Nachbarn weitergeben.
- Maximal 5 Minuten Zeit, alle Lösungsideen der inzwischen 4 Vorgänger zu lesen und in den Feldern 51, 52 und 53 je eine weitere Lösungsidee zu notieren.
- Nach maximal 5 Minuten das Formular an den Nachbarn weitergeben.
- Maximal 6 Minuten Zeit, alle Lösungsideen der jetzt 5 Vorgänger zu lesen und in den Feldern 61, 62 und 63 je eine weitere Lösungsidee zu notieren.

Auf diese Weise werden bei optimal 6 Gruppenmitgliedern 3 Ausgangsideen produziert, die dann 5mal unter verschiedenen Gesichtspunkten, da von 5 verschiedenen Gruppenmitgliedern, mehr assoziativ als logisch weiterentwickelt werden, daher „Methode 6-3-5“. Erfolgsrate der Methode 6-3-5 (Brainwriting) ca. 15 Prozent im Vergleich mit einer Erfolgsrate konventioneller Brainstormings von ca. 3 Prozent.

Auswertung

Entweder durch den Problemsteller, der sich an der Produktion von Lösungsideen beteiligen darf, oder in einer 7. Phase, in der die Formulare noch einmal an den Nachbarn weitergegeben werden und die Teilnehmer durch Einkreisen der jeweiligen Feldnummern die Lösungsideen kennzeichnen, die ihnen persönlich am besten gefallen.

Zeitbedarf

Nach der Problemvorstellung durch den Problemsteller und Eintragung der Problemstellung auf dem Formular ca. 20 Minuten.

Hinweise

- Deutliche Handschrift, eventuell Druckbuchstaben. Es können – je nach Problemstellung – auch Skizzen oder Formeln usw. verwendet werden.
- Während des ganzen Ablaufs, insbesondere beim Weitergeben der Formulare, nicht reden.
- Keine eigenen Ideen oder die anderer Teilnehmer wiederholen, sie – eventuell unter Benutzung des Osbornschen Denkmodells – immer logisch oder assoziativ weiterentwickeln.
- Wenn Vorgänger einzelne Felder nicht ausgefüllt haben, dürfen auch diese zum Notieren weiterer eigener Lösungsideen verwendet werden, aber immer erst, nachdem je eine Lösungsidee in allen 3 Feldern der laufenden Phase notiert wurde.
- Wenn weniger als 6 Teilnehmer, so lange weitermachen, bis alle 6 Phasen durchlaufen worden sind.
- Bei größeren Gruppen empfiehlt sich ein Prozeßmanager, der auf genaue Einhaltung der Maximalzeiten sowie der Regeln achtet, vor allem auch, daß während des gesamten Ablaufs nicht geredet wird.

14.14 Synektik (Zusammenfügungs-Methode)

Auch diese Methode stammt von W.J.J. Gordon. Sie bezweckt die **Suche nach Analogien** im Team und hat das übergeordnete Ziel, **Fremdes vertraut zu machen und Vertrautes fremd zu machen**. An sich bedeutet Synektik Zusammenfügen verschiedener Elemente. Es geht dabei um die Überwindung konventioneller Haltung, die vorzugsweise das Vertraute ins Auge faßt und mit ihm zu wirken versucht. Schon aus diesem Wenigen wird ersichtlich, daß auch Synektik eine Methodik ist, die **für komplexe Kreativitäts- oder Innovationsaufgaben** bestimmt ist und Experten-Moderatoren verlangt. Ebenso setzt sie ein **höheres Bildungsniveau bei den Teilnehmern** voraus.

Sie schriftlich genau beschreiben zu wollen, würde fast ein Buch füllen. Daher halten wir uns im Folgenden nur an das Wesentliche und empfehlen allen, die in dieser Kreativitätstechnik praktisch Fuß fassen wollen, einen Kurs für Synektik-Methodologie zu besuchen, wo auch Erfahrungen mit dieser Technik abgehandelt werden, also nicht nur die Methodik instruiert wird.

Ablaufmäßig sind bei der Synektik folgende Phasen der Reihe nach unterscheidbar:

Problemstellung, Erläuterung derselben – Analyse und Information – Spontanreaktion – Neuformulierung des Problems – Frage nach Analogien: Beispiele, persönliche Analogien (Ich-Identifikationen), Kurzbeschreibungs-Analogie (symbolische Buchtitel-Formulierung in widersprüchlicher Fassung), technische oder naturbezogene Analogien – Phantastische Analogien (in utopischen Bereichen) – Analyse der Analogien, Rückführung der Verallgemeinerung oder Verfremdung in sinnvolle Verknüpfung mit der Problemstellung – Erarbeitung von Lösungen/ Ideenfindungsphase.

Im Buch von Prof. Dr. Klaus Linneweh „Kreatives Denken", 5. Auflage 1991, und im Werk von Prof. Dr. Werner Ulrich „Kreativitätsförderung in der Unternehmung" wird instruktiv auf die Einzelheiten der Methode eingegangen. In beiden Büchern werden die Kreativitätstechniken und vieles, was mit ihrer Psychologie zu tun hat, allgemein abgehandelt. Sie vermögen Kurse in den schwierigsten Kreativitätstechniken vorteilhaft zu ergänzen.

14.15 Analogien-Technik

Analogie bedeutet Entsprechung, Ähnlichkeit, Gleichheit an und von Dingen, Ideen, Zahlen, Problemen, Verhältnissen, Prozessen, Personen.

Schon diese Definition offenbart, daß Analogien unendlich zahlreicher sind, als wir es uns normalerweise vorstellen. Somit ist auch klar, daß dieses Bezeichnungsnetz unter tausenderlei Erscheinungen – aus dem Blickwinkel gegebener Ähnlichkeiten gesehen – für die Kreativität ein riesiges Potential darstellen, welches aber oft zuwenig genützt wird. Die Frage also nach interessanten Parallelen, Verwandtschaften, Gleichartigkeiten, übereinstimmenden Gesetzmäßigkeiten, äußeren und inneren Wechselbezügen kann immer für eine überraschende Einsicht gut sein. Und „Einsicht" ist vielleicht nur ein anderer Begriff für „Lösung", „Neuerung", „Innovation" oder „Erfindung".

Die **Analogienperspektive gehört mehr oder weniger zu allen Kreativitätstechniken**. Bei den einen hat sie eine zentrale Funktion, bei anderen eher eine ergänzende, je nach Schwerpunktscharakter der jeweiligen Kreativitätstechnik. Für den schöpferischen Menschen ist das Analogiedenken eine Facette seines gesamten Instrumentariums – eine selbstverständliche Pflichtübung.

Unter dem Stichwort „Komparatives (vergleichendes) Denken" haben wir im Kapitel 12.5 zur Psychologie dieser Denkgewohnheit schon einiges ausgesagt.

Am deutlichsten vielleicht kommt analoges Denken in unserer Checkliste von **408 Fragen systematischer Variation** zum Ausdruck, wo der vergleichende Maßstab in einer großen Vielfalt von Analogie-Meßgrößen angesetzt wird.

14.16 Bionik (biologisch-technische Kreativität)

In dieser modernen Grenzwissenschaft zwischen Biologie und Technik frägt man nach Vorbildern der Natur, um hier oder dort aus deren Gesetzmäßigkeiten kreative Anstöße zu erhalten. Die Natur besteht aus einer riesigen Zahl von Wundern, sprich Lösungen. Warum soll man sich nicht an ihren Funktionszusammenhängen belehren lassen? Nur, diese Kreativitätstechnik orientiert sich vorwiegend an wissenschaftlichen Seiten des Naturgeschehens und setzt daher sowohl bei den Moderatoren wie auch bei den Teilnehmern von bionik-basierten Arbeitsgruppen Kenntnisse voraus, die gewöhnliche Berufsvertreter nicht haben. Die Bionik schafft übrigens auch mit Analogien, und schon oft sind in verblüffender Art bei Innovationen **Funktionsprinzipien der Natur zum Ausgangspunkt für Neuerungen technischer Art geworden.** Durch die moderne Forschung kommt der Mensch immer mehr „Geheimnissen“ der Natur auf den Sprung, und dadurch verbreitert sich unsere Basis, dieser vieles abzusehen, was sich im technischen Bereich dann dank wissenschaftlicher Umsetzung ebenso gut nutzen läßt.

14.17 Zufallswort- oder Reizwort-Methodik

Mit dieser Technik versucht man in freier Assoziation Verknüpfungen mit der im Moment gegebenen Problematik herzustellen, um Lösungsmöglichkeiten auf die Spur zu kommen. Die entsprechenden Reizwörter kann man in einem kurzen Brainstorm ausfindig machen, oder sie lassen sich aufgrund irgendwelcher Inserate, Kataloge von Versandhäusern, Plakate, Schaufenster eruieren. Lexiken und Wörterbücher können auf x-beliebiger Seite aufgeschlagen werden, um auf ein Zufalls- oder Reizwort zu stoßen, das dann im assoziativen „Gespinst“, welches wir darum herum entwickeln, einen Lösungsansatz ergibt. **Analogiedenken und Lateraldenken sind bei dieser Methode wichtige Denkkanäle**. Weil Versandkataloge – optisch so gut wie begriffsmäßig – besonders reichhaltige Potentiale für solche Assoziationsarbeit darstellen, hat man die Methode auch schon als **„Katalogmethode“** bezeichnet.

14.18 Vorschlagswesen

Jedem dürfte heute bekannt sein, was man unter „Vorschlagswesen“ versteht. Kein moderner Betrieb – ob Fertigungs-, Handels-, Dienstleistungs- oder Verwaltungsbetrieb – kann es sich erlauben, auf ein organisiertes Vorschlagswesen zu verzichten. Man könnte sich höchstens streiten, ob es in unsere Aufstellung der Kreativitätstechniken hineingehört oder nicht; aber im Grunde genommen ist es eine **Organisationsform, die jeden Mitarbeiter dazu animiert, durch gelegentliche Vorschläge kreativ zu werden**. Die jährlichen Erfolgsnachweise, die prominente Unternehmen für ihr Vorschlagswesen veröffentlichen, belegen, daß in der Wirtschaft jedes Jahr **ungezählte Millionen auf dem Boden betrieblicher Kreativität dazuverdient** werden, abgesehen von den satten Prämien, die einzelne Mitarbeiter für ihre besonders lukrativen Vorschläge erhalten.

Wo ein Vorschlagswesen in einem Unternehmen institutionalisiert wird, gehört sich auch ein **entsprechendes Reglement**, welches das Verfahrenssystem in die richtigen Bahnen leitet. Einige wichtige Aspekte sind dabei:

- Für das Vorschlagswesen sollte ein Reglement bestehen.
- Vorschläge bedürfen der Schriftlichkeit.
- Sie können auch anonym eingereicht werden (mit Kennnr.).
- Adressat: Personalchef oder Leiter des Vorschlagwesens, falls ein solches institutionalisiert ist.
- Jeder Vorschlag ist schriftlich sofort mit Dank zu bestätigen.
- Auch Gruppen können Vorschläge ausarbeiten und einreichen.
- Der Vorschlag ist sofort der Prüfungskommission zuzuleiten, die normalerweise aus einem kaufmännischen, einem technischen und einem Verkaufsmitarbeiter sowie einem Personalabteilungs-Mitarbeiter, einem Mitglied der Betriebskommission und dem Vorsitzenden der Prüfungskommission besteht.
- Die Prüfung des Vorschlages soll innert nützlicher Frist erfolgen; der Entscheid über Realisierung oder Nichtrealisierungsfähigkeit des Vorschlages (mit Begründung) ist dem Urheber des Vorschlages schriftlich zur Kenntnis zu geben (Anerkennungsschreiben im positiven Fall).
- Die Prüfungskommission kann notfalls Experten zur kompetenten Beurteilung des Vorschlages beiziehen.
- Für die Prämierung muß ein Regulativ vorhanden sein.
- Auch ein nicht realisierbarer Vorschlag kann prämiert werden (Trostprämie), falls er mit besonderem Aufwand verbunden war.
- Die Sitzungen der Prüfungskommission werden vom Leiter des Vorschlagswesens einberufen, der auch für die Erstellung eines Protokolls und die Orientierung der Geschäftsleitung verantwortlich ist.
- Entscheide der Prüfungskommission werden nur in Wiedererwägung gezogen, wenn ein schriftlich begründeter Rekurs vorliegt, über den die Geschäftsleitung zu entscheiden hat.
- Vorschläge, die früher nicht berücksichtigt, aber später dank geänderter Sachlage aktuell werden können, sind automatisch neu aufzugreifen.
- Legt der Einreichende auch dann Wert auf Anonymität, wenn der Vorschlag akzeptabel ist, so ist seinem Wunsch zu entsprechen.

Angesichts der immer schärferen Konkurrenzierung der Märkte kommt der systematischen und konsequenten Nutzung des Geistkapitals der Mitarbeit in jedem Unternehmen immer größere Bedeutung zu. Ein gut organisiertes und immer wieder neu stimuliertes Vorschlagswesen trägt nicht nur dazu bei, die kreativen Leistungen in allen unternehmerischen Bereichen zu optimieren, sondern ist auch Ausdruck einer gesunden Mitsprache und Mitbestimmung der Arbeitnehmer. Das Betriebliche Vorschlagswesen (BVW) regt das schöpferische Denken aller an und hat sich dank seiner Erfolge in allen Ländern und Erdteilen durchgesetzt.

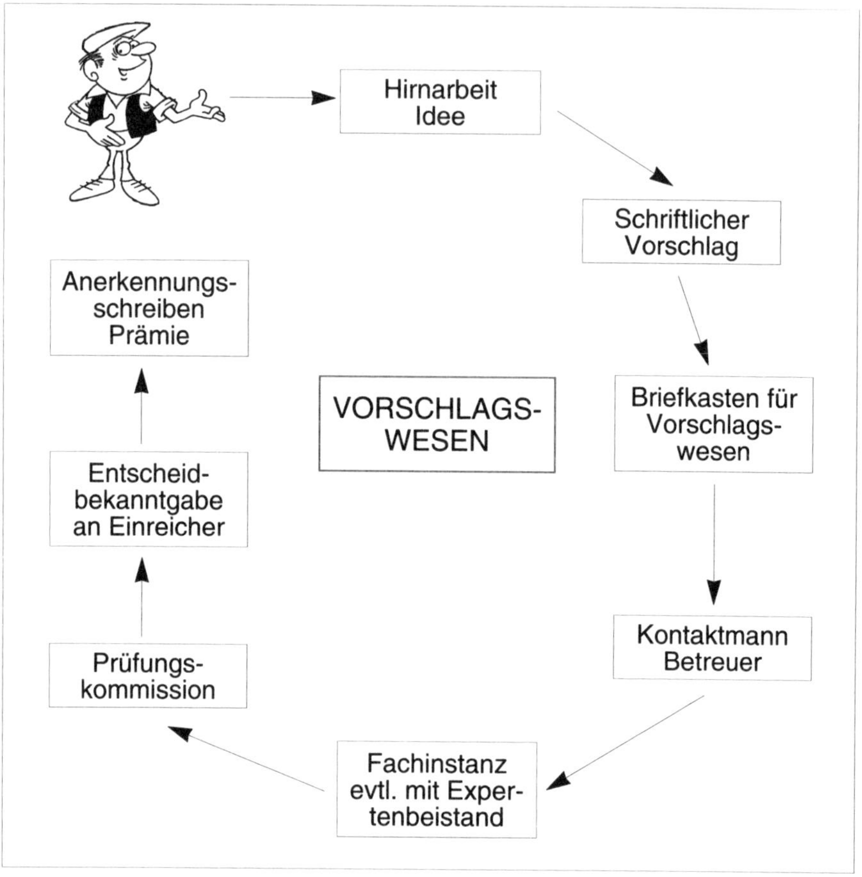

Beispiel aus der Praxis: Bei Hilti in Schaan/FL funktioniert das Betriebliche Vorschlagswesen schon seit über 30 Jahren. Es hat in dieser Zeit 9800 Verbesserungsvorschläge eingebracht, die Einsparungen von vielen Millionen Schweizer Franken ergaben. Fürs eine „Ideen-Börse" wurde dem Unternehmen von der Schweizerischen Gesellschaft für Ideenmanagement der Idee-Oskar 1990 verliehen, für „beispielhafte Förderung des mitarbeiterorientierten Ideenmanagement und der praxisnahen Umsetzung des „Lead-User-Konzeptes", dessen Ziel es ist, bei der Suche nach innovativen Problemlösungen gezielt den Kunden miteinzubeziehen". 1992 (1.9. bis 30.10.) beteiligten sich 549 Beschäftigte in 63 Gruppen an einem Ideenwettbewerb und brachten insgesamt 1370 Vorschläge ein. 10 Bargeld- und 399 Sonderpreise konnten dabei vergeben werden. Für das erste Vierteljahr 1993 ergaben sich aus dem Vorschlagswesen 200000 Fr. Einsparungen.

14.19 Zielvereinbarungsgespräch als Kreativansporn

Im neuzeitlich geführten Unternehmen werden die längerfristigen Ziele nicht nur von oben vorgegeben, sondern alle Mitarbeiter und Vorgesetzten werden veranlaßt, in normalerweise **halbjährlich erfolgenden Zielvereinbarungsgesprächen** ihre individuell abgeleiteten Ziele mit ihrem direkten Vorgesetzten zu besprechen bzw. von diesem absegnen zu lassen. Im Gegensatz zur freiwilligen Partizipation am Vorschlagswesen, ist das Zielvereinbarungsgespräch eine **verbindliche Einrichtung** für jeden. Es veranlaßt Mitarbeiter und Führungskräfte, **kreativ über Verbesserungen in der nächsten Zielperiode nachzudenken und konkrete Vorschläge zu erarbeiten**. Darunter können sich Klein-, ja Kleinstziele, aber auch größere befinden. Es wird von der Vorstellung ausgegangen, daß **jede Arbeit noch besser zu machen ist, bzw. die Qualität der Resultate angehoben werden kann**, wenn immer man nur wirklich will.

Zielvereinbarungsgespräche sind kleine Standortbestimmungen zur Einschätzung des eigenen Leistungsstandards und zur Ableitung von **Verbesserungen zugunsten von einem selbst** und/oder **zum Vorteil auch des Unternehmens**. Die zu vereinbarenden Ziele bzw. Verbesserungen für die nächste Halbjahresperiode können **unterschiedlichste Vorteile** erbringen, z.B.

- geringeren Aufwand bei gewissen Arbeiten
- Zeiteinsparungen
- mehr Bequemlichkeit
- mehr Sicherheit
- weniger Administration
- bessere Kontrolle
- mehr Ordnung
- Entlastung
- bessere Planung
- bessere Information
- bessere Kommunikation
- mehr Entfaltungsmöglichkeiten
- Förderung des Teamgeistes
- Förderung der Mitarbeiter
- Verstärkung der Motivation
- bessere Zusammenarbeit
- bessere Arbeitsmittel
- Perfektion der Organisation

Bei einem Zielvereinbarungsgespräch wird immer erst ein **Rückblick auf die letzte Halbjahresperiode** genommen, um festzustellen, welche Ziele man erreicht und welche man (noch) nicht erfüllt hat. **Gratulation zum bereits Erreichten verstärkt die Motivation.** Bei den (noch) nicht erreichten Zielen stellt man sich dann grundsätzlich die Frage, ob sie überhaupt noch aktuell und auf die neue Liste zu übertragen sind, und warum.

Der Vorgesetzte, der das Gespräch führt, prüft, ob **die Verbesserungsvorschläge in ihrer Gesamtheit ausreichend** oder, was bei überehrgeizigen Mitarbeitern passieren kann, ob **die Ziele zu hoch oder zu zahlreich angesetzt** sind.

Wichtig ist ein Konsens im Gespräch, der Machbares verspricht.

Zu Bequeme müssen vielleicht beeinflußt werden, ihre Ziele etwas höher als gewollt anzusetzen; zu Ehrgeizige müssen daran gehindert werden, sich selbst zu überfordern, denn Überforderung schadet auf die Dauer immer beiden – der Firma wie dem Mitarbeiter selbst. Daß der Unterstellte in diesem Zielvereinbarungsgespräch auch **das Recht hat, dem Vorgesetzten Wünsche zu vermitteln**, wo letztere dazu beitragen würden, die eigenen Ziele sicherer oder besser zu erfüllen, versteht sich von selbst. **Kommunikation ist immer ein Zweiwegprozeß; konstruktive Kritik kann aus der Sicht einer sach- und menschgerechten Führung immer nur erwünscht sein.**

Wo in einem Unternehmen institutionalisiert jeder periodisch veranlaßt wird, weitere Verbesserungsziele zu überlegen, kann der kreative Nutzen dieser Anstrengung eigentlich gar nicht realistisch genug eingeschätzt werden.

Das Geistkapital ist stets das wichtigste Kapital eines Unternehmens. Es kommt dann in geradezu imposantem Ausmaß zustande, wenn Vorgesetzte und Mitarbeiter kreativ gefördert, aber auch kreativ gefordert werden, und dies ganz besonders mit dem Instrument der Zielvereinbarungsgespräche. Daß damit zugleich der Selbstentwicklung eines jeden gedient und auch die Motivation aller verstärkt wird, ist ein zusätzlicher Effekt der Zielvereinbarungsgespräche, der ebenfalls kaum hoch genug eingeschätzt werden kann.

Wichtig ist jedoch, daß die Führungskräfte wirksam instruiert werden, wie man Zielvereinbarungsgespräche für beide Seiten zum Erfolg gestaltet.

14.20 Laterales Denken

An dieser Stelle können wir auf unser früheres Kapitel 12.14 „Laterales (unorthodoxes, sprunghaftes) Denken“ verweisen, wo alles Nötige zu dieser besonderen Denkkategorie schon ausgesagt wurde.

Wie Wucherungen haben sich im Laufe der Zeit noch viele Abarten von Kreativitätstechniken ergeben, wie die Delphi-Methode*, Bisoziation, Synapse**, das Quickstorming, die BAS-, EMU-, ADI-, NIE-, PMI-, PMF-, APC-, SNA-Methode, die man nach meiner Meinung vergessen kann, weil sie nur geringfügige Abänderungen der gängigsten Methoden entsprechen, z.T. sogar nur abkürzungsmäßige Umtaufungen anderer Methoden sind. Daß gewisse Autoren sich Mühe geben, eigene Abkürzungen für die englischen zu prägen, kompliziert nur die Terminologie in der Sparte der Kreativitätstechnik und verwirrt viele noch mehr, als sie es sonst schon sind.

Eine Frage, die man sich am Schluß dieses Kapitels über die Kreativtechniken noch stellen könnte, wäre, ob sie sich sinnvoll in zwei Gruppen einteilen ließen, z.B. a) rationale und b) in intuitiv-unbewußte Techniken. Näheres Überlegen führt allerdings zur Feststellung, daß sich bei vielen Techniken das eine mit dem anderen verbindet, so daß eine saubere Trennung unmöglich erscheint.

14.21 Reduktionstechnik

Je komplizierter und vielgestaltiger ein Ganzes ist, desto schwerer ist damit umzugehen. Das verhält sich überall im Leben so. Die großen Geister fallen nicht zuletzt dadurch auf, daß sie es verstehen, den Dingen auf den Grund zu gehen, ihren Kern herauszuschälen und ihr Wesentliches verständlich zu beschreiben. Der Fachbegriff „Reduktionstechnik“ meint eigentlich genau dies: **das Wesentliche erkennen, das Entscheidende ausmachen, die wichtigsten Fragen erfassen, die am schwersten wiegenden Konsequenzen in den Griff bekommen, die größten**

*Die Delphi-Methode wird vorwiegend in der Zukunftsforschung und in der Militärwissenschaft angewandt; sie basiert auf programmierter Befragung unter interdisziplinärer Zusammenarbeit von Spezialisten. Konsultation wird dabei in Schüben angestrebt, und man versucht im fortgesetzten Informationsaustausch zu möglichst großer Übereinstimmung zu gelangen.

**Auch die Synapse wird selten angewendet; sie bezweckt eine nicht voraussehbare Verknüpfung von Informationen miteinander. Sie verwendet „Stimuli“ und „geistige Kreuzungen“, verläßt dabei die gewohnte Realität. In der Gruppe teilt man sich in kreativ und bewertend Arbeitende auf.

Gefahren erspüren, die tauglichste Lösung zu erfassen. Das ist oft nicht leichter, als in einem Labyrinth den richtigen Weg zu finden. Daher sind Menschen in der Regel eher aufwendig im Formulieren, statt sich gestrafft auszudrücken, darum verzetteln sie sich, statt auf das nahe Wichtige zu greifen, darum laufen sie den Kleinigkeiten nach und kaprizieren sie sich auf das Nebensächliche statt aufs Ganze zu gehen.

Das Denken in wesentlichen Kategorien setzt eine große innere Disziplin voraus und auch ein Wahrnehmungsvermögen, das Markantes rasch erfaßt und mit anderem Wichtigen zu verbinden vermag. Etwas tragisch dieses Faktum hier: Je gründlicher und genauer ein Mensch ist, desto mehr neigt er dazu, überall zu sehr ins Detail zu gehen! Entscheidend sind aber immer **die großen Linien, das Wesentliche, das Vordringliche, die richtige Reihenfolge, das beste Verhältnis zwischen Aufwand und Ertrag.** Mit dieser Grunderkenntnis muß sich jeder Kreative imprägnieren.

Wo Probleme zur Lösung anfallen, da muß schon das Problem sozusagen auf sein Wesentliches reduziert werden. Und es ergeben sich weitere entscheidende Fragen wie: Was ist das Ziel? Wie formulieren wir es leicht faßbar? Wie gehen wir planerisch richtig vor? Welche für uns entscheidenden Personen müssen gewonnen werden? Auf welchem Weg motivieren wir sie am besten? Im kreativen Bereich sind das die Fragen, die unserem Tun durch Reduktion und Konzentration auf das Wesentliche die nötige Durchschlagskraft verleihen.

Diese **Brennpunkt-Sichtweise** bezeichnet man auch als **Briefing**, ein moderner Begriff, der vom englischen „brief" = kurz, bündig abgeleitet ist. „Briefing speckt den anfänglichen Faktenwust durch eine gezielte Radikalkur ab und streicht ihn auf die arbeitstechnisch vernünftige, wesentliche Substanz zusammen" – so hat es jemand mal plastisch formuliert. **Das Klarste und Knappste erreicht in seiner Synergie die größte Ausdruckskraft, und was im Ausdruck „mächtig" ist, regt auch das kreative Weiterdenken an. Damit werden die Assoziationsabläufe intensiviert und die Vorstellungskraft verstärkt.**

Wer am Anfang unseres Kapitels der „Reduktionstechnik" innerlich eine kreative Wirkung abgestritten hat, hat sicher normal reagiert. Nur die genauere Prüfung des Sachverhalts beweist, daß Reduktionstechnik und Komprimierung – was ja fast dasselbe meint – das schöpferische Überlegen mit größerer visionärer Kraft ausrüstet. **Reduktion, Komprimierung und Konzentration auf das Entscheidende beflügeln die Vorstellungskraft, weil Bedeutungsvolles unseren Geist immer in besonderem Maße anregt.** Ein Beispiel aus dem Schachspiel: eine erste Analyse ergibt vielleicht, daß ein Qualitätsgewinn aus einem Figurenabtausch resultieren, oder daß ein Bauer fraglos erobert werden könnte. Die genauere Analyse – eine Reduktion auf das Entscheidende – aber ergibt, daß man dann seinen Angriff verlöre und zugleich auch die eigene Verteidigung schwächen würde; statt also auf materiellen Gewinn auszugehen, folgert der kluge Schachspieler in dieser Situation, es wäre vorteilhafter, einen strategischen Plan auszuhecken, der auf eine weitere Verstärkung des Angriffs hinausläuft. Gelingt ein solcher, so können z.B. gewisse momentan bestehende Schwächen im eigenen Verteidigungsdispositiv in kauf genommen werden, da scharfes Angreifen den Gegner der Möglichkeit beraubt, selbst anzugreifen, weil er sich primär verteidigen muß. „Angriff ist die beste Verteidigung", so heißt es ja auch in der Kriegsstrategie.

Zusammenfassung: Kreativ Tätige sollen sich immer mit Fragestellungen imprägnieren wie: Was ist des Pudels Kern? Was ist entscheidend für den Nutzen? Was ist zweit- und was ist erstrangig? Was wird auf der Benutzerseite am stärksten gewichtet? Wie gehen wir am sichersten vor? Welcher Weg ist der effizienteste? Mit welcher Argumentation verkaufen wir die Idee am wirksamsten? Erziehung zur Wesentlichkeit muß für den Kreativen zu einer Art Geisteshaltung werden, da er aus seiner Brennpunktoptik einen starken visionären Antrieb erfährt.

14.22 Brainfloating

Der Begriff stammt von Harald Braem, 1944 in Berlin geboren, Diplom-Designer und Professor für Farbtheorie, Farbpsychologie und verbale Kommunikation. Wir haben schon auf sein Buch „Brainfloating – Im Entspannungszustand spielerisch Ideen finden" hingewiesen.

Braem definiert das Brainfloating in seinem Buch auf Seite 74 wie folgt:

„Brainfloating versucht, durch intensivere Verbindung beider Gehirnhälften den Energiefluß innerhalb des corpus callosum (Gehirn-Balken) zu stärken, harmonisch zu stabilisieren und insgesamt eine höhere Transparenz des Balkens (der bei den meisten von uns wie ein „Brett vor dem Kopf" die Sicht der Wirklichkeit verhindert) zu erreichen, mit dem Ziel, ein höheres Niveau unseres Bewußtseins zu schaffen."

Im Kapitel 6.3 „Tätigkeiten der beiden Gehirnhälften“, haben wir schon von der Vorteilhaftigkeit von Übungen in simultaner oder gegenläufiger Motorik gesprochen, um die Einseitigkeit rechtshändiger oder rechtsbeiniger Bewegungsausführung zu durchbrechen (wie z.B. beim Maschinenschreiben, Musizieren, Autofahren, Fußballspielen etc.).

Es gibt noch andere Parallelitäten im Rahmen menschlicher Tätigkeiten, die zeigen, daß man sich auf gleichzeitige Ausführung verschiedener Aktivitäten „spezialisieren“ kann: Vereinzelte Zuhörer im Konzertsaal lauschen nicht nur der Musik, sie studieren gleichzeitig die Partitur. Napoleon war dafür bekannt, daß er beim Schreiben von Briefen gleichzeitig noch andere Briefe in die Hand seines Sekretärs diktierte. Man kann an einem Problem herumdenken und gleichzeitig auf Fragen anderer Personen reagieren. **Es gibt unzählige Gelegenheiten mehr, wo Tätigkeiten parallel vollzogen werden. Dies ganz im Gegensatz zu den alten Erziehungsgrundsätzen, die da heißen: Mach nur ein Ding auf einmal, aber dafür richtig – laß dich nicht ablenken – zersplittere dich nicht – verzettle dich nicht, konzentrier' dich auf eines.** Vor allem im Bereich der Aufmerksamkeit stimmt das alte Erziehungsschema schon längst nicht mehr. „Nach allen Seiten aufmerksam sein“ ist zum Imperativ der Beweglichen und Reaktionsschnellen geworden. **Vielseitigkeit des Reflexes ist heute gefragt!** Ausgangspunkt des Brainfloating ist die bereits angesprochene Tatsache, daß der Mensch durch seine normale Erziehung (die das Logische, Rationale und Geordnete zu bestimmenden Größen macht), aber auch durch die alltägliche Tätigkeit die linke Gehirnhälfte weitaus stärker beansprucht bzw. auswertet als die rechte. Natürlich liegt es im Interesse eines ganzheitlich denkenden und reagierenden Menschen, daß er von der möglichen Arbeit beider Hemisphären ausreichend profitiert. Postulat ist somit das **„janus-köpfige Denken“, das verschiedene Denkebenen miteinander zu verknüpfen versteht und welches auch zwei oder gar mehr Gegensätze oder Antithesen in die gleichzeitig gedankliche Verarbeitung einzubeziehen vermag.** Daß auch intuitives Verbinden von Unbekannten und das Denken in Analogien dazu gehören, ist klar, komplexe Denkprozesse laufen nie ausschließlich auf der logisch-rationalen Ebene ab, sondern werden stets auch vom Unbewußten her mitstrukturiert, als folge der Einwirkung von Intuition, lateralem Denken, Analogie-Denken, Inspiration usw.

Man muß sich darüber klar sein, daß auch motorische Bewegungen – insofern sie einer geistig initiierten Absicht entsprechen, also nicht reine Reflexmotorik darstellen – durch geistige Funktionsabläufe ausgelöst werden. Und alle geistigen Prozesse, auch intuitivunbewußte, sind das Resultat elektrotech-

nischer und chemotechnischer Mechanismen im Schaltsystem unseres Gehirns bzw. im Nervensystem, wie schon weiter vorn erläutert.

Deshalb habe ich mir auch die Freiheit genommen, dieses Kapitel mit „Techniken der kreativen Arbeit“ zu überschreiben, und das Brainfloating kann konsequenterweise auch als eine auf das Kreative einwirkende „Technik“, wenigstens im übertragenen Sinn, betrachtet werden.

Lassen Sie mich abschließend das Brainfloating aus einem anderen Gesichtswinkel neu definieren, um das Verständnis für die damit verbundenen recht schwer zugänglichen Aspekte unserer Gehirnarbeit noch etwas zu vertiefen:

> **Brainfloating meint das Fließen geistiger Energien, die im Umfeld einer kreativen Zielvorstellung durch hemisphärisch wechselseitiges Denken und freies Assoziieren Überlegungsansätze und/oder Lösungsmöglichkeiten ergeben. Der geistige Fließprozeß wird dabei durch mancherlei Wirkfaktoren wie Wort-, Gedanken- und Bild-Assoziation, Intuition, lateralem Denken, Gedächtnisarbeit, Rationalität und Emotionalität beeinflußt.**

15. Technische Hilfsmittel für die Kreativarbeit

„Es ist nicht die einfache Kreatur, die der Hilfe bedarf, sondern das Genie“

Eleonora Duse

Vom geistigen Anspruch her fordert Kreativarbeit schon so stark, daß jeder versuchen sollte, sich dort zu entlasten, wo es möglich ist. Wer hat es nicht schon erlebt, daß er für irgendeine Planungsarbeit sehr viel Zeit aufopferte, nachher aber zufällig eine Checkliste in die Hand bekam, die mit ihrer Reichhaltigkeit an Anregungen weit über dem stand, was er ohne fremde Hilfe zustande brachte. Die Hilfsmittel, die wir im Folgenden anführen, sind in der Mehrzahl einfacher Art – Hauptsache aber, man nutzt sie optimal:

15.1 Zettelkasten

Es gibt fertige Zettelkasten mit Alphabet in jeder Schreibwarenhandlung, wo man laufend Stichworte, Einfälle, Lösungsansätze, Zeitungsausschnitte, Zitate oder anderes, was einem später von Nutzen sein wird, einsortieren kann. Wichtig ist dabei nur, daß man immer mit Zetteln ausgerüstet ist, um notfalls etwas festzuhalten, statt es wieder zu vergessen. Ein Notizblöcklein mit inliegendem kleinen Kugelschreiber oder Bleistift ist somit unerläßlicher Nebenbestandteil des Zettelkastens.

15.2 Checklisten

Dieses Hilfsmittel haben wir schon so oft angesprochen, daß wir uns hier mit dem bloßen Hinweis begnügen können. Zweierlei gehört aber noch dazu: 1) daß man Checklistensammlungen die nötige Aufmerksamkeit schenket, da vielleicht manche Einzelchecklisten in solchen Sammlungen oder ganzen Checklistenbüchern im eigenen Bereich äußerst nützlich auszuwerten wären, und 2) daß man – auf eigene Wiederholungsaufgaben bezogen – selbst maßgeschneiderte Checklisten herstellt. Im übrigen haben wir 17 Vorteile des Handhabens von Checklisten im Kapitel 14.5 schon angeführt.

15.3 System-Fragen-Kataloge

Auch darüber haben wir schon das Nötige ausgesagt / siehe z. B. unsere Fragenkataloge über Quality Management im Kapitel 19.

15.4 Mind Maps

Solche gibt es in vorkonzipierter Form, oder dann stellt man sie eben per Maßarbeit für einen bestimmten Zweck selbst her. Über Mind Mapping haben wir im Kapitel 14.6 schon alles Nötige ausgesagt.

15.5 Flip-Flap-Tafeln und Pinwände

Die **Flip-Flap-Tafel** ist eine Einzeltafel, die vor allem in der Gruppenarbeit bei einfacheren Thematiken am Platz ist. Leicht transportabel kann sie in jedem Wagen mitgenommen werden. Sie wird mit großen Flip-Flap-Blöcken ausgerüstet. Notfalls können die beschriebenen großen Blätter aus dem Block herausgenommen und nebeneinander an der Wand übersichtlich aufgeklebt werden. Stichworte und Zeichnungen, die gut lesbar auf Tafeln aufgebracht sind, regen wesentlich stärker zum Mit- und Weiterdenken an, als wenn bloß mündliche Vorschläge geäußert werden. Gegenüber der Wandtafel hat die Flip-Flap-Tafel den Vorteil, daß die beschriebenen Blätter mitgenommen und weiter verarbeitet werden können.

Die **Pinwand** eignet sich für umfangreichere thematische Erarbeitungen. „Pin" heißt „Nadel" – es werden also Zettel oder Karten an die Pinwände geheftet, wobei die Schrift so groß sein muß, daß auf Distanz alles gut lesbar ist. An Themenmöglichkeiten bieten sich z. B. an:

Problemanalysen- Lösungsvarianten mit Vor- und Nachteilen – Neuerungen – Verkaufsaktionen – Marketing-Pläne – Entscheidungsfindung (Kriterien für Entscheidungsvorbereitung, Entscheidungsvarianten und -evaluation) – Organisationsmaßnahmen oder -verbesserungen – Systementwicklung – Information – Aus- und Weiterbildung (von Personal, Führungskräften, Spezialisten) – Arbeitstechnik (Zeitmanagement, Zielsetzungsarbeit, Arbeitsplanung, Instruktionstechnik, Teamwork, Ausübung von Kontrollen, Delegation) – Leistungs- und Verhaltensbeurteilung (Vorgehenssystematik, Beurteilungsunterlagen, Auswertung) – Quality Management – Schwachstellen-Analysen – Konfliktlösungen – Risk Management – Klimaverbesserung – Vorschlagswesen usw.

15.6 Diktiergerät

Wer in einem längeren Kreativitätsprozeß involviert ist, bei dem melden sich immer wieder Ideen, Einfälle, Einsichten, Überlegungen, die es weiter zu verfolgen gilt. Wer stets ein kleines Diktiergerät bei sich hat, kann alles, was ihm wichtig scheint, fortlaufend speichern. Besucht man Ausstellungen, Museen, Buchläden etc., um Zusammenhängen mit der gegebenen Kreativaufgabe nachzugehen, so vermag ein Diktiergerät auch bei solchen Studien gute Dienste zu leisten, erst recht natürlich auch beim Formulieren von Texten oder ganzen Büchern. Bei einem gedanklichen Brainstorming zu irgend einer Frage – ganz für sich allein angestellt – kann das Diktiergerät als „Protokollführer“ amten und sich auch so nützlich machen.

15.7 Knetmasse

So primitiv dieses Hilfsmittel anmuten mag: In gewissen Gestaltungsbereichen, wo es um ästhetische, funktionelle oder anatomische Formgebung geht, kann es nötig sein, Formentwürfe mit einer knetbaren Masse zu gestalten. Da die Dreidimensionalität dabei gegeben ist, können solche Gestaltungsversuche mehr bringen als nur zeichnerische Entwürfe.

15.8 Simulationsmodelle und -einrichtungen

Die Simulation schwieriger manueller und geistiger Abläufe ist mit der Entwicklung der Technik und vor allem auch der Elektronik immer gebräuchlicher geworden, besonders in Lernprozessen wie dem Autofahren und der Steuerung von Flugzeugen, um nur gerade zwei Beispiele zu nennen. Angepaßtes und auch kreatives Reagieren auf Problemsituationen, Gefahrenmomente und Sicherheitsbedürfnisse läßt sich anhand sogenannter Simulationsmodelle oder -maschinen gefahrenlos üben.

15.9 Kopiergerät

Moderne Kopierer bieten heute so viel Hilfen für kreativ Tätige, daß dieses Hilfsgerät in unsere Aufstellung hineingehört. Verkleinerung, Vergrößerung, Hineinkopieren von optischen Darstellungen, Kopieren von zu verarbeitenden Zeitungsabschnitten, Buchabschnitten, Zeichnungen usw., Kombination von graphischen

Darstellungen zu einem Ganzen und anderes mehr sparen dem schöpferisch Tätigen nicht nur viel Zeit ein; oft bringen diese Möglichkeiten auch Anregung zu anderem, besserem Gestalten oder zu nützlichen Visualisierungen, die sonst nicht realisiert würden.

15.10 Mind Machines (Geräte zur Stimulation der Gehirntätigkeit)

Die Erfahrung mit solchen ist erst richtig im Gang. Die Entwicklung begann in den USA (wo denn sonst, wenn es um solch sensationsumwitterte Entwicklungen geht!). Die apparative Gehirnstimulation ist ein modernstes Gebiet des mentalen Trainings. Es tummeln sich da zahlreiche Begriffe wie Gehirn-Jogging, Gehirnmaschinen, Brain Tuning, Gehirnstromanimation, Hemisphären Synchronisation, Mind Xpander, Mind Explorer, Syncro Energizer, Ganzfeld-Geräte, Floatarium, Brainfloating-Training, Farbklang-Therapie, Graham Potentializer, Mind Videos, Alpha Stim, Endomax, Ultron, Cap Scan, Mind Mirror, Head Coach, Hypno-Synchron-Kassetten, Subliminal-Kassetten, Brain Wave Biofeedback Synchonizer. Im Buch „Brainpower" von Bambeck/Wolters (Wirtschaftsverlag Langen Müller/Herbig, München) hat man sich verdient mit diesen Geräten und Techniken auseinandergesetzt. Allerdings fehlen heute noch verläßliche Erfolgsrapporte, da die Langzeitwirkungen über Jahre hinaus noch nicht nachgewiesen sind.

Über den Zweck und die Funktion von Mind Machines: Das Gehirn ist als geballte Anhäufung von Nervenzellen zu verstehen, die elektrochemische Impulse empfangen, speichern, senden und austauschen. Es besteht im Gehirn somit ein elektromagnetisches Feld, bestimmt durch vier verschiedene Gehirnwellen-Arten Alpha-, Beta-, Delta- und Theta-Wellen, die ihrerseits durch unterschiedliche Hertz-Frequenzen gekennzeichnet sind. Je nach unserem Bewußtseins- oder auch Unbewußtseins-Zustand herrschen gewisse der oben erwähnten Wellenarten vor. Um diese und ihre beeinflußenden Zustände positiv zu manipulieren, nützt man Mind-Maschinen, die im Prinzip aus einer **Elektronik-Einheit, einem Kopfhörer und einer Dioden-Brille** bestehen. Über Ohr und Auge wirken somit Licht- und Tonimpulse auf die Gehirnwellen ein, wobei die Lichtimpulse durch helligkeitsmäßig dosierbare Leuchtdioden auf der Innenseite einer großflächigen, undurchsichtigen Brille vermittelt werden. Die empfangenen Programme können beim Menschen verschiedenerlei bewirken. Es geht – je nach zu wählendem Programm – um eine Beeinflussung der Gehirnströme. Klarer wird dies, wenn wir die einzelnen Wellenarten im Folgenden näher anschauen (die Reihenfolge ist Hertz-Zahlen-orientiert):

Beta-Wellen (13–30 Hertz): sie bestimmen den Grad der nach außen gerichteten Konzentration und sind Ausdruck des spannungsvollen, alarmbereiten Wachzustandes, in den auch Streß, Unruhe, Ärger, Sorge und Angst hineinspielen können.

Alpha-Wellen (8–12 Hz): sie bestimmen den Grad unserer wohligen Entspannung und Denkruhe (ohne Schläfrigkeit), aber im Grenzzustand des „wachen Halbschlafes", verbunden mit angenehmem Gefühl des Zusammenklangs von Körper und Geist.

Theta-Wellen (4–7 Hz): sie typisieren den Schlafzustand, die tiefe Meditation, aktivieren das Unterbewußtsein, regen Inspiration und Kreativität an, und sie steigern auch die Lern- und Erinnerungsfähigkeit.

Delta-Wellen (1–3 Hz): sie repräsentieren den traumlosen Tiefschlaf, die Tiefenhypnose und den Trance-Zustand. Sie haben Bedeutung für die Funktionstüchtigkeit des Immunsystems und der Heilvorgänge.

Da nach Aussage der Spezialisten **beide Gehirnhemisphären** angeregt werden, ist auch denkbar, daß deren Zusammenspiel über den Balken (corpus callosum) – „janus-köpfiges Denken" genannt – ebenfalls aktivere Formen annimmt. Darüber habe ich allerdings nirgends wissenschaftlich Fundiertes gelesen.

Die Hauptversprechen der Mind Machines-Industrie – **psychische Regeneration innert 30 Minuten, besseres Abschalten, Verstärkung von Ruhe und Gelassenheit, mehr Konzentrationsfähigkeit, Streßabbau, Energetisierung, Schmerzlinderung, Heilungsunterstützung und größeres Kreativpotential** – muten etwas superlativistisch an, und das tun auch gewisse rapportierte Erfahrungen, während andere wieder von großen Enttäuschungen sprechen. Zu warnen ist ganz eindeutig davor, daß Menschen mit Psychosen, Neurosen und anderen Hirnkrankheiten sich dieser modernen Technik der Gehirnstimulation bedienen – darüber wenigstens sind sich Therapeuten, Neurologen und andere Ärzte offensichtlich klar.

Wenn man indessen die scharf formulierten einstigen Vorbehalte der Ärzteschaft gegenüber dem Autogenen Training bedenkt, aber zugleich feststellen muß, daß diese Art Mentaltraining sich längst weltweit durchgesetzt hat, so besteht vielleicht doch die Hoffnung, daß auch eine Denkkonditionierung mit Mind Machines in gezieltem und fachmännischem Einsatz zu guten Resultaten gelangen wird, vorausgesetzt daß sich in den nächsten Jahren genügend ausgewiesene Experten einer weiteren praktischen Überprüfung der Anwendungsmethodik und Erfolgsauswirkung widmen werden. Angebracht ist im Moment vielleicht noch die Empfehlung, daß Interessenten sich zuerst der Dienste ausgewiesener Institute, die Trainings mit Mind Machines anbieten – bedienen, bevor sie sich zum Kauf eigener Geräte zum Preis von 3000 Fr. oder mehr überreden lassen.

15.11 Der Computer als Helfer in der Kreativarbeit

Computer haben sich bekanntlich zu außerordentlich vielseitigen Helfern für die Berufsarbeit entwickelt. Für den kreativ tätigen Menschen läßt er sich in folgenden Bezügen nützen:

- **Automatische Alphabetisierung von Stichworten**, z.B. bei der Herstellung eines Nachschlageregisters zu einem Buch. Der Autor beginnt in einem solchen Fall nach Fertigstellung des Buches mit seiner Lektüre zuvorderst, um systematisch jeden Begriff herauszunotieren, inklusive Seitenzahl, der für das Nachschlagen im zu erarbeitenden Stichwortregister in Frage käme. In vielen Fällen kommen ihm dabei auch noch Synonyme des betreffenden Begriffes in den Sinn, da der Leser beim Nachschlagen vielleicht zuerst an dieses Wort gleicher Bedeutung denkt. Letzten Endes müssen Aberhunderte von Stichworten alphabetisiert werden, was ohne Mithilfe des Computers enorm aufwendig ist.
- **Finden von Synonymen**
  Schneller als in einem Synonymwörterbuch kann man über den Computer gleichbedeutende Begriffe eruieren.
- **Orthographische Hilfestellung**
  Jeder Mensch, selbst ein geübter Autor, hat gelegentlich Zweifel, ob dies oder das so oder so geschrieben wird. Der Computer läßt sich als nützlicher „Aufpasser" anstellen und meldet dann dem Formulierenden automatisch, wo ein Wort orthographisch falsch geschrieben ist bzw. korrigiert den Fehler selbsttätig.
- **Entwicklung variabler Formen und Muster**
  Wer in seiner Arbeit auf die kreative Variation von Formen und Mustern angewiesen ist (Stickereimuster, Herstellung von Bauteilen, Designaufgaben) kann mit Hilfe der Computervorgabe die Farb- und Formauswahl in Designarbeiten nützen.
- **Hilfe durch Computer-Steuerung von Prozessen**
  Bei der Herstellung geometrisch-konstruktivistischer Formsysteme in der Bildhauerei lassen sich Fräsprozesse, z.B. an Chromstahl-Plastiken, durch Computer mit perfekter Genauigkeit steuern. In der Fertigungsindustrie nutzt man heute in vielen Bearbeitungsprozessen den Computer zur Qualitätsoptimierung, in dem dieser die selbsttätige Auswechslung abgenützter Werkzeuge veranlaßt und damit auch den Ausschuß ungenauer Teile auf Null reduziert.

Man mag glauben, daß die Computertechnik heute nach aller bisherigen stürmischen Entwicklung kaum mehr weiter ausbaufähig sei. Diese Annahme ist aber mit Sicherheit falsch! Siemens-Wissenschaftler haben eben einen neuen Meilenstein in der Entwicklung leistungsfähiger neuronaler Netze gesetzt, und zwar mit **Parallellprozessoren**. Der Neuro-Computer verkürzt damit die Rechenzeit bei der Simulation und Entwicklung neuronaler Netze mit dem Faktor 8000; **Rechenoperationen, die bisher mit herkömmlichen, serial arbeitenden Hochleistungsrechnern eine Woche Rechenzeit benötigten, bewältigt der Neuro-Computer „Synapse I" in anderthalb Minuten!** Und bereits erwartet man für den Endausbau eine nochmals verdoppelte Rechnerleistung (neuronale Netze werden bei der Sprach- und Bilderkennung eingesetzt, wo die Aufgaben besonders komplex sind; ähnlich wie beim Gehirn werden die Informationen beim Neuro-Computer von einem Netzwerk künstlicher Neutronen gleichzeitig aufgenommen und weiterverarbeitet).

15.12 Leuchtkugelschreiber

Im Kapitel 12.15, wo es um **kreative Arbeit** im Traumgeschehen und **in nächtlichen Schlafpausen** ging, haben wir dieses praktische Instrument zur Festhaltung von Gedanken bereits erwähnt und seine Funktion genauer erläutert. Wir können uns hier somit darauf beschränken, das Gerät der Vollständigkeit unserer Aufzählung kreativ nutzbarer Hilfen anzuführen. Im Prinzip handelt es sich um **einen (etwas dickeren) Kugelschreiber, bei welchem im Schaft hinten eine kleine Lichtbatterie und im vordersten durchsichtigen Teil eine kleinkalibrige Lampenbirne eingebaut ist**. Beim Nachsinnen zur Nachtzeit läßt sich im Bett unauffällig der Leuchtkugelschreiber nützen, um Gedanken zu notieren, die sich sonst erfahrungsgemäß beim Weiterschlafen wieder verflüchtigen. Er muß nur griffbereit auf dem Nachttisch liegen. So stört man eine möglicherweise im gleichen Zimmer schlafende andere Person nicht und bedarf auch nicht mitten in der dunklen Nacht brutaler Helligkeit durch eine Lampe, um etwas gedanklich Erarbeitetes oder einen plötzlich auftauchenden wichtigen Einfall festzuhalten. Nebenbei erwähnt ist ein Leuchtkugelschreiber natürlich auch bei Schulungsaktionen im verdunkelten Raum (Dias- oder Filmvorführungen) eine willkommene Hilfe, um sich meldende Fragen oder Diskussionsbeiträge zu notieren.

16. Einzel- oder Gruppen-Kreativität – was ist stärker?

Arbeit in einem guten Team bietet Schutz vor seelischer Störung und fördert die persönliche Reifung. Teamarbeit ist ein Weg zur besseren Meisterung des Verhältnisses zur Umwelt.

Diese Frage läßt sich so nicht generell beantworten. Es gibt **äußerst kreative Individuen, die im stillen Kämmerlein imposante schöpferische Potenz** zu entwickeln vermögen. Früher war ein gruppendynamisches Zusammenwirken kaum denkbar – da stützte sich die ganze Welt auf die Leistung einzelner ab. Auch heute wird sicher im Erfindungs- und künstlerischen Bereich in erster Linie die Einzelkreativität den schöpferischen Realisationen den Stempel aufprägen. Schon weil die Künstler und die klassischen Erfindertypen in der Regel **Einzelgänger sind, mit ganz speziellen Ansichten, die sich von denen anderer oft scharf abheben**. Zudem wollen solche Typen – steht die Vision einmal klar vor ihnen – das „Wunder“ selbst erschaffen und der Welt zeigen, wozu sie fähig sind. Vermutlich kommt noch ein Faktor hinzu: **der Erfinder unterschätzt am Anfang fast notorisch die Schwierigkeiten der Ausgestaltung und wohl auch den steinigen Weg der „Inthronisation“ des Neuen: die Realisierung und die Verwertung.** Zu sehr ist er vorläufig geblendet vom Glanz s e i n e r Erfindung. Wir sprachen früher schon von der **Erfolgsgläubigkeit**, welche einem schwierigen Durchbruch beiseite stehen muß, will man all die Skepsis und selbst den bösartigen Widerstand hartnäckiger Gegner gegenüber dem „verrückten“ Neuen verkraften. Gelegentlich mag im Hintergrund auch der Gedanke bremsen, **Mithelfer wären vielleicht nicht fähig und hartnäckig genug, um der Sache zum Durchbruch zu verhelfen**.

Bestimmt haben diese ausgemalten Hintergründe in Tausenden von erfolgreichen Neukreationen vorgelegen und waren der Grund dafür, daß am Ende die Siegespalme dem Einzelgenie winkte. „Schlaflose Nächte“ dürften dabei von allem Ungemach vieler gekrönter Erfinderhäupter noch die geringste der zu bestehenden Willensproben gewesen sein.

Heute hat die sich in allen möglichen Formen der beruflichen Zusammenarbeit ausdrückende **Kooperationsbereitschaft** – Teamwork, Gruppenarbeit, Kreativkonferenzen, interdisziplinäre Zusammenarbeit usw. –

die Erfahrung erbracht, daß individuelle Kreativität zwar immer noch absolut nötig ist, daß aber das gruppendynamische

Zusammenwirken vor allem bei komplexeren Kreativvorhaben vielfach Resultate schafft, die der einzelne, auf sich allein angewiesen, nicht zu erbringen imstande gewesen wäre, trotz machtvoller Anstrengung und hervorragender Einzelbefähigung.

Wo es sich um innovative Arbeit in der Wirtschaft, in der Wissenschaft und in der Verwaltung handelt, da ist es eine unbestrittene **Führungsverpflichtung, kreative Einzelleistungen mit gruppendynamischen Prozessen zu koppeln**, und gehe es dabei nur ums Realisieren und erfolgreiches Durchziehen von beschlossenen Neuerungen. Aber bei komplexeren Vorhaben ist eine noch viel frühere Zusammenlegung der Kräfte unerläßlich.

Allerdings gehört es heute dazu, **daß sowohl der elitär schaffende Einzelkreative wie auch die in den ganzen Prozeß integrierten Gruppen in einer Atmosphäre wirken, die positiv ist**, und zwar im umfassenden Sinn. Wir kommen auf die Bedeutung des sozialen Umfeldes für das Gelingen kreativer Bemühungen noch näher zu sprechen (Kapitel 22 „Das soziale Umfeld als Inspirationsfaktor“).

17. Übungsmöglichkeiten im Entwickeln von schöpferischen Fähigkeiten

„Theorie und Praxis verhalten sich wie die bibliophile Ausgabe eines Kochbuchs zum verkohlten Steak."
Michael Kehlmann

Es gibt in Büchern Übungen zum kreativen Denken. Eines stammt von Edward de Bono, einem sehr namhaften Experten für kreative Arbeit; es heißt „In 15 Tagen Denken lernen". Darin wird intuitives Denken, konsequentes Denken und strategisches Denken in separaten Teilen gelehrt, und zwar anhand spielerischer Übungen. Es gibt auch sonst viele Denkaufgaben in der Literatur, die den Prozeß des Denkens lehren wollen. Allerdings mögen viele Leute diese Spielereien nicht, weil sie von ihren eigenen Problemen zu weit weg sind und sie deshalb am realistischen Lernnutzen solcher Übungen und Spiele zweifeln. Das mag zwar nur z.T. richtig sein, denn das Denken als solches ist tatsächlich übungsfähig. **Aber um im geschulten kreativen Denken vorwärts zu kommen, braucht es natürlich mehr als nur ein paar Übungen, die man einmal zu lösen versucht und nachher ad acta legt.**

Am besten ist nach meiner Meinung immer ein **Üben in der eigenen Praxis**. Jeder steht in seinem Leben dauernd vor Situationen und Problemen, die ihm kreatives Denken abfordern. Zuerst geht es also darum, das eigene Wahrnehmungsvermögen hinsichtlich kreativer Aufgabenstellungen so heranzubilden, daß sie auch wirklich zu erfassen sind. Der Rest ist vernünftiges Lernen an der Problempraxis. Und das bedeutet wohl, daß man **zuerst bewußt leichtere Aufgaben wählt, um seinen Geist zu trainieren**. Jeder Erfolg motiviert, und mit der Zeit kann man sich dann schwierigere Kreativaufgaben vornehmen, **um sich sozusagen auf höherer Ebene zu üben**. Wir haben in unserem Handbuch so viele Techniken, Tips und Methoden angeführt, die im wesentlichen das kreative Denken ausmachen, daß es nicht schwer sein dürfte, sich in einem solchen Übungsprozeß längerfristig zu einem schöpferisch fähigen Denker auszubilden. Es kann jedem dienen, wenn er einmal versucht, seine ganz persönlichen Probleme aufs Papier zu bringen und zu ergründen, warum sie sich überhaupt ergeben haben und wie ihnen abzuhelfen wäre. Beginnen Sie bei den einfacheren und lösen Sie zuerst diese mit geballter Kraft. **Stärkerwerden ist immer eine Frage der richtigen Zielentscheidungen im Leben und des entschlossenen Einsatzes im Lösungsprozeß.** Aber da Sie diesen Einsatz für sich selbst leisten, fördern Sie sich dabei entscheidend in Ihren Anlagen. Solche Übung ist dann nicht nur höchst sinnvoll – sie ist Wachsen am Leben, Persönlichkeitsentfaltung.

Daß sich so nebenbei auch **in jeder Berufstätigkeit dauernd Situationen ergeben, die unseren schöpferischen Geist herausfordern**, ist unbestritten. Somit haben wir hier die zweite Ebene vor uns, auf der sich kreatives Denken in der Praxis üben läßt. Und der bei gutem Einsatz immer wieder auftretende Erfolg befriedigt nicht nur uns, sondern auch unseren Arbeitgeber, Auftraggeber oder Kunden, unsere Kolleginnen und Kollegen, die vielleicht in irgendeiner Weise von unseren schöpferischen Impulsen auch profitieren, oder es ist der Vorgesetzte, der mit seinen Mitarbeitern d a n n mehr erreicht, wenn diese ihre Arbeit überlegt-kreativ angehen.

Wir haben schon unterstrichen, daß der **schöpferische Einsatz** – im Kleinen wie im Großen – zur **Geisteshaltung** werden muß, will man wirklich zu den Kreativen gehören. Der alte Satz „Früh übt sich, was ein Meister werden will" gilt auch für das schöpferische Arbeiten. **Üben stärkt den Sinn, und Techniken erleichtern die Arbeit.**

Hier noch eine Anekdote, die in mehreren Büchern von mir angetroffen wurde, ohne daß jeweils ersichtlich war, wer ihr Autor war. Sie mag als kleine amüsante Denksportaufgabe unser Kapitel abschließen:

> Ein Fremder erschien vor einigen Jahren bei einem Antiquitätenhändler und bot ihm eine antike Bronzemünze an. Die Münze sah echt aus und war mit dem Datum 177 v. Chr. geprägt. Obwohl der Händler schon Käufe getätigt hatte, die nicht über den letzten Zweifel erhaben waren, was die Authentizität angebotener Antik-Gegenstände anbetraf, so rief er diesmal sofort die Polizei und ließ den Anbieter verhaften. W a r u m ?

Lesen Sie hier bitte nicht weiter, sondern versuchen Sie gleich sofort herauszufinden, warum der Anbieter oder ein früherer Verkäufer der Münze ein Betrüger war. Überdenken Sie die oben gemachten Angaben genau und Sie werden langsam, aber sicher der Sache auf die Spur kommen. Sollte es Ihnen nicht gelingen, so können Sie immer noch unten die Lösung in verkehrter Schrift ablesen.

Die Erfahrung zeigt, daß nur ganz selten jemand die Lösung auf Anhieb hin findet. Weshalb eigentlich? Wohl weil wir alle es gewohnt sind, mit Datenangaben

Zur in der Prägung angegebenen Zeit wußte noch niemand von Jesus Christus, der ja erst viel später geboren wurde. Also mußte der Münzenhersteller ein Betrüger sein!

vor und nach Christus umzugehen. Dabei setzen wir einfach blindlings voraus, daß die uns servierten Zeitangaben der Wahrheit entsprechen.

Übrigens: **war im vorliegenden Fall der Anbieter wirklich ein Betrüger?** Denken Sie auch darüber kurz nach, bevor Sie sich zu einem Ja oder Nein durchringen. – – – Vielleicht haben Sie gefolgert, daß er selbst durch einen Dritten hereingelegt wurde, ohne die Fälschung zu erahnen, und nun wollte er ganz einfach dieselbe Münze mit einem entsprechenden Gewinn weiterverkaufen. Was muß die Polizei also herauszufinden versuchen? Natürlich, wer der Betrüger seinerzeit war. Ist das leicht? Dies könnte sogar eine Aufgabe sein, die einen Sherlock Holmes überfordern würde – wann? wenn z.B. ein Befragter behaupten würde, er hätte die Münze auf einem ausländischen Markt vor vielen Jahren erstanden, bar, ohne eine Quittung zu bekommen.

18. Fünfundzwanzig Blockaden, die den kreativen Erfolg behindern

In der Kreativarbeit liegen die Steine des Anstoßes überall herum.

Wie schon unser Titel andeutet, kann Kreativität von vielen Seiten her in Frage gestellt sein. In vier Gruppen aufgeteilt behandeln wir im Folgenden kurz

- Physische Blockaden
- Psychologische Blockaden
- Arbeitstechnische Blockaden
- Veranlagungsblockade

18.1 Physische Blockaden

18.1.1 Müdigkeit/Lustlosigkeit

Es ist klar, daß die kreativen Geister auf Wachheit und auf die Dynamik des Wollens angewiesen sind.

18.1.2 Arbeitstechnische Bremsen

Kälte, Hitze, Zugluft, unbequemer Arbeitsplatz, grelle Beleuchtung, Lärm usw. behindern die Konzentrations- und Leistungsfähigkeit der Geistesarbeiter weit mehr als die der körperlich Arbeitenden.

18.2 Psychologische Blockaden

18.2.1 Verhemmtheit/innere Unsicherheit

Da kreative Arbeit Kontaktfähigkeit, Aufgelockertheit und Erfolgsgläubigkeit voraussetzt, können Verhemmte höchstens im künstlerischen Bereich, aber nicht in innovativen Aufgaben, wo die Kommunikation mit anderen eine wichtige Rolle spielt, eventuell auch das gruppendynamische Zusammenwirken, leistungsstark sein.

18.2.2 Angst vor Blamage

Im kreativen Prozeß ist der Nutzen einer Neuerung noch nicht de facto bewiesen. Das Risiko, in Widerstände, Anfeindungen oder gar Blamagen hineinzulaufen, ist immer bis zu einem gewissen Grad vorhanden. Wer gegenüber Kompromittierungen ängstlich ist, taugt wenig für kreative Betätigung.

18.2.3 Sorgentief

Wenn jemand in persönlichen Krisen steckt oder von großen familiären oder anderen Sorgen niedergedrückt ist, kann er sich für das Kreative nicht unbeschwert einsetzen. Die Ordnung im ureigensten Bereich ist für den schöpferischen Menschen eine unabdingbare Voraussetzung.

18.2.4 Autoritäre Art

Im innovativen Bereich ist Zusammenarbeit gefragt, nicht befehlsmäßiges Einwirken und Überheblichkeit. Jeder ist in gewissen Punkten stärker als wir. Diese Erkenntnis ist die beste Basis für kooperative Einstellung.

18.2.5 Emotionelle Blockaden

Antipathien, Selbstherrlichkeit, Gefühlsüberschwänglichkeit, Launenhaftigkeit usw. behindern vernünftiges Denken, besonders aber auch die Zusammenarbeit mit anderen.

18.3 Arbeitswidrigkeiten

18.3.1 Schlechter Arbeitsplatz

Wo ein Arbeitsplatz nicht so beschaffen ist, daß man rationell und störungsfrei arbeiten kann, da ist kreative Entfaltung unmöglich. Der Arbeitgeber muß Verständnis dafür haben, daß sich Kreative hin und wieder von der Firma absetzen können müssen, um anspruchsvolle innovative Denk- und Planungs-Arbeiten in störungsfreier und arbeitsbegünstigender Atmosphäre durchführen zu können.

18.3.2 Fehlende wichtige Hilfsmittel

Kreativarbeit ist dem Gesetz der Rationalität so gut unterworfen wie andere Arbeit. Rechner, Computer, Kopierer, Diktiergerät, Planungshilfen, Checklisten, Flip-Flap-Tafeln oder Pinwände etc. sind bei vielen kreativen Arbeiten unentbehrlich. Immer wieder aus geistigen Höhenflügen herausgerissen zu werden, nur weil die Weiterverarbeitung von bisher Erarbeitetem mangels geeigneter Hilfsmittel Mühe bereitet, ist verheerend für den kreativen Ideenfluß.

18.3.3 Zeitdruck

Es gibt zwar Menschen, die einen gewissen Zeitdruck benötigen, um aktiv zu werden, aber im kreativen Arbeitsbereich unter massivem Zeitdruck zu stehen, ist eigentliche Nötigung, die Hemmungskomplexe auslöst und die schöpferische Ideenfindung abwürgt.

18.3.4 Zeitüberfluß

So sehr der Kreative Freiräume benötigt, so negativ kann sich das Bewußtsein auswirken, viel Zeit zur Bewältigung einer schöpferischen Aufgabe zu haben. Man schiebt so den Anfang ständig hinaus, verschafft sich deswegen Minderwertigkeitskomplexe, und da verhexterweise in solchen Fällen vielfach noch andere unerwartete Aufgaben „hereindrängen“, gerät man plötzlich mit der sorgsamen Erledigung des eigentlich Kreativen ins Schleudern.

18.3.5 Ablenkungen

Ablenkung kann nach hektischen Phasen des Gestaltens positiv für die weitere Verfolgung schöpferischer Aufgaben sein. Aber im Moment der konzentrierten kreativen Arbeit ist Ablenkung von außen durch Personen oder „vordringliche“ Sachaufgaben außerordentlich hinderlich, da das spätere Zurückfinden in den schöpferischen Ideenfluß ein mühsamer Kraftakt darstellt – der gar nicht immer befriedigend gelingt. Öftere Ablenkung kann daher in eigentlichen Frust ausarten und einen die Lust am Kreativen verlieren lassen.

18.3.6 Zu enge Problembetrachtung

Ungründlichkeit und Hastigkeit führen oft dazu, daß das Problemspektrum zu wenig umfassend angegangen wird. Zwangsweise wird so eine ganzheitliche Problembewältigung von vornherein ausgeschlossen. Daher haben wir in Kapitel 12.2 „Analytisches, hinterfragendes Denken“ und 13.2 „Situations-/Problemanalyse“ so viel Wert auf vollumfängliche Problemerfassung gelegt.

18.3.7 Zu weite Problembetrachtung

Wo alle wesentlichen Aspekte in der Problemanalyse erfaßt sind, da braucht es keiner weitere Mühe des Sondierens; Detailfanatismus ist jeder Arbeit abträglich, denn er verschleudert Energien und lenkt vom Entscheidenden ab. Man verscherzt sich damit auch leicht die Sympathien von Leuten, die im Kreativprozeß mitengagiert sind, und wir haben ja ausreichend betont, wie wichtig das Teamwork in innovativen Prozessen ist.

18.3.8 Nichtnutzung von Kreativtechniken

Kreative müssen das Instrumentarium schöpferischer Denktechniken kennen und nützen, sonst reduzieren sie automatisch ihre Erfolgschancen. Wer Mühe hat, das innerlich voll zu akzeptieren, sollte einmal an einem guten Seminar für Kreativtechniken teilnehmen; jeder wird sich dabei vom praktischen Erfolg guter Kreativtechniken voll überzeugen lassen.

18.4 Fehler im Menschlich-Allzumenschlichen

Es gibt persönliche Anlagen, die die Kreativität bremsen. Dabei handelt es sich um ganz **gewöhnliche menschliche Schwächen**, die sich hin und wieder bei uns allen bemerkbar machen, wenn wir nicht gezielt dagegen ankämpfen:

18.4.1 Bequemlichkeit

Wer kennt ihn nicht, den inneren „Bequemlichkeits-Hund“, der uns sagt: „Muß das gerade jetzt sein, wo ich doch...?“ – „Es genügt doch auch so! Was will ich mich zerreißen?“. Erfolg besteht aus siegreicher Überwindung der eigenen Bequemlichkeit und einem Quentchen kreativen Geistes. Wer früh gegen seine Bequemlichkeit ankämpft, schafft sich mehr Komfort für sein späteres Leben.

18.4.2 Entscheidungsträgheit

Hinter ihr wirken meist Unsicherheit und Angst vor Verantwortung, vielleicht auch die Unfähigkeit, Entschlüsse vorher sorgfältig zu überlegen und sich für die positiven Konsequenzen zu motivieren. Entschlußängstlichkeit behindert alles: das Kreative wie auch das eigene Wachsen an Aufgaben.

18.4.3 Risikoscheu

Da Kreatives immer ins Neue hineingreift, wo exakte Einschätzung problematisch ist, ist der Mut zur Übernahme von Risiken für den schöpferischen Menschen unentbehrlich. Risikoscheue und Unkreative sind Synonyme!

18.4.4 Sattheit/Selbstzufriedenheit

Schöpferische Unzufriedenheit ist ein bekannter Begriff, der auf Kreative in besonderem Maß zutrifft. Die Satten und Selbstzufriedenen dagegen abonnieren sich auf Stillstand und Rückschritt, wenn sie weiter in diesem Zustand verharren. Hat jemand lange genug echte Erfolge verbucht, so ist das Loslassen natürlich verdientes Ausruhen. Sonst wird es aber deshalb zur Antikreativität, weil das Perfektionierungsstreben als innerster Antrieb schöpferischer Arbeit im Zustand der Sattheit fehlt.

18.4.5 Angst vor Neuem

Im Menschen ist grundsätzlich immer ein Unbehagen dem Neuen gegenüber vorhanden, weil Neues Umstellungszwang oder Risiko bedeuten kann; Neues wird im allgemeinen nur gerade dann sofort akzeptiert, wenn bequeme Vorteile winken. Wer einmal gründlich analysiert, wo er im Leben sich Neuem gegenüber zu seinem eigenen Nutzen aufgeschlossen hat, wird vielleicht mit Erstaunen feststellen, daß in den meisten Fällen die Angst vor dem Neuen völlig deplaziert ist.

18.4.6 Konservatismus

Daß man am Altbewährten festhält, ist verständlich – aber alles entwickelt sich weiter, und der Wandel ist bekanntlich die einzige Konstante im gigantischen Entwicklungsprozeß unserer Welt. Deshalb ist Konservatismus fortschrittlichkeitshemmend par excellence, eigentlich menschenunwürdig, denn der Mensch hat unter allen Wesen unseres Planeten die ausgeprägteste Evolution vollzogen und ist trotzdem noch meilenweit von seinem Idealzustand entfernt – allein Grund genug, um aufgeschlossen zu sein.

18.4.7 Anpassertum

Sich der Autorität anderer zu sehr anzupassen, heißt die eigene Originalität und Gestaltungskraft aufzugeben. Kreativität und Individualität sind innigst miteinander verbunden. Sie sind nur in ihrer Wechselwirkung erfolgreich. Der Kreative muß gegebenenfalls lernen, seine innersten Überzeugungen und aussichtsreichen Visionen auch jenen zu „verkaufen", von denen er hierarchisch, sympathiemäßig oder auch geldmäßig abhängig ist.

18.4.8 Kritiklosigkeit

Wir haben zwar betont, daß in gewissen Anfangsphasen des kreativen Prozesses eine zu ausgeprägt kritische Einstellung das freie Assoziieren wie auch das Variantendenken behindert. Um so mehr ist kritisches Verifizieren aber nötig, wenn es um **Auswahlprozesse und finale Entscheidungsprozesse** geht. Auch vernetztes Denken ist sehr auf umfassend kritisches Überlegen angewiesen.

18.4.9 Kritikmanie

Kritikbereitschaft kann selbstzerstörerische Form erreichen und unspürbar das Selbstvertrauen gefährden. Ebenso läßt sich die kritische Einstellung anderen gegenüber übertreiben; die sogenannten Kritikaster machen sich überall unbeliebt, weil Kritik immer die seelische Haut ritzt und scharf-kritische Haltung anderen gegenüber herabsetzend wirkt. Kommt hinzu, daß nach allgemeiner Erfahrung übertriebene Kritikfreudigkeit nur auf einem kompensatorischen Bestreben beruht, damit eigene Schwächen zu kaschieren. Der normal kritisch eingestellte Mensch dagegen erhofft sich, von der vernünftigen Kritikbereitschaft der Mitmenschen profitieren zu können, weil man selbst sowenig perfekt ist wie andere.

18.4.10 Unflexibilität

Flexibilität ist das Vermögen, im eigenen Interesse beweglich-anpassungsfähig zu sein, mit Rücksicht auch auf die kontinuierliche Lernverpflichtung in unserer modernen Welt. Durch Unbiegsamkeit dagegen vergibt man sich die Chance, anderes und damit auch vielfach Besseres abzuwägen. Unflexibilität ist in der Kommunikation mit anderen erst recht ein Kardinalfehler, weil Ideenverkaufen und Verhandeln, aber auch Beeinflussen und Motivieren Elastizität und Geschmeidigkeit absolut voraussetzen. In der Regel betreibt man Kreativität ja nicht per se sondern zum Nutzen anderer, und da ist eben ein flexibles Berücksichtigen deren Interessen, Wünsche und Verhältnisse sehr erfolgsentscheidend.

* * * * *

Nun, wir haben gesehen, daß das Schöpferische im Menschen sowohl von außen wie von ihm selbst – letzteres aufgrund bestimmter Fehlhaltungen – beeinträchtigt werden kann. **Zweck unserer Abhandlung der 25 Blockaden, sprich Brunnenvergifter für die Kreativität war aufzuzeigen, wie wichtig es für den schöpferisch Tätigen ist, sich in bezug auf solche Denk-, Einstellungs- und Verhaltensfehler zu kontrollieren und zu korrigieren, aber auch die physischen Blockaden und die Arbeitswidrigkeiten vorsorglich auszuschalten.**

19. Qualitätsdenken und Ethik in der Kreativarbeit

Qualität und Ethik bedingen sich im Letzten gegenseitig.

Zwar ist Qualitätsdenken schon seit Jahrzehnten vor allem in den industrialisierten Ländern zu einem Leitbegriff geworden, für Produkte so gut wie für Dienstleistungen. Die Schweiz hat in erster Linie immer auf Spitzenqualität setzen müssen, weil ihr die Rohstoffe – im Gegensatz zu vielen anderen Ländern – völlig fehlen. Aber auch in unserem Land ist das Qualitätsdenken im Sinne des Total Quality Managements nicht so wissenschaftlich vorangetrieben worden wie in Japan. Die Japaner haben das umfassende Qualitätsdenken federführend zur Wissenschaft erhoben und damit einen einmaligen Wirtschaftserfolg verbucht, der nun alle anderen Industriestaaten zwingt, die Leistungs-Qualität und -Kreativität als strategischen Wettbewerbsfaktor zu begreifen.

Die Strategie und Philosophie der Japaner wird faßbar in folgenden Erkenntnissen:

- **Unser Unternehmen ist eine Familie.** Führung und Mitarbeiter fühlen sich eng miteinander verbunden, sind für einander da, identifizieren sich miteinander. Sie leben im Betrieb in Loyalität eine Art „Wir-Kultur".
- **Im Produktionsprozeß steht der Kunde immer dabei**, symbolisch ausgedrückt. Auf dieser zweiten Identifikationsebene gelangt das Kundeninteresse in den Mittelpunkt der Berufsbemühung und steuert alle wichtigen Überlegungen.
- **Dem japanischen Produkt wird eine Art Seele eingehaucht**, es personifiziert die Mitgestalter und ihre perfektionistische Anstrengung der Nutzenausrüstung. Ein Auto wird nicht einfach als Fortbewegungsmittel empfunden, sondern als fast persönlicher Partner und Freund, der höchsten Komfort und Sicherheit garantiert.
- **Fehlerlosigkeit, Gebrauchssicherheit und Vereinfachung** sind innerste und oberste Anliegen, fast religiös präsent im Planen wie im Handeln.
- **Perfektion und Innovationsstreben verbinden sich miteinander**, so daß eine bestimmende, alle Prozesse prägende Geisteshaltung daraus wird.
- **Die Verehrung des Qualitätsprinzips schöpft ihre Kraft aus zwei verschiedenen Quellen:** Die Jagd nach dem Besseren ist für sie zugleich sinnvolle wie lustbetonte Arbeit. Und aus nationalem Ehrgeiz heraus „will man die Besten sein", nicht nur zu den Besten gehören.

19.1 Qualitätsoptimierung im kreativen Unternehmen

Total Quality Management setzt also die Entwicklung einer unternehmensspezifischen Qualitätsphilosophie voraus, und zwar auf allen Stufen, von zuoberst bis zuunterst. Der Weg vom theoretisch festgelegten qualitätsorientierten Firmenleitbild bis zur gelebten Arbeits- und Servicequalität ist natürlich ein weiter und schwieriger. Er verlangt ein **absolut systematisches Vorgehen** und eine **breitangelegte Orientierung und Schulung** aller Vorgesetzten und Mitarbeiter. Wie bei jedem größeren unternehmerischen Optimierungsprozeß sind **erfahrene Spezialisten**, eventuell auch **versierte Berater** nötig, um das Ganze richtig aufzubauen und durchzuziehen. Man arbeitet dabei mit **Qualitätszirkeln** (Arbeitskreise mit dem Ziel der Verbesserung der Qualität). Für Qualität gibt es einfache Definitionen, z. B.: „Qualität ist Gebrauchstüchtigkeit" („Quality is fitness for use" nach juran/USA) oder „Qualität ist die Gesamtheit der Merkmale, die eine Ware oder Dienstleistung zur Erfüllung vorgegebener Forderungen geeignet macht" (gemäß Schweizerscher Arbeitsgemeinschaft für Qualitätsförderung). Jedes Unternehmen braucht einen **Koordinator für das Total Quality Management**, und es sind auch **Moderatoren nötig, die die Arbeitszirkel inspirieren und leiten**.

Als Aktivitäten und Leistungsziele von Qualitätszirkeln sind grob spezifiziert ins Auge zu fassen:

Hauptziele der Qualitätszirkel:
- Produktivität
- Kommunikation
- Qualität
- Sicherheit
- Innovation

Einzelziele von Qualitätszirkeln:
- Produktives Verhältnis zur Qualität von Dingen und Dienstleistungen
- Kundenorientiertheit in Planung und Handeln
- Positive Einstellung zum Unternehmen und seinen miterarbeiteten Zielen
- Umsetzungsbereitschaft
- Verantwortungsbereitschaft
- Kosten-/Nutzendenken
- Flexibilität
- Mitarbeiterunterstützende Führung
- Kooperationsbereitschaft gegenüber Mitarbeitern und Vorgesetzten
- Innovatives Denken
- Lernbereitschaft

Was hat nun das Qualitätsmanagement mit kreativer Arbeit zu tun?

Es **ist** schon kreative Arbeit, weil z.B. im Unternehmen dauernd folgende Fragen zu stellen sind:

- Kann ein Kunde noch andere Wünsche haben?
- Wo ist er mit unseren Leistungen noch nicht ausreichend zufrieden? (Gebrauchsnutzen, Bequemlichkeit, Sicherheit, Komfort, Nebennutzen, Solidität, Leistung, Service, Montage, Personalinstruktion, Einsparung, Formgebung, Farbgebung, Konstruktion, Material, Präzision, Sauberkeit, Gesundheit, Fortschrittlichkeit, Finanzierungsmöglichkeit, Luxus, Originalität, Profit usw. je nach Branche)
- Wo verlieren wir Geld durch zu hohe Qualität?
- Genügt unser Sortiment?
- Können weitere Dienstleistungen kreiert werden?
- Wie lassen sich Zukunftstrends noch besser berücksichtigen?
- Wie lassen sich Telefonservice, Lieferdienste, Kundenpannendienst, Formularwesen, Planung, Kundeninformation, Kundenpflege, Personalauslese, Mitarbeiter-Aus- und Weiterbildung, Mitarbeiterführung, Reklamationserledigung, Strategienverfolgung, Neukundengewinnung, Partnerschaft zu Lieferanten, Zusammenarbeit mit Konkurrenz, EDV-Einsatz, Werbung, Marktbearbeitung, Kundenrückgewinnung und Messeaktivitäten optimieren?
- Wie können wir weitere ökologische Fortschritte erzielen?
- Wie läßt sich unsere Zukunft noch besser absichern?
- Wie erweitern wir unsere Basis?
- Wie können wir näher an die Kundschaft herankommen?
- Was kann uns ein Kundenpool erbringen?
- Wie kann man noch mehr von den Wettbewerbern lernen?

Wie sieht denn – könnte man hier fragen – ein „Qualitätsunternehmen“ aus? Hier eine Idealvorstellung im Sinne von 24 Anforderungen eines Programms zur Optimierung der „Unternehmensqualität“ im Zusammenhang mit der Einführung eines Quality Management (Q.M.):

19.1.1 Checkliste Nr. 8: Programm zur Optimierung der Unternehmensqualität:

Wo lassen sich Kreativleistungen in den nachfolgenden Bereichen erbringen? (24 Punkte)

	Bemerkungen
1. **Entscheidungskonferenz der obersten Führungsgruppe** Dokumentationsmäßige Vorbereitung – Leitbilderarbeitung für Quality Management – Festlegung der Informationskampagne (Entwurf)	
2. **Arbeitskonferenz mit dem obersten Kader: Einführung eines Quality Managements** Diskussion des Vorschlages der Geschäftsleitung – Bereinigung des Leitbildes für Quality Management – Festlegung des Realisierungsprozesses – Programmausfertigung	
3. **Gründung der Projektgruppen für die Einführung des Quality Management in allen Abteilungsbereichen** Wahl des Quality Management Supervisors, je eines Projektgruppenleiters, eines Assistenten und der Projektgruppenmitglieder	
4. **Informationskampagne** Information aller Vorgesetzten und Mitarbeiter – Abgabe des Durchführungsprogramms – Beantwortung von Fragen – Diskussion von Verbesserungsanregungen – Programmbereinigung, falls nötig	
5. **Projektgruppensitzungen** Erarbeitung von Normen für qualitative Optimierung aller Leistungen – Festlegung des weiteren Arbeitsprogramms – Rapportierung an die Geschäftsleitung	
6. **Kooperationsgespräche zwischen Geschäftsleitung, Quality Management Supervisor und Projektgruppenleitern** Beurteilung der Startphase – Ergebnisrapportierung – Protokollierung – Diskussion der weiteren Aufgaben	

	Bemerkungen
7. **Bericht des Quality Management Supervisors an alle Mitarbeiter und Vorgesetzten** Erste Ergebnisse des Quality Managements – Ausblick auf die weitere Optimierungstätigkeit – Erfahrungsauswertung 8. **Fortsetzung des Quality Management-Prozesses** Quality Management ist über das ganze Unternehmen hinweg auf unbegrenzte Zeit fortzusetzen. 9. **Phasenorganisation** Jede einzelne Phase ist organisatorisch sorgfältig vorzubereiten. 10. **Engagement der Unternehmensleitung** Die Unternehmensleitung muß spürbar das Ganze begleiten und ihr Interesse an der Optimierungsarbeit klar zum Ausdruck bringen. 11. **Quality Management-Supervisor-Kompetenz** Der Supervisor muß für seine Funktion ausgebildet und ein fähiger Motivator und Koordinator sein. 12. **Laufendes Feedback** Ein positives Feedback soll alle laufend weitermotivieren. 13. **Richtiges Kostendenken** Auf kurzfristiges Kostendenken und Sofortgewinn-Streben ist zu verzichten, zugunsten eines längerfristigen Qualitätsdenkens. 14. **Qualitätsziel-Ansetzung** Die Qualitätsziele sind hoch genug anzusetzen, dürfen aber nie auf Kosten des Betriebsklimas oder der Führungsqualität erbracht werden. 15. **Verzicht auf unbezahlbare Qualität** Qualität darf nicht L'art pour l'art betrieben werden; der Qualitätsstandard muß stets der Nutzungsmöglichkeit entsprechen.	

	Bemerkungen
16. Anerkennung von Qualitätsleistungen Qualitätsleistungen besonderer Art sind demonstrativ zu honorieren, dürfen aber nie zu Lasen des Zusammenarbeitsklimas gehen. **17. Innovationskostenrechnung** Der Input ist am längerfristigen Output zu ermessen, im Interesse einer realistischen Erfolgsrechnung. **18. Motivierende Qualitätskontrolle** Qualitätskontrollen sind so vorzunehmen, daß sie als Erfolgsbeurteilung, nicht als Mißtrauensvotum gegenüber einzelnen verstanden werden. **19. Ertüchtigung der Mitarbeiter als Aufgabe besonderer Wichtigkeit** Die Einsatzbereitschaft von Vorgesetzten und Mitarbeitern stellt eine ganz wesentliche Aufgabe dar, weil nur dank ihrem unternehmerischen Denken und Handeln der Erfolg des Quality Managements optimal sein kann. **20. Ia-Personalauslese und Führungsqualität** Personalauslese und Führungsqualifikation sind so zu fördern, daß sie eine solide Grundlage für hohe Leistungsmotivation abgeben. **21. Vorschlagswesen/Zielvereinbarungsgepräche als Ergänzung des Quality Managements** Das Vorschlagswesen soll allen offenstehen; jeder Vorgesetzte und Mitarbeiter hat halbjährlich im Zielvereinbarungsgespräch neue Vorschläge zu erläutern. **22. Nachwuchsförderung, Lohn- und Beförderungssystem** Sie müssen Hand in Hand mit dem Quality Management einwirken. **23. Leitbild, Führungssystem und Beurteilungswesen** Im Zweckverband „Unternehmen“ sind Leitbild, Führungssystem und Qualifikationswesen aller Angehörigen zu integrieren, um den Regelkreisanforderungen zu entsprechen.	

	Bemerkungen
24. Kunde im Mittelpunkt Die Philosophie des Quality Managements hat im ganzen Unternehmen den Kunden mit seinen Bedürfnissen in den Mittelpunkt zu stellen, produkt- wie servicemäßig, denn die Zufriedenheit des Kunden ist oberstes Ziel der Unternehmensleistung.	

Schlüsselfunktionen für Mitarbeiter in Qualitätszirkeln sind wohl immer die gleichen, nämlich: Team- und Kooperationsfähigkeit, Lern-, Umstellungs-, Innovations-, Entscheidungs-, Konsens- und Konfliktlösungs-Fähigkeit, dazu noch Phantasie, Toleranz gegenüber Widersprüchlichkeiten und Durchstehvermögen.

Hier noch eine weitere Checkliste

19.1.2 Checkliste Nr. 9: Fragen zur Qualitätsprüfung vorgenommener Kreativhandlungen bzw. Innovationen (41 Punkte)

– Konnte das Ziel voll erreicht werden?	__________
– Konnte das Ziel zum Teil erreicht werden?	__________
– Was fehlt zur ganzen Zielerfüllung?	__________
– Ist genügend Sorgfalt auf die Erarbeitung von Lösungsvarianten verwendet worden?	__________
– Welche Nachteile hat die gefundene Lösung?	__________
– Welche wichtigen Vorteile hat sie?	__________
– Ist ein Maßnahmenplan für die Realisierung der Lösung ausgearbeitet?	__________
– Müssen noch wichtige Helfer zur Unterstützung unserer neuen Innovation gewonnen werden? wer?	__________
– Besteht schon ein Zeitprogramm für die Realisierung der neuen Lösung?	__________
– Wer ist bis wann noch zu informieren?	__________
– Hat man die zu erwartenden Widerstände und Schwierigkeiten schriftlich aufgelistet?	__________
– Wie lassen sie sich am besten mildern oder überwinden?	__________
– Wo muß noch speziell motiviert werden?	__________
– Wer erledigt dies wann?	__________
– Wer muß noch gezielt instruiert werden?	__________
– Wer erledigt dies?	__________
– Wer ist verantwortlich für Prüfung/Messung/Auswertung der Ergebnisse?	__________
– Bis wann?	__________
– Sind noch schriftliche Unterlagen auszufertigen? (Systembeschreibung/Betriebsvorschriften/Gebrauchsanweisungen/Manuals/Vorgehensempfehlungen/Statistiken/Kostenberechnungen/Bericht für Hauszeitschrift/Abhandlungen für Fachzeitschriften/Formulare)	__________

– Sind am Anfang Mitarbeitergespräche mit Handhabern oder Gespräche mit Kunden etc. zu führen?	______
– Entstehen interne Probleme aus der Neuerung?	______
– Entstehen externe Probleme aus der Neuerung?	______
– Ist Anerkennung für wertvollen Einsatz auszusprechen? wem gegenüber? wie?	______
– Ist eine Erfolgsprämie auszurichten? wem gegenüber?	______
– Welche Verbesserungsnotwendigkeiten ergeben sich daraus?	______
– Können andere Personen/Abteilungen/Filialbetriebe von der Neuerung profitieren?	______
– Welche?	______
– Läßt sich die Innovation werblich/verkäuferisch/organisatorisch/führungsmäßig auswerten?	______
– Lassen sich Teilbereiche der Neuerung noch optimieren? und welche?	______
– Sind neue Hilfsmittel/Werkzeuge zu schaffen?	______
– Ist Gerüchten vorzubeugen? wie?	______
– Sind Diskretionsverpflichtungen mit Rücksicht auf Konkurrenz oder anderes bei den Betreffenden klarzustellen?	______
– Sind ethische Verantwortungen gegenüber irgendwem wahrzunehmen? wem gegenüber?	______
– Sind für jeden Qualitätsfaktor Meßkriterien festgelegt und auch geprüft worden?	______
– Sind arbeitsklimatische Nachteile festgestellt worden?	______
– Wie sind sie zu beheben?	______
– Sind durch die Neuerung Verträge oder bestehende Absprachen tangiert?	______
– Wie stellen wir uns dazu?	______
– Ist aus der Neuerung ein besonderer Lernprofit für das Unternehmen angefallen? (Geschäftsleitung, Führungskräfte, Mitarbeiter)	______
– Können sich aus der Neuerung kreative Nebenziele ergeben, die diese noch wertvoller machen?	______
– Ist die Innovation publizistisch auszuwerten?	______

19.2 Qualitätsoptimierung im persönlichen Lebensbereich

Die zuletzt angeführte Checkliste befaßte sich mit dem **operationalen Kreativitätsbereich**. Da Sie als zielstrebiger Mensch sicher eine Art **„persönliches Erfolgsmarketing"** betreiben, stellen Sie sich nun bestimmt die Frage, ob nicht auch ein persönliches Quality Management denkbar ist? Ein solches läßt sich ohne weiteres betreiben. Da ist einmal die eigene ganzheitliche Lebensgestaltung, die Sie mit klaren Zielsetzungen eindecken und mit kreativen Anstrengungen der Persönlichkeitsentwicklung realisieren. Aber es gibt darüber hinaus ja noch die zweite Ebene der Lebensgestaltung, nämlich die Beziehungsebene Familie, Lebenspartner, Freunde, Bekannte, Berufskollegen, Militärdienstkameraden, Vereinskollegen usw. All diese Kontakte lassen sich mit Pflege menschlicher Beziehungen überschreiben, und **die Qualität, mit der wir im sozialen Bereich unsere Beziehungen aufbauen und weiterpflegen, entscheidet weitgehend darüber, ob wir uns in der sozialen Gemeinschaft wechselseitig zu bereichern vermögen und uns in unserer menschlichen Umgebung geborgen fühlen können**. (Siehe auch mein Buch „Erfolgreiche Lebensgestaltung – Persönlichkeitsentfaltung, positive Lebensführung und Harmonisierung mit der Umwelt", 5 Auflagen, vor einiger Zeit als „Buch des Jahres" ausgezeichnet.)

Die Fragen unser beiden letzten Checklisten lassen sich also ohne große Anstrengung auf den persönlichen Bereich kreativer Lebensgestaltung umdenken. In mehreren vorangegangenen Kapiteln über Bildungspflichten, Selbstprogrammierung, Lerntechniken, Gedächtnisarbeit usw. haben wir schon einiges darüber ausgesagt.

19.3. Ethische Grenzmarkierungen in der Kreativarbeit

Es gibt nichts auf der Welt, was nicht verkehrt gemacht oder mißbraucht werden kann. Genau so läßt sich natürlich auch das kreative Denken mißbrauchen. In der Technik sind unzählige Mißbräuche von Neuerungen vorgekommen, ganz besonders in der **Kriegstechnik** (Dum-Dum-Geschosse, Giftgas-Einsätze, Napalm-, und Atombomben, Delphin-Abrichtung auf Unterwassersprengungen, Entlaubungs-Chemikalien gegen Waldunterschlupf etc.). Aber auch in der **Kriminalität** gibt es Tausende von Raffinessen, hinter denen zwar kreatives konstruktives oder ideenmäßiges Denken steckt, womit aber Menschen um ihr Hab und Gut, ja sogar um ihr Leben gebracht werden, oder es wird mit verbotenen Tricks Geld verdient. Ob man durch geschickt getarnten Tunnelbau ans Geld von Banken gelangt, ob man Kleider imprägniert, um Drogen zu schmuggeln, ob man Fälschungen z.T. geradezu genial vornimmt, um Antiquität in allen möglichen Bereichen vorzutäuschen, oder ob Banknoten und Zertifikate etc. gefälscht werden, um großes Geld zu machen – **„innovatives Denken“** ist in Form betrügerischer Kreativität eine alltägliche Erscheinung. Es gibt kein Netz von Gesetzen, das so dicht wäre, daß kriminelle Handlungen oder unethische Forschungsarbeit verunmöglicht würden. Kreativität ist Kreativität, auch wenn sie Verbotenes, vielfach Unethisches oder Asoziales schafft. Überspitzt ließe sich fragen: woher hat der Schöpfer seine Idee genommen, den Menschen mit so vielen negativen Seiten zu schaffen, daß dieser einen Hang zeigt, seine menschliche Kreativität zu mißbrauchen, wo es nur möglich ist? **Angesichts der entfesselten Technik in allen Bereichen mit ihren gewaltigen Forschungsbudgets hat Kreativität besonders in der Wissenschaft einen etwas unheimlichen Beiklang gefunden. Am Ausgangspunkt der Forschungsprojekte kontrolliert niemand offiziell deren Wert bzw. deren mögliche spätere Gefährlichkeit für die Welt.** Dazu wäre auch niemand kompetent genug, denn wer vermöchte schon langfristige Entwicklungen mit heute oder übermorgen eintretenden Neuerungen so zu vergleichen, daß gültige Schlüsse daraus gezogen werden könnten?

> **Es ist daher nicht überraschend, daß die Freiheit der Wissenschaft – vor allem als Folge eines emotionalen Sozialdenkens vieler – in Frage gestellt wird, und zwar hauptsächlich wegen ihrer unkontrollierbar erscheinenden Forschungsarbeit. Ob diese nun mit Eingriffen in die Klimadynamik unseres Globus oder mit dem Innersten von Mensch, Tier und Pflanzen (Gentechnologie) zu tun hat, ist weniger wichtig – es geht vor allem um die Verantwortung der menschlichen Spezies gegenüber, die liberalaufklärerisch auf ihr Recht zur Mitbestimmung in so grundlegend wichtigen Fragen pocht.**

Aber auf eine kritische Wachsamkeit der Öffentlichkeit auf gefährliche Entwicklungen können wir uns wohl verlassen; sie hat sich gerade in letzter Zeit oft Gehör verschafft, wenn Eingriffe in die Erbmasse unserer Spezies oder andere langfristig problematisch erscheinende Entwicklungen zur Diskussion standen. Leider polarisieren sich dabei die Meinungen oft so stark, daß weder unter den Wissenschaftlern selbst noch bei uns Normalbürgern eine einigermaßen sichere Beurteilung der Sachlage möglich ist. So weiß man in einer solch leidenschaftlich diskutierten Zukunftsangelegenheit nie, **ob man tatsächlich in eine konkrete Gefahr erster Ordnung hineinläuft, oder ob wegen zu großer Ängstlichkeit des Menschen in betreffender Sache segensreiche Entwicklungen verschlafen werden**. Im Zusammenhang mit vernetztem Denken zur Absicherung kreativer Prozesse werden wir uns noch etwas näher im späteren Kapitel 23 mit diesen besonderen Aspekten zu befassen haben.

Ganz generell läßt sich nur sagen, daß **jegliche zu starke Einschränkung wissenschaftlich-kreativer Tätigkeit die geistigen Freiräume so sehr zumauern würden**, daß auch die Verpflichtung, sich mit allem Nützlichen zu beschäftigen, was der Menschheit nutzen kann, a priori in Frage gestellt würde. Andererseits wird in unseren Tagen an technischen Hochschulen die **ethische Verantwortung**, die weitreichenden Neuerungen verbunden ist, **zuwenig untersucht** und daher auch **zuwenig in die Lehrplänen integriert**. Und wenn wir die monströsen ökologischen Vernachlässigungen von uns Heutigen und Gestrigen in ihrer gefährlichen Auswirkung für die Nachwelt bedenken, so kann es nur eine Schlußfolgerung geben:

> Der Mensch hat unverantwortlich die Stimme seines Gewissens unterdrückt, sich nicht ausreichend nach vorn orientiert und ganz einfach auf spätere Lösungen spekuliert, die aber nie von selbst eintreffen. Er hat seine Freiheit der Masse überantwortet – aber die Masse ist bequem, unschöpferisch und verantwortungslos!

Das Wohl der Menschheit lag immer in der Hand einer schmalen, aber schöpferischen Elite. Das wird sich erst ändern, wenn die **Informationsgesellschaft von heute** einmal der **Kreativgesellschaft von morgen Platz gemacht hat**, sofern es sie je geben wird.

20. Systematische Erfahrungsnutzung in der Kreativarbeit

„Erfahrungen sind die besten Schutzimpfungen gegen Vorurteile."

Heinz Hilpert

Jeder ist davon überzeugt, daß die Erfahrung ein gewichtiger Faktor im Menschenleben sei. Trotzdem: viele realisieren sie kaum in der Alltagshektik; andere nehmen gemachte Erfahrung zwar wahr, nutzen sie aber nicht; wieder andere schwören ausschließlich auf die eigene Erfahrung; eine vierte Gruppe behauptet zynisch, die eigene Erfahrung sei das, was man seit Jahren falsch mache; eine fünfte hält dafür, wichtiger sei die Fremderfahrung, da diese eine Sammelerfahrung vieler sei, im Gegensatz zur Einzelerfahrung von einem selbst; dann gibt es Leute, die die **Eigen- und Fremderfahrung systematisch vergleichen und eine fruchtbare Synthese daraus machen**. Das sind sicher die klügsten.

20.1 Menschheitsgeschichte – Bergwerk der Erfahrungen

Wenn wir die theoretische und praktische Erfahrung all unserer Vorfahren, die unserer Zeitgenossen und auch die von uns selbst nützen würden bzw. könnten, so ließe sich unser Leben geradezu perfekt gestalten. Ja, wenn – laut E.W. Eschmann – die Geschichte nicht bloß ein Versteckspiel unbelehrter Kinder zwischen Gräbern wäre! Sie könnte unser bester Lehrmeister sein, aber wir lassen sie uns als spannende Unterhaltung vorsetzen, statt sie als Bergwerk kostbarer Erfahrungen zu nützen. Die Historiker gestalten ihren Stoff so erregend und überzeugend, daß wir eigentlich nur feststellen: **in der Summe bleibt sich das Elend über alle Zeiten konstant.** Ob es die laufende Beschäftigung mit ihm ist, die uns daran hindert, aus früher verschuldetem Ungemach klüger zu werden? Die immanenteste Kraft, die seit Jahrtausenden in der Spezies Mensch wirkt, ist scheinbar sein fatales Talent, gemachte Fehler mit schöner Regelmäßigkeit erneut zu begehen.

Die Tierpsychologie demonstriert uns oft, wie Affen aus begangenen Fehlern sofort lernen. Wo stimmt in unserem sagenhaften Gehirncomputer etwas nicht, daß wir die Affen in diesem Punkt nicht „nachäffen" können?

Voltaire hat der Geschichte einmal vorgeworfen, sie sei ein einzig Gemälde von Verbrechen und Drangsalen. Die Menge unschuldiger und friedlicher Menschen trete auf dem historischen Schauplatz fast immer in den Hintergrund. Und lassen Sie mich beifügen: auch die wenigen Helden profilieren sich nur dank ihrer verbrecherischen Antipoden – bevor ihnen von diesen der Kopf abgeschlagen wird…

20.2 Kleine Typologie der Erfahrungen

Im Prinzip ist zu unterscheiden zwischen

- theoretischer Erfahrung
- praktischer Erfahrung
- Eigenerfahrung
- Fremderfahrung
- Allgemeinerfahrung
- Sondererfahrung

20.2.1 Theoretische Erfahrung

In Testen/Versuchsreihen/Probeanwendungen läßt sich die Erfahrung mit Produkten/Systemen/neuen Annahmen/neuen Einstellungen usw. erproben, unter Vorbehalt möglicher Änderungen der Erfahrungswerte im späteren Praxiseinsatz des Erprobten.

Je genauer natürlich die theoretischen Versuche angelegt sind, desto verläßlicher wird das Resultat in der Regel ausfallen. Da die Praxis aber viele spektakuläre Fälle kennt, wo trotz vorheriger labormäßig umfassender Testung sich in der anschließenden Realerprobung ganz anderes als wesentlich erzeigte, kann für innovative Entwicklungen eigentlich nur der sichere Rat gelten: Ein neues Produkt ist nach theoretischer Testung immer auch gründlich in einer praktischen Probephase zu prüfen, bevor es endgültig im Markt lanciert wird. Auch Systeme lassen sich nur durch praktische Erprobung verifizieren.

In der Theorie sieht vieles einfacher aus, als es in der Praxis ist. Darum arbeiten ja auch viele Hersteller mit einem Kundenpool zusammen, um mit diesem gemeinsam die Eignung von Neuem nach wirklich allen Seiten hin zu erproben, vor allem eben unter praktischen Bedingungen. Milliardenbeträge hätten in der Wirtschaft bisher erspart werden können, wären die bekannten Pleiten aufgrund unzureichender Erfahrung unterblieben.

20.2.2 Praktische Erfahrung

Der Wert einer solchen ist durch das Vorangegangene schon deutlich genug unterstrichen worden. Im voraus ausgearbeitete gründliche **Checklisten** können ein großer Helfer in der Erprobung von Neuem sein. **Am besten ist dabei, wenn sich die Theoretiker immer mit den Praktikern zusammentun.** Ein Beispiel zur Illustrierung: die Werbefachleute in einer Firma erarbeiteten die Konzeption für ein Werbeinserat, das nachher bei der Kundschaft einen großen Wirbel hervorrief und scharf beanstandet wurde, sogar von der Konkurrenz, die wegen des Textes auf unlauteren Wettbewerb klagte. Hätte man von Anfang an die erfahrenen Verkäufer bei der Konzipierung der Werbekampagne beratend und begutachtend einbezogen, so wäre der Firma viel Peinliches und dazu unnütze Kosten und Ausbügelungsarbeit erspart geblieben. Solche und ähnliche Fälle sind fast an der Tagesordnung. Grund genug, Erfahrungsmaßstäbe beizeiten ernst zu nehmen.

20.2.3 Eigenerfahrung

Sich n u r auf Fremderfahrung zu verlassen, ist nicht ungefährlich, da in der eigenen Praxis nicht selten Besonderheiten Rechnung zu tragen ist. Es empfiehlt sich dagegen praktisch ohne Ausnahme, **eigene Erfahrung zu erarbeiten, wenn es um die Verwendung neuer Produkte oder um den Einsatz neu konzipierter Systeme geht**. Das Nötige ist eigentlich in den vorgängigen Abschnitten schon gesagt worden.

20.2.4 Fremderfahrung

Irgendwo habe ich die Erkenntnis eingeflochten, daß die Erfahrung vieler, als Fremderfahrung zusammengefaßt, im Durchschnitt der eigenen Erfahrung zwangsweise überlegen sein muß. Das ist vielleicht insofern nur relativ gültig, als es vereinzelt immer gewaltig überlegene Geister gegeben hat, die ihre eigenen Erfahrungsmaßstäbe duchgesetzt haben. Große Erfinder gehören dazu. Sie haben die Erfahrung anderer, die nur vermeintlich richtig waren, in den Wind geschlagen und allen pessimistischen Einflüsterungen widerstanden, zum Nutzen der Allgemeinheit, die von ihrer Neuerung profitieren durfte! Dennoch: Die Erfahrungen anderer können ungeheuer wertvoll sein – vor allem vermögen sie die eigenen vorteilhaft zu ergänzen. Im Zusammenhang mit Patentauswertung, insbesondere Patentweiterentwicklung, erwähnten wir in einem früheren Kapitel dieses Buches, wie systematisch die Japaner alle eingetragenen Patente prüfen und mit deren Perfektionierung viele weltweite Markterfolge heimtragen. Nutzen von Fremderfahrung, zum Vorteil von sich u n d anderen!

Warum unterbleibt eigentlich die Prüfung von Fremderfahrungen oft? Wahrscheinlich weil es in vielen Fällen mühsam ist, sie zu beschaffen. Es ist aber gerade in der Sparte innovativen Bemühens besonders wichtig, **eigene Erfahrungen mit Fremderfahrungen zu kombinieren**. Man erweitert sich so die Arbeitsbasis, empfängt vielleicht äußerst nützliche weitere Anregung und verschafft sich auch mehr Sicherheit im Treffen von Entscheidungen.

> **Es ist ein Zeichen der Selbstüberschätzung, sich einseitig auf die Eigenerfahrung zu verlassen. Die ganze Entwicklung unserer neuerungsorientierten Zeit läuft darauf hinaus, daß man rechtzeitig und möglichst umfassend Fremderfahrung einzubeziehen hat, um bei innovativen Vorhaben unnötige Zeitverluste, Umwege und Kosten zu vermeiden. Daß die eigene Erfahrung dabei ein zusätzlicher wertvoller Vergleichsmaßstab darstellt, ist ja unbestritten.**

20.2.5 Allgemeinerfahrung

Auf eine vorhandene Allgemeinerfahrung zu greifen kann für jedes neue Vorhaben immer nur von Vorteil sein, aber man darf sie nicht zu absolut als allgemeingültig werten. Je mehr sich die Verhältnisse in unserer stürmisch vorwärtsdrängenden Welt differenzieren und komplizieren, desto schneller können Allgemeinerfahrungen obsolet werden. ENTWICKELN meint heute immer mehr, **bisherige Erfahrungen weiterentwickeln**. Daher ist ja auch das ganzheitliche Denken so wichtig geworden.

Dennoch gilt vor allem für den Anfang eines Vorhabens innovativer Art, daß man verpflichtet ist, erst die greifbare Allgemeinerfahrung zu analysieren und gründlich zu überdenken, da sie doch eine gute Basis für die kreative Weiterbemühung abgibt. Wo eine ausreichende theoretische und praktische Allgemeinerfahrung nicht schon im eigenen Bereich vorhanden ist, da wird man sich mit Vorteil umfassend aller Fachliteratur vornehmen, um den allgemeinen Erfahrungsstand kennenzulernen. Fachzeitschriften, Fachbücher, Lexika und Fachlexika, Symposien und eventuell Seminarbesuche in einschlägiger Thematik vermögen einem den nötigen Überblick zu verschaffen. Auch die Befragung besonders gut Informierter kann ein rationeller Weg für eine verläßliche Ausgestaltung unserer Wissensbasis sein.

20.2.6 Sondererfahrung

Sie gibt es praktisch in allen anspruchsvollen Bereichen. Näheres darüber auszusagen wird an dieser Stelle kaum möglich sein. **Spezielles ist immer speziell – und wenn es nur die Tatsache ist, daß einzelne Zielgruppen, die man mit einer Neuerung ansprechen will, ganz andere Ansprüche hegen als die üblichen Adressaten.** Es sind aber genau solche Besonderheiten, über welche man gerne stolpert. Daher ist es wichtig, immer auch spezielle Verhältnisse und eben Sondererfahrungen in die Kreativplanung einzubeziehen. Gelegentlich braucht es nur geringfügige Retuschen, und ein Anstoßen bei irgend jemandem kann vermieden werden.

Sollten Sie, was die Phänomenologie der „Erfahrungswissenschaft" angeht, noch einige Denkanreize mehr gebrauchen können, so kann ich Ihnen mit folgenden Reflexionen dienen:

„Den Lebenskünstler erkennt man daran, daß er seine schlechten Erfahrungen von anderen machen läßt." *(H.J. Clarin)*

„Die Erfahrung lehrt uns, daß der Mensch aus Erfahrungen nichts lernt." *(G.B. Shaw)*

„Erfahrung ist die Summe der Dummheiten, die man machen durfte, ohne sich den Hals zu brechen." *(Paul Wegener)*

„Es ist nicht genug, die Erfahrungen zu zählen: man muß sie auch wägen und ordnen. Man muß sie verdauen und erwägen, damit man aus ihnen die Gründe und Schlüsse ziehen kann, die aus ihnen zu ziehen sind." *(Montaigne)*

Nicht die Fehlerhaften sind die Versager, sondern die Uneinsichtigen, die es verpassen, ihre schlechten Erfahrungen in gute zu verwandeln.

Lebenstüchtigkeit ist die Fähigkeit, vorwiegend gute Erfahrungen zu machen.

Erfahrung ist luzide Einsicht, durch die Brille der Seele gewonnen, und daher ein schöpferischer Akt.

Ob einer unter Erfahrungen nur schlechte oder hauptsächlich gute versteht, charakterisiert seinen Charakter.

21. Das soziale Umfeld als Inspirationsfaktor

Die Umgebung prägt uns stärker als erworbenes Wissen.

In der kreativen Arbeit gibt es Stimmungskiller und Stimmungsanimatoren. Normalerweise sieht man im Geist **den Schöpferischen als verlassenes Geschöpf, in seinen vier Wänden isoliert vor sich hinstierend, grübelnd und dabei eine Illumination erflehend**. Es gibt sie zwar immer noch, die einsamen potenten Denker. Die Wandlung der heutigen Gesellschaft und mit ihr die Akzentuierung der Teamarbeit verschiebt jedoch das alte Vorstellungsbild etwas.

> **Der Inspiration durch das soziale Umfeld kommt heute große Bedeutung zu. Arbeitsgruppe, Gedankenaustausch, Diskussion, interdisziplinäre Teambefruchtung in gemischten Gremien, Anhören von Expertenmeinungen, Debatten am Fernsehen, Symposien, Seminare, Workshops sind die beruflichen Stimulationsbühnen, wo sich der Ideenaustausch – von uns zu den anderen und umgekehrt – nützen läßt.**

Die Stimmung muß dabei stimmen, das heißt man muß sich in solchen Kollektiven wohl fühlen. Aber der freie Meinungsaustausch war ja immer ein großer Anreger, weitet den Blick, fördert die Vielseitigkeit und mindert die Starrköpfigkeit, die nicht selten mit dem Überzeugungswillen verschwistert ist, wenigstens in bestimmten Augenblicken. **Anregung** durch andere ist also ein bewährtes **starkes Elixier für den Kreativen**.

Aber auch das **Umfeld zu Hause** ist für ihn von großer Bedeutung. Die starke Beschäftigung mit kreativen Vorhaben isoliert uns im Kreise der Familie in dem Sinne, als man am Gespräch oft nicht partipizieren kann, weil einfach die hektisch durch den Kopf gehenden Gedanken dominant sind. Man hört dann nicht, was die anderen sagen, vernimmt oft die an einen gerichteten Fragen nicht oder überhört Bitten oder Aufträge der Familienangehörigen. **Der Kreative braucht zu Hause viel Verständnis seitens seiner Sozialpartner.** Es ist nicht so, daß man problemlos abschalten kann, wenn man in einem wichtigen schöpferischen Prozeß voll engagiert ist. Die ganze Persönlichkeit – Geist und Seele – ist ja zentriert auf das betreffende Problem, und alle Fasern sind auf den Lösungsvorgang ausgerichtet. **Es geht um einen geistigen Geburtsvorgang, der uns in der Umwelt aus-**

sortiert und ungewollt isoliert. Jedem geht es dabei gleich: ist eben ein brauchbarer Gedanken oder ein Lösungsansatz aufgetaucht, so will er weiterverfolgt werden, und ein Gedanke zieht dann den anderen automatisch an. Die vielen Bücher und andere Kreativaufgaben – wie Vorbereitung neuer Kurse oder die Gestaltung einer neuen Tonbildschau, einer neuen Tonkassette etc. – haben mich diese Problemsituation tausendmal erleben lassen. Für den Kreativen ist die konzentrative Anstrengung **höchst positive geistige Leistung**; die anwesenden anderen dagegen werten unsere scheinbare geistige Absenz als **negativ und zerstörerisch für den familiären Kontakt**. Diese Reaktion ist verständlich. Eine perfekte Lösung für diese soziale Notstandssituation vermag niemand anzubieten. Mit der Zeit kann man höchstens lernen, den Anwesenden mit halbem Ohr zuzuhören. Aber dann fokussiert sich die Aufmerksamkeit des Nachdenkenden plötzlich zwangsläufig auf etwas Besonderes, und schon ist es mit hälftig erbrachter gesellschaftlicher Anteilnahme vorbei, und man hat wieder ausgeschert.

Auch gewöhnliche Berufsleute haben dieses Problem: wo immer sie zu Hause von geschäftlichen bzw. beruflichen Problemsituationen „geistig heimgesucht" werden, da entsteht derselbe Isolationseffekt – als tadelnswerte Zerstreutheit von den Familienangehörigen empfunden. Und wenn die Familie nur aus der Freundin oder dem Freund besteht, so ist das nicht weniger schlimm, im Gegenteil, man hat als leidender Teil dann überhaupt niemanden mehr, mit dem man kommunizieren kann…

Daher meinte ich, es brauche viel partnerschaftliches Verständnis für die momentane oder gar öftere gedankliche Abwesenheit des Lebens- oder Familienpartners. Schön, wenn der „Sünder" nach Lösen seiner „Knoten" dann wieder ganz da ist für seine Angehörigen.

Wir haben am Anfang unseres Kapitels das **Kollektiv als kreativ befruchtendes Umfeld** erwähnt. Nun ist es natürlich nicht so, daß in Gruppen oder irgendwelchen beruflichen Gremien die Kommunikation immer problemlos ist. Gemäß der noch nicht allzu alten **Gruppendynamik** (Lehre vom Verhalten einzelner in der Gruppe und ihrer wechselseitigen Beeinflussung) können sich in Gruppen, die unglücklich zusammengesetzt und/oder geleitet sind, **gefährliche Kräfte** entwickeln. **Das ist auch in Kreativgruppen möglich, wo in einem solchen Fall das Kreative rasch vom negativen gruppendynamischen Prozeß ad absurdum geführt werden kann.** Bekanntlich verhält sich der Mensch in der Gruppe in sehr unterschiedlicher Art, je nach vorhandenen Stärken und Schwächen.

Als negative gruppendynamische Kräfte in einem Kollektiv sind denkbar:

- Dominanzstreben einzelner
- Antipathien zwischen einzelnen
- Antipathien der Führung gegenüber
- Forciertes Prestigebedürfnis einzelner, vielleicht in Kompensation von Schwächen, die sie aufweisen
- Isolationsempfinden (fehlender Anschluß einzelner, sie fühlen sich von den anderen dominiert, haben Angst vor Blamage)
- Hemmungen beim Sprechen im Kollektiv, Hemmungen den Stärkern gegenüber
- Angst vor Überforderung angesichts besonders fähiger anderer Mitglieder der Gruppe
- Abstoßung einzelner, die von anderen als „Fremdkörper" empfunden werden
- Rivalitäten zwischen Gruppenmitgliedern
- Mißgunst gegenüber Beliebten oder besonders Fähigen
- Cliquen-Bildung einzelner
- Schikanieren eines Neuen in der Gruppe
- Provokationen aus Rachsucht oder Faulenzern gegenüber
- Egoistisches Verhalten einzelner
- Distanzierung einzelner aus Überheblichkeit
- Abteilungsegoismus, wenn Gruppen aus Mitgliedern verschiedener Abteilungen zusammengesetzt sind, oder wenn sonst der Wettbewerb mit anderen ungesund forciert wird
- Differenzen zwischen einzelnen, die sich nicht vertragen
- Kompetenzanmaßungen, die andere vor den Kopf stoßen
- Eigenbrötelei statt kameradschaftlichem Zusammenwirken
- Zuträgerei/Schlechtmachen von Kollegen hintenherum

Die Dynamik einer Gruppe kann aber auch positiv orientiert sein, wenn das Kollektiv gut zusammengesetzt und geleitet ist. Dann sieht das Gruppenstimmungsbild wie folgt aus:

- Gruppen können einzelne mitreißen, sie begeistern, solidarisieren und motivieren.
- Der Erfahrungs- und Gedankenaustausch wird von allen Seiten her begünstigt und fördert das Niveau aller.
- Ein hoher Gruppenleistungsstandard fordert neue Mitglieder entsprechend und beschleunigt ihre Entwicklung.
- In einer guten Gruppe fühlt sich jeder geborgen und getragen.

- Die Fluktuationsrate fällt als Konsequenz davon gering aus, was sich auch positiv auf die Personalkosten auswirkt.
- Durch den guten Gemeinschaftsgeist werden wichtige soziale Strebungen und Verhaltensnormen geprägt.
- Die Zusammenarbeit wird schöpferischer.
- Jeder profitiert von den Stärken der anderen, setzt sich von selbst höhere Maßstäbe, wird selbständiger.
- Die Gruppe erfährt große Befriedigung, wird stolz auf sich und entwickelt einen Abwehrmechanismus gegen Störungen und Störenfriede.
- Sie entwickelt „Zugpferde", die die formale Führung erleichtern und noch wirkungsvoller gestalten*.

In Kreativgruppen spielen sich die gleichen interaktiven Prozesse ab wie in gewöhnlichen Arbeitsgruppen. Eigentlich vollziehen sie sich auf vier verschiedenen Ebenen, die wir hier auseinanderhalten wollen:

1) Auf der **Verhaltensebene** (durch Denken, Sprechen und Handeln – die an Zielen und an den anderen Gruppenmitgliedern orientiert sind)
2) Auf der **Gefühlsebene** (gegenüber a) der Gruppe als sozialem System, b) gegenüber den einzelnen Mitgliedern als unverwechselbaren Individuen, und c) gegenüber sich selbst. Dies vor allem als Folge emotionaler Antriebe und Reaktionen, wie Sympathie und Antipathie, Projektion, Integration, Rivalität, Aggressivität, Geltungsbedürfnis, Mißgunst, Ehrgeiz, Angst, Dominationsstreben, Egoismus, Verdrängung, Kompensation, aber auch Opfer- und Hilfsbereitschaft etc.)
3) Auf der **Normebene** (aufgrund der Schaffung gruppenkonformer Ansichten, Haltungen, Leitbilder, Wertmaßstäbe punkto Leistungsqualität, aber auch ethischem Verhalten wie Aufrichtigkeit, Hilfsbereitschaft, Teamwork, Kollegialität und Solidarität)
4) Auf der **geistigen Ebene** (durch gegenseitige Anregung und Ausbau von Kenntnissen, wechselseitiges Einbringen von Fähigkeiten, Allgemeinbildung und Fachkönnen, aber auch individuelle Verbesserung der Beweglichkeit und Anpassungsfähigkeit an Umstände, Situationen und die jeweiligen Partnertypen)

*Im Gegensatz zum formellen Führer der Gruppe ist der informelle Führer der hintergründig eigentlich führende Mann, vermöge seiner Autorität gegenüber den anderen. Eine informelle Gruppe wiederum ist eine spontan entstandene, nicht organisierte Untergruppe, mit einheitlichem Ziel oder Interesse.

Gruppendynamisch betrachtet sind noch die Integrationsphasen interessant, die sich vor allem in neuen Kreativgruppen abspielen:

1) **Orientierungsphase** (man ist noch etwas unsicher, wartet ab, wie sich alles entwickelt; in einer Mischung von Spannung, Mißtrauen und Erwartung nimmt man erste Eindrücke auf, erarbeitet man sukzessive das nötige Grundwissen)
2) **Macht- und Auseinandersetzungs-Phase** (gestiegenes Selbstvertrauen weckt eigenen Durchsetzungswillen; man setzt sich kritisch mit Zuständen auseinander, die man für verbesserungswürdig hält; man prüft den Machtanspruch der anderen und sondiert eigene Verwirklichungsansprüche; vielleicht versucht man, die eigenen Kompetenzen zu erweitern und die Selbständigkeit zu erhöhen – Einfluß auf Kollegen zu nehmen und mehr Status zu erhalten)
3) **Vertrautheits- und Harmonisierungsphase** (man erkennt die eigenen Grenzen, die Tauglichkeit der Organisation, in die man hineingewachsen ist, die Notwendigkeit eigener Weiterbildungsanstrengungen, die Nützlichkeit guten Auskommens mit der Gruppenleitung und den Kollegen; man realisiert den steigenden Erfolg dank gebotener Anstrengung und erhaltener Unterstützung, empfindet Dankbarkeit für letztere)
4) **Produktivitäts-Phase** (dank größerer Selbstsicherheit und gestiegener Routine schafft man leichter produktive Resultate, versucht man schöpferischer zu gestalten, das Verhältnis zwischen Aufwand und Ertrag noch vorteilhafter zu beeinflussen, Mittel und Methoden noch gezielter und wirksamer einzusetzen und bucht so laufend größere Erfolge)

Auch unter Kreativen werden in der gruppendynamischen Entfaltung Spannungen nicht zu vermeiden sein. Wo aber aus der richtigen Grundeinstellung heraus zielbewußt zusammengewirkt wird, da kann es bei geeigneter Moderation des Ganzen zu Resultaten kommen, auf welche alle nur stolz sein können. Dann ist eine öfter zusammenarbeitende Gruppe auch bald soweit, daß sie ihre eigenen Normen für ein kreatives Teamwork prägt, und Besseres kann ihr kaum passieren.

22. Zeitmanagement und Kreativarbeit

Das Jahr hat 8760 Stunden oder 525 600 Minuten oder 31 536 000 Sekunden. Wie viele davon verbleiben unnütz – sind nur physisches Altern?

Mit Ökonomisierung bezeichnet man jenen Prozeß, der in Denken und Handeln eine Verbesserung des Verhältnisses zwischen Aufwand und Ergebnis zum Ziel hat. **Ist denn auch Kreativität auf den ökonomischen Einsatz aller Kräfte angewiesen? Man könnte sich ja fragen: Spielt Zeit und aufgewendete Mühe denn überhaupt noch eine Rolle, wenn es um schöpferische Leistungen geht, die vielleicht jahrzehnte- oder gar jahrhundertelang vom Menschen genützt werden können?** Unsere Antwort: Erstens geht es bei uns gewöhnlich Sterblichen in der Regel nicht um epochale Kreativleistungen, und zweitens sind auch die schöpferischen Normalleistungen in der großen Mehrzahl der Fälle auf Fleiß und geistiges Abmühen angewiesen, somit auch auf gute Zeiteinteilung und rationelle Arbeitstechnik. Wer zu den Kreativen gehört, der kann uns bestätigen: **in der schöpferischen Arbeit rennt die Zeit davon;** man hat immer zuwenig Zeit, da sich das Meiste als komplizierter erweist, als man vorher angenommen hat; ständig ergeben sich Momente, wo man noch tiefer zu graben hat, neue Alternativen und Lösungsvarianten auftauchen oder sich weitere prüfenswerte Hypothesen anbieten. Das alles läßt vielleicht gar folgern: **für die kreative Arbeit ist ein gutes Zeitmanagement besonders gefragt.** Die Phantasie ist als solche unüberblickbar. Sie begeht tausend Wege, auf die ein Phantasiearmer nie den Fuß setzen würde. Die Assoziationsvielfalt braucht es zum schöpferischen Handwerk. Man kann ihr nicht mit Reduktionstechnik (Kap. 14.21) beikommen. Die Einengung der Phantasie liefe automatisch auf einen schöpferischen Substanzverlust hinaus, würde die Erfolgschancen schmälern. Kreativität ist also eine (fast immer) zeitintensive Tätigkeit.

Über **Arbeitstechnik**, die ein Bestandteil des Zeitmanagements ist, haben wir uns schon näher geäußert. Was aber haben wir uns unter **Zeitmanagement** konkret vorzustellen? Zuerst: **was ist Zeit?**

> Zeit ist die Dauer zwischen zwei Bezugspunkten. Zeit stellt im Alltagsleben wie auch in der Wissenschaft eine objektive Orientierungsmöglichkeit über die Dauer von Abläufen oder den Moment des Erscheinens von Menschen und Dingen wie auch Ideen oder Irrealem dar. Geschaffene Maßeinheiten wie z.B. Sekunden, Minuten, Stunden, Wochen, Monate, Jahre und Lichtjahre erlauben die

quantitative Bestimmung der Zeit im objektiven Bereich. Freilich sind Zeitpunkte in der Extremperspektive der Vergangenheit und Ewigkeit nicht mehr fixierbar, weil sich der Mensch unter der Entstehung und Auflösung des Universums nichts Konkretes mehr vorstellen kann. Im subjektiven Bereich des menschlichen Empfindens ist nur eine relative Zeitbestimmung denkbar, weil der Zeitsinn, das Zeitgefühl und das Zeitbewußtsein des Menschen keine präzise Zeitschätzung zu gewährleisten vermögen. So erscheint im Rückblick z.B. erfüllte Zeit als „kurzweilig“, wogegen „leere“ Zeit als „langweilig“ bzw. „langandauernd“ empfunden wird.

Somit:
„Wer vor seiner Zukunft steht wie vor einem Spieltisch und auf den blinden Zufall harrt, der ist ein Tor.“ *(Kotzebue)*
denn:
„Den versäumten Augenblick bringt kein Wunsch zurück.“ *(Sprichwort)*
„Die Menschen, die gerne etwas von heute auf morgen verschieben, sind dieselben, die es bereits von gestern auf heute verschoben haben.“ *(Peter Ustinov)*
„Unaufhaltsam enteilet die Zeit, sie sucht das Beständige.“ *(J. W. Goethe)*
„Zeit gewonnen, viel gewonnen – Zeit verloren, viel verloren.“ *(Sprichwort)*

Wer Kreativität umfaßend versteht, nämlich als geistige Daseinsform, für den gilt der Imperativ: zeitbewußter leben! Und das bedeutet für ihn:

1) **aus seiner Vergangenheit mehr lernen als andere**, um die Gegenwart besser auszuschöpfen und die Zukunft sicherer vorzubereiten.
2) **die Gegenwart bewußter leben**, d.h. ihre Chancen noch entschlossener beim Schopf zu packen; Erreichtes im Sinne einer schöpferischen Pause aber ebenso bewußt zu genießen (sich durch Selbstbelohnung motivieren).
3) **In allem Wichtigen zukunftsbezogen überlegen und handeln**, da das Morgen dem Jetzt den Stab schon in fliegender Ablösung aus der Hand reißt.
4) **seine Zeitbewältigung auf das menschliche Umfeld abstimmen**, denn wer in seiner Berufs- und Lebensgestaltung ausschließlich auf sich selbst zentriert ist, degeneriert zum egoistischen Monomanen. Je größer die Forderungen der Zeit, desto mehr sind die Menschen auf ihresgleichen angewiesen.

Lassen Sie uns im Folgenden noch eine Checkliste über Zeitmanagement anführen.

22.1 Checkliste Nr. 10: Anforderungen für ein gutes Zeitmanagement (29 Fragen zur Selbstprüfung)

- Mache ich mir immer wieder bewußt, wie sehr meine Kreativität von gutem Zeitmanagement profitiert? ❑
- Habe ich mich schon in gutem Zeitmanagement geschult? (Buch „Mehr Zeit für das Wesentliche" v. Prof. Dr. Lothar Seiwerth, auch sein Videolehrgang gleichen Titels oder Besuch eines guten Kurses für Zeitmanagement) ❑
- Überlegen Sie grundsätzlich vor jeder Arbeit, wie sie zeitlich am vorteilhaftesten zu bewältigen ist und welche Maßnahmen, Hilfsmittel oder Techniken Zeiteinsparungen möglich machen? ❑
- Ist für mich Ordnung lebensbestimmend, weil sie Aufwand reduziert, Suchzeiten mindert und überhaupt zeitökonomisch ist? ❑
- Prüfen Sie hin und wieder Ihre Tagesabläufe auf zeitlich sinnvolle Gestaltung, um aus begangenen Fehlern zu lernen? Planen Sie den Tagesablauf verläßlich? ❑
- Leisten Sie sich den Aufwand guter Vorbereitung bei wichtigen Arbeitsprozessen, um nachher entscheidend davon zu profitieren? ❑
- Beachten Sie Prioritäten und Wichtigkeiten wie auch das Prinzip überlegter Reihenfolge, um zeitökonomisch über die Runden zu kommen? ❑
- Haben Sie die Kraft, unpassende Ablenkungen oder vermeidbare Störungen durch andere auszuschalten? ❑
- Tun Sie es konsequent? ❑
- Ist Ihnen bewußt genug, daß in der Kommunikation mit anderen, auch im Telefonverkehr, durch Straffung bzw. Konzentration aufs Wesentliche viel Zeit gewonnen werden kann? ❑
- Notieren Sie alles später zu Erledigende sofort und verläßlich? ❑
- Nützen Sie Organisationshilfsmittel ausreichend? ❑
- Delegieren Sie genügend? ❑
- Erziehen Sie Ihre Mitarbeiter zu weitgehender Selbständigkeit, um den Kontrollaufwand zu reduzieren und nicht zu häufig Rückfragen beantworten zu müssen? ❑
- Beachten Sie das Prinzip der kürzesten Wege, um nicht unbemerkt Zeit zu verlieren? ❑

- Nützen Sie bewährte Checklisten für Routineabläufe ausreichend? lohnt es sich, neue auszuarbeiten? ❑
- Klappt es mit Ihrer Terminüberwachung? (verpaßte Termine ergeben oft Mehraufwand/Zeitverluste) ❑
- Planen Sie Reisen/Besuche/Besprechungen so, daß sie sich zeitgünstig abwickeln lassen? ❑
- Erledigen Sie ähnliche Verrichtungen in sogenannten Arbeitsblöcken, um sich nicht ständig auf andersartige Aufgaben umorientieren zu müssen? ❑
- Restaurieren Sie Ordnung wo nötig innert nützlicher Zeit? ❑
- Veranlassen Sie Gesprächspartner im geschäftlichen Bereich grundsätzlich zu vorheriger Anmeldung? ❑
- Nehmen Sie Berater in Anspruch, wo Ihnen Spezialwissen oder -erfahrung fehlt? (Zurückbuchstabieren von Fehllösungen ist besonders aufwendig) ❑
- Wenn Sie beruflich viel Lektüre zu bewältigen haben, könnte Sie ein Schnellesekurs entlasten? ❑
- Lesen Sie rationell mit Markern oder Notizzeug?
- Gestalten Sie Ihr Schriftgut leserfreundlich und heben Sie Wichtiges gebührend heraus? ❑
- Vermeiden Sie im Kommunizieren komplizierte Ausdrucksweise, unzureichendes Artikulieren sowie Abschweifungen, und bereiten Sie bevorstehende Gespräche, die geistige Anforderungen stellen, gut vor? ❑
- Leiten Sie Konferenzen zeitbewußt und straffen Sie Vielredner? ❑
- Kontern Sie destruktive Kritik immer gleich mit der Frage: was sind Ihre konstruktiven Vorschläge? ❑
- Neigen Sie zu extremem Sparen, koste es, auch zeitlich, was es wolle? ❑

Zeit sei Geld ist eine maßlose Untertreibung – Nutzung oder Nichtnutzung der Zeit entscheidet über Erfolg oder Nichterfolg!

23. Vernetztes Denken zur Absicherung des schöpferischen Gestaltungsprozesses

Vernetzung und Ganzheitlichkeit meinen im Kern das gleiche – und beides hat immer entscheidend mit langfristig verantwortlichem Denken und Handeln zu tun.

VERNETZUNG und VERNETZTES DENKEN sind neue Begriffe, die auf das Wort Netz zurückgehen. Im Technischen/Wirtschaftlichen bedeutet **Vernetzung eine systemartige Verbindung von Personen, Dingen oder Einrichtungen im Interesse gegenseitiger Unterstützung oder einer sonstigen bestimmten Zweckerfüllung**. Bekannt ist der Begriff Vernetzung auch im Informatikbereich, wo das Zusammenschalten verschiedener Datenbanken immer aktueller wird und sogar weltweit nutzbar geworden ist.

In Systemprozessen beinhaltet Vernetzung einen weitestgehenden Einbezug systemimmanenter Zusammenhänge wie Ursachen, Wirkungen, Konsequenzen, Nebenauswertungen, Gefahrenerfassung und -ausschaltung, Kombinationen, Ergänzungen, Synergien usw., um eine optimale Systemplanung und Systemauswertung bei möglichst gering gehaltenen Risiken oder Nachteilen zu erreichen.

Erfindungen und Innovationen werden im allgemeinen zu stark aus der Vorstellungs- und Nutzenperspektive ihrer Schöpfer angesehen. Nicht selten haben sich bei unbedachter Realisierung von Neuerungen Folgen ergeben, die den Nutzen des vermeintlichen Fortschritts in Frage stellten, wenn nicht gar die Neuerung später als Rückschritt erscheinen ließen.

Euphorie kann zwar Antrieb verleihen, schließt aber andererseits die Gefahr in sich, daß man mögliche Schattenseiten der Entwicklung nicht erkennt oder sogar stur-emotional in Abrede stellt, bis die Realität zu einer Revidierung des Urteils zwingt. Und dann ist es meistens zu spät. Vernetztes Denken ist daher zur Absicherung von Neuerungsprozessen nötig, eigentlich Sache verantwortlicher Einstellung zum Leben überhaupt.

Ein Begriff, der in diesem Zusammenhang imperativ herauszustellen ist, ist die

Konsequenzenanalyse bei schöpferischen Gestaltungsvorhaben. Im Spannungsfeld von Ursache und Wirkung sind vielerlei Fragen zu stellen, will man vorhandene Nachteile und Risiken zeitig erfassen und ihnen entgegenwirken.

Die skandalösen russischen Ökologieverbrechen, die der Welt wohl noch lange zu schaffen machen werden (unsichere Atomreaktoren, mensch-, tier- und pflanzengefährdende Versenkung von Atommüll, verrotteten Atomunterseebooten und atomar betriebenen Eisbrechern) erinnern uns sehr an die Losung „Nach uns die Sintflut!".

Vielleicht kann ein Raster, wie der von mir geschaffene nachstehend abgedruckte **„Raster für Konsequenzanalysen"** dazu verhelfen, daß man sich die nötigen Fragen und eventuell weitere verantwortungsbewußt stellt und **damit vernetzendes Denken anwendet, wenn es um bedeutungsvolle Neuerungen geht**. In dieser als Checkliste aufgemachten Darstellung werden zwölf Konsequenzenbereiche abgehandelt, bei denen allerdings gewisse thematische Überschneidungen nicht völlig ausgeschaltet werden können. Auch diese Checkliste kann fallweise je nach Projektbereich und gegebenen Verhältnissen noch **individuell erweitert oder auch gekürzt werden, um vernetzendes Denken möglichst maßgerecht zu betreiben**. Unsere Modell-Schematik wird Ihnen als nützlicher Anreger für eine auf Ihre Verhältnisse maßgeschneiderte Checkliste dienen können.

23.1. Checkliste Nr. 11: Konsequenzenanalyse im Interesse vernetzten Lösungsdenkens (12 Checkbereiche)

Raster für neuerungsorientierte Konsequenzen-Analyse / Erfindung/Innovation: ....

Bereich:	Positive Konsequenzen:	Negative Konsequenzen:	Notizen:
Systemvorteile im Gesamtüberblick	Nutzen – Nebennutzen – Zeiteinsparung – Materialeinsparung – Vereinfachung – Sicherheitszuwachs – Weniger Pannen/Defekte – Handhabungserleichterung – Bequemere Verwendung – Leichtere Herstellung – Moderne Technik – Positive Imageauswirkung		
Systemnachteile im Gesamtüberlick		Höhere Kosten – Technische Erschwerung – Prozeßkomplizierung – Ökologische Nachteile – Umstellungsschwierigkeiten – Realisierungsprobleme – Personalprobleme – Mehr Ausbildungsaufwand	
Technische Konsequenzen	Stärkere Bauteile – Größere Solidarität – Einfachere Konstruktion – Automatisierung – Einbauchtechnische Vorteile – Vereinfachung der Gebrauchsanweisung – Qualitative Vorteile – Höhere Lebensdauer – Höhere Akzeptanz bei Kunden – Höhere Leistung – Leichtere Materialbeschaffung – Andere technische Vorteile	Qualitätsminderung – Höherer Verschleiß – Mehr Ausbildungsbedarf – Prozeßkomplizierung – Erheblicher Umstellungsaufwand – Spezialistenbedarf – Verstärkte Abhängigkeit vom Know-how gewisser Lieferanten – Schärfere Qualitätsprüfung – Andere technische Nachteile	

Bereich:	Positive Konsequenzen:	Negative Konsequenzen:	Notizen:
Sicherheitskonsequenzen	Gefahrenminderung in Herstellung – Gefahrenminderung in der Produktanwendung oder -lagerung – Vereinfachung der Sicherheitsvorschriften – Andere Sicherheitsvorteile	Höhere Sicherheitsanforderungen in Herstellung – in Anwendung – Ausbildungsmehrbedarf bei eigenem Personal – bei Kundenpersonal – Höheres Unfallrisiko – Andere Sicherheitsnachteile	
Leistungskonsequenzen	Mehrleistung für den Kunden – Servicevereinfachung – Mehrfachnutzung – Kombinationsnutzen	Mehr Servicenotwendigkeit – Geringere Leistung in gewissen Bereichen – Produktionseinschränkung – Andere Leistungsnachteile	
Handhabung/Verwendung/Verarbeitung	Einfachere Handhabung – Kein Spezialistenbedarf – Kleinerer Instruktionsaufwand – Größere Arbeitssicherheit – Sauberere Verwendung – Weniger Wartungsaufwand – Andere Verarbeitungsvorteile	Kompliziertere Handhabung – Mehr Fachpersonal nötig – Strengere Verwendungsvorschriften – Mehr Kundeninstruktion erforderlich – Mehr Gebrauchsrisiken – Andere Verwendungs- oder Handhabungsnachteile	
Kostenkonsequenzen	Kosteneinsparungen – Weniger Ausschuß – Weniger Personalkosten – Materialersparnis – Kleinere Maschinenkosten – Geringerer Überwachungsaufwand – Andere Kosten- und Aufwandminderung	Höhere Kosten – Sonderkosten – Höhere Personalkosten – Mehr Ausschuß – Höhere Ausbildungskosten – Kostenintensive Einführung – Mehr Überwachungskosten – Teurere Verpackung – Mehr Instruktionskosten – Andere Kostennachteile	

Bereich:	Positive Konsequenzen:	Negative Konsequenzen:	Notizen:
Ökologische Konsequenzen	Müllvermeidung – Leichtere Abfallbeseitigung – Hygienischere Verhältnisse – Weniger umweltschädigende Einflüsse – Kleinere Gesundheitsrisiken – Andere ökologische Vorteile	Mehr Abfall – Erschwerte Müllbeseitigung – Mehr Verpackung – Mehr gesundheitsschädigende Einflüsse – Andere Umweltschädigungen	
Veränderungskonsequenzen	Umstellungserleichterungen – Geringere Anpassungen nötig, bei Personal, bei Kunden – Nutzenvergrößerung – Vereinfachungen – Andere Veränderungsvorteile	Umstellungs- und Anpassungsprobleme bei Personal – bei Kunden – Höhere Sorgfaltspflicht – Andere Veränderungsnachteile	
Soziale Konsequenzen	Positive Auswirkung auf Sozialkontakte mit Mitarbeitern, Kunden oder anderen Kontaktpartnern – Prestigeanhebung – Erleichterung der Arbeit anderer / Stärkung ihrer Autorität – Gewinnen von Helfern / Partnern für unser Projekt – Identifizierung bestimmter Zielgruppen mit unserem Projekt – Andere positive Sozialkonsequenzen	Gefährdung bestehender Kontakte und Partnerschaften – Wecken von emotionellem Widerstand – Brüskierung ökologie-bewußter Kreise – Prestige-Schwächung einzelner – Kompetenzprobleme mit Partnern – Sympathieverlust bei wichtigen Kontaktpersonen oder in der Öffentlichkeit – Andere negative Konsequenzen im Sozialbereich	

Bereich:	Positive Konsequenzen:	Negative Konsequenzen:	Notizen:
Akzeptanz-Konsequenzen	Problemloses Akzeptieren von Neuerungen dank wohlüberlegter und überzeugungsstark durchgeführter Information und Kommunikation – Akzeptanz durch geschickten Ideenverkauf und Kompromißbereitschaft – Akzeptanzförderung durch Engagement prominenter Projektbefürworter – Motivierungsbefähigung und Begeisterungsvermögen, die die Akzeptanz begünstigen	Verweigerung der Akzeptanz aus Mißgunst oder wegen nichtüberzeugender Projektpräsentation – Persönliche Divergenzen – Konservative Einstellung gewisser Zielgruppen – Gefahr von Hetzkampagnen gegnerischer Kreise – Widerstand wegen Angst vor Nachteilen – Akzeptanzverweigerung wegen auftauchender Konkurrenzprojekte, die mehr versprechen als das eigene – Andere Hintergründe/Ursachen für Akzeptanzverweigerung	
Projektumsetzungs-Konsequenzen	Erfolg durch überzeugende, rechtzeitige und gut geplante Projektverwirklichung – Mithilfe starker Promotoren – Andere Umsetzungsstärken	Mangelhafte Durchsetzung von Neuerungen wegen schlechten Ideenverkaufs, ungenügender Planung, Obstruktion von oben oder unten her, fehlender Promotoren – Andere Gründe für den Mißerfolg einer Neuerung	

24. Ideenumsetzung so wichtig wie die Kreativleistung selbst

Ideen-Haben genügt nicht, man muß sie auch tatkräftig umsetzen können. Und nicht selten ist die Umsetzung schwieriger als der eigentliche schöpferische Prozeß. Vor allem: Es ist grundverkehrt, nur den Ideenfindungsprozeß als kreative Leistung anzuschauen. Der Umsetzungsvorgang verlangt in den meisten Fällen ebenso schöpferisches Anpacken; denn wenn er nicht gelingt, so ist auch die Idee im Eimer!

Von den **Kreativitätskillern** haben wir schon ausführlich gesprochen, sind in Kapitel 18 doch nicht weniger als 25 von ihnen angeführt und untersucht worden. Jeder kreativ tätige Berufsmensch tut sich daher einen Gefallen, wenn er sich Folgendes fest einprägt:

Der Denkprozeß ist mit dem kreativen Akt nicht beendet, vor allem wenn es um Innovationen geht; er ist erneut anzusstrengen, wenn der Fortschritt optimal in der Praxis genutzt sein will. Und der kreative Akt ist auch mit der Umsetzung noch nicht zu Ende. Vielleicht geht der Perfektionsprozeß weiter, oder es sind „Ableger" der ersten Idee denkbar!

Das ist ja auch der Grund, warum ich in diesem Buch mehrfach unterstrich, daß **Kreativität zur Geisteshaltung gemacht sein will**, weil sie sonst nur ganz sporadisch oder zufällig zustande kommt. Bei Kunstwerken ist es übrigens auch nicht viel anders: Nach seinem Entstehen muß das Kunstobjekt an interessierte Kunstliebhaber und Kunstkenner herangetragen werden. Ohne Publizität verkauft sich nichts; selbst die perfekteste Ästhetik bliebe ohne Wirkung, vermöchte sie nicht Schöngeister zu finden, die ihren Werten zugetan sind.

Da in unserer sich hektisch weiterentwickelnden Welt Neuerungen laufend auf uns zukommen, viele davon aber nicht das bringen, was man von ihnen erwartet, **entwickelt der Mensch eine Art Abwehrmechanismus gegen Neues**. Und weil Neues auch meist Umstellungen erfordert, ist noch besondere Mühe mit dem Anpassungsprozeß verbunden. Zudem: der, welcher eine Idee ausgeheckt und anschließend erfolgreich schöpferisch ausgestaltet hat, ist mit euphorischem Nutzenbewußtsein ausgestattet, wogegen auf der Verwender- oder Anwender-Seite die anfängliche Skepsis erst durch die praktische Erfahrung überwunden sein will.

24.1 Ideennutzung als Marketing-Aufgabe

„Nichts ist so stark wie eine Idee, deren Zeit gekommen ist."

Victor Hugo

Marketing bedeutet – simplifiziert betrachtet – die Vermittlung von Leistungen an bestimmte Zielgruppen. Ideenverkauf als schöpferischer Prozeß umfaßt a) eine **Planung** und b) **wirkungsvolles Kommunizieren** mit den Zielpersonen.

Planen kann man immer nur in systematischer Form, will der Erfolg garantiert sein. Der gesamte Ideenverkauf muß bei Innovationen somit als eigentliche **Problemlösungsaufgabe** erkannt werden, und Problemlösungsaufgaben erfordern stets auch **kreativen Aufwand**. Sehr gute Dienste kann dabei unsere Checkliste 11 im letzten Kapitel über vernetztes Denken leisten. Letzten Endes soll ja für die erfolgreiche Nutzung der Innovation ein **Vorgehenskonzept** vorliegen.

24.2 Vermeidbare Fehler beim Verkauf von Ideen

Da Ideenverkauf insgesamt eine anspruchsvolle Funktion darstellt, in welcher viele Talente genutzt sein wollen, wollen wir nachstehend diese Anforderungen auch beim Namen nennen: Ganzheitliches Denken – Einfühlung in die Zielgruppen – Motivationskunst – Organisationstalent – Überzeugungskunst – Begeisterungsfähigkeit – Elastizität – Durchsetzungsvermögen. Das sind nur die wichtigsten Eigenschaften, die im Umsetzungsprozeß von Neuerungen von großer Bedeutung sind.

Untersucht man gescheiterte Ideenverkäufe, so stellt man meistens ungefähr die gleichen Fehler fest, die letzten Endes einen Flop verursachen, nämlich:

- Wenig sorgsame Vorbereitung des Ideenverkaufs, also gefährliches Improvisieren
- Unzureichende Information über Hintergründe und Zwecke sowie Vorteile der geplanten Neuerung
- Andeuten von Umstellungen oder Anpassungen, ohne die Zielgruppe dafür ausreichend zu motivieren
- Ungenügendes Eindenken und Einfühlen in die Zielgruppe – daher Nichterfassen von möglichen Widerständen und Gegenargumenten
- Übersehen anderer Realisierungsschwierigkeiten wie technische, organisatorische und personelle Probleme

- Unpsychologische Präsentation und Argumentation, so daß man bei der Zielgruppe Widerspruch herausfordert oder sie vor den Kopf stößt
- Zu technischer Ideenverkauf statt verständlicher, partnerbezogener und nutzenorientierter Erläuterung
- Ungeduld, Empfindlichkeit gegenüber Kritik und autoritäres Widerlegen von Gegenargumenten
- Aufstellen provokativer Behauptungen statt überzeugende Beweisführung
- Verschweigen von Nachteilen und Schwierigkeiten, das auf vermeintliches Düpieren der Zielgruppe hinausläuft und gefährliche Obstruktion hervorruft
- Fehlender rechtzeitiger Einbezug der Adressaten im Ideenentwicklungs- und -verwertungsprozeß (keine Chance für die Zielgruppe, im möglichen Ausmaß mitzubestimmen und sich mit dem Innovationsnutzen anzufreunden)
- Versuch, nur rational, nicht auch emotional zu überzeugen
- Fehlende Absicherung der Unterstützung wichtiger Opinion Leaders, der Geschäftsleitung, der Verbandsleitung etc. oder technischer Experten

Nicht zuletzt fehlt es oft auch an der **Qualität der Präsentation von Neuerungen**, indem darüber nur gesprochen, nicht aber auch optisch überzeugend illustriert wird. **Der Mensch ist zu 92 % ein Augenwesen und nur zu 8 % ein Hörwesen** (akustischer Typ). Mit Demonstrieren und Präsentieren optischer Information verstärkt man das Vertrauen in das Vorzubringende. Auch überzeugen optische Beweisführungen mehr als nur gesprochene Worte oder bloß verbale Behauptungen. **Visualisieren** läßt sich eindrücklich mit schwungvollem Demonstrieren von Abläufen, mit der Präsentation von Mustern und Modellen, Vergrößerungen, Pinwänden, Video, Tonbildschau, Film, Hellraumprojektionen, vorgelegte Expertenaussagen, Zeitlupen- und Zeitraffungsaufnahmen oder Präsentation anhand von Simulatoren. Telekommunikation läßt sogar die Überbrückung von gewaltigen Distanzen zu, wenn es um internationalen Ideenverkauf geht. Selbst die **Sprache des Präsentators** ist von erheblichem Einfluß: Eintönigkeit, fehlende Begeisterungsfähigkeit im sprachlichen Ausdruck und trockene Vermittlung von rein Theoretischem wie auch unpräzises und mißverständliches Formulieren können die brillanteste Neuerung zu einem diffusen Eindruck mindern.

Lassen Sie uns wieder durch eine nützliche Checkliste Ihre Arbeit als guter Verkäufer einer Neuerung erleichtern:

24.3. Checkliste Nr. 12: Empfehlungen für wirksamen Ideenverkauf (21 Anregungen)

- Die Idee muß einem echten Bedürfnis auf der Seite des Adressaten entsprechen.
- Ihr Zweck ist genau zu definieren und aus dem Zusammenhang heraus zu begründen (frühere Situation oder Lösung, erlebte Nachteile derselben, andere auslösende Faktoren wie Zukunftsanforderungen, spezifische Interessen oder Wünsche der Zielgruppen, Branchenentwicklungen, technologische Entwicklungen, Rationalisierungs- oder Vereinfachungsanstrengungen, neue Sicherheitsanforderungen usw. usw.).
- Die neue Lösung sollte als Resultat sorgfältiger Erarbeitung dargestellt werden und Nutzen bzw. Vorteile aus der Überlegungs- und Interessensperspektive der Adressaten genau belegen und veranschaulichen.
- Auch etwaige Nachteile der neuen Lösung objektiv aufzeigen und in einer Bilanz den überwiegenden Vorteilen gegenüberstellen.
- Beweise für die Güte der neuen Lösung präsentieren (Aussagen von Fachleuten, Testresultaten, Berechnungsbeispiele, Gutachten, Verbandsvergleichszahlen usw.). Darüber wenn möglich eine gut dargestellte Dokumentation abgeben.
- Nach Möglichkeit Mitstreiter, neutrale Gutachter usw. mobilisieren, um sich von deren Seite her bestätigen und unterstützen zu lassen.
- Zu Fragen und Diskussionen einladen, auf welche man gut vorbereitet sein muß (Einwände und Widerstände ausdenken, überlegen, wie man überzeugend darauf antworten kann).
- Sachlich mit der Zähigkeit des liebenswürdigen Diplomaten antworten – Gegenauffassungen nie direkt kontern, sondern „elastisch“ abfangen durch überzeugende Argumente.
- In der Nutzenargumentation möglichst die Sie-Sprache sprechen, nicht Ich-Bezogenheit offenbaren – Den Adressaten mit seinen Interessen und Wünschen in den Mittelpunkt stellen.
- Sicherheit und positive Einstellung demonstrieren sowohl im Reden wie im Vorführen (falls notwendig, vorher Präsentationstechnik üben, bis absolute Sicherheit gegeben ist).
- Sprache der Partner sprechen – gegenüber Laien nicht unverständlichen Fachjargon oder sonstigen „Technoquatsch“ darbieten. Technisches möglichst immer nutzenbezogen interpretieren.
- Nie Behauptungen ausgeben, die nicht beweisfähig sind – Anschauungsmaterial offerieren nach der Erkenntnis: Das Auge glaubt mehr als das Ohr!

- Superlative sparsam einsetzen, eigentlich nur dort, wo Außergewöhnliches zu belegen ist.
- Wo immer möglich, das gemeinsame Interesse ansprechen, um dem Solidaritätsempfinden zu schmeicheln.
- Nie „Zwangsformulierungen“ verwenden wie „Das müssen Sie doch zugeben“, „Das können Sie sich doch nicht leisten“, „Sie werden doch nicht gegen die Vernunft ankämpfen wollen“. So heizt man den Widerstand an.
- Kritik nach Möglichkeit vorwegnehmen. Sie auf jeden Fall begründen lassen, wenn der Kritiker dies nicht von selbst tut.
- Je schwieriger die Partner, desto größer muß die Geduld und Geschicklichkeit sein, die man anwendet, um sie zu überzeugen.
- Wortkarge mit Fragen „herauslocken“ und Farbe bekennen lassen.
- Tabus in beruflichen Gesprächen beachten (z.B. politische und religiöse Themen, Herabsetzung von Konkurrenz oder eigenen Mitarbeitern).
- Mögliche Kompromisse oder Entgegenkommen im Stillen bereithalten, um sie – ohne das Gesicht zu verlieren – als rettenden Anker nützen zu können.
- Nicht zuletzt: Formale Anforderungen beachten, wie rechtzeitige Einladungen, Zielgruppen-Analyse, Konzeptausarbeitung für Ideenverkauf, Protokollierung von Wichtigem, rasche Abgabe des Protokolls, prompte Erledigung von Versprochenem, Erfolgsanalyse, Lernen aus begangenen Fehlern, Nacharbeit (Anschlußsitzung, Ergänzung der Information, Beschlußfassung, Kontrolle der Realisierung, Rapportierung).

25. Nachfaßarbeit nach eingeführter Neuerung

Selbst die sorgfältigste Umsetzung bzw. Einführung eines neuen kreativen Vorhabens, also einer Innovation, kann zuerst scheitern oder Enttäuschungen bewirken, die man keinesfalls erwartet hat.

> **Ein Mißerfolg beim ersten Versuch braucht aber kein endgültiger Mißerfolg zu sein. Wie viele Ideen und künstlerische Werke sind in der Menschheitsgeschichte zuerst gescheitert und haben sich nachher doch überzeugend durchgesetzt!**

Im Kapitel 11, wo wir die 27 geistig-charakterlichen Potentiale des erfolgreichen Kreativen untersuchten, behandelten wir auch das **Durchsetzungsvermögen**. Dieses entscheidet, ob im Falle eines anfänglich gescheiterten Versuches der Erfolg im zweiten oder dritten Anlauf doch noch realisiert werden kann. Wir überragen dabei noch immer den Durchschnitt, der aufgibt, bevor er ein Vorhaben umzusetzen versucht. Wie oft ist sogar zu lesen, daß eine Neuerung sich erst nach vielfachem, zähen Durchringen realisieren ließ.

So ist denn klar, daß es mit der Einführung einer Neuerung noch lange nicht getan ist. **Im kreativen Ablaufprozeß haben wir daher auch die Perfektionsphase I, die anschließende gründliche Erprobung und hernach die Perfektionierungsphase II unterschieden** (Kapitel 13.16 bis 13.17). Und da in der einen oder anderen Materie der Entwicklungsprozeß ein fortlaufender und sogar rasanter ist, versteht sich von selbst, daß in vielen Fällen in passenden Abständen immer erneut zu prüfen ist, wo sich Anpassungen bzw. Fortentwicklungen aufdrängen.

Auch das Perfektionsstreben muß zur mentalen Haltung werden, beim einzelnen so gut wie bei Firmen und Institutionen, ganz gleich welcher Zweckerfüllung sie sich widmen. Perfektionsstreben muß mit kreativer Orientierung parallellaufen. Erfolgskontrollen und Mißerfolgsanalysen rein statistischer Art sind dabei so nützliche Meßhilfen wie persönliche Gespräche mit **erfahrenen Anwendern, die man über ihre positiven oder auch negativen Erfahrungen mit Neuerungen befragen kann**. Und „Anwender" können Leute verschiedenster Gattung sein: Mitarbeiter, Kunden, Verbandsangehörige, Öffentlichkeitspersonen, Patienten, Hobbyisten, Militärpersonen usw. usw. Feedback-Erforschung ist ebenso modern wie nützlich für die Weiterentwicklung der Menschheit.

26. Interviews mit prominenten Kreativ-Persönlichkeiten

26.1 Interview mit Professor Bernd Rohrbach

Unternehmenberater/Kreativitätsexperte
Bad Homburg und Bielefeld
Adresse:
Rohrbach Consulting GmbH
Römerstraße 27
D-61352 Bad Homburg
Telefon 06172-42001
Telefax 06172-458370

Persönliche Vorstellung

Deutscher, geb. 25.9.1927 in Paderborn, kaufmännische Ausbildung an höheren Schulen – 7 Jahre Psychoanalyse-Ausbildung am Sigmund Freud-Institut – Managementtraining bei Unilever – 6 Jahre Geschäftsleitung-Tätigkeit in namhaften Beratungsfirmen – seit 1960 selbständiger Unternehmensberater und Managementtrainer im strategischen, innovativen, technologischen und Marketing-Bereich – Hauptthematiken: Systematische Problemlösung, kreative Ideensuche, Entscheidungsfindung, Umgang mit vernetzten Systemen, system-analytische strategische Planung – ebenso ist er in Management-Kommunikation, -Moderation, -Coaching und -Konfliktlösung tätig – weitere Tätigkeiten als Lehrbeauftragter der Universität Hamburg, Dozent an der Führungsakademie der Bundeswehr in Hamburg, Professor an der Wirtschaftsuniversität Wien, Dozent an der European Business School (EBS) in Oestrich-Winkel, Beiratsmitglied der City University Seattle/Zürich/Frankfurt – Beiratsmitglied der Arbeitsgemeinschaft Europäischer Studenten in St. Gallen – Vorstandsmitglied des Instituts für evolutorische Unternehmensforschung an der EBS.

Er hat öffentlich und in zahlreichen führenden europäischen Unternehmen Kurse über Operationale Kreativität gegeben, aber auch eigene Methoden, zum Teil rechnergestützt, entwickelt und patentieren lassen. In seinem Beratungsunternehmen sind noch zwei wissenschaftliche Mitarbeiterinnen mit tätig.

Interview mit dem Kreativitätsexperten Prof. Rohrbach

1. Seit wann sind Sie im Lehrbereich „Operationale Kreativität“ tätig?
Intensiv seit 1965. Auslöser war die Teilnahme an einem Seminar von Synectics, Inc., in Cambridge/Mass. – ein Wendepunkt in meinem Leben. Die tiefere Ursache ist wohl ein starker Vater, gegen den ich mich nur mit Kreativität durchsetzen konnte. Früh übt sich...

2. Inwieweit halten Sie Kreativität für lernbar und entwicklungsfähig?
Hier sollte stärker differenziert werden zwischen expressiver (künstlerischer) und operationaler (problemlösender) Kreativität. Jeder normale Mensch verfügt über ein großes Potential operationaler Kreativität, das mit einfachen Verhaltensweisen und Techniken = Methoden schnell und nachhaltig aktiviert werden kann.

3. Welche Tätigkeiten üben Sie im Bereich dieser Thematik aus?
Forschung und Lehre an verschiedenen Hochschulen, firmeninterne und firmenexterne Seminare, problemspezifische Workshops, Beratung und Coaching, eigene Entwicklungen (Produkte, Prozesse, Strukturen), wenige Veröffentlichungen.

4. Welche Erfahrungen im Rahmen ihrer öffentlichen Kreativitätsseminare sind besonders interessant?
Daß die meisten Menschen (operational) sehr kreativ sind, wenn entsprechende Rahmenbedingungen dafür geschaffen werden, denn jeder Mensch möchte gern kreativ sein. Gute Arbeitstechniken bewirken, daß die gegenseitige Befruchtung in den Arbeitsgruppen reicher ausfällt, als man am Anfang annimmt. Ich höre bei späteren Kontakten mit Kursteilnehmern auch oft, daß man jetzt in deren Firmen der Kreativarbeit mehr Bedeutung zumißt und sie häufiger organisiert. – Eine weitere Erfahrung von mir läuft darauf hinaus, daß Kreativarbeit in interdisziplinären Gruppen zwar immer wichtiger und häufiger wird, daß aber die Kooperation in solchen Kollektivgruppen – wenn sie nicht schon seit längerem praktiziert wird und sich eingespielt hat – erst eigentlich trainiert sein will, soll sie nachher in der praktischen Kreativarbeit zu besten Resultaten führen.

5. Was halten Sie von ultramodernen Techniken der kreativen Selbstbeeinflussung via Suggestionskassetten und Mind-Machines?
Ich bin eher skeptisch, wobei der konsequente Skeptiker – und das finde ich gut an ihm – eigentlich alles für möglich halten muß. Wenn man die richtigen Voraussetzungen schafft, sind solche „Klimmzüge“ auch gar nicht erforderlich. Aber warum nicht auch hier experimentieren, alles so lange für möglich halten, bis der Beweis für das Gegenteil erbracht ist?

6. Wie beurteilen Sie die bisherige Kreativitätsforschung? Welche Arbeiten und Forscher halten Sie für besonders erwähnenswert?
Hier wird im Hinblick auf die Bedeutung operationaler Kreativität sicher noch zu wenig getan. Doch es wird etwas getan, und wenn der „Leidensdruck" hoch genug ist, wird sicher auch noch mehr getan werden. Auf die obligate Frage nach den drei für mich derzeit wichtigsten Autoren bzw. Büchern zum Thema Kreativität: Arthur Koestler; The Act of Creation (Der göttliche Funke); Teresa M. Amabile: The Social Psychology of Creativity; Margaret A. Boden: The Creative Mind (Auf den Flügeln des Geistes).

7. Wie schätzen Sie die Bedeutung der individuellen zur kollektiven Kreativitätsarbeit ein?
Das steht in einem engen Zusammenhang mit der Entwicklung der Gesellschaft und ihrem Bildungsgrad sowie auch dem Zwang, immer stärker interdisziplinär zu arbeiten. Letztlich ist nur ein Individuum kreativ. Ein Kollektiv kann und soll dazu beitragen, daß Individuen ihre (operationale) Kreativität noch besser entfalten können. Nur dann hat es in diesem Zusammenhang eine Berechtigung. Hier müssen wir allerdings noch viel über den Umgang mit Macht lernen.

8. Wie läßt sich ganzheits- und vernetztes Denken mit dem Kreativitätsprozeß sinnvoll koppeln?
Durch Erlernen des Umgangs mit vernetzten Systemen, von Ursachen- und Konsequenzanalysen sowie der konsequenten Differenzierung zwischen Ursachen und Wirkungen. Da ganzheitliches Denken dem Menschen bekanntlich noch relativ neu ist und ihm dementsprechend schwer fällt, muß er noch vorher eine ausgefeilte Systematik erlernen, denn nur mit solcher läßt sich im kreativen Prozeß vernetzendes, absicherndes Denken überhaupt ausreichend praktizieren. Kurse für vernetztes Denken werden immer häufiger angeboten. Der Besuch eines solchen Spezialtrainings ist heute eine absolute Voraussetzung für kreative Wertarbeit ganzheitlicher Art.

9. Welche Bedeutung hat für Sie die Kreativität auf die Zukunft bezogen?
Die Menschheit war, ist und wird immer auf die kreative Leistungen einzelner angewiesen sein, so daß sich hier – relativ gesehen – kaum etwas geändert hat und auch nicht viel ändern wird, außer daß die Problemfülle, mit der wir heute und morgen konfrontiert sind, noch weiter am Zunehmen ist. Und dies kann ja nichts anderes bedeuten, als daß der Mensch noch vermehrt zum kreativen Problemlöser werden m u ß.

10. Wie lassen sich in der Zukunft mögliche zerstörerische Konsequenzen kreativer Neuentwicklungen auf ein Minimum reduzieren?

Ich bin Optimist. Erstens ist der Mensch allgemein viel kritischer und zukunftsbewußter geworden. Zweitens gelingt es der Menschheit immer, mit Problemen fertig zu werden, sobald der Problemdruck hoch genug und damit kritisch wird. Es ist natürlich eine aktuelle Neigung, in Kultur-, Zivilisations-, Technologie und sonstigem -Pessimismus zu machen. Vielleicht ist das sogar notwendig, weil wir sonst gar nicht mehr realisieren würden, wie gut es uns doch verhältnismäßig geht. Der Mensch empfindet eben nur Kontraste, ein ewiges Gleichmaß kommt ihm nicht mehr zum Bewußtsein. Im übrigen: Unzufriedenheit ist die Mutter der Kreativität und die Großmutter der sich daraus ergebenden Innovationen.

26.2 Interview mit Eugenio Rüegger

Direktor der Titlis-Bergbahnen, Engelberg
über eine spektakuläre neue Erfindung
(ROTAIR, drehbare Seilbahn-Kabine)

Geschäftsadresse:
Titlis-Bahnen
Poststraße 3
CH-6390 Engelberg
Telefon 041 94 15 24
Telefax 041 94 35 36

Persönliche Vorstellung

Schweizer, von Samedan/Graubünden
Geburtsjahr: 1939; verheiratet, 2 Söhne
Heutige Stellung: Geschäftsführer der Titlis-Bergbahnen in Engelberg/Schweiz
Gelernter Maschinenschlosser, mit Heimstudium in Elektrotechnik
Berufsstationen: Lehrlingsinstruktor – Tätigkeit im Versicherungswesen – Heizöl- und Brennstoffhandel – Betriebsleitung einer Bündner Bergbahn – Absolvent von Kursen in kaufmännischer Ausbildung, Planung, Informatik und systemorientiertem Management (MZSG, Prof. Malik) – Co-Präsident St. Galler Klausurtage im Rahmen der Infratourist – seit 1977 Direktor der Titlis-Bergbahnen
Militärdienstgrad: Oberst/Infanterie
Hobbys: Klassische Musik, Orgelspiel, Solo-Gesang
Sport: Golf, Ski alpin und nordisch, Schwimmen, Surfen, Wasserskifahren
Mitautor des Buches: „Management einer Bergbahnunternehmung“

Interview:

1. Die große Publizität der Medien zu Ihrer Seilbahnattraktion wirft die Frage auf, um was es genauer geht?
Die ROTAIR ist eine sich während der Fahrt langsam um 360° drehende Seilbahnkabine. Der Begriff „ROTAIR“ setzt sich zusammen aus „Rotation“ und „Air“, prägt sich so gut ein und ist auch mit Rücksicht auf leichte Verständlichkeit für Touristen aus aller Welt gewählt worden.

2. Wie sind Sie als Spiritus rector dieser Weltneuheit eigentlich auf die attraktive Idee gekommen?

Von Beruf Maschinenschlosser/Mechaniker bin ich seit 1966 Geschäftsführer von Bergbahnen. Seit 1977 darf ich die Geschicke der Titlis-Bergbahnen in Engelberg mitgestalten und leiten. Geläufig ist wohl jedermann, daß es Bergrestaurants gibt, die rotierend konstruiert sind und es den Gästen erlauben, das vor ihnen liegende Panorama nicht nur linear, sondern auch zirkular zu genießen. Und da fragte ich mich eines Tages „Warum soll der in der Seilbahnkabine emporschwebende Gast diesen Komfort einer sich ständig wandelnden Rundsicht nicht auch genießen können?" Daraus wurde denn, unter einigen Geburtswehen, die „ROTAIR".

3. Ist Ihnen der schöpferische Moment Ihrer Eingebung noch präsent, oder hat sich die Idee langsam aber sicher aus verschiedenen Gedankenschritten herauskristallisiert?

Es hat sich folgendermaßen ergeben: Im Sommer 1986 war ich Ehrengast in Saas Fee (CH, Kanton Wallis) bei der Einweihung des Drehrestaurants Metro-Alpin. Auf der Rückfahrt ließ mich der Gedanke des Drehprozesses nicht mehr los, aber was sollte sich bei einer Seilbahn denn überhaupt drehbar gestalten oder konstruieren lassen? Plötzlich hatte ich die Vision klar vor mir: eine drehbare Luftseilbahn-Kabine.

4. Sie deuteten die anspruchsvollen Gestaltungsphasen im Werdeprozeß der „ROTAIR" an. Können Sie uns Näheres verraten?

Zuerst besprach ich das Projekt mit meinem Betriebsleiter D. Gerber und beauftragte ihn, über ein kreatives Ingenieur-Team entsprechende Machbarkeitsstudien ausarbeiten zu lassen. Nachher klärte ich aus Sicherheitsgründen ab, ob die staatliche Aufsichtsbehörde in Bern der „verrückten Idee" ihren Segen geben könnte. Das Bundesamt für Verkehr gab mir zu meiner angenehmen Überraschung grünes Licht. Allerdings stellte sich später heraus, daß entgegen ursprünglicher Annahme kein Drehen der gesamten Kabine möglich war – und zwar aus Sicherheitsgründen –, sondern daß der Rotationsmechanismus in Form eines tragenden Drehtellers gelöst werden mußte. Projekte wurden darauf von der Seilbahn- und Maschinenbau-Firma Garaventa's Söhne, Alt Goldau und der Oltener CWA Constructions S.A./Corp. auftragsgemäß entwickelt. Auch der Stardesigner Luigi Colani wirkte mit und entwarf das futuristische Modell, welches hier abgebildet ist. Leider ließ sich diese Design-Studie aus technisch-konstruktiven Gründen nicht realisieren; es hätten sich auch kosten-

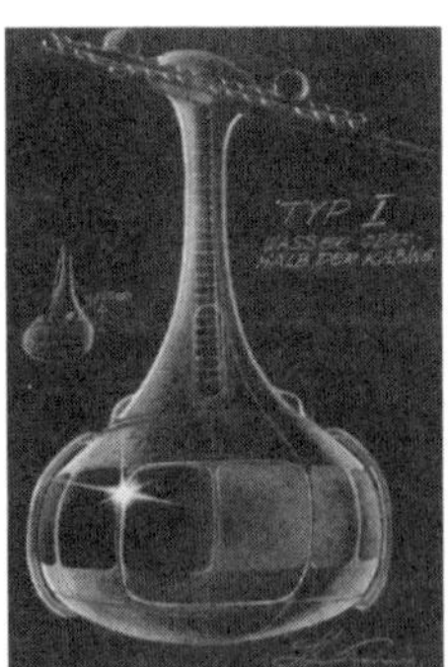

mäßig untragbare Verteuerungen ergeben. Schade um das faszinierende Modell! Die erwähnten Konstruktionsfirmen arbeiteten in der Folge ingeniöse Projekte aus, die den ursprünglich gehegten Erwartungen voll entsprachen. Hier ein interessantes technisches Detail: die statische, computergestützte Berechnung umfaßte nicht weniger als 284 Seiten.

5. Sind Sie angesichts der unerwartet auftauchenden Probleme in den Widerstreit der Gefühle geraten, und haben Sie Ihr Vorhaben vielleicht sogar mehrfach in Frage gestellt gesehen?
Als klar wurde, daß die Aufsichtsbehörde dem revolutionären Projekt positiv gegenüberstand und sich auch technisch die gesamte Problematik lösen lassen würde, ging ich zielstrebig an die Realisierung. Ich glaubte einfach felsenfest an ein Gelingen – und der Glaube versetzt ja bekanntlich Berge!

6. Was hat Ihnen geholfen, sich trotz aller begegneten Widerwärtigkeiten durchzubeißen? Gibt es für solche Situationen Rezepte?
Von Natur aus bin ich Optimist, und ich hatte zudem das Glück, auf Fachleute greifen zu können, die auch menschlich das nötige Format hatten, einer Weltneuheit den Durchbruch zu ebnen. Eine absolute Voraussetzung ist wohl auch die Begeisterungsfähigkeit, die man als Initiator einfach haben muß und die sich dann in der Regel auch auf die gut motivierten Partner überträgt. Ihre Frage nach Rezepten möchte ich so beantworten: Ich glaube nicht, daß es eigentliche Rezepte gibt, aber mir scheint noch Folgendes wichtig: Es braucht sicher totale Hingabe sowohl hinsichtlich Ideenausgestaltung und eigentlicher Verwirklichung, als auch bezüglich Verkauf der Neuerung an die Mitarbeiter und die Verwaltungsräte. Und was die bei komplexeren Innovationsvorhaben immer vorkommenden Kritiken und Anfeindungen anbelangt, so darf man sich durch sie niemals deroutieren lassen. Vielfach enthalten sie sogar Ansätze zur positiven Anregung. Entstammen sie der Mißgunst oder sind sie bloße Krittelei, so gibt es dafür nur zwei Rezepte: freundlich übersehen oder gleich vergessen!

7. Wie sind Ihre ersten Erfahrungen mit den ROTAIR-Kabinen ausgefallen?
Noch viel besser, als wir erwarteten; ursprüngliches und aktuelles Ziel ist die Steigerung der Erträge im Frühjahr, Sommer und Herbst, und nun konstatieren wir, daß sie auch in der Wintersaison zum Hit geworden sind. Die Besuchsfrequenzen werden durch die „ROTAIR"-Kabinen eindeutig positiv stimuliert. Vielleicht auch, weil wir kreative Zusatzideen damit verbanden: Intensivierung der Mitarbeiter-Schulung in gastfreundlichem Auftreten und Benehmen, Selektion sprachbegabter „Gondola-Masters", attraktive Bekleidung, mit „Gondola-Master" angeschrieben und Training in der Durchsage allgemeiner und aktueller Information.

8. Dann ist für Sie „Kreativität“ also nicht nur technisch-konstruktiv orientiert, sondern ganzheitlich auf Leistungsoptimierung ausgerichtet?
Technischer Nutzen in Ehren, aber die unternehmerischen Aufgaben müssen ebenso kreativ angegangen werden. Daher wird bei den Titlis-Bahnen seit bald 20 Jahren Aus- und Weiterbildung von Mitarbeitern und Führungskräften großgeschrieben. Modernes Dienstleistungsdenken ist erst recht Verpflichtung in einer Transportunternehmung, und auch dieses muß täglich neu angeregt werden. Die erzielte jährliche Umsatzsteigerung von 11 auf 23 Millionen in den letzten 10 Jahren – bei gleichbleibender Zahl der Transporteinrichtungen – und auch der Anstieg des Cash Flows von 3,7 auf 7,7 Millionen beweist den Erfolg ständiger kreativer Optimierung in den drei Bereichen Führung, Technik und Dienstleistung. Im Marketing betreiben wir weltweit natürlich auch kreative Werbung und Kundenakquisition.

9. Bietet sich Ihnen die Chance, Ihre Neuheit weltweit durch Patentverkauf auszuwerten?
Anfragen aus Haifa und Kanada liegen zwar schon vor, aber wir als Titlis-Bahnen haben keine Patentansprüche angemeldet. Unser Ideenanstoß soll allen Seilbahnen, gleich in welchen Ländern, zugute kommen, ohne daß wir damit Geld verdienen wollen!

26.3 Interview mit Dr. Hans Gmür

Radio- und Fernseh-Moderator
Komödien-Autor und Kolumnist
Privatadresse:
Radrainweg 15
CH-8132 Egg bei Zürich
Telefon priv. 01-9841584

Persönliche Vorstellung

Schweizer, geb. 1927 in Chur
Verheiratet – 3 Kinder

- Studium in Zürich der deutschen Sprache und Literatur/doktoriert mit einer Dissertation über Franz Grillparzer
- Jahrelange Tätigkeit für die Filmbranche
- Tätigkeit als Leiter der gesprochenen Unterhaltung am Radio Zürich
- Moderator populärer Sendungen wie „Mini Meinig – dini Meinig" und „Oder ...?"
- Redaktor an der „Weltwoche" – Chefredaktor der Frauenzeitschrift „Annabelle"
- Autor, zusammen mit Karl Suter, einer Reihe helvetischer Musicals wie „Bibi-Balù", „Golden Girl", „Z wie Züri" sowie „Helden, Helden" nach George Bernard Shaw
- Autor und Bearbeiter von Komödien, Schwänken, Cabaret-Programmen, Musicals
- Autor von „Unwahre Geschichten" in der „Weltwoche", Artikeln in der „Schweizer Illustrierten" – und der TV-Show „Holiday in Switzerland" (ausgezeichnet mit Goldener Rose von Montreux)
- Präsentator der Sendung „Ich trage einen großen Namen" im deutschen Fernsehen.
- Seit über 15 Jahren Moderator des Bernhard-Apéro am Bernhard-Theater Zürich

Interview des Buchautors mit Dr. Hans Gmür:
Thema: Kreativität und Humor

1. Was sind Humor und Heiterkeit eigentlich ihrem Wesen nach?
Heiterkeit ist ein Zustand, im besten Fall ein Dauerzustand. Dann ist sie Wesenszug, Charaktereigenschaft eines Menschen.

Heiterkeit und Humor sind oft beisammen, identisch sind sie nicht. Man kann ein heiterer, ja sogar ein sehr fröhlicher Mensch sein und die Pointe eines Witzes doch nicht verstehen.

Humor ist eine Fähigkeit. Die Fähigkeit, über Zustände, Ereignisse, Menschen und – am besten – über sich selbst lachen zu können.

Nicht alle Humoristen sind heitere Menschen. Oft wird sogar das Gegenteil behauptet. Berühmte Komiker sind im Privatleben oft grantig, schwierig oder – besonders häufig – veritable Geizkrägen.

2. Und wie steht es mit dem Spott – ist das auch eine Humorgattung?
Das Verspotten, Bloßstellen, Lächerlichmachen anderer Leute kann durchaus legitim sein. Ein Kabarettist verspottet einen Politiker. Dieter Hildebrandt bringt's fertig, daß wir über Helmut Kohl lachen. Warum nicht? Es gibt massenhaft Zeitgenossen und Zustände, die mit Recht als Zielscheiben für boshaften Witz herhalten müssen.

Auf dem Cabaret und in der Karikatur wird der Humor als Waffe eingesetzt. Wenn die Waffe nicht stumpf sein soll, muß der Witz uns zum Lachen bringen. Der Satiriker, der Spötter, der Ironiker muß nicht nur ein Moralist sein. Er muß wirklich Humor haben. Sonst ist seine Satire, sein Spott, seine Satirik wirkungslos.

3. Braucht es Kreativität, um zu den humorvollen und heiteren Lebensgeistern zu gehören?
Heiterkeit ist erstrebenswert. Sie ist mit Sicherheit eine Lebenshilfe. Kreativ ist sie an sich noch nicht.

Auch Humor ist nicht unbedingt kreativ. Wer über die Dialoge einer Komödie, die Situationskomik eines Films, über Cartoons, Komiker oder Kabarettisten lachen kann, hat Humor. Kreativ braucht er deswegen nicht zu sein. Kreativ ist derjenige, der den komischen Dialog schreibt, den lustigen Film inszeniert, die witzigen Cartoons zeichnet oder die komische Rolle so großartig spielt. Kreativ ist, wer andere zum Lachen bringt. Vermutlich ist es auch der schon, der nicht erst loslacht, wenn er im Theater oder Kino dazu ermuntert wird, sondern selber imstande ist, die Komik einer Situation, eines Vorfalls, eines Menschen zu entdecken.

4. Was bedeuten Humor und gute Unterhaltung für die Lebenskunst?
Für ein Gelächter kann man sich nichts kaufen. Vermutlich steht der Humor deshalb in unserer Krämergesellschaft nicht höher im Kurs.

Was die Krämer und die Karrieristen jedoch vergessen: Lachen ist gesund. Lachen erhöht die Lebensqualität. Es bringt Menschen zusammen und macht alle schönen Dinge des Lebens noch schöner.

5. Kann ein Mensch den tierischen Ernst zugunsten eher humorvoller Lebensart überwinden?
Das halte ich für verlorene Liebesmüh. Außer der tierisch ernste Mensch bringt es fertig, sich zu ändern, ein anderer zu werden. Was bekanntlich nicht leicht ist. Der Umgang mit lustigen Leuten, mit Menschen, deren Heiterkeit und Humor ansteckend wirken, mag helfen.

Erste Voraussetzung wäre aber, daß der Finsterling aufhört zu glauben, eine „ernste Lebensauffassung" sei besser, wertvoller, nachahmenswerter als eine fröhliche Einstellung zum Leben. Er muß aufhören, Unterhaltung und Humor a priori für seicht, oberflächlich und zutiefst minderwertig zu halten.

6. Welche Stilmittel vermag der humorvolle Mensch wirksam einzusetzen?
Welche Mittel, Kunstgriffe, Tricks man auch immer verwenden mag, um andere zum Lachen zu bringen: Sehr viele haben etwas mit Überraschung zu tun. Eine Pointe, die man voraussieht, wird verpuffen. Ein komischer Vergleich, ein witziges Wortspiel – sie müssen neu und verblüffend sein, sonst erheitern sie uns so wenig wie ein alter Witz.

Drum gibt's nichts Öderes (und nichts, das so unkreativ wäre) wie jene Witzbolde, die immer dieselben Sprüche auf Lager haben.

*7. Beeinflussen sich Humor und Kreativit*ät wechselseitig?
Ich glaube schon, daß Kreativität und Humor sich beeinflussen. Mir scheint aber, es gab und gibt viele kreative Menschen, die weder heiter noch lustig, sondern todernst, ja vielleicht sogar verzweifelt waren oder es noch sind. Doch es muß nicht so sein. Auch das ist ein weit verbreitetes Vorurteil: Daß wirklich kreative Geister mit „heiligem Ernst" ans Werk gehen müßten. Das ist natürlich Quatsch! Der Humor hilft ihnen vielleicht nicht bei ihrer Kunst, er hilft ihnen mit Sicherheit in ihrem Leben.

Im übrigen: Kreativer Humor befähigt nicht nur, die Dinge in einem anderen, neuen Licht zu sehen. Er wirkt auch ansteckend, kann also auch die Menschen, an die er sich wendet, verändern. Wenn er einen Griesgram zum Lachen bringt, aus einem Miesepeter einen fröhlichen Menschen macht, dann regt er diese zur Heiterkeit Bekehrten zugleich an, aus sich herauszugehen. Er fördert also die Kommunikation zwischen den Menschen, den Gedanken- und Ideen-Austausch.

Es erstaunt mich deshalb nicht, daß Humor bei gewissen Kreativitätstechniken als Pflichtübung gilt. Anderseits: Nicht nur nach außen wirkt Humor anregend. Auch in uns selber aktiviert er andere Fähigkeiten: Reaktionsvermögen, geistige Beweglichkeit, sprachschöpferische Qualitäten, Phantasie.

8. Warum ist im Alltag der tierische Ernst viel stärker verbreitet als Heiterkeit und Fröhlichkeit?
Weil der Alltag ja leider wirklich meistens nicht heiter ist. Daneben aber auch – ich kann es nicht oft genug sagen -, weil gerade hierzulande der Humor immer wieder und immer noch als „unseriös", „unschicklich", „unangebracht" diskriminiert wird. Weil viele Leute sich noch etwas darauf zugute tun, daß sie keinen Spaß verstehen.

9. Wie sieht Ihr Bekenntnis zum Beruf des Unterhaltungspromotors aus?
Mein Beruf entspricht völlig meinen Neigungen. Deshalb habe ich vermutlich auch kein Hobby daneben. Als besonders schön empfinde ich es, daß meine Tätigkeit so vielseitig ist: Als Autor unterhaltender Theaterstücke, heiterer Texte, glaube ich, eine kreative Tätigkeit auszuüben. Eine Tätigkeit, die mich immer wieder fasziniert und mir in jeder Minute Spaß macht. (Sogar dann, wenn es manchmal harzig vorangeht und die Einfälle auf sich warten lassen!) Als Moderator und Präsentator habe ich daneben auch das Vergnügen, vor Publikum aufzutreten und mit vielen Menschen in Kontakt zu kommen. Da ich kontaktfreudig bin, genieße ich das sehr. Der Wechsel zwischen kreativer Einsamkeit beim Schreiben und dem „Bad in der Menge" macht für mich einen besonderen Reiz meiner Tätigkeit aus.

26.4 Interview mit Prof. Dr. Kurt Pahlen

Professor der Musikwissenschaften mehrerer Hochschulen – mit internationaler Dirigentenkarriere – Autor vieler Musikbücher
Privatadresse:
Auf Dorf-Straße 41
CH-8708 Männedorf bei Zürich
Telefon priv. 01-9203274

Persönliche Vorstellung

Von Geburt Österreicher (1907), 1940 Argentinischer und 1982 Schweizer Staatsbürger – Dr. phil. der Wiener Universität – Professor der Musikwissenschaften mehrerer Hochschulen – 30jährige internationale Dirigentenkarriere – seinerzeit Leiter der Filarmonica Metropolitana in Buenos Aires und Direktor des weltberühmten Teatro Colón – Bürgerkriege und Diktaturen veranlaßten ihn zur Rückkehr nach Europa und Niederlassung in der Schweiz – Gründer der bahnbrechenden „Feierabendkonzerte" – Professor am internationalen Opernstudio des Opernhauses Zürich – Weltweit als Vortragender über verschiedene musikalische Themen tätig (annähernd 200 Vorträge) – Autor von sechzig Musikbüchern, teilweise in bis zu 16 Sprachen veröffentlicht – Träger höchster Auszeichnungen verschiedener Staaten.

Interview mit Dirigent und Musikwissenschaftler Prof. Dr. Kurt Pahlen, Männedorf:
Thema: Das Kreative in der Arbeit prominenter Dirigenten

1. Darf ich gleich eine provokante Frage an den Anfang stellen?: Ein Dirigent setzt festgesetzte Partituren in Musikaufführungen um. Wo bleibt da noch Spielraum für kreative Dirigentenarbeit?
Musik ist eine Zaubermacht, die Seele und Geist in wohlgefälligster Art anregt. Es sind feinste Ausdrucksformen und tausend Klangschattierungen, welche wir in unserem Empfinden reflektieren. Dabei hängt die Wirkung der Musik stark von unserer Stimmung und Umgebung ab, in der wir sie aufnehmen. Von Einfluß ist

auch die Persönlichkeit des Dirigenten: Er hat sein eigenes Musikverständnis und interpretiert das Werk, welches er gerade ausführt, aus seinem persönlichen Empfinden heraus. Daher gibt es weder genau identische Musikaufführungen noch absolut kongruente Dirigentenpersönlichkeiten. Es sind diese vielen individuellen Andersartigkeiten, die für die kreative Gestaltung von Musikwerken Freiräume öffnen.

2. Können sich die Musiker – Orchestermitglieder und Solisten – auch kreativ entfalten?
Sicher – es wäre reizlos, wenn jeder seinen Part in stets absolut identischer Art spielen würde. Auch der Musiker kann seinen Vortrag kreativ akzentuieren, profilieren, differenzieren.

3. Zurück zum Dirigenten: basiert seine Kreativität hauptsächlich auf Talent, Erfahrung, handwerklicher Dirigierkunst oder Erfolgsstreben?
Eine umfassende Frage, zu deren erschöpfender Beantwortung es einer ausführlichen Analyse bedürfte. Unter dem Talent wäre seine musikalische Sensibilität und sein musikalisches Ausdrucksvermögen zu verstehen. Die Erfahrung hilft ihm, mit Orchestern gut umzugehen und mit ihnen Partituren wirkungsvoll umzusetzen. Das Erlernen solider Dirigierkunst ist Pflichtübung jedes erfolgreichen Dirigenten. Es gibt eine Menge von Kunstgriffen und Beeinflussungstechniken, die der Dirigent erarbeiten muß. Und ein ausgeprägtes Erfolgsstreben ist ebenso Voraussetzung für das, was man als Glanzkarriere bezeichnet.

4. Empfindet der Dirigent eine Art Machtgefühl dem großen Klangkörper gegenüber wie auch face-en-face der Zuschauermenge?
Es verursacht schon ein bißchen Machtgefühl, wenn man als bestimmte Autorität auf dem Podium einem dankbaren Publik einen erlesenen Kunstgenuß zubereiten darf. Vergessen wir auch nicht, daß heute bei weltweiten Fernsehausstrahlungen – zum Beispiel des Wiener Neujahrkonzertes – einige hundert Millionen Zuschauer die musikalische Szenerie bewundern.

5. Ist kreative Dirigierkunst mehr eine Sache der minutiösen Vorbereitung oder der spontanen Improvisation?
Bestimmt von beidem, aber die spontane Befähigung ist wichtiger. Der legendäre Hans Knappertsbusch, spontaner Mensch par excellence, mochte Proben nicht, aber er dirigierte wie ein Gott, dank seiner Spontanität und geistigen Präsenz!

6. Inwieweit ist die kreative Beeinflussung von Orchester und Werkaufführung möglich, ohne das Komponisten-Credo und das Gestaltungsanliegen des Werkes zu beeinträchtigen?
Auch Komponisten sind nur Menschen und begehen Fehler. Wie oft wurden Kompositionen von ihren Schöpfern im Laufe der Zeit verbessert und sonstwie variiert. Von Beethoven gibt es zum Beispiel vier verschiedene Ouvertüren-Fassungen für den „Fidelio", und sie haben alle ihren besonderen Reiz. Wie manche Originalkompositionen sind doch später durch andere Komponisten zu erfolgreichsten Variationen umkomponiert worden, um neuartige Reize und Wirkungen zu erzielen! Musik ist eben die variabelste aller Künste, weil das Endresultat – die Werkaufführung – von vier Seiten her kreativ bereichert wird: vom Komponisten, vom Dirigenten, vom Solisten und dem Musikerensemble. Ein Maler, ein Dichter und ein Bildhauer gestalten ganz allein, oft in absoluter Abgeschiedenheit. – Es kann somit nicht überraschen, daß Dirigenten der Meinung sind, es gäbe kaum ein Werk, wo nicht noch bestimmte Retuschen angebracht werden könnten. Allerdings sind auch dem Dirigierenden Grenzen gesetzt, nämlich von der Natur her: der eine ist ein ausgesprochener Melodiker, der andere mehr Dramatiker oder Rhythmiker und ein dritter vielleicht Klangfanatiker. Vielseitigkeit ist auch bei ihm auf Verbesserungsbereitschaft und Wandlungsfähigkeit angewiesen.

7. Welcher konkreter Mittel bedient sich ein Dirigent, um eine Werkaufführung kreativ zu beeinflussen und seinen gestalterischen Willen formend auf das Orchester zu übertragen?
Da muß ich etwas ausführlich werden: Zuerst einmal ist die Kreativität unter Dirigenten unterschiedlich ausgeprägt, wie in anderen Berufen auch. Wo sie echt spürbar wird, da ist sie es entweder ganz spontan beim Dirigieren selbst, oder es geht um kreative Schleifarbeit am Orchester anläßlich aufwendiger Proben. Für eine erfolgreiche Übertragung des künstlerischen Willens auf einen kleineren oder größeren Klangkörper sind nach meiner Meinung einige Dinge von besonderer Wichtigkeit: 1. eine gewinnende Persönlichkeits- und Autoritäts-Ausstrahlung, 2. die gute Atmosphäre, die der Dirigent für eine konstruktive und menschlich ansprechende Zusammenarbeit zu schaffen vermag, und 3. eine spürbare musikalisch-künstlerische Kompetenz, die seinen gestalterischen Suggestionen Leben einhaucht. Niemals darf ein Dirigent zum Vielredner werden, denn bei Orchestern macht man sich als Parleur unbeliebt. Dafür ist das ganze Instrumentarium, welches ein fähiger Dirigent zur Beeinflussung und Steuerung der Aufführungsqualität einzusetzen vermag, um so wichtiger: Rhythmisierung, Dynamisierung, Modulation des Klangcharakters, subtile Variation der Lautstärke, Verlangsamung oder Beschleunigung der Tempi, geistig-seelische Beflügelung, Plastizität an gewissen Stellen, progressives Anschwellen, bewußte Verzögerung, Präzision des Einsatzes, zartes Aus-

klingen oder emphatische Schlußsteigerung wie in einem „Messias". Auch der Bewegungscharakter des Dirigenten und seine mimische Ausstrahlung wirken auf das Orchester maßgeblich ein. Nur sollte die Mobilität auf dem Dirigentenpodium nicht übertrieben werden; allzu wildes Gestikulieren und förmliche Gymnastik vor dem Publikum wirkt lächerlich.

8. Ihr Stichwort „mimische Ausstrahlung" bringt mich auf eine weitere Frage: wie ist es nur möglich, daß Musiker (selbst in Weltklasse-Orchestern) mit gelangweiltem Gesicht oder sogar trostloser Visage dasitzen können, und dies zum Beispiel bei strahlendsten Walzerklängen wie im schon zitierten berühmten Neujahrskonzert der Wiener Philharmoniker?
Nun, Griesgrame gibt es wohl in jeder Berufsgattung, aber ich bin da auch der Meinung, daß es beim Publikum einen negativen Eindruck hinterläßt, wenn berückende Musik in schönster Ambiance und auch von festlich gekleideten Musensöhnen mit Gesichtern vorgetragen wird, die eine Weltuntergangsstimmung zum Ausdruck bringen. Die Fernsehkamera hat zwar etwas Brutales – man denke nur an die Nahaufnahmen gequälter Gesichter von Sängern und Sängerinnen in anstrengenden Passagen –, aber wer in der Öffentlichkeit auftritt, hat eben auch die Verpflichtung, optisch vorteilhaft oder mindestens akzeptabel zu wirken. Und dessen sind sich wohl nicht alle coram publico Auftretenden hinreichend bewußt.

9. Noch eine Frage an Sie, die mit der Kommunikation zwischen Dirigent und Orchester zu tun hat: Wie machen Sie denn Ihren Musikern subtile Anweisungen und musiktechnisch schwierige Wünsche klar, zum Beispiel in den Proben, wenn doch ein Dirigent nicht zuviel reden soll, wie es hieß?
Ach, da gibt es einige einfache Hilfen, die jeder Dirigent einsetzt, zum Beispiel das Vorsummen, Vorsingen, Vorspielen am Flügel, oder verstärkende und abschwächende Handbewegungen, Heben, Senken und Schwenken des Kopfes – eigentlich die gesamte Körpersprache, die der Dirigent zur Vermittlung von Wünschen und zum Anbringen von Verbesserungen in Anspruch nehmen kann. Auch Anerkennung läßt sich körpersprachlich zum Ausdruck bringen, nicht zuletzt mimisch, und ich erachte die Vermittlung von Zufriedenheit oder gar Begeisterung als sehr wichtig für ein befreiendes Musizieren in menschlich ansprechendem Rahmen. Daß Anerkennung auch verbal darzubringen ist, braucht wohl keiner besonderen Betonung. Verdiente Anerkennung ist Wertschätzung und damit immer auch beste Motivation!

10. Gehört es eigentlich zu einem „guten Dirigenten und Musiker", daß sie auch gerne Neue Musik spielen?
Die Übermittlung „moderner" Musik gehört zu den unabdingbaren Aufgaben der Dirigenten zu allen Zeiten. Der Schwierigkeitsgrad heutiger Musik übertrifft den früherer Epochen beträchtlich; die Musik von heute ist ebenso hoch technisiert, wie es ja alles in unserer Zeit ist. Sie bietet dem rein gefühlsmäßigen Hörer kaum die Möglichkeit eines Genusses. Eine der Aufgaben des heutigen Dirigenten besteht eben gerade darin, dem Hörer trotzdem einen Zugang zu der schwierigen Musik von heute zu bieten. Er wird dies aber nur können, wenn er selbst von Werten hinter der komplizierten Fassade dieser Musik überzeugt ist.

11. Meine Schlußfrage: würden Sie in einem neuen Leben wieder als Dirigent tätig sein wollen?
Unzweifelhaft. Ein gutes Orchester zu dirigieren ist eine faszinierende Aufgabe. Auch die vielen interessanten Kontakte mit Sängern, Solisten, sonstigen Musikern, Theaterdirektoren und Toningenieuren usw. sind dankbar. Aber das Größte an der Dirigententätigkeit ist das immer neue Erlebnis einer gelungenen Aufführung eines Werkes, das man selbst bisher noch nicht dirigiert hat, oder von Werken, die man über alles liebt! In diese Klangwelt einzutauchen und sie kreativ mitzugestalten, ist ein euphorischer Genuß, der sich mit bloßen Worten kaum beschreiben läßt. Ich denke, daß nur der Komponist eine noch größere Wonne erlebt, wenn er sein mit totaler Hingabe geschaffenes neuestes Werk zum erstenmal so erklingen hört, wie er es erträumt hat.

26.5 Interview mit Jörg H. Schoch über interdisziplinäre Kreativarbeit

Inhaber der Jörg Schoch AG
für Kommunikation und Audiovision
Teufen AR bei St. Gallen
Jörg H. Schoch AG
Vorderhausstraße 1
CH-9053 Teufen AR
Telefon Gesch. (0)71–333334
Telefax (0)71–333348

Persönliche Vorstellung

Jörg H. Schoch, geb. 1938, seit 1967 freischaffend und Inhaber der Jörg Schoch AG für Kommunikation und Audiovision, Teufen AR, ist mir, dem Autor dieses Handbuches, seit über 30 Jahren bekannt. Als kreatives Multitalent hat er mich immer beeindruckt: Unternehmensberater/BR SPRG für Public Relations und Schulung, Mediengestalter, Drehbuchautor, Texter und Prüfungsexperte, aber auch als praktizierender Freizeitmusiker und Koch – all dies bringt er in imposanter Art in seine berufliche Kreativarbeit ein.

Schoch arbeitet unter anderem für bekannte Unternehmen, Institutionen und Verbände in Branchen wie Ernährung, Nahrungsmittel, Landwirtschaft, Strom usw. und erarbeitet maßgeschneiderte, umfassende Konzepte für deren Öffentlichkeitsarbeit und Schulung. Als kompetenter Autorproduzent audiovisueller Produktionen (Dia-Audiovision und Video) hat er sich in der Schweiz einen besten Namen gemacht. Seine Maßarbeit bedingt ausgeprägt ein kreatives Zusammenwirken von Spezialisten verschiedener Fachbereiche eines solchen Ganzen und somit die gelenkte Arbeit in interdisziplinären Projektgruppen.

Da Jörg H. Schoch gerade in diesem anspruchsvollen Tätigkeitsbereich viel operationale und psychologische Erfahrung gewinnen konnte, habe ich es für meine Leser als instruktiv befunden, ihn über einige besondere Aspekte interdisziplinärer Kreativarbeit zu befragen.

Interview des Autors mit Jörg H. Schoch
Thema: Interdisziplinäre Kreativarbeit

1. Ist echte Kreativität auch interdisziplinär, also z.B. in einer Projekt-Arbeitsgruppe, möglich?
Ja, selbstverständlich. Dafür sind aber unbedingt einige Starterfordernisse notwendig, vielleicht unter dem Titel „Organisation und Moderation“:

Vorab müssen natürlich alle Haupt- und Teilziele bekannt sein. Das tönt nach Allgemeinplatz. In der Praxis werden kreative Prozesse in Gruppen aber oft durch Zielkonflikte behindert. Im weiteren ist ein Zeitrahmen zu fixieren und die Arbeits- und Protokolltechnik festzulegen. Anschließend folgt die Einstimmungsarbeit durch den Vorsitzenden, der im Sinne bekannter Konferenztechniken die Mitglieder vor allem zur Öffnung auffordert. Auch verrückte Ideen sollten Platz finden. Voreiliges Kritisieren und Zerreden muß von vornherein unterbunden werden.

Auf jeden Fall – und das ist für mich das wichtigste – muß immer zuerst eine individuelle kreative Vorleistung durch die Arbeitsgruppen-Leitung eingebracht werden. Erst dann können sich mehrere Leute daran kreativ „aufschaukeln“.

2. Wird der Begriff „Kreativität“ in Arbeitsgruppen in der Regel richtig verstanden?
Nicht immer, denn der Begriff wurde ja lange Zeit sehr eng gefaßt. Nach wie vor gibt es viele, die unter dem Begriff „Kreativität“ ausnahmslos Formales, Gestalterisches ansiedeln, also z.B. Kunst, Design und Werbung. In wirtschaftlich schwierigeren Zeiten hat der Begriff eine späte Erweiterung und Vertiefung erfahren. Der Schrei der Chefs nach mehr Innovation und Kreativität zur Lösung größerer Problemsituationen signalisiert dies. Man kann sagen: schöpferisches Denken und Handeln sind zur eigentlichen Managementfunktion geworden.

3. Wo drängen sich kreative Prozesse in Arbeitsgruppen auf?
Sicher überall dort, wo ein einzelner nicht die gleichen Resultate erzielt oder aus Kompetenz-, sachlichen und psychologischen Gründen Spezialisten und verschiedene hierarchische Stufen gefragt sind.

Im weiteren ist die Arbeit in der Gruppe auch höchst inspirierend. Aber das kennen wir im Ansatz ja schon aus der nicht mehr so ganz taufrischen Brainstorming-Technik.

4. Sicher gibt es aber auch eine Reihe von „Pferdefüßen“, die die interdisziplinäre Arbeit behindern?
Die Reihe ist lang. Ich möchte sie kürzen: Bürokratie und Angst. Das eine wächst aus dem anderen. Noch lange nicht alle modernen Menschen sind genügend offen

für eine kreative, frei-denkerische Gruppenarbeit. Manch einer verschanzt sich aus Angst vor der „Gruppenprüfung" z.B. hinter bürokratischen Manierismen.

Das spätere Projektergebnis entspricht dann nicht selten der Führungsqualität. Angezeigt sind: Unter anderem menschliche Führung, Moderationstechnik, Vermeiden streitbetonter Auseinandersetzungen. Lockerheit, etwas Humor und Dankbarkeit für gute Beiträge.

Um Bedingungen zu vermeiden, sind variantenreiches Denken, Flexibilität und Entfaltungsspielraum unentbehrlich.

Letztlich ist auch das Umfeld für eine solche interdisziplinäre Arbeit zu beachten; unfreundliche, klimatisch ungünstige, steril hergerichtete, wenn möglich noch schlecht abgeschirmte Räume beflügeln die Geister so wenig wie Wartesäle den Morgenmuffel.

5. Ist die kreativitätsbetonte Leitung einer Arbeitsgruppe durch eine außenstehende Person sinnvoll?

Die Neutralität eines Außenstehenden würde dafürsprechen. Nur hat die Sache stets einen zentralen Haken:

Als externer Berater oder Konzeptverfasser einer Institution, die mir eine Arbeitsgruppe zur Verfügung stellt, darf ich vielleicht auf Vertrauenskapital zählen. Möglicherweise bringe ich sogar etwas Branchenkompetenz und dialektisches Geschick mit. Was mir aber fehlt, ist Weisungsbefugnis. Alles, was ich gerne entscheiden würde, muß ich als Vorschlag behandeln und per „Arabisches Telefon" – also mit der Gefahr der Verwässerung und Eigeninterpretation Dritter – weitergeben. Deshalb werden für solche Aufgaben in der Praxis meist interne Fachkräfte eingesetzt.

Ehrlich gestanden und rein persönlich: Die Rolle eines dynamischen „Hofnarren" anstelle des Vorsitzes dient der Sache oft mehr. So gelingt es mir besser, inspirierend mitzuwirken, Kreativtechniken und Arbeitsmethoden einzubringen sowie arbeitstechnische Abläufe zu koordinieren, ohne mich gleichzeitig auch noch der „Gruppen-Verwaltung" widmen zu müssen.

Insgesamt: Der Ja/Nein-Entscheid an sich bleibt personen- und beziehungsabhängig. Mit Sicherheit bestätigt die Ausnahme die Regel.

6. Was kann getan werden, um in Arbeitsgruppen mehr Kreativität entstehen zu lassen?

1. Sich all dieser Gesetzmäßigkeiten bewußt sein und die Führungsarbeit dementsprechend gestalten. Sie/er sollte die kreativen Top-Denker der Gruppe unterstützen, großzügig das Wort erteilen, selbst inspiriert mitwirken, destruktive Einflüsse elegant abfedern und – wie gesagt – vorerst einmal zur Einstimmung mit einer kreativen Eigenleistung aufwarten.

2. Das Top-Kader – wenn möglich über das Gedankengut der Unternehmenskultur – für diese Art der Arbeit gewinnen, beteiligen und den Feedback sicherstellen. Die geistige Haltung der oberen Etagen und eine gewisse Projektgruppenerfahrung können unschätzbare Dienste leisten. Die Mitglieder fühlen dadurch Freiheit und Raum zur Entfaltung.

3. Den Fähigsten an die Spitze! Ein gruppendynamisch erfahrener Vorsitzender findet auch immer Gelegenheit, die Gruppe in ihrer Lernfähigkeit, ihren Wirkungsbeziehungen und ihrer Dynamik weiterzuentwickeln. Quasi: Learning by doing!

7. Nehmen wir an, die Arbeitsgruppe habe ihre kreative Leistung erbracht. Nun findet das Ergebnis aber außerhalb der Gruppe doch keine Gnade. Ist das nicht frustrierend?

Nein, denn das ist der Alltag des Kreativschafffenden. Diese Situation erfordert lediglich einige psychologische Überlegungen.

Gerade diese Situation gibt dem Vorsitzenden die Chance, „seine“ Gruppensache mit Eloquenz und Nachdruck und eben mit schöpferischem Geist neu zu vertreten.

Diese Solidarität mit seiner Arbeitsgruppe hat zudem einen nicht zu unterschätzenden Führungsaspekt, sie schafft Akzeptanz und Anerkennung.

Ein teilweiser oder ganzer „Abschuß“ kommt ohnehin oft von Leuten, die nicht selbst am Kreativprozeß beteiligt waren. Ihnen fehlt das Detailwissen und die assoziative Breite, wie und warum diese oder jene Konzeptform überhaupt entstanden ist.

Es ist wichtig, ehrlich zu analysieren, warum das Aha-Erlebnis ausblieb. Meist sind es völlig unkreative Gründe, denen man vielleicht in der Zielformulierung zu wenig Bedeutung geschenkt hat. Ich denke z.B. an ungenügende Information nach oben, an einen „Nichtberücksichtigten“ oder an die Kostenseite eines Projektes.

Dann gibt es aber noch die berühmte Schnittstelle zwischen „präzis“ und „beschreibend“: Techniker und Naturwissenschaftler haben – dies keinesfalls wertend und nur als Beispiel – andere Vorstellungen von Kreativität als Geisteswissenschaftler oder Ökonomen. Die eine Seite hat gelernt, in Zahlen und Fakten zu denken, die andere unter anderem in Szenarien, Interpretationen und Assoziationen. Diese „Verständigungskrise“ ist ja wirklich nicht neu, nur immer wieder neu zu bewältigen – selbstverständlich mit Führungsqualität und Kreativität. Sie wird entschärft, indem man solche Exponenten frühzeitig in den Prozeß einbezieht, sprich: in die Gruppe integriert.

8. Dann käme also der Präsentation des Projektes an Außenstehende große Bedeutung zu?
Oh, ja, eine sehr große sogar. Persönlich empfehle ich meinen Geschäftspartnern immer wieder eindringlich, keine unbegleiteten Konzepte – meist auch noch ohne zusätzlich stimulierende Erklärung und Nutzenanalyse – zur Vernehmlassung herumzureichen.

Hier hat der Vorsitzende eine entscheidene Informationsaufgabe zu erfüllen. Die perfekte Präsentation einer interdisziplinär gewachsenen Lösung an die Entscheidungsträger (z. B. Direktion, Verwaltungsrat, Verbandsspitzen, Milizorgane usw.) ist nach wie vor das Gelbe vom Erfolgs-Ei. Eine solche Präsentation muß nach allen Regeln der Kunst persönlich, visuell und psychorhetorisch erfolgen. Auf diese Weise läßt sich kreatives Gedankengut und Feu sacré hautnah übertragen.

9. Unschätzbar ist natürlich das positive Feedback für die Arbeitsgruppe. Was bringt es konkret?
Das positive Feedback ist lebenswichtig. Anerkennung ist ein altbewährtes Führungsinstrument, sie moderiert zur kreativen Anschlußleistung, während undifferenzierte Kritik blockiert.

Das positive Feedback hat viele Gesichter: Persönlich ausgesprochene Anerkennung, Beiträge in Firmenzeitungen, Erwähnung an Personaltagen, Traktandum auf Wochenrapporten, kleine Feier, Bildberichte, Hinweise zu Weiterbildungsmöglichkeiten i. S. Gruppendynamik und Kreativität und vieles mehr. Sicher ist sie aber kein Tummelplatz für Bonusse und Vergünstigungen. Bei dieser Gelegenheit: Es wird allzu oft vergessen, daß die Pflicht zu gewissen kreativen Leistungen Teil einer Stellenbeschreibung und des Vertrages sind.

Kreativität ist zirkulär, sie schaukelt sich positiv auf, wenn niemand die Kreise stört.

10. Lassen sich schließlich auch noch Aspekte für das Umsetzen solcher Prozesse in die Praxis aufzeigen?
Gestatten Sie mir, diese Antwort vorerst etwas negativ einzustimmen: Mit viel Unbehagen denke ich zurück an tolle, kreative Konzepte aus Arbeitsgruppen, die dann im Verlaufe der Umsetzung die galoppierende Schwindsucht bekamen, salamitaktisch abgespeckt und ausgedünnt kamen sie – teilweise durch schwache Argumente, aber auch durch Ablauffehler, Oberflächlichkeit und Mangel an Identifikation – nie zur richtigen Blüte. Häufigstes und leider wirksamstes Argument: Sparmaßnahmen. Deshalb:

1. Realistische Budgets gehören in die Zielformulierung. Mit Kreativität schafft man es auch, mit gleichviel Geld mehr oder mit weniger Geld gleichviel zu bewirken.

2. Durchziehen! Komplexe Projekte brauchen eine genauso kreativ durchdachte Vollzugskontrolle und klar definierte Verantwortlichkeiten. Umfangreiche, auf eine machbare Größe ausgelegte Konzepte (z.B. für PR, Schulung, Werbung und Medien) sind auf längere Perioden ausgelegt und bestehen aus Einzelschritten. Ersatzlose Verluste einzelner Teile können der kreativen Gesamtleistung und der Zielsetzung sehr schaden.

3. Ursprüngliche Zielvorgabe, Leitbilder und Unternehmenskultur immer wieder durchschimmern lassen, damit der Gesamtrahmen und die kreative Vorleistung im Vollzug nicht verlorengehen! Gerade weil Kreativität zirkulär ist, kann das kreative Umsetzen in die Praxis bereits wieder Vorleistung für neue Prozesse sein.

11. Ein Schlußwort?

„Das Inbetrieb- und Durchsetzen eines komplexen, kreativ gestalteten Projektes ist meist schwieriger zu bewerkstelligen als der vorangegangene interdisziplinäre Prozeß.“

26.6 Interview mit Prof. Dr. Franz Lenzinger

Gymnasiallehrer für klassische
und orientalische Sprachen
Bildhauer und Maler der
geometrisch-konstruktivistischen
Richtung
Privatadresse:
Vollikerstraße 26
CH-8133 Esslingen bei Zürich
Telefon priv. 01-984 2085

Persönliche Vorstellung

Gymnasiallehrer – geb. 1937 in Bern – Bernische Schulen bis zur Maturität – Hospitum im Kloster Engelberg in Philosophie, Griechisch und Hebräisch – Universitätsstudien in Bern, Fribourg, Jerusalem und Kairo – Gymnasiallehrerdiplom und Doktorat in Alten Sprachen und Orientalistik – Kulturattaché in Ägypten – Ausbildung zum Bildhauer und Maler an den Kunstgewerbeschulen in Zürich und Luzern – Hauptlehrer an der Kantonschule Zürich – Verheiratet mit Ägypterin/vier Kinder – Zahlreiche Kunstreisen in Europa und den USA – Eigenes Atelier – Präsentation seiner Kunstwerke bisher an rund 40 Ausstellungen, auch international in Los Angeles, Fulda, Friedrichshafen, Hamburg, Frankfurt etc. – Gestaltungsbereich: Plastiken aus verschiedenen Materialien, auch Chromstahl/vergoldet, Holz und Draht, Farbbilder, Collagen, hauptsächlich im Bereich geometrisch-konstruktivistischer Formsysteme wie Schleifen, Schlaufen, Knoten, Spiralen, einflächig-einkantiger Figuren und verdrehter prismatischer Ringe.

Die Kunsthistorikerin Dr. Iris Burgdorfer charakterisiert das Werk so:
„In seinem plastischen Schaffen vertraut der Künstler auf eine höhere geistige Ordnung, welche Schönheit, Harmonie und erhabene Ruhe in seine Kunst hineinbringt. Maßstab und Proportionen scheinen wie von selbst zu stimmen – von der Miniatur bis zum Monument. Und bei optimaler Beleuchtung sublimieren sich die Plastiken zu brillanten, immateriellen Lichterscheinungen. In den Collagen und Gemälden schafft er auch mit faszinierenden optischen Täuschungen. Es entstehen dabei „unmögliche“ Formabläufe und Verbindungen – das Reale schlägt unversehens in Irreale um.“

Interview des Autors mit Prof. Dr. Franz Lenzinger, Bildhauer und Maler der geometrisch-konstruktivistischen Richtung

1. Wie sind Sie darauf gekommen, künstlerisch zu arbeiten?
Seit früher Kindheit war ich ein eifriger Zeichner. Mein Lieblingsthema waren blätterlose Bäume. Während meiner ganzen Jugend hat mir alsdann das Zeichnen größte Freude bereitet und in der Schule auch stets die besten Noten eingebracht. Viel verdanke ich dabei meinem sehr verehrten Zeichenlehrer am Gymnasium, der es meisterhaft verstand, uns Schüler durch die gemeinsame Betrachtung von Kunstwerken zum Werterlebnis klassischer und moderner Kunst zu führen. In meiner Gymnasialzeit war ich außerdem ein fleißiger Sammler von Mineralien und Versteinerungen und ein fast leidenschaftlicher Beobachter von Vögeln. Es ist wohl möglich, daß sich durch diese Betätigungen Schönheitssinn und Unterscheidungsvermögen besser entfalteten. Die Aneignung alter und neuer Sprachen sowie die Beschäftigung mit Philosophie haben alsdann für einige Jahre meine Kräfte fast ausschließlich beansprucht und meine früheren zeichnerischen und naturwissenschaftlichen Interessen gleichsam in einen Dornröschenschlaf versetzt. Neu erwacht aber sind sie, als ich in Ägypten als Kulturrat tätig war. Mein Beruf brachte mich in diesem an Anregungen so reichen Lande mit den Werken altägyptischer aber auch mit denen koptischer, islamischer und zeitgenössischer Kunst in Berührung. Von dort ist der zündende Funke auf mich herübergesprungen, und dort befindet sich der Auslöser für meine eigene künstlerische Tätigkeit.

2. Wie haben Sie sich auf Ihre künstlerische Laufbahn vorbereitet?
Als ich einmal den Entschluß, künstlerisch tätig zu sein, gefaßt hatte, habe ich einfach alles in meinen Möglichkeiten Stehende unternommen, um mein Vorhaben zu verwirklichen. In die Schweiz zurückgekehrt, trat ich in Kontakt mit Künstlern, nahm zahlreiche Kurse in Zeichnen und Modellieren, erlernte das Handwerk an einer Bildhauerschule, besuchte Galerien und Museen und schuf unzählige Frühwerke, die ich größtenteils selber wieder zerstörte, ohne sie je der Öffentlichkeit gezeigt zu haben. Diese Zeit verborgenen Schaffens hat wenigstens zehn Jahre gedauert.

3. Wo ist für Sie die Ursache für Ihre Kreativität?
Ich nehme an, daß mein schöpferischer Drang der Totalität meiner Persönlichkeit entstammt. Meine gesamte Natur mit ihren angeborenen und erworbenen Eigenschaften bildet den Boden, aus dem meine Werke hervorwachsen. Meinem Vater, der von Beruf Zahnarzt war, glaube ich, Geduld, Präzision und eine gewisse künstlerische Begabung zu verdanken. Er war ein guter Zeichner, Sänger und Geiger. Außerdem war er mathematisch begabt. Meiner Mutter aber verdanke ich Willen,

Entschlußkraft und ein gewisses Maß an gesundem Ehrgeiz. Natürlich gibt es auch Dinge, die man nicht erben kann. Dazu gehören Kenntnisse und Fertigkeiten. Die habe ich mir selber angeeignet. Da ich gerne lerne, ist mir dies nicht sehr schwer gefallen.

4. Wie versetzen Sie sich in einen kreativen Zustand?
Wichtig für mich ist das Ausschalten äußerer Störfaktoren und das Erstellen von Ruhe und Ordnung. Dann kommt die innere Vorbereitung. Diese besteht in Nachdenken und ruhigem Warten. Nur so viel liegt in meiner Macht. Die Eingebung selber ist, wie das Wort sagt, Gabe. Sie ist Geschenk und Gnade. Sie kann man nicht erzwingen. Man kann höchstens günstige Bedingungen für ihr Herbeikommen schaffen.

5. Woher stammen Ihre künstlerischen Anregungen?
Grundsätzlich von allem, was meine Sinne und mein Denken bewegt. Da trifft das Wort zu: „Nichts Menschliches ist mir fremd." Eigentlich bin ich immer auf der Suche. Ich bin ein unermüdlicher Sammler. Gleichzeitig ein ständiger Experimentierer. Ein Pröbler und Tüftler. Dutzende von Entwürfen, Zeichnungen und Modellen können in kürzester Zeit entstehen. Diese sammle und ordne ich hernach sorgfältig. Das wiederholte und längere Betrachten meiner früheren Entwürfe hat mir schon oft zu neuen Lösungen verholfen.

6. Sie sind Lehrer für alte Sprachen und zugleich ein engagierter Künstler. Wie verbinden Sie diese so verschiedenen Tätigkeiten miteinander?
Das fällt mir gar nicht immer leicht. Da entstehen oft große Spannungen und schwere Zerreißproben. Die Loslösung vom einen und die Zuwendung zum andern erfolgt nicht immer reibungslos. Oft fällt es mir schwer, vom künstlerischen Arbeiten wieder zurück zum Sprachunterricht zu finden. Auch umgekehrt bedarf es nicht selten einer gewissen Anstrengung, um wieder voll im Element zu sein. Aber ich meine, daß man in dieser Sache nicht zu stark das Trennende sondern eher das Verbindende sehen sollte. Da ist zunächst das Kreative selbst. Kreativität ist hier und dort. Ich wäre ein schlechter Lehrer, wenn ich meine Kreativität zu Hause ließe. Auch der Begriff der Grammatik verbindet beides. Grammatik ist nicht nur die Gesamtheit der einer Sprache innewohnenden Regeln, sondern ebenso die einem Kunstwerk zugrundeliegende Gesetzlichkeit. Und vergessen wir nicht, daß der Mensch von Natur aus nicht einseitig ist. Ursprünglich war er nämlich alles in einer Person: Jäger, Sammler, Krieger, Handwerker und vieles mehr. Erst die geschichtliche Entwicklung und unsere falsche Vorstellung haben ihn aus dieser Universalität hinausgestoßen.

7. Haben Sie auch unschöpferische Zeiten?

Sicher. Ein Künstler ist keine Maschine. Auch ich erlebe Zeiten erhöhter und solche verminderter künstlerischer Leistungsfähigkeit. Sogar sehr ausgeprägt. Mein körperliches, geistiges und seelisches Dasein ist großen Spannungen ausgesetzt. Aktive und passive Phasen, Lebensfreude und Lebensleid wechseln zyklisch miteinander ab. Vielleicht verbindet dieser Wesenszug alle Künstler miteinander. Denn bekanntlich hat schon Aristoteles gesagt, daß alle schöpferischen Menschen Melancholiker seien. Bei mir persönlich kann ich sogar einen jahreszeitlichen Zusammenhang erkennen. Im Frühjahr und im Sommer bin ich aktiv. Da entstehen die meisten meiner Werke. Im Herbst und Winter dagegen bin ich passiv. Da entsteht – wenigstens von außen gesehen – fast nichts. Freilich könnte ich hier leicht einer Selbsttäuschung erliegen. Es könnte sich nämlich um eine notwendige schöpferische Pause handeln. Wie in der Natur, könnte sich das Wachstum im Verborgenen vollziehen. Dies wäre dann so zu verstehen, daß zwar der kreative Prozeß das ganze Jahr über im Gange ist, daß er aber zeitweilig unsichtbar im Innern abläuft und zeitweilig sichtbar nach außen zutage tritt.

8. Wie groß ist der Anteil von wissenschaftlichem und technischem Know-how in Ihrem Werk?

Er darf nicht über- aber auch nicht unterschätzt werden. Meine eigenen mathematischen Kenntnisse gehen kaum über die eines Maturanten hinaus. Hingegen bemühe ich mich dauernd, durch das Lesen von Fachzeitschriften über den neuesten Stand wissenschaftlicher Forschung und technischer Errungenschaft auf dem laufenden zu sein. Zudem stehe ich in Verbindung mit Hochschulen und technischen Fachbetrieben. Die Realisation meiner Werke ist oft nur durch die Mitarbeit hochqualifizierter Fachleute und den Einsatz modernster Technik möglich. So benutze ich beispielsweise nötigenfalls auch computergesteuerte Fräsmaschinen.

9. Auf welchem Gebiet Ihrer Kunst glauben Sie, Pionierarbeit zu leisten?

Grundsätzlich auf allen Gebieten. Sonst würde ich die Werke nicht schaffen. Es liegt mir wenig daran, zu wiederholen, was andere schon vor mir getan haben. Ich arbeite mit der Überzeugung, Neues zu schaffen. Daß sich dabei gelegentlich eine scheinbare oder tatsächliche Wiederholung eines bereits von einem andern Künstler früher geschaffenen Werkes ergibt, ist bei der Art von Kunst, wie ich sie schaffe, nicht auszuschließen, aber jedenfalls unbeabsichtigt. Die Natur der Sache will es, daß ein Künstler in seiner ersten Schaffenszeit Werke hervorbringt, die denen aus seinem künstlerischen Umfeld ähnlich sind. Erst mit der Zeit entwickelt er seinen eigenen Stil. Das war auch bei mir nicht anders. Bei mir hat es — wie bereits erwähnt – rund zehn Jahre gedauert, bis ich mit innerer Gewißheit sagen konnte, daß ich künstlerisch Neuland betrete.

Als Neuerungen in meinem Schaffen dürfen diejenigen Acrylbilder gelten, die sich mit dem Thema der Rotation eines Gegenstandes im Raume beschäftigen. Da gibt es in der modernen Kunst nichts Vergleichbares. Innovationen auf dem Gebiet der Plastik sind einflächige und einkantige Figuren, sogenannte verdrehte prismatische Ringe. Es sind dies neuartige Formen, die auf eigenen rechnerischen Grundlagen beruhen. Auch in der Reliefkunst sind nie dagewesene Figurationen entstanden. Es liegt ihnen eine doppelte Täuschungsgeometrie zugrunde.

10. Wie sehen Sie Ihre künstlerische Weiterentwicklung?
Sehr kurzsichtig. Vor meinem geistigen Auge sehe ich höchstens das nächste, aber schon nicht mehr das übernächste Werk. Dies deshalb, weil ein Kunstwerk aus dem Wechselspiel zwischen der Summe der Erfahrungen und der momentanen geistigen und moralischen Verfassung entsteht. Wie die Bedingungen für das Hervorbringen meines übernächsten Werkes sein werden, kann ich jetzt mit dem besten Willen noch nicht beurteilen. Anders gesagt: Ein Kunstwerk entsteht bei mir aus dem Gebot der Stunde. Der jetzigen Stunde. Was aber eine spätere Stunde gebieten wird, ist jetzt noch ungewiß. Es ist möglich, daß sie mich heißen wird, ganz andere oder überhaupt keine Werke mehr zu schaffen. Und diesem Geheiß werde ich, falls ich wirklich ehrlich mit mir sein werde, gehorchen müssen.

Gedankenlese aus den Tagebüchern von Prof. Dr. Franz Lenzinger*

- Die Aufgabe der modernen Bildhauerei erkenne ich in der Entwicklung einer plastischen Universalsprache. Es geht mir dabei um die Herausarbeitung der Grundlaute einer solchen bildnerischen Weltsprache.
- Ein wahres Kunstwerk ist immer Manifestation des Ewigen. Entsprechend den geistigen und technischen Gegebenheiten ändert sich bloß die äußere Form des Ausdruckes.
- Gerade in der konstruktiven Kunst zeigt sich, daß zwar vieles möglich, aber nur wenig wirklich schön ist.
- Kunst ist nicht bloß Konkretisierung eines Gefühls. Sie ist ebenso Sichtbarmachung eines Gedankens.
- Alle wahren Kunstwerke – gleichgültig welcher Stilrichtung sind im wahren Sinn des Wortes konstruktiv. Destruktive Kunst ist Unsinn und contradictio in adiecto. Konstruktive Kunst ist ein Pleonasmus. Kunst ist konstruktiv, oder sie ist keine Kunst.
- Der schöpferisch tätige Mensch weiß, daß es kein Neues gibt ohne Besinnung auf das Alte, und er weiß ebenso, daß es kein Neues gibt, ohne Bruch mit dem Alten.

*Auswahl vom Autor dieses Buches getroffen.

- Der bildende Künstler ist durchaus mit einem wissenschaftlichen Forscher zu vergleichen. Die Arbeitsmethode ist in beiden Fällen dauerndes Experimentieren. Bei beiden ist dieses beseelt durch einen Glauben an das Gute im Menschen.
- Ein Hauptfehler der meisten Menschen ist der, daß sie sich keine Zeit gönnen, eigene Gedanken in sich entstehen zu lassen. Immer nur zu denken, was andere gedacht haben, versperrt den Weg nach innen.
- Kunst heißt Weglassen. Immer wieder erfahre ich, daß die Reduktion auf das Einfache zum Ziele führt. Also nicht drei kongruente Formen, sondern nur eine Form!
- Selten löst sich eine Aufgabe auf Anhieb. Zeitweiliges Ablassen und wiederholtes Zurückkehren nützen oft weit mehr als verkrampftes Festhalten und Durchsetzenwollen um jeden Preis.
- Im allgemeinen hält der Außenstehende wohl deshalb eine Erfindung für genial, weil er die vielen Schritte, die zu ihr hingeführt haben, nicht sehen kann oder will. Könnte oder wollte er aber diese sehen, würde er die gleiche Erfindung als folgerichtiges Ergebnis unablässigen Bemühens erkennen.
- Wiederholtes Nachdenken kann dazu verhelfen, vorerst unlösbar erscheinende Aufgaben zu lösen, indem wir sie in kleine Stücke zerlegen und dann schrittweise in stunden-tage-wochen-monate-jahrelanger Kleinarbeit vorgehen. Wohl die meisten uns genial erscheinenden menschlichen Leistungen beruhen auf diesem Ameisenfleiß.
- Gewohnheitsmäßiges Tun läßt sich zeitlich leicht planen. Aber das Schöpferische, bei dem man nie weiß, wann eine Idee kommt und wie lange es geht, bis sie Gestalt annimmt, macht die Zeitplanung schwierig.
- Ebenso problematisch wie das Fehlen schöpferischer Ideen ist der Überfluß derselben. Sieht man vor seinem inneren Auge plötzlich eine größere Zahl von Möglichkeiten, von denen jede einzelne weiterverfolgt werden müßte, könnte man leicht in Panik geraten. Oft kann da nur das Gebet weiterhelfen.
- Kunst erlebt sich durch das, was wir empfinden, aber sie erklärt sich durch das, was ist.
- Für den Kunstkritiker genügen Kenntnisse, für den Künstler bedarf es der Erkenntnisse. Der Künstler sieht von innen an seine Werke heran. Der Kunstkritiker aber sieht sie nur von außen.
- Meines ganzen Lebensgefühls bin ich mir eigentlich erst dann so richtig bewußt, wenn ich schöpferisch tätig bin, das heißt wenn sich in meinem Kopfe neue Gedanken bilden und diese durch meine Hände Gestalt annehmen.

Einflächner mit dreieckigem Querschnitt – Holzmodell – Höhe ca. 30 cm – 1990, von Prof. Dr. F. Lenzinger

Verdrehter prismatischer Ring – Bronze, gefräst – Höhe ca. 40 cm – 1988, von Prof. Dr. F. Lenzinger

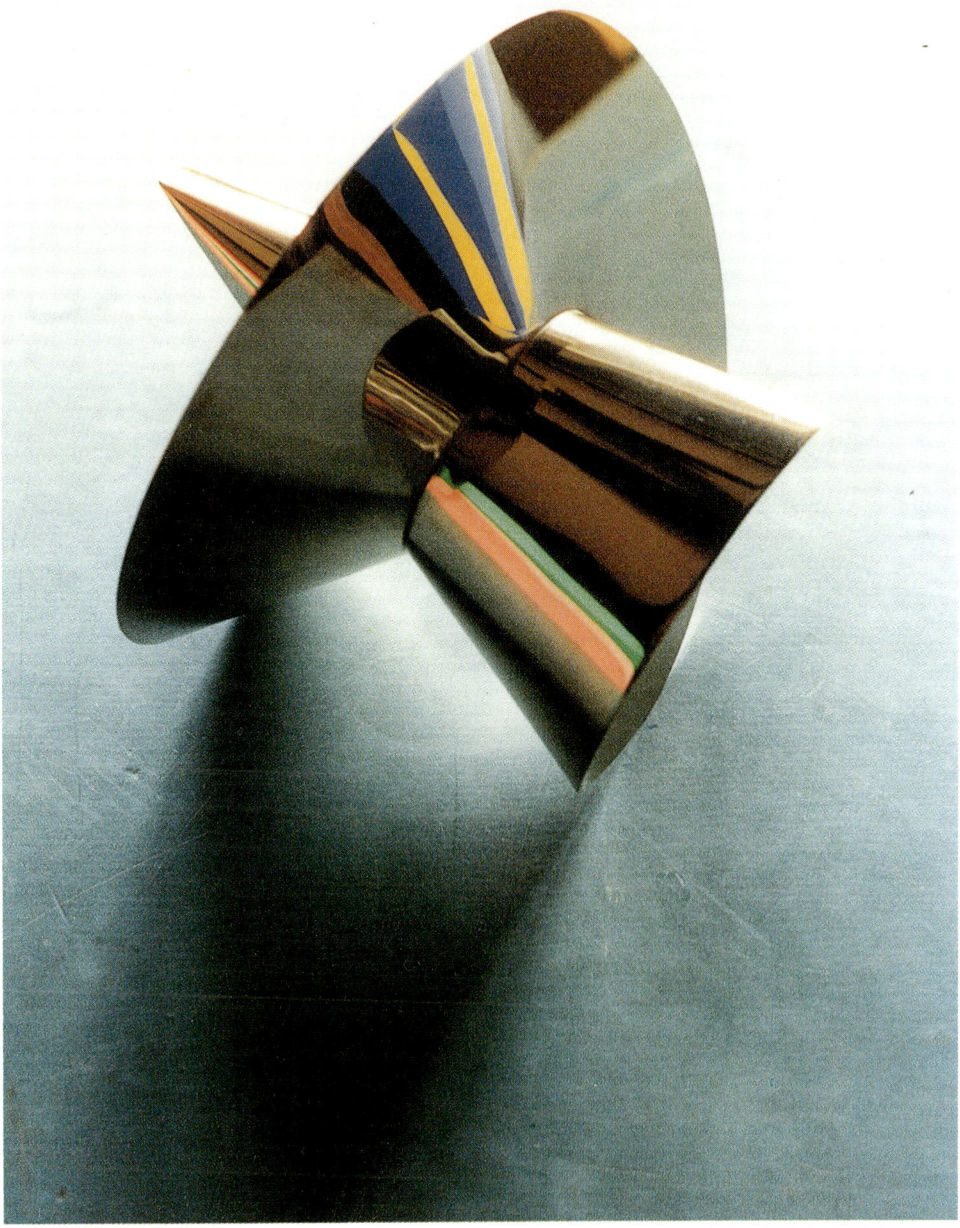

Einflächner, aus Pentagramm entwickelt – Bronze, poliert – Höhe ca. 25 cm – 1991,
von Prof. Dr. F. Lenzinger

Schlaufe mit zentraler Tripelspirale – Chromstahl, geschweißt – Höhe ca. 80 cm – 1984, von Prof. Dr. F. Lenzinger

27. Schlußwort des Autors

Lassen Sie mich dieses Buch durch einen **Rück- und Ausblick** abschließen, und zwar in Form von sieben Thesen:

These 1
Wir haben uns schon in einem der ersten Kapitel bewußt gemacht, daß wir in einer Welt leben, die wegen ihrer erdrückenden Problemvielfalt im wirtschaftlichen, technisch-ökologischen und sozialen Bereich **höhere Anforderungen an die Menschheit stellt**, als es je der Fall war. Jeder einzelne von uns ist somit **in der immer komplizierteren Welt dauernd kreativ gefordert**, will er sich eine befriedigende Lebensqualität sichern und an seinen Aufgaben wachsen.

These 2
Einstein, C.G. Jung und andere Größen unter den Wissenschaftlern haben bereits vor Jahrzehnten kritisch darauf hingewiesen, daß der Mensch seine kreativen Potentiale nur zum geringsten Teil ausschöpft – wohl weil er sich der schöpferischen Seite seines Wesens zuwenig bewußt ist und sich im Einsatz kreativer Instrumentarien nicht genug auskennt. **Die Menschheit als Ganzes ist aber heute an einem Punkt angelangt, wo sie sich entscheiden muß, ihre Kreativitätsbefähigung voll auszuspielen, und zwar auch interkulturell, denn im unausweichbaren Wechselwirkungsprozeß des Völkerkollektivs gilt es angesichts der großen ethnischen Gegensätze unter den Nationen noch viel zu lernen, was Toleranz, Akzeptanz, aber auch gegenseitige Bereicherung anbelangt.**

These 3
Wie stehen somit an der **Schwelle eines neuen Zeitalters**, wo **die Kreativität des einzelnen wie auch das schöpferische Zusammenwirken unter Kollektiven** – Gruppen, Parteien, Interessengemeinschaften, regionalen und nationalen Körperschaften – zu einer **bestimmenden, den Überlebensprozeß absichernden Größe** werden muß. Ganzheitliches, vernetztes Denken und Zukunftsorientierung haben synergetisch zusammenzuwirken, um aus der Gewöhnung an die bestehenden Problematiken herauszukommen und eine **Aufbruchstimmung** zu bewirken.

These 4
Voraussetzung dazu ist eine **Umorientierung zu kreativer Geisteshaltung sowohl beim Einzelindividuum als auch in den Institutionen der menschlichen Gemeinschaft**, dem Staat, den Bildungseinrichtungen, den politischen und kirchlichen Gremien, aber auch seitens der Massenmedien, die ein Umdenken auf breiter Basis wirksam zu fördern vermögen. Eine kollektive Identifizierung mit kreativer

Lebenspraktizierung muß parallellaufen mit dynamischem Erfolgsweg, so steigert sich auch die Kraft, noch Größeres zu erzwingen.

These 5
Fruchtbares, langfristig erfolgreiches Bemühen braucht mehr als bloß Propaganda und clevere Slogans – es sind **Schwerpunktprogramme und Folgeprogramme** überlegter Art nötig. Dabei haben sich realistische Zielsetzungen und systematisches Vorgehen miteinander zu verschwistern, wenn Erhabenes aus der Anstrengung resultieren soll. Das Leistungsschwungrad hat seine besondere Gesetzmäßigkeit: Es läßt sich nur sorgsam-langsam in Fahrt bringen und bedarf auch späterer Folgeimpulse, um seine Kraft weiter zu entwickeln.

These 6
Kreativität auf breiter Basis zu erzeugen, um die Geschicke der Menschheit wirksamer als bisher zu beeinflussen, ist an sich selbst ein betont **kreativer Produktionsprozeß**, auf ganzheitliches Trachten angewiesen. Unser Buch durfte sich nicht damit begnügen, einige Kreativitätstechniken zu spezifizieren. Es versuchte vielmehr, dem Leser umfassend die **Entwicklung einer kreativen Geisteshaltung** nahezulegen. **Zweck aller Zwecke kann nur eine kreative Lebensweise sein.** Alles andere ist ein Vegetieren unterhalb unserer Realisierungsmöglichkeiten, ist Nichterfüllung unseres schöpferischen Auftrages.

These 7
Daher habe ich in meinem Handbuch ganz bewußt anspruchsvolle Thematiken einbezogen wie das **mentale Training, die Programmierung des Unterbewußtseins als fähiger Helfer in der Kreativarbeit, die Verpflichtung zu vertiefender Weiterbildung, die geistige Arbeitstechnik, eine Sensibilisierung zu dem für gruppendynamische Prozesse und Projektteams und interdisziplinär arbeitenden Kreativgruppen, ferner auch die assoziative Nutzung von Erinnerungs- und Erfahrungspotentialen.** Intensiv wurde schließlich noch das **Qualitätsmanagement** und das **vernetzte Denken** in der schöpferischen Arbeit berücksichtigt. Die vielen Checklisten und Formularhilfen sollen die praktische Umsetzung Ihrer Kreativpotentiale erleichtern und systematisieren, Sie aber auch zur Ausgestaltung eigener maßgeschneiderter Arbeitshilfen anregen. Letztlich geht es dabei um die **Ausprägung einer innovativen Persönlichkeitsstruktur, verbunden mit einer Lebensgestaltung, die uns selbst, aber auch die Kooperation mit anderen höherwertig macht.**

* * * * *

Das ganze uns zur Verfügung stehende Instrumentarium kreativen Gestaltens ist – wie unser Handbuch es hoffentlich überzeugend genug darlegt – so enorm vielfältig, daß jeder schöpferisch über sich hinauswachsen kann. Ob er dabei in der **sozialen Wechselbeziehung** mit anderen eine höhere Produktivität erreicht, oder ob er auf **künstlerischem oder innovativem Feld** Hochwertiges zu schaffen vermag, ist unbedeutend; Hauptsache, seine kreativen Leistungen erbringen echte Fortschritte, für sich wie für andere.

Ergo:

> **Sinnvoll weiterleben kann die Menschheit nur, wenn sie sich ihrer kreativen Befähigung stärker bewußt wird als bisher, und wenn jeder individuell, aber auch im kollektiven Verbund mit anderen seine schöpferischen Anlagen produktiver zu nutzen vermag. Seine eigentlichen Kreativitäts-Nischen zu finden und sie konsequent zu repräsentativen Leistungen auszubauen, ist elitärster menschlicher Auftrag – darum wird KREATIVITÄT in der Zukunft auch die höchstbezahlte Eigenschaft sein!**

Was die **Kreativitätsförderung von Staates wegen** anbelangt, so kann man nicht genug betonen, daß allen Regierungen im Bereiche der Forschung eine **Vordenkerrolle** zugesprochen werden muß. Die Kurzsichtigkeit gewisser Politiker, die in Zeiten schlechten Wirtschaftsganges das Spardenken auch in der Forschung praktizieren wollen, zeugt nicht nur von einer stupenden Rückständigkeit des Denkens – mit dieser Haltung verstößt man auch kraß gegen die Interessen der Allgemeinheit. **Aus einer Wirtschaftskrise führen nur kreative Anstrengungen heraus.** Zu lange hat man einzelnen prominenten Wirtschaftsgrößen geglaubt, die behaupten, tiefgreifende Krisen könne es nicht mehr geben, weil heute genügend wirksame Instrumente und Regulative der Konjunkturbeeinflussung bestünden. Das einzige, was wirklich mittel- und längerfristig helfen kann, ist eine entschiedene Anspannung aller kreativen Kräfte in Politik, Wirtschaft und Wissenschaften. Hand in Hand damit muß auch die **Qualifikation der Schlüsselfiguren** in diesen Bereichen weiter angehoben werden. **Forschung und Entwicklung sind primär als Investition in die Zukunft anzusehen.** Und wer sich beruflich vornehmlich kreativer Arbeit verschreibt, muß der Gefahr elitärer Selbstverherrlichung ausweichen – besser, er anerkennt, daß **auch die kreative Arbeit dem Gebot immer höherer Perfektionierung zu folgen hat, somit auch ein Quality Management braucht**, wie dieses gewöhnlichen Leistungsbereichen schon erfolgreich praktiziert wird.

> **Das alles gilt dreifach für rohstoffarme Länder, die zwangsweise das technische Know-how in ihrer Industrie voranzustoßen und**

auch im Dienstleistungssektor besondere Produktivitäten zu entfalten haben. Schließlich sind sie dadurch zu Hochlohnländern geworden, die nun um so mehr die Kreativitätskarte ausspielen müssen, wollen sie ihren hohen Lebensstandard aufrecht erhalten.

Genau so sehr ist **in den unterentwickelten Ländern Kreativität** die **einzige Chance, um endlich aus der Armut herauszukommen**. Nirgends wäre eigentlich die Möglichkeit so eminent groß, den Fortschritt anzubahnen, wie dort. Aber die Starken müssen die Schwachen dazu anleiten – alleine schaffen letztere es nicht, da ihnen sonst **überholte Traditionen, lebensfeindliche Bräuche und mystische Irrlehren** zu sehr im Weg stehen.

28. Literaturverzeichnis zum Thema „Kreativität“

Amabile, Theresa M.: „The Social Psychology of Creativity“. Springer-Verlag, Berlin-Heidelberg, 1983 (engl. Fassung)
Bambeck, J.J./Wolters, A.: „Brain Power“. Wirtschaftsverlag Langen Müller/ Herbig, München, 1991 (dt. Fassung)
Beyer, Günther: „Sind Sie ein kreativer Mensch?“. Verlag Beste Unternehmensführung GmbH, Bonn, 1988
Binnig, Gerd: „Aus dem Nichts“. Verlag R. Piper, München, 1989
Boden, Margaret A.: „Die Flügel des Geistes“. Artemis Verlag, München und Zürich, 1992
Bono, Edward de : „ Laterales Denken“. Econ-Verlag, Düsseldorf, 1992
Braem, Harald: „Brainfloating“. MVG-Verlag Landsberg, 1989
Buzan, Tony: „Kopf Power“. Wilhelm Goldmann Verlag München, 1984
Guntern, Gottlieb: „Der kreative Weg“. Verlag moderne Industrie, Zürich, 1991
Jennen, Hans Paul: „Kreativ Probleme lösen“. Jennen Training, Rheinbach, 1990
Koestler, Arthur: „The Act of Creation“. Penguin-Verlag, Arkana-Reihe, London, 1990 (engl. Fassung)
Lange-Eichbaum, W./Kurth, W.: „Genie, Irrsinn und Ruhm“. Ernst Reinhardt Verlag, München, 1986
LeBoeuf, Michael: „Imagination, Inspiration, Innovation“. MVG-Verlag Landsberg, 1991
Linneweh, Klaus: „Kreatives Denken“. Verlag Dieter Gitzel, Rheinzabern, 1991
Muggler, Paul: „Erfindungen, die unser Leben verändern“. Kulturama-Stiftung, Zürich, 1993
Oberlin, Urs-Peter: „Erfolg durch Kreativität“. Ariston-Verlag Genf, 1986
Perkins, D.N.: „Der zündende Funke“. Ullstein-Verlag, Berlin-Frankfurt-Wien, 1981
Tepperwein, Kurt: „Kraftquelle Mental Training“. Ariston-Verlag, Genf, 1991
Ulrich, Werner: „Kreativitätsförderung in der Unternehmung“. Verlag Paul Haupt, Bern, 1975

* * * * *

Ein paar nützliche Nachschlagebücher für den kreativ Tätigen, vor allem für Schreibfüchse:

Brugger, H.P.: „Der treffende Vergleich“. Verlag Ott, Thun (bildliche Wendungen, phantasieanregende Vergleiche)
Peltzer, Karl: „Das treffende Wort“. Wörterbuch sinnverwandter Ausdrücke, Verlag Ott, Thun

Peltzer, Karl: „Das treffende Zitat". Gedankengut aus drei Jahrtausenden, Ott Verlag, Thun
Puntsch, Eberhard: „Zitatenhandbuch". mvg-moderne verlags gmbh, München
Ronner, Markus M.: „Der treffende Geistesblitz". 10000 Aphorismen, Pointen und Bonmots des 20. Jahrhunderts, Ott Verlag, Thun

29. Stichwortverzeichnis